SYLVIA HARKE

Hochsensibel – Was tun?

W0040069

GOLDMANN
Lesen erleben

Buch

Hochsensible Menschen ticken anders. Ihnen eigen ist eine besondere Art der Reiz-
verarbeitung – laute Geräusche, Trubel oder helles Licht vertragen sie weniger gut
als ihre Mitmenschen. Die Psychologin Sylvia Harke weiß aus eigener Erfahrung,
dass der Alltag mit seiner Vielzahl von Sinneseindrücken und Belastungen ein echter
Härtetest für Hochsensible ist. Wie sie es dennoch schaffen können, die großen und
kleinen Anforderungen zu meistern, zeigt die Autorin hilfreich und kompetent in
ihrem umfassenden Ratgeber – von A wie Abgrenzung bis Z wie zwischenmenschliche Konflikte. Sie empfiehlt u. a. Pausen, Informationsdiäten und ganz wichtig: ein
gehöriges Maß an Selbstakzeptanz. Mit den richtigen Strategien wird aus der ver-
meintlichen Schwäche am Ende eine wertvolle Gabe.

Die Autorin

Sylvia Harke, geboren 1978, ist Diplom-Psychologin und selbst hochsensibel. Zusammen mit ihrem Mann gründete sie die »hsp academy«, ein Coaching- und Ausbil-
dungszentrum für Hochsensible. Als gefragte Expertin zum Thema vermittelt sie ihren
stark intuitiv geprägten Ansatz in mehreren Büchern sowie zahlreichen Seminaren
und Vorträgen. Die Autorin lebt mit ihrem Mann in den Bergen des Hochschwarz-
waldes, in der Nähe von Freiburg im Breisgau.

Sylvia Harke

Hochsensibel Was tun?

Der innere Kompass zu
Wohlbefinden und Glück

Mit grundlegenden Infos und
zahlreichen Übungen

GOLDMANN

Penguin Random House Verlagsgruppe FSC® N001967

4. Auflage
Vollständige Taschenbuchausgabe Februar 2019
© 2019 Wilhelm Goldmann Verlag, München,
in der Penguin Random House Verlagsgruppe GmbH,
Neumarkter Str. 28, 81673 München
© 2014 der Originalausgabe Via Nova Verlag
Umschlaggestaltung: UNO Werbeagentur, München
Umschlagmotive: Shutterstock Images
SSt · Herstellung: cf
Satz: Uhl + Massopust, Aalen
Druck: GGP Media GmbH, Pößneck
Printed in Germany
ISBN 978-3-442-22252-0
www. goldmann-verlag.de

Besuchen Sie den Goldmann Verlag im Netz:

MOMENTS of Happiness   LitLounge-tv   SINN SUCHER

Inhaltsverzeichnis

Kapitel 4:
Notfallausrüstung gegen Stress, Burnout und Trauma

Kapitel 5:
Hochsensible Kinder – Wer sie sind und was sie brauchen

Kapitel 6: Ausblick und Interviews

Hinweis

Dieses Buch wurde sehr sorgfältig recherchiert, es ist jedoch kein wissenschaftliches Lehrbuch. Die Informationen aus Forschung und Praxis wurden nach bestem Wissen und Gewissen weitergegeben. Die Inhalte des Buches sollen den Leserinnen und Lesern eine Hilfe zur Selbsthilfe geben. Das Buch vermittelt eine Vielzahl von psychologischen Hintergrundinformationen (auch zu Diagnosen von psychischen Erkrankungen). Es stellt jedoch lediglich eine Orientierungshilfe dar und kann weder den Besuch eines Arztes, Psychiaters, Psychologen oder psychologischen Psychotherapeuten vor Ort ersetzen. Wenn Sie den Eindruck haben, professionelle therapeutische Hilfe zu brauchen, sollten Sie sich deshalb an Ihren Hausarzt wenden.

Die in »Hochsensibel – Was tun?« vorgestellten Übungen sind für all jene geeignet, die selbstverantwortlich ihren eigenen Erfahrungshorizont erweitern wollen. Sowohl die Autorin als auch der Verlag Via Nova übernehmen keine Haftung für Schäden jeglicher Art, die direkt oder indirekt aus der Umsetzung der im Buch vorgestellten Übungen oder Informationen entstehen. Lesende mögen selbst prüfen, welche praktischen Übungen und Anwendungen in jeweils spezifischen Lebenssituationen anwendbar sind. Eine Haftung für die im Anhang aufgeführten Internetseiten wird von Seiten der Autorin und des Verlages ebenfalls ausgeschlossen.

Danksagung

Die Entstehungsgeschichte dieses Buches lässt sich mit einer Schwangerschaft und Geburt vergleichen. Seit dem Jahr 2010 keimte der Gedanke in mir, einen Ratgeber zum Thema Hochsensibilität zu schreiben. Zwischen 2012 und 2014 verfolgte ich diesen Traum sehr diszipliniert neben meiner Arbeit in einer Klinik. Ohne Unterstützung hätte ich dies nicht schaffen können. An erster Stelle möchte ich meinem Mann Arno danken, der mich immer wieder motiviert und an dieses Buch geglaubt hat. Er begleitete mich intensiv in allen Phasen des Buchprojektes. In den Momenten des Zweifels gab er mir immer wieder den richtigen Impuls und machte mir Mut. Ich möchte mich auch bei meinen Interviewpartnern bedanken, die mir durch ihre Offenheit und ihre Rückmeldungen wichtige Einblicke in ihre Lebenswelt gegeben haben. Herzlich danke ich dem Verlag Via Nova und Werner Vogel für ihr Vertrauen und ihre Bereitschaft, mir die Möglichkeit für diese Veröffentlichung zu geben. Ein weiteres Dankeschön geht an Stefan Schwidder für seine Impulse, die mich zu einer mutigen Überarbeitung inspiriert haben. Abschließend danke ich Katharina Raub für ihre schnelle und sorgfältige Abschlusskorrektur.

»Weich ist stärker als hart,
Wasser stärker als Fels,
Liebe stärker als Gewalt.«

Hermann Hesse

Kapitel 1

Grundlagen zur Verwendung dieses Buches

Einleitung

Wenn mich Leute nach meiner Hochsensibilität fragen, dann stehe ich oft einer Vielzahl von Annahmen gegenüber, die meistens nicht wahr sind. Noch vor wenigen Jahren hatte ich selbst keine Definition dafür, was mich ausmacht. Ich war einfach anders als der Rest und fühlte mich häufig von anderen Menschen missverstanden und nicht richtig wahrgenommen. Mit der Selbsterkenntnis, hochsensibel zu sein, stellten sich eine enorme Beruhigung und ein neues Selbstverständnis ein. Mir wurde klar, dass mit mir alles in Ordnung war – und ich zu einer Gruppe von Menschen gehörte, die rund 15 bis 20 % der Bevölkerung ausmacht. Ich war also nicht der einzige Mensch auf der Welt, der so fühlt! Diese Erleichterung gab meinen Blick auf mich selbst frei, und so begann ich, mich auf eine Forschungsreise zu begeben: Ich wollte mehr über das Phänomen der Hochsensibilität erfahren.

Erstmals prägte diesen Begriff die amerikanische Psychologin Elaine Aron 1997, die durch umfangreiche Patienteninterviews und Beobachtungen zu dem Schluss gekommen war, dass es »Highly Sensitive Persons« (HSP) gibt. Die Therapeutin hat bereits mehrere Bücher zum Thema veröffentlicht, die auch in Deutsch erhältlich sind. Das Buch »Zart besaitet« von Georg Parlow erreichte mich jedoch als erstes und brachte mich auf die Spur. Als Diplom-Psychologin suchte ich, zunächst für mich persönlich, nach tieferen Antworten zur Hochsensibilität in den Bereichen der Entwicklungspsychologie, der Individualpsychologie, in den Neurowissenschaften sowie in der Bindungs- und Traumaforschung. Aus der Kombination meiner Recherchen und meiner persönlichen Erfahrungen ist dieses Buch entstanden. In meinen Seminaren und Vorträgen werde ich oft nach praktischen Übungen gefragt. Mit meinem Buch möchte ich Ihnen genau das anbieten: einen praktischen Zugang für eine Hilfe zur Selbsthilfe.

Vielfach kursiert noch immer Verwirrung über das Phänomen der Hochsensibilität. Im Internet lese ich häufig Aussagen wie: »Eigentlich sind doch alle Depressiven nur hochsensibel.« »Hochsensible nehmen sich alles zu sehr zu Herzen.« »HSP haben Bindungsängste.« »Als Hochsensible komme ich mir vor wie eine Außerirdische, die aus Versehen auf dem falschen Planeten gelandet ist.« Hochsensibilität hat viele Gesichter, viele Geschichten und lässt sich nur schwer in zwei Sätzen definieren. Da dieses Phänomen so vielschichtig und komplex ist, sind Verwirrungen und Missverständnisse nur natürlich. Grundsätzlich kann man das Thema auf ein verändertes Wahrnehmungssystem reduzieren, das äußere wie innere Reize schon ab einer niedrigen Schwelle verarbeitet, sodass es leicht in Zustände von Übererregung kommen kann. Hochsensibilität verändert die Wahrnehmung und ermöglicht das Erkennen von feinsten Unterschieden, macht die Betroffenen tatsächlich empfindlicher und verletzlicher, aber auch leistungsfähiger in speziellen Teilbereichen, die sich immer wieder als (Hoch-)Begabung zeigen.

Dieses Buch ist ein Praxisbuch. Es ist konzipiert für Menschen, die herausfinden möchten, ob sie hochsensibel sind, und wenn ja, wie sie damit besser umgehen können. Ganz bewusst habe ich mein Buch als eine Art »Survivaltraining« konzipiert. Denn für viele hochsensible Personen fühlt sich das Leben auf der Erde wie ein Kampf an, ein Kampf ums Überleben. Wie in jedem guten Trainingshandbuch finden Sie hier eine Fülle an praktischen Informationen, Übungen, Hinweisen und Methoden, die Ihnen helfen, Ihr Leben selbst in die Hand zu nehmen. Es ist mir ein Anliegen, Sie dabei zu begleiten, aus dem »Überlebenskampf« auszusteigen und ganz bewusst Ihren Platz im Leben zu finden, sowohl privat als auch beruflich. Dafür ist es hilfreich, die Spielregeln zu kennen, an die Sie sich als Hochsensibler halten sollten, um ein erfolgreiches und glückliches Leben zu führen. Nach meiner Erfahrung stellt Hochsensibilität eine Gabe dar, gleichzeitig ist sie eine Entwicklungsaufgabe. Wie bei jedem Schritt in der psychologischen Entwicklung eines Menschen müssen wir selbst aktiv werden, um weiterzukommen.

Dieses Buch stellt sich dem Anspruch, die Fragen nach dem »Wie« zu beantworten:
- Wie kann ich mit meiner Hochsensibilität glücklich werden?
- Wie schaffe ich es, dass ich mich besser von anderen Menschen abgrenzen kann?
- Wie kann ich als hochsensibler Mensch eine gesunde Beziehung führen, ohne mich darin zu verlieren?

- Wie finde ich meinen Platz im Leben?
- Wie finde ich meine Berufung?
- Wie kann ich mich vor Stress und Burnout schützen?
- Wie komme ich wieder in Kontakt mit mir selbst?

Ich lade Sie ein, genau diese Dinge beim Lesen dieses Buches herauszufinden – und noch viel mehr. Doch vorher möchte ich Sie kurz mitnehmen auf eine Reise durch meine Geschichte.

Mein eigener Weg

1978 wurde ich in einer Kleinstadt in der DDR geboren. Es war Winter, meine Eltern lebten in einer Mansardenwohnung unter dem Dach. Wie die meisten Kinder in diesem Staat wurde ich nach etwa einem Jahr in die Kinderkrippe abgegeben, wo ich, während meine Eltern arbeiteten, acht Stunden im sozialistischen Alltag verbrachte. Früh lernte ich, dass das Individuum mit seinen Bedürfnissen nicht so wichtig ist wie das Kollektiv. Mit drei Jahren wechselte ich in den Kindergarten, hier beginnen meine ersten zusammenhängenden Erinnerungen. Ich war hochgradig interessiert an der Natur, Basteleien, Malen, Zeichnen und hatte eine lebhafte Fantasie. Meine Talente in diesem Bereich fielen bereits zu diesem Zeitpunkt auf.

1982 trennten sich meine Eltern, was für mich ein großer Schock war. Ich vermisste meinen Vater sehr und konnte noch nicht verstehen, was geschehen war. Mein Intellekt befand sich noch im Vorstadium, so traf mich der Verlust voll und ganz auf der emotionalen Ebene. Der Schmerz war so überwältigend, dass ich mich in meinem Inneren einkapselte. Einige Jahre lang hatte ich gar keinen Kontakt zu meinem Vater, später nur in unregelmäßigen Abständen.

1984 wurde ich eingeschult. Das sozialistische Kollektiv nahm weiterhin Einfluss. Als Jungpionier mit blauem Halstuch kam ich, wie alle anderen Kinder auch, in regelmäßigen Abständen zu besonderen Anlässen in Uniform zur Schule. Meine Schulleistungen waren von Anfang an hervorragend. Nach Schulschluss empfand ich jedoch ein Bedürfnis nach Rückzug und Ruhe, das mir selbst merkwürdig erschien. Ich war ein schmächtiges und häufig kränkelndes Kind, jedoch immer sehr wissbegierig, neugierig und lerneifrig. Die Trennung meiner Eltern hatte ich weitestgehend verdrängt (nicht verarbeitet) – ich funktionierte sehr gut im Alltag. Ich würde mich heute als überangepasstes Kind beschreiben, damals schon kam mein Harmoniebedürfnis zum Vorschein. Meine beste Freundin und ich waren bis zur Pubertät unzertrennlich, wenngleich wir mit zunehmendem Alter immer unterschiedlicher wurden.

1989 änderte sich das Schicksal aller DDR-Bürger. Die »Wende« veränderte unser Leben von Grund auf. Zu diesem Zeitpunkt war ich zwölf Jahre alt. Meine Mutter wurde arbeitslos, wie Millionen andere auch, und nach und nach kristallisierte sich immer deutlicher meine Andersartigkeit heraus. Als Pubertierende war ich eine totale Spätzünderin. Während andere Mädchen schon längst Freunde hatten, wirkte ich immer noch kindlich und unreif. Die politischen Veränderungen stellten unser Leben völlig auf den Kopf.

1991 starb meine Oma an Krebs, was mir das Herz brach. Jeden Tag nach der Schule war ich zu ihr gegangen, sie war der zentrale Stützpfeiler der ganzen Familie gewesen. Eine unbeschreibliche Trauer erfüllte mich und die gesamte Familie. Diese erneute Konfrontation mit Trennung und Abschied stimmte mich sehr nachdenklich, ich wurde introvertiert und zum Bücherwurm. Ich las Bücher über das »Leben nach dem Tod« und begann, mich für Religion zu interessieren. So verschlang ich ein Buch nach dem anderen, was normalerweise Menschen in einer Midlifecrisis lesen würden. Kurz darauf wurde ich Vegetarierin. In der Schule verwickelte ich Mitschüler in Diskussionen zum Waldsterben, über Plastikflaschen und zum Thema Massentierhaltung.

1994 Meine Außenseiterrolle verfestigte sich, und auch der Kontakt zu meiner besten Freundin brach ab. Ich lebte in einer anderen Welt. Meine Lieblingsserien waren »Raumschiff Enterprise«, »Anne auf Green Gables« und später »Dr. Quinn«. Teilweise fühlte ich mich in den Serien mehr zu Hause als in meinem eigenen Leben. Obwohl ich im Nachhinein erkenne, dass niemand in der Schule mir etwas Böses wollte, hatte ich als Jugendliche den Anschluss an die anderen verloren. Verliebt war ich nur in Jungs, die mir unerreichbar wie ein Traum blieben. In dieser Zeit begann auch die Leidenschaft für das Schreiben und Dichten. Ich hatte angefangen, Gedichte und Kurzgeschichten zu schreiben, um meine Gefühle zu sortieren. Bereits zu dieser Zeit war ich auf der Suche nach dem Sinn des Lebens.

1996 machte ich mein Abitur mit Spitzennoten und konnte mich somit für das Psychologiestudium in Magdeburg qualifizieren. Mit 18 Jahren zog ich aus und kam in einer Großstadt an. Mein Leben veränderte sich erneut komplett. Ich lebte in einer WG, in einem Haus, in dem nur Studenten wohnten. Ich lernte neue Menschen kennen und schloss viele Freundschaften. Auf Partys beobachtete ich, dass ich unter Menschen schnell angespannt war, meine Unsicherheit begleitete mich. Das theoretische Lernen war für mich nie das Problem, doch im Umgang mit Beziehungen war ich weiterhin sehr unsicher und schüchtern.

1999 wusste ich, dass ich nicht einfach so weiterstudieren könnte, ohne Selbsterfahrung zu machen. Also schrieb ich mich für eine Ausbildung für Atemtherapie in Berlin ein. Über ein Jahr lang fuhr ich regelmäßig in die Hauptstadt. Seit dieser Zeit beschäftige ich mich ebenfalls mit dem Thema Geburtsprägung. Dazu schreibe ich an anderer Stelle in diesem Buch mehr. Ich fand Zugang zu meinen verschütteten Gefühlen von Trauer, Einsamkeit, Schmerz, gleichzeitig aber auch zu meiner Lebensfreude. Dadurch lernte ich, mich tiefer auf Beziehungen einzulassen. Von da an konnte ich erste Erfahrungen in Kurzbeziehungen mit Männern sammeln, aber die ersehnte stabile Beziehung ließ noch auf sich warten. Im Nachhinein würde ich sagen, dass ich mich besonders von hochsensiblen Männern angezogen fühlte. Das Studium ging vorüber, und ich machte ein halbjähriges Praktikum an einer psychosomatischen Klinik in Kassel. Zu diesem Zeitpunkt hatte ich noch Mühe, mich richtig von anderen Menschen abzugrenzen.

2001 beendete ich mein Studium. Ich war 23 Jahre alt und hatte viele Ideen im Kopf, was ich beruflich machen könnte. Meine künstlerische Veranlagung, die ich von meinem Vater geerbt hatte, machte sich Luft, ich träumte von einem zweiten Studium in der Kunst, was ich jedoch nicht umsetzte. Schon immer hatte ich eine starke kreative Ader gehabt, die ich durch die Arbeit mit dem Buch »Der Weg des Künstlers« von Julia Cameron immer weiter ausbaute. Ich malte mit Acryl, auf Seide, gestaltete Mandalas und schrieb an einem fragmentarischen Roman. Gleichzeitig wollte ich therapeutisch arbeiten, war allerdings wesentlich zu jung, entsprechend erhielt ich lauter Absagen aus Kliniken.

2002, nach zahlreichen frustrierenden Absagen auf meine Bewerbungsbemühungen hin (eine Karriere an der Uni kam für mich nicht infrage), erhielt ich ein Jobangebot am Bodensee. In einem Sozialprojekt für jugendliche Schulabgänger ohne Ausbildung startete ich meine berufliche Laufbahn als Psychologin. Ich musste mich allerdings dafür von meiner liebgewonnenen neuen Heimat Magdeburg verabschieden und begann ganz neu in Baden-Württemberg. Es folgten einige Jahre am schönen Bodensee.

2003 lernte ich meinen heutigen Ehemann Arno kennen – endlich erfüllte sich mein Traum von einer stabilen, liebevollen Beziehung mit einem Partner. Auch mein Mann ist hochsensibel, wie sich später herausstellte. Zu diesem Zeitpunkt lebte ich in Konstanz. Das Wasser hat bis heute eine beruhigende Wirkung auf meine Nerven. Kurz nach unserem Kennenlernen starb mein Vater überraschend im Alter von 52 Jahren. Seit meinem 20. Lebensjahr hatte ich wieder eine Beziehung zu ihm aufbauen können. Ich verlor ihn ein zweites Mal, der Schmerz brauchte ein Jahr, bis ich ihn richtig realisieren konnte. Durch eine mystische Erfahrung im Zug drei Tage vor seinem Tod mit einem unbekannten Mann, der mich an meinen Vater erinnerte, war ich auf seltsame Weise vorgewarnt. Ich begann daher, mich noch intensiver mit Naturheilkunde zu beschäftigen, und vertiefte meine Studien zu ganzheitlichen Heilmethoden. Meine spirituelle Suche führte mich immer tiefer zu mir selbst, ich besuchte Seminare in den Bereichen Tanz, Gesang, Familienaufstellungen, Atemtherapie, NLP, Bindungspsychologie und Schamanismus.

2007 heiratete ich Arno. Im selben Jahr veröffentlichte ich ein Kinderbuch mit eigenen Illustrationen.

2004 bis 2010 war eine turbulente Zeit mit wechselnden Phasen von selbständiger und angestellter Tätigkeit in verschiedenen sozialen Projekten mit Kindern, Eltern, Arbeit im Bereich Karriere- und Bewerbungscoaching sowie in Grafikdesign. Irgendwie hatte ich mir den Zugang zur kindlichen Welt bewahrt, denn in meiner Arbeit mit Kindern stellte ich immer wieder fest, dass ich einen sehr guten Draht zu ihnen hatte. Diese unterschiedlichen Einsatzbereiche meiner Berufstätigkeiten brachten mir eine Fülle an Erfahrungen, die meine heutige Arbeit auf ein breites Fundament stellen. Durch verschiedene Fortbildungen in den Bereichen Entwicklungs- und Bindungspsychologie nach Gordon Neufeld sowie die Lektüre zahlreicher weiterer Bücher konnte ich meine eigene Spezialisierung in der Psychologie finden.

2010 las ich das Buch »Zart besaitet« von Georg Parlow und fand mich sofort in der Beschreibung wieder. Lustig fand ich auch, dass ich bei der Berufsbeschreibung von Georg Parlow ein ebenso breites Spektrum wie bei mir fand, was mich wiederum beruhigte, denn ich war innerlich schon sehr frustriert, weil ich mich aufgrund meiner zahlreichen Talente und Interessen lange Zeit nicht auf eine Berufssparte hatte festlegen können und wollen und schon befürchtet hatte, beruflich daran zu scheitern.

2011 bis 2014, nach vielen Experimenten in meinem Berufsleben, arbeitete ich in einer Eltern-Kind-Klinik als Bezugstherapeutin, in der ich sehr viele Erfahrungen und positive Bestätigung für mein therapeutisches Vorgehen sammeln konnte. Von 2012 bis 2014 schrieb ich parallel an dem vorliegenden Buch.

Im Mai 2014 wurde es veröffentlicht. Der Erfolg des Buches ist ein unbeschreiblich schönes Gefühl. Viele Leser fühlten sich durch es bestätigt, ermutigt und gestärkt. Ich bin sehr dankbar für diese Erfahrungen.

Seit **2015** arbeite ich wieder freiberuflich in meiner Privatpraxis mit hochsensiblen Klienten und deren Kindern. Neue Buchprojekte nehmen ihren Lauf und ich experimentiere weiterhin damit, einen gesunden Wechsel aus Anforderung, Rückzug und Erholung in meinem Alltag zu etablieren.

Wenn ich heute auf mein bisheriges Leben zurückblicke, sehe ich, dass ich durch frühe Verluste und immer wiederkehrende Veränderungen im Leben geradezu gezwungen wurde, mich mit den tieferen Fragen des Lebens auseinanderzusetzen. Mein Psychologiestudium war der Beginn einer Suche nach mir selbst und dem Sinn des Lebens. Mit einer weniger turbulenten Biografie in der Kindheit hätte ich sicherlich Kunst studiert, doch manchmal gibt uns das Leben Rätsel auf, die wir einfach lösen müssen. Dazu gehört für mich die Psychologie. Es fasziniert mich noch heute, in diesem spannenden Feld weiter zu forschen. Immer wieder entdecke ich interessante Details, die sich wie Puzzlestücke in ein größeres ganzes Bild einfügen lassen. Heute weiß ich, dass sich meine Hochsensibilität schon früh gezeigt hat.

Ich schreibe dies alles, um Ihnen zu zeigen, dass ich nicht einfach eine Theoretikerin bin, die auf den fahrenden Zug eines Trends aufspringt und noch ein Buch über Hochsensibilität schreibt, sondern dass ich zu der Kategorie der »verwundeten Heiler« gehöre, die selbst schon Höhen und Tiefen im Leben erfahren haben. Es ist mein persönlicher Zugang zum Thema, mit dem ich dieses Buch für Sie lebendig werden lasse. Ich bin überzeugt, dass jeder hochsensible Mensch eine oder mehrere Begabungen hat, die mit diesem So-Sein im Zusammenhang stehen. In diesem Buch wird es nicht darum gehen, dass ich Ihnen zeige, wie Sie sich an die Masse anpassen können. Wer danach strebt, wird hier keine Hilfe finden, da ich dieses Ziel nicht für erstrebenswert oder gar hilfreich halte. Dieses Buch möchte Sie vielmehr darin begleiten, ganz Sie selbst zu werden. Den Weg der Individuation, auf dem ein Mensch das wird, was die Natur ihm als Potenzial in die Wiege gelegt hat, finde ich viel spannender. Jeder Quantensprung in der Entwicklung der Menschheit oder in einzelnen Familien wird immer durch Individuen verursacht, die sich trauen, ausgetretene Pfade zu verlassen, auf ihre innere Stimme hören und mutig ihr Potenzial entfalten.

Skeptische Fragen aus dem Publikum

Wenn Sie jetzt noch nicht wissen, ob dieses Buch etwas für Sie ist, dann lesen Sie doch einfach folgende typische Fragen von anderen Leserinnen und Lesern. In kurzen Antworten gebe ich Ihnen hier noch wichtige Informationen zum Buch.

F: Woher weiß ich, ob ich mir meine Hochsensibilität nicht einfach nur einbilde?
A: Im Kapitel 2 finden Sie einen Test, mit dem Sie herausfinden können, ob Sie hochsensibel sind. Im Grunde genommen können Sie es spüren, ob Sie zur Gruppe der Hochsensiblen gehören, einfach, indem Sie auch die Beschreibungen lesen.

F: Was bringt mir das Umsetzen der Übungen aus dem Buch?
A: Viele Hochsensible wünschen sich, entweder die Hochsensibilität loszuwerden, damit sie endlich »normal« leben können, oder sie hoffen auf eine Art Wunder, damit sich alles über
Nacht zum Guten wendet. Nachdem ich einige Jahre den »Psychomarkt« beobachtet habe, konnte ich feststellen, dass häufig
Methoden kommerziell am erfolgreichsten sind, die von den
Lesern selbst nichts abverlangen – außer den Glauben und das
Vertrauen darauf, dass es wirkt. Die Wahrheit ist: Es gibt kein
Patentrezept, keine Pille, keine Sicherheiten. Der Weg, den ich
hier skizziere, wird Ihnen helfen, Ihre Hochsensibilität anzunehmen, Ihr eigenes Ich zu stärken, er wird Ihnen überlebenswichtige Fähigkeiten vermitteln, einen Zugang zu Ihrer Kreativität und Ihrer inneren Weisheit eröffnen. Doch um das zu
erreichen, ist Ihre aktive Mitarbeit gefragt. Der Prozess, den ich
in diesem Buch anleite, hat viel damit zu tun, Ihre Individuation voranzutreiben. So wie jeder Geburtsprozess mit Schmerzen und Verlust zu tun hat, können Sie erwarten, dass auch Sie
vielleicht durch Phasen von Trauer und von Euphorie gehen.
Sie verabschieden sich vielleicht von einem alten, aber bequemen Ich, einer Identität, die jetzt zu klein geworden ist. Sie werden die Gelegenheit erhalten, jene Wunden zu heilen, die Ihr
Selbstwertgefühl einst verletzt haben. Dieses Buch versorgt Sie
mit Treibstoff, doch fahren müssen Sie selbst. Probieren Sie es
einfach aus!

Willkommen im Trainingscamp!
Hilfreiche Überlebenswerkzeuge

Wie Sie dieses Buch am besten verwenden

Dieses Buch wird seine volle Kraft entfalten, wenn Sie die beschriebenen Übungen und Methoden aktiv anwenden. Die Kapitel in diesem Buch bauen logisch aufeinander auf. Es wäre ratsam, wenn Sie die darin enthaltenen Übungen nacheinander absolvieren. Wir haben keine Eile. Es gibt keine Aufgaben, die Sie innerhalb einer gegebenen Zeit umsetzen sollten. Nehmen Sie sich so viel Zeit, wie Sie mögen. Wenn Sie jedoch neugierig sind, können Sie gleich die Themen nachschlagen, die Sie aktuell am meisten interessieren.

Der Heilungsort

Wo beginnt die Reise? Stellen Sie sich ein Basislager in einer von Ihnen gewählten Landschaft vor. Dies kann eine Art Kraftplatz sein, also ein Ort, wo Sie Energie und Stärke tanken, an dem es Ihnen gut geht. Von dort aus unternehmen Sie eine Expedition. Es kann auch hilfreich sein, in Ihrer Wohnung oder in Ihrem Haus ebenfalls einen Platz einzurichten, der Sie bei der Erforschung Ihrer Hochsensibilität unterstützt. Das kann eine Leseecke mit einem wunderschönen Sitzkissen oder einer besonderen Decke sein oder ein Schreibtisch, an dem Sie schreiben. Stellen Sie eine Pflanze dort auf, die Sensibilität ausdrückt. Eine hochsensible Freundin hat im Sommer eine riesige Mimose gekauft. Vielleicht lieben Sie Steine, Muscheln oder andere Naturmaterialien? Lassen Sie sich ruhig etwas Schönes einfallen, das Ihr Herz zum Klingen bringt. Geben Sie sich einfach die Erlaubnis, diese kleinen Freiheiten auszukosten. Falls Sie eine innere Landschaft als Ihren Kraftort identifiziert haben, wäre es eine schöne Übung, diese zu malen oder ein Foto zu finden, das dieser Landschaft nahekommt. Sie können dieses Bild über Ihrem Schreibtisch oder in Ihrer Entspannungsecke aufhängen, um sich immer, wenn Sie es brauchen, daran zu erinnern.

Das HSP-Tagebuch

Wann haben Sie zuletzt Tagebuch geführt? Als Kind? Nie? Letzte Woche? Beginnen Sie gleich in der nächsten Woche, Ihr eigenes HSP-Tagebuch zu führen. Kaufen Sie sich ein wunderschönes Schreibbuch, das Ihre Gefühle anspricht. Es geht nicht darum, darin alle Ereignisse des Tages festzuhalten. Es ist vielmehr dazu gedacht, Ihr persönliches Erleben der Welt und der Menschen darin niederzuschreiben. Die meisten Hochsensiblen kämpfen damit, dass sie ihrer eigenen Wahrnehmung nicht trauen, häufig stellt ihre Umwelt ihre Gefühle, Gedanken, Entscheidungen und Werte infrage. Ein Tagebuch dient dazu, dass Ihnen jemand unvoreingenommen zuhört. Hier haben Sie Platz, Ihr eigenes Universum zu entfalten. Der Wert des Tagebuchschreibens kann nicht überschätzt werden. Doch weil es mit Zeit und Arbeit verbunden ist, scheuen viele Menschen davor zurück. Doch wie viel Zeit verbringen Sie damit, die Informationen aus Ihrer Umwelt zu verdauen, indem Sie Nachrichten schauen, E-Mails lesen, sich die Telefonanrufe von Freunden anhören, die bei Ihnen Rat suchen, oder den Klatsch und Tratsch im Büro? Wann haben Sie Zeit für sich allein? Wann hören Sie sich selbst zu? Das Tagebuchschreiben fördert die Kommunikation mit dem Selbst und klärt Gedanken und Gefühle. Vielleicht haben Sie auch ein intensives Traumleben wie viele andere Hochsensible. Träume sind der Zugang zur Seele, zum Unterbewusstsein. Durch das Aufschreiben vertiefen Sie die Verarbeitung Ihrer Träume, und Sie werden einen unschätzbaren Schlüssel in der Hand halten, der Ihnen hilft, Ihr Leben besser zu verstehen.

Die innere Landkarte und der Kompass

Zu jedem Überlebenstraining gehört der Umgang mit Kompass und Karte. Wenn ich nicht weiß, wo ich mich gerade befinde, kann ich auch kein Ziel anstreben. Ich gehe davon aus, dass viele meiner Leserinnen und Leser bereits mindestens ein Buch zum Thema Hochsensibilität gelesen haben. Wenn nicht, lade ich Sie ein, im Kapitel 2 herauszufinden, ob Sie hochsensibel sind. In diesem Buch möchte ich über bloße Theorie hinausgehen. Es reicht also nicht aus, die Karte zu kennen, wir müssen auch in der Lage sein, uns draußen im Leben zurechtzufinden. Doch lassen Sie uns mit der Karte beginnen. In wohl jedem Piratenfilm gibt es eine Schatzkarte und einen Kompass. Landkarten sollen uns Orientierung in einem unbekannten Gebiet geben. Wo ist Norden, wo ist Süden, Osten, Westen? Tatsächlich werden wir in der Kindheit und Jugend mit einer Karte ausgestattet, die uns von unseren Vorfahren gegeben wird. Wir erhalten Orientierungspunkte darüber, wie die Welt scheinbar ist und funktioniert, darüber, wie Männer sind, wie Frauen zu sein haben, was sich gehört und wie man sich benimmt. Uns werden Werte vermittelt und Regeln, um uns zu helfen, ein Teil der Gesellschaft zu werden. Doch beschreibt diese Karte auch Ihre Wahrheit, Ihre »Wahr-Nehmung« als Hochsensibler? Oder sind die Orientierungspunkte von Menschen erstellt worden, die nicht hochsensibel waren oder ihre eigene Sensibilität verleugnet haben? Im Verlauf des Buches haben Sie die Gelegenheit, Ihre eigene Karte zu zeichnen. Der Kompass sollte das eigene Bauchgefühl sein. Doch können Sie sich schon darauf verlassen?

Die HSP-Gruppe

Besuchen Sie eine Selbsthilfegruppe für Hochsensible in Ihrer Nähe, oder gründen Sie selbst eine. Im Anhang dieses Buches finden Sie hilfreiche Internetadressen, aus denen Sie erfahren können, wo es bereits in Ihrer Umgebung eine Gruppe gibt. Der Austausch in der Gruppe ist eine wertvolle Erfahrung, die Ihr Selbstwertgefühl enorm stärken kann. Die regelmäßigen Treffen bieten Ihnen die Gelegenheit, sich durch andere Hochsensible zu reflektieren. Endlich nicht mehr allein, sondern unter Gleichgesinnten dürfen Sie dort offen über Ihre Wahrnehmungen, Wünsche, Probleme und Bedürfnisse sprechen. Lassen Sie sich diese Wohltat nicht entgehen. Alternativ können Sie sich einen Verbündeten suchen. Manchmal brauchen wir einfach jemanden, der uns zuhört und uns so annimmt, wie wir sind. Idealerweise sollte dies eine Person sein, die auch hochsensibel ist oder zumindest so viel Tiefgang und Wertschätzung besitzt, dass sie für persönliche Entwicklung offen ist und sich selbst auf dem Weg der Heilung befindet. Das sind die Menschen, die Sie wirklich verstehen können.

Kapitel 2

Was ist Hochsensibilität?

Ursprung des Begriffs

Elaine Aron

Viele Menschen, die zum ersten Mal davon hören, glauben, dass Hochsensible sich alles zu sehr zu Herzen nehmen, dass sie emotional labil und nicht belastbar seien. Doch der eigentliche Ursprung der Terminologie hat mit der Sensitivität zu tun, eben mit der feinen Wahrnehmung. Wie ich bereits weiter oben erwähnt habe, wurde das Phänomen der Hochsensibilität erstmals von der amerikanischen Psychotherapeutin und Universitätsprofessorin Elaine Aron beschrieben. Der Begriff HSP leitet sich aus dem Englischen ab, was so viel wie »Hochsensible Person« bedeutet. In der Veröffentlichung von 1990 mit dem Titel »Sensory-Processing Sensitivity and Its Relation to Introversion and Emotionality« beschrieb Dr. Aron hochsensible Menschen und ihre Eigenschaften. Den ersten Teil des Buchtitels könnte man mit *Sensorische Verarbeitungssensitivität* übersetzen. Dr. Aron geht davon aus, dass die Veranlagung zur Hochsensibilität vorrangig vererbt wird. Da sich die Verteilung dieses Merkmals innerhalb der Bevölkerung auf ca. 15 bis 20 % beschränkt, erleben sich HSPs von klein auf als »anders« und in der Minderheit.

Die Experimente des russischen Wissenschaftlers Pawlow
Der Wissenschaftspionier wurde berühmt durch seine Arbeit mit Hunden, an denen er das Prinzip der »klassischen Konditionierung« zeigte. Pawlow setzte in einem anderen Experiment Versuchspersonen einem sehr lauten akustischen Reiz aus. Er wollte herausfinden, wann die Schmerzgrenze erreicht wurde. Statt einer für die meisten psychologischen Phänomene üblichen Normalverteilung, innerhalb derer sich alle Personen einordnen lassen, stieß er auf eine Gruppe von Testpersonen, die weit früher die Schmerzgrenze erreichte und sich unterhalb der Normalverteilung der Hauptgruppe befand. Diese Gruppe machte ebenfalls ca. 15 bis 20 % der Gesamtgruppe aus, was auch der Verteilung der Hochsensiblen innerhalb der Bevölkerung entspricht.

Eigenschaften hochsensibler Menschen

Wahrnehmungen hochsensibler Menschen

Das verstärkte Wahrnehmen von Details
Durch die differenzierte und genaue Wahrnehmung haben Hochsensible einen guten Blick für Details. Dies kann sowohl Zahlenmaterial betreffen, Schriftdaten oder auch Arrangements von Farben und Formen, etwa in den Bereichen Grafikdesign und Modedesign, Inneneinrichtung, Architektur und in vielen anderen Situationen.

Genauigkeit und Sorgfalt, Perfektionismus und Fehlersensibilität

Durch die Kombination aus feiner Wahrnehmung und Gewissenhaftigkeit entwickelt sich bei HSPs oft eine Form von Perfektionismus, die wir von vielen großen Künstlern, Wissenschaftlern oder anderen erfolgreichen Personen kennen. Dieser Perfektionismus hat nichts mit dem Kompensieren eines angeknacksten Selbstwertgefühls zu tun, sondern mit der Suche nach Harmonie und Perfektion im Sinne von Schönheit und Genauigkeit. Durch diese Genauigkeit brauchen Hochsensible teilweise länger bei der Erledigung von Aufgaben. Ein Großteil der HSPs empfindet sich als sehr gewissenhaft. Verantwortung nehmen sie in der Regel sehr ernst und versuchen dabei, ihr Bestes zu geben und Fehler zu vermeiden. Auf der anderen Seite sind sie häufig sehr geübt darin, Fehler in ihrem Umfeld zu erkennen. Je nach Wahrnehmungskanal kann sich das zum Beispiel in der Rechtschreibung zeigen, beim Stimmen eines Instrumentes (die schrägen Töne), aber auch in komplexeren Situationen, wie beispielsweise den sozialen Gefügen eines Unternehmens.

Überreizung: Geräusch-, Temperatur- und Geruchsempfindlichkeit

Da bei Hochsensiblen die Wahrnehmungsprozesse sensibler und feiner ablaufen, reagieren sie empfindlicher auf Außenreize wie zum Beispiel Lärm, Temperatur, Geräusche, Gerüche, Geschmäcke, Farben, Lichteinfall oder Berührung. Dies hat Vor- und Nachteile, wie alle Betroffenen zu berichten wissen. Hochsensibilität hat also etwas mit unserer Sinnesverarbeitung zu tun und mit den unterschiedlichen Wahrnehmungskanä-

len. Tatsächlich fühlen sich Hochsensible schneller reizüberflutet, was sich bei Einkäufen in überfüllten Straßen oder Laden-
geschäften zeigen kann. Die Neigung zu Überreizung oder
Überstimulation führt bei HSPs zu einem stark ausgeprägten
Bedürfnis nach Ruhe, Rückzug und Regeneration, das Außenstehende irritieren kann. HSPs registrieren feinste Nuancen aus
den verschiedenen Wahrnehmungsbereichen und bemerken
daher schneller Disharmonien.

Körperliche Eigenschaften

Schmerzempfindlichkeit

In verschiedenen Befragungen von Hochsensiblen zeigte sich
deutlich, dass die Mehrheit von einer erhöhten Schmerzsensi-
bilität berichtet.

Anfälligkeit für Stresskrankheiten

Durch die häufige Überstimulation befindet sich das vegetative
Nervensystem von Hochsensiblen meist in einem Zustand der
Übererregung. Ein dauerhaft auf Alarm getrimmtes Nervensystem kann langfristig zu Stresserkrankungen wie Burnout führen. (Lesen Sie dazu mehr im Kapitel 4 dieses Buches.)

Überreaktion auf Alkohol und Koffein

Reizstoffe, die in Medikamenten oder in anregenden Lebensmitteln vorhanden sind, verursachen bei vielen HSPs Unwohlsein. Daher ist auch die Dosierung von Medikamenten bei
Hochsensiblen eine sensible Angelegenheit. Kaffee oder schwarzer Tee können zu rauschartigen Zuständen führen, die jedoch

schnell in eine Art Erschöpfung durch Überreizung mündet. Im medizinischen Kontext hat sich gezeigt, dass HSPs häufig auf kleinste Impulse reagieren und daher auf sanfte Methoden aus der Naturheilkunde und Energiemedizin oftmals gut ansprechen.

Hungergefühle und Müdigkeit beeinträchtigen stark das Wohlbefinden

Wie bei kleinen Kindern ist es für die meisten Hochsensiblen ein Problem, wenn sie unregelmäßig Nahrung zu sich nehmen. Durch Hungergefühle und Unterzuckerung geraten sie in unangenehme Zustände, die meist mit einer Beeinträchtigung der Konzentration und Leistungsfähigkeit einhergehen. Auch das emotionale Befinden kann durch Hunger sehr aus dem Gleichgewicht geraten. Schlafmangel kann sich ebenso als sehr störend erweisen. Die Toleranzschwelle für den Ausgleich von zu wenig Schlaf ist bei HSPs sehr niedrig.

Soziale Kompetenzen

Empathie

Im Bereich des zwischenmenschlichen Zusammenlebens haben sich HSPs als empathische und verständnisvolle Zuhörer bewährt. Tiefgehende Gespräche sind ihnen sehr wichtig. Gegen Smalltalk haben sie sogar teilweise eine Ablehnung, da sie sich gern mit philosophischen oder anderen bedeutungsvollen Themen beschäftigen.

Harmoniebedürfnis

Das Bedürfnis nach Harmonie, sowohl im räumlichen als auch im sozialen Umfeld, ist stark ausgeprägt. Konflikte und Streit sind Hochsensiblen ein Graus. Daher ziehen sie sich bei Auseinandersetzungen eher zurück oder geben schneller nach. In Teams und Familien sorgen sie oft für einen Ausgleich und helfen, Streit zu schlichten.

Übertragungen von Stimmungen aus dem sozialen Umfeld

Das Aufschnappen von Gefühlen von anderen Menschen beeinflusst Hochsensible häufig drastisch, da sie teilweise von diesen Empfindungen stark absorbiert werden. Dadurch werden sie zu einer Art Seismograph, der selbst feinste Regungen und Stimmungsschwankungen in seinem Umfeld registriert. Bei hochsensiblen Kindern kommt es oft dazu, dass sie darauf auch emotional reagieren.

Persönlichkeitseigenschaften

Die meisten Hochsensiblen sind introvertiert, also eher nach innen gekehrt und schüchtern. Sie haben oft Schwierigkeiten, in Konkurrenzsituationen zu bestehen, soziale Interaktion strengt sie an, sie suchen häufig Rückzug und Ruhe und haben bei Vorträgen oder Wortmeldungen in Seminaren Hemmungen, sich anderen Menschen mitzuteilen. Nur ein geringerer Teil der Hochsensiblen ist extrovertiert. Sie mögen es, sich zu zeigen und mitzuteilen – wichtige Eigenschaften für Künstler, die auf der Bühne stehen oder für Redner und Kursleiter. Es ist also nicht zwingend erforderlich, introvertiert zu sein, um als Hochsensibler zu gelten. Doch für die Extrovertierten unter den Hochsensiblen sind die Phasen von Rückzug besonders wichtig, damit sie sich nicht in den Begegnungen und Erlebnissen in der Außenwelt verlieren. Bei den Mischtypen gibt es Phasen, in denen sie besonders gern nach außen gehen, aufgrund ihrer Veranlagung jedoch immer wieder Ruhe suchen oder in anderen Situationen sehr schüchtern sind.

Intuition

Viele Hochsensible berichten, dass sie in bestimmten Situationen starke Phänomene von Intuition und Telepathie erleben. Das gesteigerte Empathievermögen und das Aufschnappen von Stimmungen anderer Menschen tragen möglicherweise dazu bei.

Gerechtigkeitssinn

HSPs haben einen hohen Gerechtigkeitssinn und setzen sich gern für Schwächere ein. Daher engagieren sich viele Hochsensible beruflich oder ehrenamtlich in sozialen Projekten. Sie leiden extrem unter Ungerechtigkeit, wenn sie ihnen im persönlichen oder beruflichen Umfeld begegnet.

Sinnsuche

Es hat sich gezeigt, dass Hochsensible dazu neigen, Erlebnisse tiefer zu verarbeiten: Sie denken beispielsweise länger über Ereignisse nach, versuchen deren Sinn zu erfassen, suchen nach Querverbindungen oder einem tieferen Verständnis der Welt. Als Wahrheitssucher sind HSPs fleißig darin, Informationen zu sammeln. Ein Großteil von ihnen erlebt dadurch Phasen von Weltschmerz, da der Zustand unserer Gesellschaft dem tiefen Gerechtigkeitssinn von Hochsensiblen drastisch widerspricht.

Naturerlebnisse und Kunst haben einen großen Einfluss
Über 90 % der Hochsensiblen fühlen sich stark berührt oder bewegt durch die Eindrücke, die bei Naturbeobachtungen, beim Musikhören, beim Filmschauen, beim Malen usw. entstehen. Dies löst starke Gefühle aus.

Hochbegabung, ausgeprägte Kreativität und Analysefähigkeit
Der Wahrnehmungsapparat von Hochsensiblen scheint mit besonderen Fähigkeiten ausgestattet zu sein, etwa durch ein genaueres, tieferes, differenzierteres und feinsinnigeres Verarbeitungsvermögen. Diese Veranlagung zeigt sich auch in der Fähigkeit, schnell zu denken, Probleme blitzschnell analysieren und lösen zu können, und durch eine hohe Innovationsbereitschaft. Deshalb sind viele Hochsensible in einem oder mehreren Bereichen hochbegabt. Es gibt beispielsweise viele hochsensible Künstler, die ein besonderes Verständnis von Farbharmonien haben oder von Klängen und Musik. Auch jede andere Art von Hochbegabung kann auftreten, zum Beispiel im mathematischen, naturwissenschaftlichen oder im zwischenmenschlichen Bereich. Vielfach gibt es Hochsensible, die ihre Hochbegabung gar nicht als solche erkennen oder leben, da sie als Kind von der Umwelt nicht als Hochbegabte wahrgenommen und gefördert wurden.

Die Scanner-Persönlichkeit
Die sogenannten Scanner, Hochsensible mit vielen Interessen und Talenten, wirken nach außen hin möglicherweise sprunghaft und nicht fokussiert. Sie haben jedoch ein hohes Interesse, Neues kennenzulernen, und sind zyklisch immer wieder mit

neuen Projekten und Themen beschäftigt. Darunter verbirgt sich meist eine multiple Hochbegabung. Diese vielfältigen Begabungen können zugleich Segen und Fluch sein. Hochbegabte mit einer deutlichen Spezialisierung (z. B. im mathematischen oder musischen Bereich) haben es wahrscheinlich leichter, entsprechende Berufe zu ergreifen. Die Scanner-Persönlichkeit hat jedoch so vielfältige Begabungen und Interessen, dass ihr schnell langweilig wird, wenn sie sich eine gewisse Zeit »nur« auf ein Themengebiet konzentrieren muss. Universalgenies wie der Schriftsteller, Maler und Naturwissenschaftler Goethe sind in so gut wie allen Studienfächern gebildet. Goethe interessierte sich für Physik, Geschichte, Geologie, Biologie und Sprachen. Aufgrund dieser vielfältigen Interessen fühlen sich besonders Scanner oftmals orientierungslos und frustriert, da sie phasenweise Schwierigkeiten haben, sich für einen Weg zu entscheiden. Sie hören häufig aus ihrem Umfeld, dass sie sich doch mal »auf eine Sache konzentrieren« sollen. Vielleicht sieht der Lebenslauf solcher Menschen nicht so geradlinig aus, doch die Erfahrungswerte sind unersetzbar.

Verbundenheit

Hochsensible fühlen sich meist mit ihren Freunden, Partnern, Familienangehörigen, Haustieren oder mit der Natur und dem Planeten Erde auf seelischer Ebene tief verbunden. Durch ihr starkes Einfühlungsvermögen und ihre Bereitschaft, sich tief auf Beziehungen einzulassen, sind sie meist »treue Seelen«, die Freundschaften anhaltend pflegen. Die Verbundenheitsgefühle mit Menschen und Lebewesen, die über den persönlichen Bekanntenkreis hinausgehen, motivieren Hochsensible auch zu ehrenamtlichem Engagement, zum Beispiel im Tier- und Um-

weltschutz oder in Hilfsorganisationen, die für Entwicklungs-
länder tätig sind.

> Grundsätzlich lässt sich festhalten, dass Hochsensibilität
> eine Phänomenologie der feinen Wahrnehmung darstellt
> und keine Krankheit ist. Deshalb wird kein Arzt oder Psy-
> chologischer Psychotherapeut Hochsensibilität als »Diag-
> nose« stellen. Diagnosen werden für Krankheiten gege-
> ben.

DORIS, 44 JAHRE:

»Wenn ich an meine Kindheit denke, erinnere ich mich kaum an Situationen, sondern nur an meine intensive Gefühlswelt. Diese kann
augenblicklich durch Gerüche, Geschmäcke etc., die ich mit gewissen Situationen von früher verbinde, in einer totalen Klarheit in mir
wieder abgerufen werden. Damals schon waren zum Beispiel laute
Geräusche und helles Licht für mich vor allem morgens ein Gräuel.
Das Frühstück in den Wintermonaten musste ohne Musik und mit
sanftem Licht stattfinden, was mir bei meiner Schwester den Kose-
namen »Familientyrann« einbrachte. Ich konnte mich als Kind stundenlang alleine mit meinen Spielfiguren beschäftigen und habe mir
mit ihnen meine eigene heile, harmonische Welt erschaffen.
Als Teenager musste ich viele Kompromisse eingehen, um mich
nicht immer anders zu fühlen – und vor allem war keiner da, um
über die ständige Flut an Impulsen und Wahrnehmungen und
deren Umgang sprechen zu können. Leider wurde dieses Nichtver-
standenwerden von mir oft mit zornigen Ausbrüchen gegenüber

meiner Familie ausgelebt. Nur am Wochenende konnte ich mein überreiztes Nervensystem mit viel Schlaf und Aufenthalten in der Natur beruhigen.

Meine Hochsensibilität hat mich mein weiteres Leben immer wieder zum Einzelgänger werden lassen, ein Zustand, unter dem ich aufgrund von Unwissenheit sehr gelitten habe. Das und der Wunsch, dazuzugehören, hat mich zu einer Meisterin des Aushaltens gemacht. Ob im lauten Konzert, spätabends beim gemütlichen Beisammensein oder im hektischen Straßenverkehr – ich habe meine Bedürfnisse einfach ignoriert und verdrängt, was mich schließlich Ende 30 zum Burnout geführt hat und mich zwang, mein Leben zu ändern.

Heute achte ich sehr genau auf die Zeichen meines Körpers, meditiere regelmäßig und gehe auch tagsüber immer wieder in die Stille.«

HSP-Test für Erwachsene: Bin ich hochsensibel?

Lesen Sie sich einfach folgende Aussagen durch, und fragen Sie sich, ob sie auf Sie zutreffen. Zählen Sie am Ende zusammen, wie viele Male Sie mit Ja geantwortet haben.

1. In Menschenansammlungen (z. B. im Supermarkt oder auf einer lauten Party) fühle ich mich nicht so wohl. Ich habe das Gefühl, dass zu viele Eindrücke auf mich einprasseln.
2. Ich bin sehr geräuschempfindlich und/oder lichtempfindlich.

3. Von einem Musikstück oder einem schönen Kunstwerk bin ich oft tief berührt.

4. In meinem Inneren habe ich viele, intensive Gefühle. Manchmal bin ich überwältigt von der Intensität meiner Gefühle.

5. Im Kontakt mit anderen Menschen schnappe ich manchmal deren Gedanken und Gefühle auf. Teilweise erlebe ich dabei Phänomene von Telepathie.

6. Schon früh stellte ich mir die Frage nach dem Sinn des Lebens.

7. Ich reagiere stark auf Ungerechtigkeiten.

8. Wenn ich Tiere leiden sehe, leide ich mit.

9. Ich bin leicht schreckhaft.

10. Wenn ich Hunger habe, komme ich aus meinem Gleichgewicht. Hungergefühle beeinträchtigen meine Stimmungslage.

11. Ich habe viel Fantasie.

12. Filmszenen, in denen Gewalt vorkommen, verabscheue ich.

13. Ich kann mich sehr genau in andere Menschen hineinversetzen.

14. Auch was Tiere fühlen, kann ich spüren. Meine Beziehung zu Tieren ist etwas ganz Besonderes.

15. Als Kind fühlte ich mich schon anders als die meisten anderen Kinder.

16. Ich liebe Kinder. Das Lächeln und die Unschuld von Kindern berühren mich sehr.

17. Wenn ich in die Natur gehe, fühle ich mich in meiner Seele berührt und finde zu mir.

18. Ich mag es, tiefgründige Literatur zu lesen.

19. Ich brauche Harmonie in meinem Umfeld. Bei Streit und Konflikten leide ich besonders stark.

20. Manchmal fühle ich mich einsam, weil ich mich oft unverstanden von meinem Umfeld fühle.

21. Wenn mir alles zu viel wird, suche ich Rückzug und Ruhe.

22. Freunde und Arbeitskollegen schätzen mich, weil ich gut zuhören kann und positive Impulse für Gruppen geben kann.

23. Im Umgang mit Fremden bin ich eher schüchtern.

24. Mein Traumleben ist intensiv und vielschichtig. Ich träume oft und interessiere mich für Traumdeutung.

25. Ich neige zu Allergien.

26. Wenn ich Medikamente einnehme, brauche ich oft eine niedrigere Dosis.

27. Von den Stimmungen und Gefühlen anderer Menschen in meinem Umfeld fühle ich mich schnell beeinflusst.

28. Ich denke oftmals mehr an andere als an mich selbst.

29. Es fällt mir schwer, anderen lange böse zu sein. Ich versöhne mich gern.

30. Spiritualität, Philosophie und die Suche nach einem Sinn im Leben sind mir sehr wichtig.

31. Im Alltag fühle ich mich immer wieder mal überfordert. Bei wirklich dramatischen Situationen in der Familie oder in der Firma bin ich überraschenderweise oft ganz klar, ruhig und kann anderen in schweren Stunden sogar beistehen.

32. Ich habe mich schon sozial engagiert. Geld interessiert mich in diesem Zusammenhang eher weniger.

33. Manchmal reagiere ich kindlich naiv und merke das erst hinterher.

34. Ich neige zum Perfektionismus. Wenn ich etwas tue, möchte ich es genau und richtig machen.

35. Ich suche nach Schönheit in meiner Umgebung. Ich habe

ein gutes Gefühl für Farben, Formen, Klänge und Harmonie in meinem Umfeld.

Wenn Sie mehr als 15 Mal mit »Ja« antworten konnten, sind Sie wahrscheinlich hochsensibel. Bei mehr als 20 Mal ist Ihre Hochsensibilität stark ausgeprägt, bei mehr als 25 »Jas« sind Sie sehr stark hochsensibel.

Den Test zu hochsensiblen Kindern finden Sie in Kapitel 5.

Stärken und Schwächen von Hochsensiblen

Anhand der Wahrnehmungskanäle lassen sich die Stärken und mögliche Schwächen von Hochsensiblen verdeutlichen. Mithilfe der folgenden Tabelle können Sie einmal schauen, welche Stärken Sie in den verschiedenen Wahrnehmungsbereichen haben. Auch die Begabung für mehrere Kanäle ist möglich. Daraus ergeben sich dann wiederum neue Kombinationsmöglichkeiten. Eine sensiblere Wahrnehmung begünstigt eine oder mehrere Hochbegabungen sowie berufliche Perspektiven in den verschiedensten Bereichen.

Kanal	Stärken	Schwächen	mögliche Berufe
Sehen Organ: Augen	intuitives Verständnis für Farben, Formen, Harmonie, Sinn für Ästhetik, genaues Erkennen von visuellen Details	Lichtempfindlichkeit, visuelle Überreizbarkeit	Maler, Designer, Architektin, Grafikdesigner, Fotografin, Künstler, Schneider, Raumausstatter, Dekorateur, Lektor
Hören und Sprechen Organe: Ohr & Mund	gutes oder absolutes Gehör, Rhythmusempfinden, Musikalität, gutes Sprachverständnis, hört feinste Nuancen	geräuschempfindlich	Sänger, Musikerin, Komponist, Dichter, Dolmetscherin, Sprachwissenschaftler, Schriftsteller, Redner, Logopäde, Lektorin
Riechen, Schmecken Organe: Nase & Mund	differenziertes Riechen und Schmecken	geruchs- und geschmacksempfindlich	Gourmetkoch, Parfümeur, Aromatherapeut, Bäcker/Konditor
Tasten, Fühlen, Berühren Organe: Haut, Muskeln	differenzierte Wahrnehmung von Formen, Berührungsimpulsen, Oberflächen, Organen & Strukturen	berührungsempfindlich, temperaturempfindlich	Masseur, sensibler Körpertherapeut, Shiatsutherapeutin, Akupunkteur, Craniosacraltherapeut, Kinesiologin, Handwerker, Instrumentenhersteller

Kanal	Stärken	Schwächen	mögliche Berufe
Körperbewusst-sein, Bewegung Organe: Muskeln, Gleichgewichts-sinn	differenzierte & bewusste Körper-wahrnehmung, Bewegungs-intelligenz, gute Koordination, gute Raumorien-tierung	Hypochonder, nimmt kleinste Signale im Körper wahr	Tänzerin, Yoga-lehrer, Sportler, Kletterer, Fitness-trainer, Masseur, Reiter, Ergothera-peut, Sportthera-peut, Taucher
zwischen-menschliche Wahrnehmung Kombination mehrerer Kanäle & intuitives Erfassen	guter Zuhörer, differenziertes und schnelles Erfassen nonver-baler Signale wie Körpersprache, Ausstrahlung, Stimmungs-zustand von anderen	fühlt sich überflu-tet von den Gefühlen anderer Menschen, kann sich emotional schlecht abgren-zen, leidet mit anderen mit	Psychologe, Coach, Trainer, Beraterin, Mediatorin, Verkäufer, Agent, Heilpraktiker, Psychotherapeut, Personalentwick-ler, helfende Berufe

Hochsensible Männer

INTERVIEW MIT OLIVER (JAHRGANG 1977)

Woran bemerkst du deine Hochsensibilität im Alltag?

Meine Hypersensitivität merke ich im Alltag an verschiedenen Ge-gebenheiten. Mich stört starkes Licht (Sonnenlicht), ich halte dieses nur sehr kurze Zeit aus, wenn es mich direkt anstrahlt. Besonders empfindlich bin ich gegenüber Lärm oder lauten, viel redenden Per-sonen. Bei Menschenansammlungen ziehe ich mich gerne zurück. Beim Einkauf bin ich nach kurzer Zeit reizüberflutet.

In welchen Lebensbereichen empfindest du deine Hochsensibilität als Bereicherung? Wo eher als Last?

Es hat aber auch positive Seiten im Alltag. Ich spüre, wenn etwas im Argen liegt oder mir gegenüber jemand nicht ehrlich ist. Ich neige zu Perfektionismus und kann mich gut in andere hineinfühlen. Wenn ich mit einem Projekt beginne, stehe ich voll und ganz dahinter. Bei meinen Hobbys Fotografie und Musik empfinde ich meine Gabe als Bereicherung. Ich bin sehr kreativ und kann das dabei gut ausleben. Im Alltag empfinde ich meine Hypersensitivität eher als störend. Von anderen werde ich für nicht belastbar gehalten.

Wo siehst du deine Stärken?

Meine Stärken liegen darin, dass ich mich gut in Menschen und Dinge hineinversetzen kann und feinfühliger bin. Ich habe eine schnelle Auffassungsgabe und handle lösungsorientiert. In der Vergangenheit war es schon mehrfach so, dass ich sehr früh bemerkt habe, wenn sich Situationen, zum Beispiel im Arbeitsumfeld, verändern. Ich habe meinen Arbeitgeber gewechselt, da meinten alle anderen noch »So schlimm ist das doch gar nicht!«. Nach Jahren haben dort genau diese Mitarbeiter gekündigt.

Was bedeuten Gefühle für dich?

Gefühle habe ich im Lauf der Zeit immer mehr verborgen. Ich hatte ständig das Gefühl, ich bringe mich mehr ein als meine Partnerin oder alle anderen. Ich erlebe Gefühle innerlich sehr intensiv. Äußern kann ich sie am besten über Musik.

**Was machst du beruflich? Wie wirkt sich deine Hoch-
sensibilität im Beruf aus?**

Ich habe lange Zeit im OP gearbeitet. Der ständige Stress und Lärm
haben mich aber täglich immer wieder sehr schnell an meine Grenzen gebracht. Jetzt arbeite ich als Gutachter im medizinischen Bereich und kann über meinen Tagesablauf mitbestimmen, in meinem
Tempo arbeiten und zwischendurch immer wieder Pausen einlegen.
Durch meine umfassende Wahrnehmung kann ich vor Ort innerhalb kurzer Zeit sehr viele Eindrücke sammeln und diese in den
Gutachten verwerten.

**Bist du Vater geworden? Wie siehst du dich als hoch-
sensibler Vater?**

Ich bin zweifacher Vater. Mein älterer Sohn lebt jedoch leider nicht
dauerhaft bei mir. Ich gerate mit meiner Hypersensitivität schnell an
meine Grenzen und habe das Bedürfnis, mich zurückzuziehen. Kinder sind nun mal laut und verlangen, dass man sich einbringt und
um sie kümmert. Dazu fehlt mir oft die Kraft, da ich mich selbst
zum Beispiel nach einem harten Arbeitstag nur sehr langsam wieder erhole. Obwohl es für mich anstrengend ist, würde ich es dennoch nie missen wollen!

Umfrage mit hochsensiblen Männern

Auf meiner Internetseite habe ich eine Umfrage mit hochsensiblen Männern durchgeführt. Die Resonanz war groß, und es
ergaben sich erstaunliche Ergebnisse: Besonders auffällig waren
die Antworten zu den positiven und negativen Aspekten der
Hochsensibilität, die hochsensible Männer beschrieben haben.

Die meisten empfinden ihre Hochsensibilität auf der einen Seite als extrem negativ, störend und verwirrend. Dazu gehören insbesondere Geräusch- und Geruchsempfindlichkeit, Schwierigkeiten in Menschenansammlungen sowie der Umgang mit den eigenen Emotionen. Auf der anderen Seite beschreiben Männer, ähnlich wie Frauen, Phänomene von Einfühlungsvermögen, erweiterter Wahrnehmung, sozialer Intelligenz und Kreativität. Rückblickend berichteten die Männer darüber, dass ihnen ihre Andersartigkeit bereits in der Kindheit und spätestens im Jugendalter aufgefallen war. Die hochsensible Variante des Männlichen verursacht in der Umgebung häufig Irritationen, die den Betroffenen schnell das Gefühl geben, ein Außenseiter zu sein. Viele leiden unter der Oberflächlichkeit alltäglicher Gespräche und suchen nach Tiefe und dem Sinn im Leben.

An dieser Stelle können Sie kurz einige repräsentative Antworten aus der Umfrage mit Männern lesen. (* die Namen wurden geändert)

Frage: »Wie erleben Sie Ihre Hochsensibilität im Alltag? Wann ist Ihnen aufgefallen, dass Sie anders sind? Wo sehen Sie Ihre Stärken und Schwächen?«

Andreas (44)*: »Im Beruflichen empfinde ich sie als störend, da ich in einem Großraumbüro arbeite und der Umgebungslärm mich irgendwie erdrückt. Im Alltag suche ich, soweit es mir möglich ist, abgeschiedene bzw. ruhige Plätze. Ich beobachte gern vorbeiziehende Personen und denke mir Geschichten zu ihnen aus. Beim Malen (abstrakte Bilder) empfinde ich meine Hochsensibilität als bereichernd und förderlich. Bemerkt habe ich meine Hochsensibilität nach meiner Scheidung vor zwölf Jahren. Damals begann ich das erste Mal, mich nur um mich zu kümmern. Als ich anfing, Yoga zu praktizieren, dadurch Ruhe und mein inneres Gleichgewicht wiederfand, hat sich in mir etwas verändert. Durch eine schwere Erkrankung und die vielen Gespräche mit meiner Heilpraktikerin fiel das erste Mal das Wort ›Hochsensibilität‹. Mit der Zeit verstand ich vieles aus der Vergangenheit und kann die Momente meines Empfindens besser einordnen.«

Jürgen (36)*: »Ich kann gut zuhören, baue schnell emotionale Beziehungen zu anderen Menschen auf und kann mich gut in sie hineinversetzen. In einer Diskussion verteidige ich immer die jeweils andere Person, die gerade nicht anwesend ist. Ich bin geräusch- und geruchsempfindlich, fühle mich sehr unwohl in großen Menschenmengen und kann aggressives und lautes Verhalten nicht nachvollziehen. Das fing schon in der Kindheit an, als mir die ›üblichen kleinen Prügeleien‹ unter Jungs sehr befremdlich erschienen. Ich sehe viele Details und bin deshalb leicht ablenkbar. Andererseits bin ich ganz gut geübt darin, mehrere Dinge gleichzeitig zu ›beachten‹. Das führt dazu, dass ich oft einen besseren Überblick über die Dinge habe als andere. Ich habe Probleme im Angestelltendasein, im regelmäßig gleichbleibenden Tagesablauf. Deswegen bin ich selbständig, aber auch das ist nicht optimal. Mir fehlt der Wille zum Geldverdienen, den man als Unternehmer braucht. Ich mache zu viele unbezahlte Sachen.«

Thomas (48)*: »Zuerst dachte ich, ich wäre nervlich nicht belastbar. Aber als ich das mit meiner Hochsensibilität rausgefunden hatte, kam ich im Beruf viel besser klar. Es gibt immer wieder viele Dinge, die mich nerven. Am Anfang denkt man immer, der Stress ist schuld. Der entsteht aber nicht durch die Arbeitsmenge, sondern durch das Umfeld. Es ist nicht einfach, aber man kann sich dem anpassen. Ich registriere mehr Dinge und kann auch komplexer denken. Jedoch nur bei guten Bedingungen. Sobald es zu viele störende Einflüsse gibt, baue ich sehr schnell ab.«

Partnerschaftsthemen von hochsensiblen Männern

Jeder zweite HSP-Mann in dieser Umfrage war Single. Hier liegt schon eines der großen Themen auf der Hand, die hochsensible Männer beschäftigen. Wie können Sie eine Partnerschaft eingehen und halten? Schüchternheit und teilweise sozialer Rückzug verhindern häufig, dass hochsensible Männer Kontakte mit potenziellen Partnerinnen knüpfen können. Frauen können irritiert auf hochsensible Männer reagieren, da sie diese als zu wenig männlich empfinden. In Freundschaften mit Frauen werden hochsensible Männer oft geschätzt, da sie gute Gesprächspartner sind und gern tiefsinnige Gespräche führen. Doch wie können solche Freundschaften in eine Liebesbeziehung weiterentwickelt werden? Bei dieser Frage stoßen (hochsensible) Männer teilweise an ihre Grenzen. HSP-Männer neigen eher dazu, nach einer Trennung mehr Zeit für die Verarbeitung der Beziehung zu brauchen. Die aufgewühlten Gefühle wie Trauer, Verlust, Liebeskummer und Enttäuschung hallen noch lange in ihnen nach. Die Fähigkeit, sich tiefer auf Beziehungen einzulassen, trägt ebenfalls zu längeren Verarbeitungsphasen bei.

Noch immer prägen klassische Rollenbilder die Vorlieben von Frauen bei der Partnerwahl. Auch die finanzielle Absicherung spielt für viele Frauen noch heute eine große Rolle, wenn sie auf die Suche nach einem geeigneten Partner gehen. Da hochsensible Männer oft sozial engagiert, künstlerisch tätig oder idealistisch veranlagt sind, haben sie teilweise einen kleineren finanziellen Spielraum als die anderen männlichen Kollegen.

Kinder von Hochsensiblen

Lediglich 30 % der befragten hochsensiblen Männer hatten selbst Kinder. (Ob sich diese Zahlen als repräsentativ für die gesamte Gruppe von Hochsensiblen deuten lassen, ließe sich nur mit einer groß angelegten Umfrage herausfinden.) Hochsensible treffen teilweise bewusst die Entscheidung, keine Kinder haben zu wollen, weil sie befürchten, in der Elternrolle überfordert zu sein. Andererseits gibt es auch viele HSPs, bei denen auch andere Gründe eine Rolle spielen, etwa nicht die richtige Partnerin gefunden zu haben oder Beziehungsprobleme im Allgemeineren.

Die Vater-Sohn-Beziehung

Für hochsensible Männer lohnt es sich, die Beziehung zum Vater zu beleuchten, um die eigene Entwicklung besser zu verstehen. Als Junge muss der Sohn sich an seinem Vater orientieren, da dieser das Rollenmodell für Männlichkeit, Väterlichkeit und Partnerschaft vorlebt. In vielen Familien wurde die Liebe zwischen Vätern und Söhnen unterbrochen. Entweder durch Abwesenheit (kein Interesse an Familie), Tod, Krieg oder aufgrund der Berufstätigkeit. Erfahrungen der Ablehnung werden häufig von Generation zu Generation weitergereicht. Besonders Väter, die als Kinder selbst vernachlässigt wurden, haben das Gefühl, mit ihren eigenen Kindern nicht viel anfangen zu können.

Diskrepanzen zwischen Vätern und Söhnen

Auffallend in der Umfrage war, dass viele Befragte den Eindruck hatten, ihr Vater sei nicht hochsensibel (33 %). Tatsächlich beschrieben 45 % der Männer ihre Väter als distanziert und emotional kühl, 21 % sogar als ablehnend. (Mehrfachnennungen waren möglich.) Wieder 21 % empfanden ihren Vater als bedrohlich in Worten und sogar 23 % als aggressiv. 15 % beschrieben ihn sogar als gewalttätig. In diesem Spannungsbogen wird die Identifikation mit dem Vater natürlich schwierig. Besonders für hochsensible Jungs, die ihren Vater als emotional distanziert oder aggressiv erleben, baut sich eine innere Distanz auf, die eine gesunde Identifikation mit dem Vater unmöglich macht. Für die Entwicklung der eigenen männlichen Identität als hochsensibler Mann brauchen hochsensible Jungen positive Vorbilder.

Positive Vater-Vorbilder

Immerhin waren 18 % der Meinung, ihr Vater sei auch hochsensibel. Ein Viertel der Männer beschrieb den Vater als kreativ, kommunikativ und beschützend. Die künstlerische Veranlagung wurde von 23 % beim Vater beobachtet. Es gab Väter, die aufgrund ihrer Hochsensibilität der Ehefrau eher untergeordnet leben (25 %), und fast genauso viele Väter, die auf einer Ebene mit der Partnerin leben (21 %). Als liebevoll beschrieben 33 % der Männer ihre Väter und 44 % als erfolgreich im Beruf.

Berufsbilder hochsensibler Männer

Die Berufstätigkeit von HSP-Männern hat ähnliche Trends gezeigt wie die Berufstätigkeit von hochsensiblen Frauen. Bei der Umfrage zeigten sich jedoch noch weitere Differenzierungen. 16 % gaben an, einen künstlerischen Beruf auszuüben, 12 % ar-

beiten in der IT-Branche, 6 % als Wissenschaftler, 8 % als Hand-
werker und 15 % im Gesundheitswesen, 16 % sind nicht be-
rufstätig aufgrund von Burnout oder anderen Erkrankungen.
Die Mehrheit der Männer arbeitet als Angestellte (42 %) und
18 % sind Freiberufler. Interessant sind auch die Kommentare
zu Mehrfachberufen, die hochsensible Männer aufgrund ihrer
vielen Interessen und Begabungen ausüben.

Männerfreundschaften

Immerhin berichtete jeder zweite Mann in der Umfrage, dass er
hochsensible Freunde habe. Jedoch gaben noch 30 % der Männer an, dass sie in ihrem Umfeld keine hochsensiblen Freunde
haben. Das ist traurig. Denn nur durch Gleichgesinnte können wir unsere Einzigartigkeit positiv kennenlernen. Typisch
für Hochsensible ist auch, dass die deutliche Mehrheit angab,
wenige Freunde zu haben. Nur 9 % berichteten darüber, viele
Freunde zu haben. Allgemein bevorzugen es die meisten Hochsensiblen, lieber wenige, tiefere Freundschaften zu pflegen, als
viele oberflächliche Kontakte zu haben.

Männergruppen

Kreise unter Männern können viele wachstumsanregende Impulse geben. Besonders für hochsensible Männer, deren Väter
eher ein negatives Bild hinterlassen haben, können diese Gruppen wichtige Heilungsimpulse geben. Es gibt unterschiedliche
Formen von Männergruppen: Ein Großteil der angebotenen
Gruppen bietet Seminare mit intensiver Naturerfahrung an,
was vielen HSP-Männern entgegenkommt. Dazu gehören ar-
chaische Angebote wie das Feuermachen, Kanufahren, Fischen,
indianische Schwitzhütten und Überlebenstrainings. Darüber

hinaus gibt es die Gesprächsrunden unter Männern, in denen offen über Themen wie männliche Identität, Gefühle, Partnerschaft und Sexualität, Lebensphasen, Vaterschaft usw. gesprochen werden kann. Hier können hochsensible Männer endlich offen und in einem geschützten Rahmen über ihre innere Welt sprechen und heilsame, neue Impulse aufnehmen.

Es ist Zeit für ein neues Bild von Männlichkeit!
Die Integration der weiblich konnotierten Aspekte wie Emotionalität, Empathie, Mitgefühl, Kreativität und Naturverbundenheit könnte vielen *männlichen* Männern ganz guttun. Deshalb werden hochsensible Männer in unserer Gesellschaft dringend gebraucht. Unserer Kultur fehlt es an Impulsen sensibler Männer, die sich vielfach im Alltag zu sehr zurückziehen. Noch immer werden viele Unternehmen von jenen Männern geleitet, die den Kampf um Leistung, Effizienz und Gewinnmaximierung oft in unmenschlicher Weise vorantreiben. Generationenübergreifendes Denken gibt es in unserer Industriewelt kaum. In der kranken, männlich orientierten Welt der Wirtschaft und des Geldes wurde das weibliche Prinzip nahezu ausgelöscht. Das Ergebnis bekommen unsere Kinder präsentiert, die eine Erde vorfinden, die am Rande ihrer Kräfte ist. Mutter Natur wird so sehr ausgebeutet, dass viele Ökosysteme auf dem Land und im Wasser kurz davor sind, zusammenzubrechen. Der Raubbau an den Ressourcen der Natur und die unbändige Gier nach Bodenschätzen, Öl, Gas und Tieren haben schon viele Regionen der Erde zerstört. Da es nur wenige Vorbilder für hochsensible Männer gibt, ist es von unschätzbarer Wichtigkeit, dass Männer sich untereinander in ihrer Entwicklung gegenseitig unterstützen und Mut machen.

Welche Impulse können hochsensible Männer in die Gesellschaft einbringen?

- Die Entwicklung eines neuen Familienbildes
- Vorbilder für hochsensible Kinder sein
- Tiefe seelische Verbindungen in einer Partnerschaft leben
- Eine sensible, spirituelle, einfühlsame Sexualität leben
- Kreativität, Musikalität und Fantasie zur Entwicklung von Kunstprojekten
- Fähigkeit zu tiefen Gefühlen
- Die Welt menschlicher machen
- Die Integration weiblicher Aspekte in einer männlichen Identität
- HSP-Männer als Unterstützung und Stärkung von Frauen und der weiblichen Energie
- Ausgleich schaffen, Extreme abmildern
- Leichtigkeit, Humor einbringen
- Innovationen vorantreiben
- Philosophische Gedanken entwickeln
- Spiritualität leben und verwirklichen
- Durch Verbundenheit Verantwortung für Tiere und Menschen in Not übernehmen
- Dem Erwartungsdruck unserer Leistungsgesellschaft nicht entsprechen

Hochsensible Frauen

INTERVIEW MIT CHRISTINA (58 JAHRE)

Woran bemerkst du deine Hochsensibilität im Alltag?

Ich ertrage die Gesellschaft von mehr als zwei Menschen nicht – und auch die zwei schon nur schwer. Ich bin sehr lärmempfindlich. Ich kann nicht in Supermärkten einkaufen oder samstags in der Stadt sein oder Urlaub machen in einem Hotel. Wenn ich in der Straßenbahn fahre oder einen öffentlichen Raum betrete, nehme ich die Gesamtstimmung wahr und auch die Befindlichkeiten der Einzelnen – das ist sehr »laut«. Manchmal ist es, als werde ich angebrüllt. Ich höre die Menschen mit meinen inneren Ohren und kann mich nicht dagegen schützen.

In welchen Lebensbereichen empfindest du deine Hochsensibilität als Bereicherung? Wo eher als Last?

Im Kontakt mit meiner Familie und mit Freunden, mit Menschen, denen ich vertraue und die mir nah sind, ist es eine große Bereicherung, dass ich den anderen Menschen so differenziert und deutlich wahrnehmen kann. Haben diese Menschen Probleme, die sie mit mir besprechen, hilft es, weil ich die Untertöne hören kann. Ich sehe die Aura eines Menschen und die vorherrschende Farbe, das mag ich sehr gern, und es hilft, den anderen zu verstehen. Eine Last ist die Hochsensibilität, weil die Welt für mich zu laut und zu voll ist. Schwierig wird es, wenn ich Kontakt auf einer sachlichen Ebene habe, weil ich den anderen Menschen in all seinen Farben sehe und das Unausgesprochene wahrnehme. Wenn die Eindrücke stark sind, fällt es mir schwer, sachlich zu bleiben, ich gerate leicht auf eine andere Ebene. Ich sehe die Aura, spüre viel, und der Mensch scheint mir vertraut, er kennt mich aber nicht und will natürlich in einer solchen Situation nicht über Privates sprechen, und vermutlich will er auch nicht, dass ich davon weiß.

Wo siehst du deine Stärken?

Ich kann Menschen dabei helfen, klarer zu werden, zu erkennen, was sie quält und behindert. Ich kann leicht vermitteln, dass ich den anderen Menschen akzeptiere und nicht beurteile. Ich kann durch meine Anwesenheit schlichtend und ausgleichend wirken.

Wie würdest du deine Hochsensibilität gern in die Gesellschaft einbringen?

Ich würde gern als Mediatorin arbeiten. Mein größter Wunsch ist, die Geschichten aufzuschreiben, die ich um mich herum »höre«, die um mich herumschweben, und damit mehr Farbe in die Welt zu bringen.

Was bedeuten Gefühle für dich?

Ich lerne gerade, dass ich fühlen muss, will ich weiter wachsen, will ich meinen eigenen Raum finden. Das ist ein großes Abenteuer für mich und macht mir Angst…

Umfrage mit hochsensiblen Frauen

Ähnlich wie bei den HSP-Männern habe ich mit hochsensiblen Frauen eine Umfrage im Internet gestartet. Die Anzahl der Teilnehmenden war bei beiden Umfragen gleich. Ob sich die Ergebnisse als repräsentativ für die Gesamtgruppe der Hochsensiblen auswerten lassen, ließe sich nur durch zukünftige Umfragen klären. Dennoch sind die Trends eindeutig.

Partnerschaftsthemen von hochsensiblen Frauen

Im Vergleich zu den hochsensiblen Männern gibt es unter den HSP-Frauen weniger Singles. Während jeder zweite hochsensible Mann in der Umfrage Single war, betraf dies bei den Frauen nur 30 %. Ob es sich dabei um Alleinstehende oder um Geschiedene handelt, wurde nicht näher beleuchtet. Bei dieser Umfrage gaben 65 % der Frauen an, dass ihr Partner nicht hochsensibel sei, und 35 % hatten einen hochsensiblen Partner. Ca. 35 % hatten Kinder. Über 60 % der Singles wünschten sich eine neue Beziehung. (Weitere Informationen zu Partnerschaftsthemen können Sie in Kapitel 3 vertiefen.)

Berufsbilder hochsensibler Frauen

Innerhalb meiner Umfrage kristallisierte sich ein klarer Trend heraus, was die Berufstätigkeit hochsensibler Frauen betrifft. Die beiden großen Felder, in denen sich diese Frauen am stärksten bewegen, sind: das Gesundheits- und Sozialwesen sowie künstlerische Berufe. 26 % sind angestellt und 30 % freiberuflich tätig. 13 % sind Hausfrau und 12 % gaben an, wegen Burnout derzeit berufsunfähig zu sein. 8 % sind Wissenschaftlerinnen.

Stärken hochsensibler Frauen

- Intuition
- Empathie
- Kreativität
- Spiritualität
- Therapeutische Fähigkeiten

- Besondere Verbindung zu Tieren
- Hilfsbereitschaft und soziales Engagement
- Sinn für Schönheit und Harmonie
- Gute Beobachtungsgabe
- Sozialkompetenz

Mutter-Tochter-Beziehung

Überraschend bei dieser Umfrage waren die Aussagen zu den Müttern der hochsensiblen Frauen. 48 % gaben an, dass sie ihre eigene Mutter nicht als hochsensibel erlebt haben. Sogar 60 % gaben an, ihre Mutter sei emotional kühl und distanziert. 42 % beschrieben ihre Mutter als depressiv und 21 % als »häufig strafend«. Es gab bei den Kommentaren auffällig viele Bemerkungen zu narzisstischen Müttern. Wenn wir bedenken, dass 65 % der Teilnehmerinnen zwischen 30 und 50 Jahre alt waren, gehörten ihre Mütter wahrscheinlich zu den 60er, 50er, 40er und 30er Jahrgängen. Aufgrund der historisch schwierigen Ereignisse des Zweiten Weltkrieges sind alle diese Elterngenerationen direkt oder indirekt durch die Traumatisierungen jener Zeit psychisch belastet gewesen, was die recht hohen Werte in den negativen Eigenschaften dieser Mütter wohl erklärbar macht. Möglicherweise war ein Teil dieser Mütter trotzdem hochsensibel und konnte diese Veranlagung aufgrund der meist widrigen Lebensumstände nicht konstruktiv ausdrücken.

38 % beschrieben ihre Mütter als hochsensibel, 43 % beschrieben sie als liebevoll und 30 % als emotional warm. Die kreative Veranlagung konnten 35 % der Befragten bei der eigenen Mutter beobachten. 47 % beschrieben sie als kommunikativ und ebenso viele als beschützend.

Aufgrund der vielen negativen Erfahrungen hochsensibler Frauen mit ihrem weiblichen Muttervorbild ist sehr viel Heilungs- und Versöhnungsarbeit notwendig. Dafür gibt es bereits eine Vielzahl von Gruppierungen. Im folgenden Abschnitt möchte ich Ihnen eine davon stellvertretend vorstellen.

Frauengruppen

Die Räume, in denen es um weibliche Themen geht, beginnen seit einigen Jahren wieder zu wachsen. Eine sehr kraftvolle Bewegung aus den USA nennt sich die **Red-Tent-Bewegung**, zu der es bereits einen gleichnamigen Dokumentarfilm der amerikanischen Psychologin Isadora Gabrielle Leidenfrost gibt. Nach dem Vorbild der amerikanischen Ureinwohner, wonach sich die Frauen zu Zeiten ihrer Menstruation in ihre *Moonlodge* zurückzogen, versammeln sich Frauengruppen auf der ganzen Welt in roten Zelten oder Räumen, um miteinander auf eine sehr intime und persönliche Art über alles zu sprechen. Die starke Kraft der Verbindung unter den Frauen, Mädchen und Großmüttern erschafft einen Heilungsraum, der therapeutisch enorm wirksam ist. Im Internet können Sie Filmausschnitte des bereits erwähnten Dokumentarfilms sehen und sich berühren lassen.

Verletzlichkeit als natürlicher Zustand

Verletzlichkeit ist ein Zustand, mit dem wir auf die Welt kommen. Schauen Sie sich ein neugeborenes Baby an – wie empfindlich ist seine Haut? Wie sensibel reagiert es auf Berührung und andere Außenreize? Im Zustand von Verletzlichkeit sind wir emotional offen und reaktionsfähig. Es ist eine Fähigkeit, mit dem Leben mitzuschwingen, und eine Art von Reinheit. Wenn Kinder weinen, weil sie einen traurigen Film gesehen haben, oder wenn Ihr Kind Ihnen sagt, dass es Sie liebt, dann erleben Sie diese Offenheit, dieses weiche Herz. Auch bei Säugetieren, die den Kontakt mit Menschen gewohnt sind, können Sie dieses Vertrauen erfahren. Der Hund, der sich mit dem Bauch nach oben hinlegt, damit Sie ihn dort streicheln können, demonstriert maximales Vertrauen und maximale Verletzlichkeit. Denn im Bauchraum liegen unsere inneren Organe, die bei einem Kampf oder Angriff lebensbedrohlich verletzt werden können. Mit Verletzlichkeit meine ich den natürlichen Zustand von Menschen und Tieren, die vollkommen authentisch und im Vertrauen sind. Es ist nicht die leichte Kränkbarkeit gemeint, mit der Menschen auf Kritik oder Ablehnung überreagieren.

Als hochsensibler Mensch ist es hilfreich, wenn Sie eine positive Beziehung zu Ihrer Verletzlichkeit aufbauen. Unsere Gesellschaft unterstützt diese Entwicklung in der Regel eher nicht. Fragen Sie einmal Jugendliche, wie es an den Schulen heutzutage abläuft. Oberste Regel heißt dort »cool sein«. Coolness bedeutet, dass Gefühle versteckt werden und ein Deckmantel der

Emotionslosigkeit demonstriert wird, der im weiteren Verlauf zu Arroganz oder Aggressionen führen wird, da feinere Gefühle wie Trauer, Berührtsein, Neugier oder aufrichtige Anteilnahme unterdrückt werden. Im Berufsleben geht's dann weiter. Wer traut sich, vor den Augen des Chefs oder vor Kollegen zu weinen, wenn ihn etwas bedrückt? Wie oft haben Sie als Kind den Satz zu hören bekommen: »Jetzt hör doch mal auf zu heulen!«? Wie haben Ihre Eltern und Freunde auf Ihre Verletzlichkeit und Sensibilität reagiert? Oft geschieht es, dass hochsensible Menschen aufgrund solcher Situationen emotional »zumachen«. Das ist in der Regel eine häufige Reaktion auf die Ablehnung und das Unverständnis, mit denen sich viele HSPs im Alltag konfrontiert sehen. Ich möchte Sie ermutigen, wieder diese ursprüngliche Verletzlichkeit zuzulassen. Denn dieser Zustand ist rein, unschuldig und macht uns veränderungs- und lernfähig.

Verletzlichkeit ist unsere wahre Natur und der Zugang zur inneren Heilung.

Filmbeispiel »Good Will Hunting«

Abschließend möchte ich Ihnen noch einen Film zum Thema empfehlen. »Good Will Hunting« ist ein Meisterwerk des Regisseurs Gus van Sant. Hauptdarsteller Matt Damon schrieb das Drehbuch gemeinsam mit seinem Kollegen Ben Affleck. Der Film handelt von dem hochbegabten Jugendlichen Will Hunting (gespielt von Matt Damon), der in einem heruntergekommenen Vorort von Boston lebt. Aufgrund seiner ärmlichen Herkunft

und des zerrütteten Elternhauses, in dem er Alkoholismus und
Gewalt erlebt hat, arbeitet er als Hilfsarbeiter auf dem Bau und
als Reinigungskraft an der Cambridge-Universität. Eines Tages
löst er dort auf einer Tafel im Flur eine sehr schwierige Glei-
chung der höheren Mathematik, und der Professor erkennt in
ihm ein unentdecktes Mathematikgenie. Da Will selbst immer
wieder in Schlägereien verwickelt wird, kommt er vor Gericht.
Der Professor bewirkt, dass eine Haftstrafe entfällt, wenn Will
sich in psychologische Behandlung begibt. Der College-Psycho-
loge Sean Maguire (gespielt von Robin Williams) nimmt sich
des Jungen an. Will provoziert, pokert und reagiert mit Zynismus und Sarkasmus auf die therapeutischen Annäherungsver-
suche. Es scheint hoffnungslos. Der junge Hochbegabte versteckt sich hinter einer Maske, seine emotionale Panzerung ist
aufgrund seiner traumatischen Kindheitserlebnisse zu stark. Erst
als der Psychologe von seinem eigenen Vater berichtet und wie
er ihn als Kind regelmäßig verprügelt hat, bricht der Damm. In
der Schlüsselszene versichert der Therapeut Will immer wieder,
dass er keine Schuld an den Übergriffen des Vaters habe. Dieser bleibt zunächst distanziert, je öfter Maguire den Satz jedoch
wiederholt, umso mehr öffnet sich Will, bis er schließlich in Tränen ausbricht und weinend in den Armen des Therapeuten liegt.
In dieser Szene findet Will endlich wieder den Zugang zu seiner eigenen Verletzlichkeit und kann dadurch wieder authentisch werden. Seine eigenen aggressiven Ausbrüche reduzieren
sich, er findet seinen eigenen Lebensweg. Dieser wunderbare
Film enthält viele wichtige und berührende Botschaften, die sehr
stark mit den Themen Hochsensibilität, Verletzlichkeit und auch
(Hoch-)Begabung verknüpft sind.

Gefühle

In diesem Buch werden Sie noch sehr viel über Gefühle und den Umgang mit ihnen lesen. Hochsensible Menschen haben ein besonders intensives Gefühlsleben, das ihnen überwältigend und zum Teil sogar bedrohlich erscheinen kann, sofern sie nicht gelernt haben, damit angemessen und konstruktiv umzugehen. Ein weiteres Persönlichkeitsmerkmal, das die meisten HSPs kennen, ist der Wunsch nach Harmonie. Wenn sich im Umfeld Spannungen und Konflikte aufbauen, versuchen meist die HSPs, die Wogen wieder zu glätten und zu schlichten. Daher beschäftigt sich dieses Kapitel sowohl mit dem Umgang mit eigenen Gefühlen als auch mit sogenannten »fremden Gefühlen«, die HSPs häufig von anderen Personen aufschnappen.

Als Einführung in dieses Thema lesen Sie hier einen Teil des Interviews mit Julia (20 Jahre):

Frage: »Was bedeuten Gefühle für dich?«
Julia: »Gefühle sind die Grundlage jeden Seins, durch sie ist unser Leben lebenswert. Wir können nicht ohne Gefühle leben, denn ohne sie wären wir nur leere Hüllen, die keinen anderen Zweck verfolgen als Essen, Trinken, Fortpflanzen und Schlafen. Ohne Gefühle wäre die Menschheit nicht überlebensfähig. Aus genau diesem Grund haben auch alle Lebewesen auf diesem Planeten Gefühle, Mensch wie Tier. Jeder, der ein Haustier hatte und sich ernsthaft mit diesem beschäftigt hat, kann dies bestätigen. Denn Tiere zeigen ihre Gefühle ohne Vorbehalte, ohne ›Maske‹, die viele Men-

schen heutzutage zur Schau tragen. Dadurch sind Tiere die besseren Menschen, und wir alle tun gut daran, ihnen ein angenehmes Leben zu bescheren, sie wertzuschätzen und keinem Tier absichtlich zu schaden oder es sogar zu töten. Gefühle, egal ob guter oder schlechter Art, zeigen, wer wir sind. Wenn wir sie unterdrücken, blockieren wir einen Teil unseres Selbst, und das ist nie gesund. Gefühle sind das Schönste, das Allerschönste auf dieser Welt. Es kann wehtun, die Gefühle anderer zu sehen und zu fühlen, und trotzdem ist es das Beste, was uns Menschen passieren konnte.«

Da unsere Gesellschaft den Ausdruck von Gefühlen eher unterdrückt, ist der offene Umgang damit in den meisten Situationen schwierig. Sie sind wie Wellen im Meer, die kommen und gehen. Ein Gefühl verwandelt sich in das nächste, wenn wir es zulassen können. In meiner Ausbildung für die Atemtherapie habe ich erfahren, dass unterdrückte Gefühle eine Art Stau im System verursachen. Das Gegenteil von Verletzlichkeit ist Panzerung. Die Verkrustung des emotionalen Systems kann die Betroffenen anfällig für Depressionen machen. Darüber werden Sie im weiteren Verlauf des Buches noch mehr erfahren. Im Moment reicht es, wenn wir festhalten, dass alle Gefühle tatsächlich als Freunde betrachtet werden dürfen. Es gibt keine schlechten Gefühle, obwohl wir das so gelernt haben. Je mehr wir versuchen, negativ bewertete Zustände wie Wut, Hass, Neid oder Angst zu unterdrücken, umso weniger Chancen bestehen, diese zu lösen. Einige Interviewpartner gaben an, dass sie Gefühle besonders gut über Musik oder Kunst ausdrücken können. Der einfachste Weg, um mit unseren Gefühlen in Kontakt zu kommen und sie wertfrei zulassen zu können, ist das offene, verbundene Atmen. Wenn Sie an sich beobachten, dass Sie flach und stockend atmen, sind Sie wohlmöglich innerlich sehr angespannt und unterdrücken Ihre Gefühle. Sobald Sie offen durch den Mund atmen und sich dabei Ihren inneren Raum nehmen, sind Sie wieder in Verbindung mit dem eigenen Selbst.

Die Bewegung von Emotionen durch unser System folgt einer bestimmten Logik, die in der folgenden Grafik dargestellt ist. Manchmal entpuppt sich das emotionale Erleben als eine Art Labyrinth. Je offener Sie damit jedoch umzugehen lernen, desto mehr werden Sie diese Logik wahrnehmen. Die Symbole für Plus und Minus in der folgenden Grafik stellen jene Bewertungen dar, die wir Menschen normalerweise solchen Gefühlen entgegenbringen, wobei jedes Gefühl seine Berechtigung hat. Auf der anderen Seite sind die Symbole auch als Orientierung gemeint. Wenn Sie sich selbst eher auf der rechten Seite unterhalb des Pfeils wiederfinden, ist therapeutische Hilfe angezeigt. Viele Menschen erleben ihre traurigen Gefühle als Belastung. Dennoch ist Trauer ein Gefühl, das verwandelt und erlöst. Trauergefühle werden in unserer Gesellschaft häufig nicht richtig verstanden, sie sind jedoch der Schlüssel zu persönlicher Reife und zur psychischen Gesundheit. Wenn ein Mensch einen tiefen Verlust nicht authentisch betrauert, so kann sich daraus später eine Depression entwickeln, die auf der Grafik weiter unten angezeigt ist. Ohne Trauerverarbeitung können Sie die schmerzlichen Themen in Ihrem Leben nicht wirklich abschließen. Trauer macht uns offen, verletzlich weich und wieder lebendig.

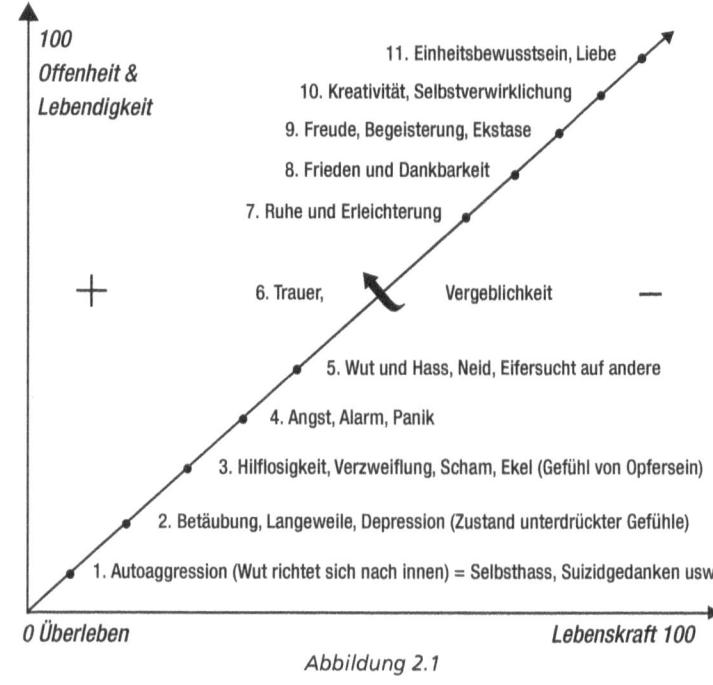

Abbildung 2.1

Abbildung 2.1 beschreibt den Zusammenhang von Gefühlszuständen und dem Grad an Lebendigkeit, die ein Mensch erfährt. Auf der Seite mit dem Minus (–) befinden sich Gefühle und Zustände, die wir in der Regel als »negativ« bezeichnen würden, daher werden diese Gefühle häufig unterdrückt. Auf der Seite mit dem Plus (+) sind Gefühlszustände angeführt, die von Menschen als positiv bezeichnet werden. Der Pfeil symbolisiert die Wende im Verarbeitungsprozess. Deshalb ist die Trauer ein Tor zwischen den »positiven« und »negativen« Gefühlen und damit ein transformierendes Geschehen. Durch das

Zulassen der Trauer (bei Enttäuschungen, Verlusten oder in Momenten des Scheiterns) öffnet sich im Menschen eine tiefere Dimension. Er wird dadurch überhaupt erst fähig, Verluste zu verarbeiten und kommt bei sich selbst in seinem inneren Kern an. Unser Grad an Offenheit bestimmt, ob wir in der Lage sind, uns durch das Wahrnehmen der Gefühle in immer höhere Zustände weiterzuentwickeln, oder ob wir »steckenbleiben«. Im Verlauf des Lebens mit seinen vielschichtigen Ereignissen können wir die Struktur hinauf- und herunterwandern, da gibt es keine Vorhersehbarkeit.

Das Unterdrücken von Gefühlszuständen führt lediglich dazu, dass Sie im Laufe der Jahre immer weiter nach unten in der Tabelle rutschen und irgendwann das Gefühl haben, keine Kraft mehr zum Leben zu haben. Besonders die »negativen« Emotionen sind jedoch der Schlüssel zur Heilung. Wenn ich mich endlich dem Thema Scham annehme, der Wut oder der Verzweiflung und nicht mehr dagegen ankämpfe, haben diese Gefühle die Chance, sich zu verwandeln, und ich kann die Botschaft dahinter verstehen. Dieses Annehmen geht mit Selbstakzeptanz oder Selbstliebe einher, die wir uns häufig als Erwachsene erst erarbeiten können. Gefühle werden von jeher mit dem Wasserelement in Verbindung gebracht – genauso verhalten sie sich auch. Sie können Dämme errichten, aber das gestaute Wasser wird mit der Zeit faulig. Manchmal sucht es sich seinen eigenen Weg, dann brechen Dämme, Wasser muss fließen, Emotionen ebenfalls. Wenn Sie die Weisheit und Intelligenz Ihrer Gefühle erkennen, werden sie zu einem natürlichen Bestandteil Ihres Lebens – und Sie brauchen mit diesem Teil Ihres Selbst nicht mehr zu kämpfen.

Dazu eine Kurzgeschichte von mir:

Die Wandlung

Dreimal hatte es an der Tür geklopft. Erst ganz sacht, dann immer bestimmter. So erhob ich mich und öffnete die Haustür einen Spalt breit. Erschrocken schlug ich sie schnell wieder zu, denn draußen wartete ein hässlicher, schwarzer Vogel. Ein ungutes Gefühl überkam mich, eine Vorahnung. Aber eins war völlig klar. Mein Haus würde diese schwarze Nachtgestalt nicht betreten. So flüchtete ich ins obere Stockwerk, dabei verschloss ich jede Tür sorgfältig hinter mir. In einem alten Schaukelstuhl wiegte ich mich in den Schlaf, peinlich darauf bedacht, das Krächzen des Vogels zu überhören. Wenige Stunden später erwachte ich wieder. Mir schmerzte der Rücken, und ich hatte Hunger. Kurz entschlossen arbeitete ich mich zur Küche durch und beäugte den Kühlschrank. Doch da war sie wieder, diese unheimliche Vogelstimme. Jetzt vernahm ich das Krächzen ganz deutlich, es schien mir förmlich von hinten über die Schultern ins Ohr zu kriechen. Ich drehte mich um und hielt vor Schreck den Atem an, während ich begann, mich Schutz suchend mit dem Rücken an den Kühlschrank zu pressen. Der Rabe musste durch das offene Fenster eingedrungen sein. Nun saß er auf dem Küchentisch und fixierte mich mit seinen Augen. Gebannt starrte ich das schwarze Wesen an und begann, tiefer zu atmen. In diesem Augenblick verloren Zeit und Raum jegliche Bedeutung für mich. Es gab nur noch die abgrundtiefen Augen des Raben, in denen ich mich verlor. In diesem Moment verschmolz ich mit dem seltsamen Vogel, so wurde mir sein Wesen offenbar. Ich erkannte, dass er Teil dieses Hauses, meines Lebens, meiner Person war, dass ich ihn vor langer Zeit verbannt und schließlich vergessen hatte. Nun war er zurückgekehrt und forderte von mir, ihn wieder aufzunehmen. Es fühlte sich so an, als würde ein lang gehegtes Geheimnis aus mir herausplatzen und nicht mehr zu verstecken sein. Ich begriff und nahm den Vogel auf, drückte ihn an meine Brust und strich ihm über den samtig schwarzen Rücken. Eine Träne berührte den Rücken des Raben. Im gleichen Augenblick verwandelte sich das schwarze Wesen in eine Lichtgestalt, wirbelte durch die Luft und verdichtete sich zu einer Feuerkugel, um sich schließlich in mein Herz zu ergießen und mein ganzes Wesen mit dem Feuer des Lebens zu erfüllen. Dies war der Beginn meines Heilwerdens, meines Ganzwerdens.

Interviews zu Gefühlen und das Aufnehmen von »fremden« Gefühlen

Interview, Teil 2 mit Christina (58) zu dem Thema Gefühle. Lesen Sie hier noch genauer, warum Christina emotional zugemacht hat und welche Bedeutung die Wut als Wendepunkt in der Grafik hat. Den ersten Teil des Interviews finden Sie am Anfang des Abschnitts »Hochsensible Frauen«.

»Ich bin mit einem unberechenbaren und oft grausamen und brutalen Vater aufgewachsen. Ich hatte zwei kleinere Geschwister und es mir zur Aufgabe gemacht, sie zu beschützen. Mit meinen feinen Antennen war es leicht, schon am Herumdrehen des Schlüssels im Schloss zu erahnen, in welcher Stimmung mein Vater beim Nachhausekommen war: So konnte ich mich darauf einstellen und ihn mit entsprechendem Verhalten beruhigen – zumindest habe ich damals geglaubt, dass das geht. Um ihn aber genau wahrnehmen zu können, musste ich leer sein, durfte ich keine eigenen Ge-

fühle haben, und so war ich ausschließlich bei ihm und fühlte mich
gar nicht. Dieses Verhalten ist zu einem Lebensmuster geworden,
ich war immer bei anderen Menschen, nie bei mir. Vor einem halben Jahr kam dann der Zusammenbruch, ich konnte und wollte
das nicht mehr. Ich habe mir freien Raum geschaffen, um meine
Stimme hören zu können, um herauszufinden, wer ich bin. Das
erste ›eigene‹ Gefühl, das ich fand, war Wut, sie wurde zu meinem Leuchtfeuer, weil ich darin authentisch war. Seit ich herausgefunden habe, dass es ein Fehlschluss war, zu glauben, ich fühle gar
nichts, dass ich vielmehr zu wissen meinte, was ich fühlen müsse,
und die Abwesenheit dieser ›designten‹ Gefühle mit Nichtfühlen
verwechselt habe, wachsen langsam und zart meine ganz eigenen
Gefühle heran und dies sind sie für mich: Wegweiser zu der, die
ich bin, Leuchtzeichen für meine Authentizität. Ich halte mich noch
immer von anderen Menschen fern, damit ihre Stimmen nicht die
meine übertönen, und wenn ich ›wirklich‹ fühle, wenn ich sicher
spüre, dass dieses Gefühl ganz das meine ist, wenn keine andere
Energie dazwischen quatscht, bin ich glücklich …«

In diesem Interview können Sie auch wertvolle Hinweise auf
eine Problematik finden, die viele Hochsensible betrifft. Nämlich die Schwierigkeit, sich von den Gefühlen anderer abzugrenzen, und das Verlieren des eigenen Ichs. Im Verlauf des
Buches werde ich immer wieder auf diesen Themenkomplex
zurückkommen, da er sehr zentral ist. Bei Hochsensiblen, die
zu stark von den Gefühlen anderer beeinflussbar sind und sich
selbst dabei nicht mehr spüren, liegt der Verdacht nahe, dass
sie ebenso Gewalterfahrungen wie Christina gemacht haben
oder dass sie in irgendeiner Form als Kind vernachlässigt wurden. (Lesen Sie auch dazu das Kapitel 4, insbesondere den Ab-

schnitt über die Traumatherapie.) Es ist kein Wunder, dass Wut das erste »eigene« Gefühl bei Christina war, denn als Kinder mussten viele HSPs das Wutgefühl unterdrücken. Wut ist eine gesunde Reaktion auf kranke oder verletzende Zustände. Doch bleiben Sie nicht bei der Wut stehen. Gehen Sie die Grafik zur Logik der Gefühlsebenen noch einmal durch. Sie sehen, auf die Wut folgt Trauer, auch ein sehr wichtiges, erlösendes Gefühl, das hilft, die enorme innere Anspannung abzubauen, die mit Wut in Verbindung steht. Sich der »negativen« Gefühle anzunehmen, hilft uns dabei, wieder authentische Menschen zu werden.

Viele HSPs berichten darüber, dass sie die Gefühle anderer Menschen aufnehmen und sich dabei nur schwer abgrenzen können.

Julia (20 Jahre) berichtet über ihr Gefühlsleben:
»Die Gefühle anderer reißen mich sehr stark mit. Wenn eine Gruppe Leute um mich herum fröhlich ist und lacht, kann ich einfach nicht traurig sein, ich freue mich mit ihnen. Wenn Personen traurig sind oder wegen einer Spinnenphobie aufgelöst schluchzen, setze ich mich neben sie und weine mit ihnen. Menschen und ihre Gefühle liegen mir sehr am Herzen, ich bin froh, dass ich oft weiß, wie sich andere gerade fühlen. Andererseits kann das auch sehr schnell zur Belastung werden, vor allem, wenn man in schwierigen Familienverhältnissen aufwächst. Meine Mutter zum Beispiel ist sehr kontrollierend, aufbrausend und geradezu in Rage wegen Kleinigkeiten… Ich fühle ihren Hass, ihre Wut, ihre Verzweiflung, aber auch ihre Selbstzweifel. Ich kann sie sehr gut verstehen, aber eben auch meine Geschwister und meinen Vater. Das macht es sehr

schwer, innerhalb der Familie ›eine Seite zu wählen‹ bzw. den Streit zu schlichten. Von zu vielen Gefühlen oder Reizen bekomme ich sehr schnell Kopfschmerzen …«

Wenn Sie den Absprung nicht schaffen …

Sie entfernen sich von sich selbst, wenn Sie sich nur noch in den Energiefeldern anderer Menschen aufhalten und Ihr eigenes Ich dabei ausblenden. Diese übersteigerte Empathie kann Ihnen schaden, für viele HSPs kann dies sogar zu Zuständen von Weltschmerz oder zum Zusammenbruch führen. Sie können das Leid auf dieser Erde jedoch nicht lindern, indem Sie es bei allen mitfühlen. Das bewusste Steuern Ihrer Aufmerksamkeit ist eine wertvolle Errungenschaft. Indem Sie erkennen, dass Sie nicht für alle da draußen verantwortlich sind, haben Sie die Chance, Ihre eigene Stabilität zurückzugewinnen. Sie machen die Welt nicht besser, wenn Sie sich mit jedem Bettler oder mit den Straßenkindern in Indien identifizieren. Auch wenn es traurig ist, Sie dürfen sich auf Ihr eigenes Leben konzentrieren. Keine Angst – das wird nicht dazu führen, dass Sie egoistisch und kalt durchs Leben laufen. Doch dieser gesunde Selbstschutz steht Ihnen zu. Denn wenn Sie voll sind mit dem Leid und Schmerz anderer Menschen und Tiere, wie viel Platz bleibt dann noch für Sie selbst übrig? Im Laufe des Buches werden Sie noch viel über die *Ichstärkung* lesen, die Ihnen bei diesem Thema weiterhelfen wird.

Übungen zur emotionalen Abgrenzung finden Sie in der Survivalregel Nr. 3.

Denkstrukturen

Logisch und rational oder visuell und assoziativ?
Grundsätzlich gibt es zwei verschiedene Arten, zu denken und Aufgaben zu erledigen. Die Ausprägung ist wahrscheinlich genetisch bedingt, denn sie zeigt sich schon im Kindergarten. Beide sind grundsätzlich so verschieden wie Hund und Katze. Deshalb gibt es immer wieder enorme Kommunikationsschwierigkeiten zwischen Menschen, die logisch und rational strukturiert sind, und jenen, die kreativ und assoziativ denken. Genauso, wie Sie Rechts- oder Linkshänder sein können, was schon etwas über die Präferenzen Ihres Gehirns verrät, so ist auch die Denkveranlagung neutral zu betrachten. Jede Denkstruktur ist genauso viel wert wie die andere. Da sie aufgrund völlig unterschiedlicher Prämissen arbeiten, ist eine Verständigung von Vertretern beider Denkstile oft mit Störungen und Missverständnissen verbunden. In der folgenden Tabelle möchte ich diese Art von Denkstilen einander gegenüberstellen. Sie können sich gleich den Spaß machen und überprüfen, zu welcher Seite Sie tendieren, und wie es mit Menschen aus Ihrer Umgebung aussieht.

Die folgende Tabelle stellt eine Vereinfachung der Wirklichkeit dar. Tatsächlich gibt es kaum Menschen, die nur logisch oder nur kreativ denken. Dennoch gibt es auf jeden Fall Präferenzen, also Strukturen, die jemand leicht findet. Eine ausgewogene Persönlichkeit hat Zugang zu beiden Denkformen.

logisch/rationaler Denker	assoziativer/kreativer Denker
• bevorzugt Fakten und Zahlen, um sich einen Überblick über eine Sache zu verschaffen • arbeitet systematisch eine Aufgabe ab, von A à B à C • hat ein gutes Zeitverständnis • arbeitet strukturiert und zeitgenau • leistungsstark in den Fächern Mathemathik, Physik, Chemie usw. • braucht klare Informationen, entscheidet nach heuristischen Kriterien funktional	• braucht visuelle (bildliche) Darstellung eines Sachverhalts (Diagramme, Farben, Bilder) • arbeitet scheinbar chaotisch, besser assoziativ die Aufgabe ab (ist dabei von seiner Stimmungslage beeinflussbar) • hat Schwierigkeiten beim Schätzen von Zeit, verzettelt sich eher • gutes Empfinden für Farben, Formen, Harmonie, Kunst, Musik • entscheidet gern spontan aus dem Bauch heraus
logisch/rationaler Denker	**assoziativer/kreativer Denker**
• fühlt sich irritiert mit emotionalen Botschaften • kann sich gut Zahlen merken und Kopfrechnen • hat Geldsummen und Preise von Waren gut im Gedächtnis • merkt sich leicht Telefonnummern und Geheimzahlen • kalkuliert realistische Risiken • plant gern, mag es, wenn es so läuft, wie geplant	• braucht emotionale Botschaften aus der Umwelt/von sich selbst • hat Schwierigkeiten im Umgang mit Zahlen, kann nur mit Tricks im Kopf rechnen, vergisst Zahlen sehr schnell • kann sich Farben merken, starkes visuelles Gedächtnis (Bilder, Wege, Stoffe, Materialien, Schrift) • lässt sich durch Begeisterung von Risiken eher ablenken • ist offen für Veränderungen
Namen	**Namen**

Tragen Sie bitte unterhalb der Tabelle neben Ihrem eigenen Namen andere Personen ein, und lassen Sie sich überraschen, in welche Lager sich die Gruppen spalten. Mit wem sind Sie besonders gut befreundet? Mit wem gab es immer wieder Missverständnisse in der Vergangenheit oder Konflikte? Analysieren Sie diese Konflikte anhand der unterschiedlichen Denkstrukturen – welche Erkenntnisse und vielleicht sogar Überraschungen ergeben sich?

Da in unserer Gesellschaft Menschen mit dem logisch-rationalen Denkstil oft Vorteile haben oder gar bevorzugt werden, wird leider nicht selten der Umkehrschluss gezogen, dass mit den anderen etwas nicht stimme. Besonders Kinder, die eher kreativ veranlagt sind, geraten immer wieder in Situationen, in denen sie wegen ihrer Wesenszüge verurteilt werden. Achten Sie daher besonders in Kommunikationssituationen darauf, wie Ihr Gegenüber tickt. Wenn Sie mit einem Rationalisten sprechen und sagen: »Ich habe ein gutes Gefühl«, wird er Sie nicht ernst nehmen, wenn es sich um eine geschäftliche Verhandlung oder um einen Mietvertragsabschluss handelt – da müssen Sie schon mit Zahlen und Fakten aufwarten. Das umgekehrte Anpassen eines Logikers an einen Visuellen ist nur mit viel Übung möglich. Innerhalb einer NLP-Ausbildung (Neuro-Linguistisches Programmieren) können Sie viel darüber lernen. Doch für Sie ist es im Moment erst einmal nur wichtig, herauszufinden, zu welcher Gruppe Sie selbst gehören. Erkennen Sie Ihre Präferenzen und beginnen Sie sich so anzunehmen, wie Sie sind.

Sollten Sie zu jener Gruppe von Menschen gehören, die von der Veranlagung eher Linkshänder sind und als Kinder auf die rechte Hand umtrainiert worden sind, können Sie davon ausgehen, dass in Ihrem Inneren eine Menge Verwirrung herrscht. Wenn Sie sich nicht sicher sind, können Sie jemanden aus

Ihrem persönlichen Umfeld bitten, mal darauf zu achten, mit welchem Fuß Sie loslaufen, wenn Sie an einer Fußgängerampel stehen. Mit welcher Hand gestikulieren Sie häufiger? Können Sie Konserven besser mit links oder rechts öffnen? Das Umtrainieren von Links- auf Rechtshändigkeit ist eine Vergewaltigung des Gehirns und der Persönlichkeit eines Menschen. Den meisten Umtrainierten hilft das bewusste Schreiben mit links, um sich wieder mit dem natürlichen Teil ihres Selbst zu verbinden. Wenn Sie dieses Thema vertiefen möchten, empfehle ich Ihnen das Buch »Organisieren Sie noch oder leben Sie schon? Selbstmanagement für kreative Chaoten« von Cordula Nussbaum.

Außersinnliche, nicht alltägliche Wahrnehmung

Zur außersinnlichen Wahrnehmung gehören Phänomene wie eine starke Intuition, Hellfühligkeit, Hellsichtigkeit oder telepathische Gedankenübertragung. Diese Phänomene wurden bisher wissenschaftlich überwiegend durch die Militärs erforscht, waren jedoch schon von jeher Teil der menschlichen Kultur. Viele Hochsensible scheinen eine ausgeprägte Intuition zu haben und reagieren oft aus dem Bauch heraus, was sich häufig als »richtig« herausstellt. Es gibt offenbar neben den äußeren, alltäglichen Sinnen eine noch subtilere Form der Wahrnehmung, die über andere Kommunikationsebenen funktioniert. Ein Teil der Hochsensiblen berichtet über Erfahrungen mit dem sogenannten »sechsten Sinn«. In den alten Kulturen sprach man auch vom »zweiten Gesicht«. Von jeher trainierten die Schamanen, die keltischen Priester, die Orakel und Eingeweihten der antiken Kulturen diese erweiterte Wahrnehmung. Heute nennt man das zum Beispiel »Remote Viewing«. Im Alltag haben schon viele Menschen Telepathie erlebt, vergessen dies jedoch schnell wieder. Insbesondere mit nahestehenden Menschen oder Tieren verbindet uns eine Kraft, die uns befähigt, zum Beispiel erspüren zu können, wie es jemandem geht. Vielleicht haben Sie auch schon erlebt, dass Sie nach oder vor dem Tod eines Familienangehörigen von diesem intensiv geträumt haben oder andere mystische Begebenheiten geschehen sind.

Hildegard von Bingen als historisches Beispiel

Seit dem Wahn der Hexenverfolgung in Europa sind diese Themen für uns »aufgeklärte« Menschen noch immer mit einem Tabu oder dem Beigeschmack von Unseriosität verbunden. Auch Hildegard von Bingen, die bereits zu Lebzeiten als Heilige verehrt wurde, erlebte Zustände von außersinnlicher Wahrnehmung, in denen sie Informationen empfing. Mit ihren Schriften zur Natur, dem menschlichen Körper, zu Gesundheitsfragen und sogar in der Musik und Kunst hinterließ sie der Nachwelt einen großen Schatz. Noch heute arbeiten Ärzte und Heilpraktiker mit ihrem Wissen. Im Jahr 2012 wurde Hildegard von Bingen für die gesamte Kirche als Heilige anerkannt. In der Niederschrift ihrer Visionen »Liber Scivias« (Wisse die Wege) schrieb Hildegard:

»Ich aber, obgleich ich diese Dinge hörte, weigerte mich lange Zeit, sie niederzuschreiben – aus Zweifel und Missglauben und wegen der Vielfalt menschlicher Worte, nicht aus Eigensinn, sondern weil ich der Demut folgte und das so lange, bis die Geißel Gottes mich fällte und ich ins Krankenbett fiel; dann, endlich bewegt durch vielerlei Krankheit […] gab ich meine Hand dem Schreiben anheim. Während ich's tat, spürte ich […] den tiefen Sinn der Heiligen Schrift; und ich erhob mich so selbst von der Krankheit durch die Stärke, die ich empfing, und brachte dies Werk zu seinem Ende – ebenso – in zehn Jahren. […] Und ich sprach und schrieb diese Dinge nicht aus Erfindung meines Herzens oder irgendeiner anderen Person, sondern durch die geheimen Mysterien Gottes, wie ich sie vernahm und empfing von den himmlischen Orten. Und wieder vernahm ich eine Stimme vom Himmel, und sie sprach zu mir: Erhebe deine Stimme und schreibe also!«

Moderne Forschung zur Telepathie

Wenn wir uns dieser Art von Wahrnehmung neutral und ernsthaft widmen wollen, ist es hilfreich, den Bereich der Religion zu verlassen. Es gibt einige interessante wissenschaftliche Experimente dazu, die ich Ihnen nicht vorenthalten möchte. Der bekannte englische Biologe und Philosoph Rupert Sheldrake promovierte an der Universität Cambridge im Bereich Biochemie. Er revolutionierte viele naturwissenschaftliche Vorstellungen durch die Theorie der »morphischen Felder« und geht davon aus, dass alle Lebewesen und alle Materie über Energiefelder über Zeit und Raum hinaus miteinander verbunden sind. Damit decken sich seine Ausführungen mit denen anderer Forscher, die durch das eigene Erleben oder die Analyse von Nahtod-Erlebnissen von einem »nonlokalen« Bewusstsein sprechen, wie etwa der Bestsellerautor Eben Alexander (»Blick in die Ewigkeit. Die faszinierende Nahtoderfahrung eines Neurochirurgen«).

2012 veröffentlichte Rupert Sheldrake sein kritisches Buch »Der Wissenschaftswahn. Warum der Materialismus ausgedient hat« und befasste sich in »Der siebte Sinn des Menschen« mit der Telepathie (Gedankenübertragung) und anderen parapsychologischen Phänomenen. In diesem Buch schreibt Sheldrake:

»Wenn die Telepathie einmal als ›eine ganz normale Funktion der menschlichen Psychologie‹ verstanden wird, werden mehr Psychotherapeuten bereit sein, die telepathischen Vorgänge zwischen sich und ihren Patienten festzuhalten und zu untersuchen. Die Forschung von Psychotherapeuten und Psychotherapeutinnen könnte sehr erhellend für die Wirkungsweise von Telepathie sein, insbesondere im Hinblick auf den Zusammenhang zwischen telepathischer Gedankenübertragung und der Kommunikation von Gedanken durch normale sinnliche Mittel« (S. 58, »Der siebte Sinn des Menschen«).

Selbst Freud und Jung, die Pioniere der Psychologie, spekulierten über diese Phänomene, nachdem sie diese selbst immer wieder im Rahmen ihrer psychoanalytischen Sitzungen mit Patienten erlebt hatten. Da diese Themen jedoch so brisant waren, wurden sie selbst von Freud jahrelang geheim gehalten und nur in engsten Kreisen kommuniziert.

Rupert Sheldrakes Experimente:
Angestarrt werden und Telefonanrufer erspüren
Dem englischen Wissenschaftspionier gelang es, innerhalb empirischer Studien telepathische Alltagsphänomene in ganz konkrete Forschungssituationen umzuwandeln, etwa indem er Probanden bat, zu erspüren, ob sie von hinten gerade von einer

anderen Person angestarrt wurden oder nicht. Viele Leserinnen und Leser haben dieses Phänomen sicher schon einmal live erlebt, etwa in einem Café, in einem Kaufhaus oder auf der Straße, und sich dann wegen eines komischen Gefühls umgedreht. Tatsächlich konnten schon viele in diesem Moment die Person entdecken, die sie beobachtet hatte. Ein weiteres Beispiel ist die gedankliche Verbindung mit Menschen durch Telefonanrufe. Wie oft haben Sie selbst schon einen Telefonanruf von einem Ihnen nahestehenden Menschen erhalten, an den Sie kurz zuvor gedacht hatten? Für beide Situationen konnte Rupert Sheldrake innerhalb seiner Untersuchungen im Labor »Trefferquoten« mit Versuchspersonen erzielen, die deutlich über das statistisch vorhergesagte Ergebnis (Zufallstreffer) hinausgingen.

Auswertung

Telepathie, Vorahnungen, besondere Träume und außersinnliche Wahrnehmungen sind also nicht allein das Privileg einiger hochsensibler Menschen. Doch aus meiner Erfahrung kann ich bestätigen, dass Hochsensible eher geneigt sind, diesen parapsychologischen Erlebnissen in ihrem Leben eine hohe Aufmerksamkeit und Bedeutung zuzumessen. Denn hier geht es um das Gefühl, das Spüren und Hineintasten in Bereiche, die den alltäglichen Verstand verwirren könnten. Diese Beispiele zeigen, dass auch Wissenschaftler mit diesem Thema seit Jahrzehnten beschäftigt sind. Wenn Sie also selbst Phänomene von außersinnlicher Wahrnehmung bei sich beobachtet haben, forschen Sie einfach weiter. Es gibt viele Bücher darüber und auch Informationen im Internet. Wenn Sie mit Selbstlernprogrammen starten, zum Beispiel im Bereich des luziden Träumens, können Sie mit wenig Aufwand viel Interessantes erleben. In dem Buch »Klartraum« von Jens Thiemann erhalten Sie beispielsweise praktische Anweisungen, wie Sie lernen können, Ihre Träume absichtlich zu steuern. Sie werden dadurch faszinierende Einblicke in das Phänomen des menschlichen Bewusstseins erlangen.

> Außersinnliche Wahrnehmungen können einen Erfahrungsbereich von Hochsensibilität darstellen, müssen dies aber nicht zwingend.

ZUSAMMENFASSUNG

▶ Hochsensibilität ist ein Synonym für Hochsensitivität oder Hypersensitivität und beschreibt eine andersartige, sensiblere Wahrnehmungsfähigkeit des Menschen. Diese Persönlichkeitseigenschaft ist keine Krankheit.

▶ Elaine Aron und andere Buchautoren gehen von einer vererbten Eigenschaft aus. Tatsächlich lassen sich in Familien von hochsensiblen Erwachsenen oft hochsensible Kinder oder Enkel finden. (Über weitere mögliche Einflussfaktoren lesen Sie in Kapitel 4.)

▶ Kommen zusätzliche biografische Belastungen hinzu, entwickeln sich weitere Schwierigkeiten, die besonders mit der mangelnden Abgrenzungsfähigkeit zu tun haben.

▶ Die Sensibilität zeigt sich in einer differenzierten und feinen Wahrnehmung über die Sinne – Sehen, Hören, Riechen, Schmecken, Tasten sowie Bewegungssinn. Darüber hinaus haben Hochsensible eine feine Antenne für zwischenmensch-

liche Signale und teilweise für den außersinnlichen Wahrneh-
mungsbereich (Telepathie, Intuition).

▶ Durch die besonders feine Wahrnehmung können sich,
je nach Wahrnehmungskanal, vielfältige Begabungen und
Hochbegabungen zeigen.

▶ Als Scanner bezeichnet man Hochsensible mit vielfältigen
Interessensgebieten und einem Hunger nach Abwechslung.
Sie sind häufig mit wechselnden Projekten und Hobbys be-
schäftigt.

▶ Viele Hochsensible sind eher introvertiert veranlagt. Die
Minderheit der Hochsensiblen ist extrovertiert oder ein
Mischtyp.

▶ Eine der Schwächen von Hochsensiblen liegt in der schnellen Reizüberflutung und der damit einhergehenden Überforderung.

▶ Durch die hohe Sensibilität besteht bei Hochsensiblen eine
höhere Verletzlichkeit. Viele Menschen versuchen, sich gegen diese Verletzlichkeit abzuschirmen, was jedoch nicht förderlich ist. Verletzlichkeit bedeutet natürliche Schönheit und
ist der Schlüssel für die Selbstheilung.

▶ Der gesunde Kontakt zu den eigenen Gefühlen ist die Voraussetzung für die psychische Gesundung. Oftmals sind die
tiefer liegenden Gefühle unterdrückt, können jedoch aufgrund einer inneren Logik therapeutisch verfolgt werden:
Gefühle von Wut und Trauer sind oft der Wendepunkt im
therapeutischen Prozess.

▶ Viele Hochsensible haben den Eindruck, dass sie die Gefühle
anderer Menschen aufschnappen und auch Leid und Trauer
anderer nachempfinden. Dies führt häufig zu Zuständen von
Weltschmerz.

▶ Bei den Denkstrukturen gibt es die logische/rationale sowie die assoziative/kreative Form, aus der sich ein holistischer Ansatz entwickeln kann. Versuchen Sie herauszufinden, welche Art von Denker Sie sind. Beide Arten zu denken sind dabei gleichwertig. Da viele Hochsensible eher intuitiv veranlagt sind, werden sie wahrscheinlich mit den »Logikern« in ihrem Umfeld Konflikte erleben.

Kapitel 3

So finden Sie die Balance in Ihrem Leben

Einführung zu den Survivalregeln für Hochsensible

Dieses Buch soll Ihnen praktische Informationen für den Lebensalltag geben. Es wird Ihnen helfen, mit Ihrer Hochsensibilität besser klarzukommen. Um sich im komplexen Lebensstil des 21. Jahrhunderts zurechtzufinden, brauchen Sie eine verbesserte Selbstwahrnehmung und einen klaren, eigenen Standpunkt. Durch die verringerten Filter in der Wahrnehmung, Empathie und möglicherweise ein angegriffenes Selbstwertgefühl, entstehen Unsicherheiten und teilweise unnötige Leidenswege für Hochsensible. Unser Überleben, egal ob auf körperlicher, emotionaler oder spiritueller Ebene, hängt davon ab, ob wir lernen, die unterschiedlichen Ebenen unseres Lebens zu meistern. Da wir nicht isoliert leben, ist es von immenser Wichtigkeit, die unzähligen Wechselwirkungen von Körper, Seele, Geist und Lebensumfeld zu beachten. Folgende Abbildung wird Ihnen dabei helfen.

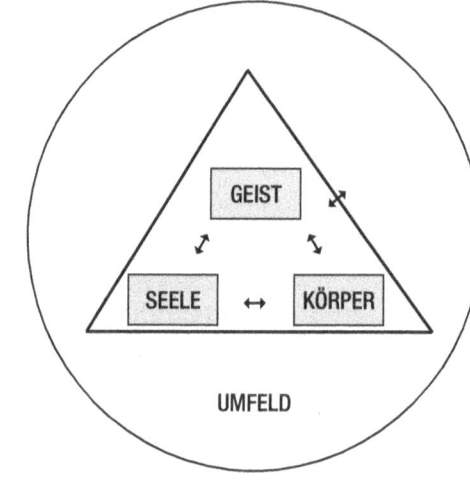

Abbildung 3.1: Grundlage zur Arbeit mit Kapitel 3.
Die Wechselwirkung zwischen Körper, Geist, Seele und dem
Lebensumfeld

In diesem Kapitel möchte ich Ihnen anhand der oben skizzierten Struktur einen Leitfaden geben, mit dem Sie Ihren hochsensiblen Geist und Körper besser verstehen lernen können. Darüber hinaus erfahren Sie, wie Sie Ihre Seele und Ihren Gefühlshaushalt in Ordnung bringen und Ihr Lebensumfeld von schädlichen Einflüssen fernhalten. Jede Ebene für sich hat wiederum Einfluss auf die anderen Ebenen. Daher nutzt es nichts, wenn Sie beispielsweise Ihre Wohnung nach Feng Shui einrichten oder Ihr Haus biologisch renovieren, ohne Ihre Seele, Ihren Selbstwert zu pflegen. Andersherum ist es ebenso aussichtslos, Psychotherapie zu machen, wenn Ihr Lebensumfeld schädlich für Sie ist und Sie daran nichts ändern. Die Betrachtungsweise von Krankheiten aus dem Blickwinkel der Psychosomatik ist in

den letzten Jahren sehr populär geworden. Dabei gehen Therapeuten und Mediziner davon aus, dass bestimmte körperliche Krankheiten durch vorangegangene seelische Konflikte entstehen. Die Bedeutung des psychischen Ursprungs für sogenannte Stresskrankheiten wird durch Forschungen immer klarer erkennbar. Auch der umgekehrte Weg ist denkbar: dass Einflüsse aus dem Umfeld krank machen oder heilsam einwirken können.

Sie halten diese Ausführungen für trivial? In Hunderten von Beratungen habe ich immer wieder beobachtet, wie sich Menschen vorrangig auf eine Ebene in diesem Diagramm konzentrieren und glauben, damit nachhaltige Veränderungen in ihrem Leben bewirken zu können. Für Sie als Leser ist es wichtig, keines dieser Einflussfelder zu ignorieren. Die ganzheitliche Betrachtung des Menschen sollte nicht einfach eine Theorie bleiben, sondern zum therapeutischen Alltag dazugehören. Wie wichtig es sein kann, bei einem Veränderungsprozess alle Faktoren zu betrachten, wird Ihnen beim Lesen dieses Buches klar werden. Die Komplexität dieser Zusammenhänge schreckt uns immer wieder davon ab, die Arbeitsbereiche anzugehen, die einer Veränderung bedürfen. Für eine erfolgreiche Lebensführung empfiehlt es sich, systematisch mit allen Ebenen des Diagramms zu arbeiten.

I. Wahrnehmung: Wie funktioniert mein hochsensibler Geist?

Das Chamäleon-Prinzip

Durch die differenzierte Wahrnehmung von feinsten Nuancen und die Tendenz, mit der Aufmerksamkeit viel im Außen zu sein, entwickelt ein Großteil der HSPs Chamäleoneigenschaften. Hochsensible nehmen häufig sehr stark die Stimmungen und Handlungen der Menschen aus ihrem Umfeld auf. Dadurch werden sie zu guten Beobachtern und sind meist sozial sehr anpassungsfähig. So, wie das Chamäleon die Farben wechselt, können HSPs die Stimmungen anderer aufnehmen und selbst verkörpern. Dies geschieht meist unbewusst. Dieser Prozess ist eine besondere Begabung und kann daraus entstehen, dass Hochsensible in ihrer Kindheit früh gelernt haben, die sozialen Signale ihrer Eltern und Geschwister zu deuten. Dies befähigte sie dazu, Gefahren aus dem Weg zu gehen oder Harmonie innerhalb der Familie herzustellen oder zumindest danach zu streben. So kann ein Hochsensibler erstaunliche Fähigkeiten entwickeln, festzustellen, wie es anderen Menschen in seiner Umgebung geht. Auch die Art und Weise, wie andere Menschen sprechen, kann dazu führen, dass sich der HSP an diese Sprache anpasst oder zumindest inhaltlich voll auf sein Gegenüber eingeht. Dadurch haben andere Menschen durchaus das

Gefühl, wirklich wahrgenommen und verstanden zu werden. In einer NLP-Ausbildung (Neuro-Linguistisches Programmieren) lernen Studenten, wie sie ihre Wahrnehmung in Bezug auf Gesprächspartner verfeinern können. Dies ist eine Fähigkeit, die die meisten Hochsensiblen ohnehin schon haben. Besonders gefragt ist diese Eigenschaft in psychologischen und sozialen Berufen, aber auch als Schauspieler, Detektiv oder Verkäufer. Nachteilig kann sich diese Eigenschaft auswirken, wenn ein geschwächtes Ich-Bewusstsein oder eine geschwächte Eigenwahrnehmung vorliegen. Als Kind mag es wichtig gewesen sein, die Regungen der Eltern richtig zu interpretieren, denn zu diesem Zeitpunkt waren wir abhängig von ihnen. Erstmals beschrieb Alice Miller dieses Phänomen in ihrem Buch »Das Drama des begabten Kindes«. Besonders Hochsensible, die in einem Umfeld aufgewachsenen sind, das bedrohlich für sie war oder in dem die Eltern durch ihre eigenen Traumen gelähmt waren, mussten lernen, die Menschen in ihrem Umfeld genau wahrzunehmen.

Wird Vater wieder aggressiv, wenn er nach Hause kommt?
Wird Mutti meine Hilfe brauchen, weil sie wieder so verzweifelt ist?
Ab einem gewissen Alter lernt das sensible Kind, die feinsten Nuancen im Ausdruck seiner Mitmenschen richtig zu interpretieren und sich entsprechend zu verhalten. Diese Umstände können dazu führen, das HSPs Meister darin werden, andere Menschen zu verstehen, für sich selbst allerdings Schwierigkeiten haben, ihre eigenen Gefühle zu erkennen. Als eigenständige Erwachsene jedoch brauchen wir mindestens eine ebenso differenzierte Wahrnehmung von uns selbst. All das kann erlernt

werden. Zu Beginn meines Studiums der Psychologie war ich bereits meisterlich in der Interpretation von Gefühlszuständen anderer Menschen. Durch verschiedene Panzerungen hatte ich jedoch Schwierigkeiten, meine eigenen Gefühle wahrzunehmen oder wirklich in Kontakt mit mir selbst zu sein. Durch verschiedene Methoden der Selbsterfahrung habe ich im Laufe der Zeit einen immer besseren Zugang zu meinen eigenen Gefühlen gefunden. Es ist sehr wichtig, sich selbst zu spüren, um beispielsweise den eigenen Platz im Leben zu finden, um angemessene Entscheidungen zu treffen, die Gesundheit zu schützen oder den richtigen Beruf zu wählen und auszufüllen.

Feine Antennen

Wie ich eben schon beschrieben habe, nehmen Hochsensible feinste Signale aus ihrer sozialen Umgebung wie ein Seismograf auf. Teilweise haben HSPs den Eindruck, dass sie sogar die Gedanken und Gefühle ihres Gegenübers lesen können. Gerade in Situationen, in denen Menschen das eine sagen und etwas anderes denken, entsteht eine Dissonanz der Signale. Auch diese Phänomene kann man in psychologischen Schulungen bewusst wahrnehmen lernen. In einer NLP-Ausbildung haben wir einmal eine Übung gemacht, bei der wir immer denselben Satz sagen sollten und jedes Mal an etwas anderes dachten. Unsere geschulten Beobachter sollten versuchen, herauszufinden, wann wir an etwas Schönes oder an etwas Trauriges gedacht haben. Und tatsächlich gelang es auch. Denn 80 % der Kommunikation sind nonverbal.

Survivalregel Nr. 1:
Vertrauen Sie Ihrer eigenen Wahrnehmung!
Wie Sie Ihre Intuition stärken können.

Aufgrund der Andersartigkeit ihres Wahrnehmungsvermögens erleben Hochsensible bereits früh, wie andere Menschen diese Wahrnehmung infrage stellen. Um Ihr Selbstvertrauen zu stärken, ist es wichtig, sich mit den Themen Körperwahrnehmung, Instinkte und Intuition zu beschäftigen. Bevor wir uns damit eingehender befassen werden, möchte ich Ihnen einige Informationen zum Wahrnehmungsprozess im Allgemeinen mitgeben.

Was ist eigentlich Wahrnehmung?

Wahrnehmung ist ein hochkomplizierter neurologischer Prozess. Unser Nervensystem hat in jedem Augenblick zahlreiche sensorische Informationen zu verarbeiten. Wir sehen, hören, riechen, schmecken, denken nach, wir fühlen, haben Emotionen, spüren Hitze, Kälte, empfangen die komplexen Signale aus unserem physikalischen und sozialen Umfeld – bewusst oder unbewusst, wobei die überwältigende Mehrzahl an Sinneswahrnehmung gar nicht in unser Bewusstsein vordringt. Jene Anteile äußerer Reize, die wir bewusst wahrnehmen, werden durch einen aktiven Konstruktionsprozess subjektiv und automatisch vom Gehirn interpretiert und zusammengesetzt. Bevor die Wahrnehmung tatsächlich zu einer bewussten Erfahrung wird, durchläuft sie verschiedene Filtersysteme, die unwichtige Informationen ausblenden und nur die Informationen durchlassen, die tatsächlich wichtig sind. Bei Hochsensiblen gibt es das Phänomen, dass sensorische Wahrnehmungen offensichtlich schneller und bei geringerer Intensität ins Bewusstsein rücken. Die Filtersysteme sind schwächer, die Intensität der Wahrnehmung stärker. Daher kann es bei Hochsensiblen zum sogenannten Phänomen der sensorischen Überstimulation bzw. Überreizung kommen. An diesem Punkt wird es für sie schnell zu viel, zu laut oder schmerzhaft. Die Folge ist oft ein innerer und äußerer Rückzug oder ein emotionaler Ausbruch.

Die Historie des Misstrauens in die eigene Wahrnehmung

Haben Sie schon einmal eine andere Person kennengelernt und gleich so ein komisches Gefühl gehabt, dass Sie diesen Menschen nicht mögen, nicht riechen können oder dass er nicht vertrauenswürdig ist? Wie oft ist es Ihnen passiert, dass Sie mit diesem Menschen später eine Freundschaft oder gar Partnerschaft eingegangen sind? Nach der anfänglichen Abneigung folgten positive Begegnungen, die Sie dazu ermuntert haben, Ihr »voreiliges« Urteil zu revidieren. Komisch, und trotzdem hat sich dann in den meisten Fällen doch das negative, erste Bauchgefühl bestätigt. Wie oft sagen wir dann: »Hätte ich doch gleich auf meinen ersten Eindruck gehört«? Um genau dieses Kunststück zu schaffen, ist es wichtig, dass Sie lernen, diesen leisen Gefühlen in Ihrem Inneren zu vertrauen. Ich möchte Ihnen nun einige Beispiele zur Entstehungsgeschichte des Misstrauens in die eigene Wahrnehmung geben.

Warum vertrauen viele Hochsensible ihrer eigenen Wahrnehmung nicht mehr?

Doppelbotschaften von Eltern

Häufig erleben Kinder Situationen, in denen Eltern das eine sagen, aber unterschwellig eine ganz andere Botschaft vermitteln. In der Psychologie wird das als eine Doppelbotschaft bezeichnet. Nehmen wir an, eine Mutter ist depressiv und weint viel, weil sie unglücklich ist und sich eigentlich von ihrem Mann trennen will. Vor den Kindern versucht sie, sich nichts anmerken zu lassen. Wenn ein Kind dann fragt, was mit ihr nicht stimme, antwortet sie vielleicht: »Ach, es ist nichts, mir geht's gut.« Auf der Gefühlsebene spürt das Kind, dass die Mutter traurig ist, auf der Sprachebene sagt sie jedoch etwas anderes. Dies führt zu einer Dissonanz in der Wahrnehmung.

Wenn Eltern keine Verantwortung für ihre eigenen Gefühle übernehmen

»Du weißt doch, wie Vati ist, wenn er aus der Kneipe kommt. Du darfst ihn nicht so provozieren, dann wird er wütend.« Hier wird dem Kind eingeredet, es wäre verantwortlich für die Aggressionen seines Vaters. Das ist eine konstruierte Wahrheit, die bei dem Kind entweder Schuldgefühle hinterlässt oder das tiefe Gefühl, ungerecht behandelt zu werden. Dies führt ebenfalls zu Verwirrungen in der Wahrnehmung. Durch die Fixierung auf den belasteten Elternteil lernen Kinder, feinste Nuancen in dessen Stimmung wahrzunehmen und zu deuten. Entweder versucht das Kind dann, dem Elternteil zu helfen, ihn aufzuheitern, zu entlasten, zu trösten, oder es versucht, ihm aus dem Weg zu gehen, um sich vor weiteren Verletzungen zu schützen.

So fixiert sich der Wahrnehmungsfokus auf das Umfeld. Für die Eigenwahrnehmung bleibt nicht mehr viel übrig.

Hochsensible Wahrnehmungen werden nicht ernst genommen oder falsch interpretiert

Wenn Sie als hochsensibles Kind unter dem Kratzen von Kleidungsetiketten am Nacken oder grober Wollhosen litten und von den Eltern nur gehört haben, sich nicht so anzustellen, war das sicher keine Ermutigung, der eigenen Wahrnehmung zu vertrauen. Es gibt zahlreiche Beispiele, in denen Eltern nicht in der Lage waren, die kindliche Wahrnehmung zu achten oder zu respektieren. Stattdessen wurde diese infrage gestellt oder verleumdet. Insbesondere betrifft das den Bereich der Emotionen, die von (hochsensiblen) Kindern meistens ganz besonders intensiv wahrgenommen werden. Freude, Trauer, Tränen, Enttäuschung, Langeweile, Zorn werden von ihnen so durchlebt, dass die Eltern diese Gefühle möglicherweise nicht ernst nehmen. Darüber hinaus wird die Empfindungs- und Wahrnehmungsfähigkeit, insbesondere von Babys und Kleinkindern, generell oft völlig unterschätzt, womit immer wieder grobes oder grausames Verhalten Erwachsener gerechtfertigt wird. In einigen Familien kann es sogar sein, dass Erwachsene sich über die verletzlichen Gefühle der Kinder lustig machen und diese dafür verspotten.

Es kann sein, dass Phasen von Überreizung vom hochsensiblen Kind mit vermehrter Quengelei, Weinen, Aggressionen usw. verarbeitet werden. Daher ist es wichtig, dass Eltern hochsensibler Kinder bewusst darauf achten, erste Anzeichen von Überreizung wahrzunehmen, und dem Kind dann helfen, durch Ruhe und Rückzug in die Verarbeitungsphase zu wech-

seln. Wenn dies nicht in der Kindheit erlernt wird, fehlen hochsensiblen Erwachsenen Ressourcen, um sich vor Überreizung
zu schützen. Dann wird die Wahrnehmung wie durch einen
Schalter ausgeknipst. Alles wird zu viel.

Überbehütung, mangelnde Autonomieentwicklung

Wenn andererseits Ängste bei hochsensiblen Kindern zu lange
unterstützt werden, wie zum Beispiel die Angst, alleine nachts
im Bett zu schlafen, entsteht eine verzögerte oder blockierte
Entwicklung zur Selbständigkeit. Oftmals nehmen Eltern ihren
Kindern Dinge ab, die sie eigentlich schon können und auch
selbst machen wollen. In der guten Absicht, dem Kind zu helfen, kann es jedoch geschehen, dass ein Kind in seiner Entwicklung zurückgehalten wird.

Dem Kind wird nicht geglaubt. Die emotionale Realität
des Kindes wird geleugnet

Im Verlauf der Kindheit wird uns häufig die eigene Intuition
abtrainiert. Kinder sind authentisch, und häufig werden ihnen
Dinge aufgedrängt, die sie nicht tun wollen, oder Dinge eingeredet, an die sie glauben sollen. Zum Beispiel am Essens-
tisch. Das Kind ist satt und will nichts mehr essen. Jemand sagt
ihm, es solle den Teller leer essen. Oder vielleicht mag das Kind
einen Nachbarn nicht oder einen Verwandten, weil dieser bedrohliche Signale aussendet. Es soll aber lieb grüßen, die Hand
geben oder sich küssen lassen, obwohl es das nicht will. Wenn
Kinder Dinge erleben, die für Erwachsene unglaublich oder bedrohlich sind, wird ihnen meistens nicht geglaubt. Besonders in
existenziellen Situationen wird Kindern von den eigenen Eltern
oder anderen Erwachsenen immer wieder nicht geglaubt. Dies

führt zu einer tiefen Erschütterung des Urvertrauens, auch zur Verdrängung der eigenen Wahrnehmung.

Negative Erfahrungen in der Schule

Dass ein hochsensibles Kind anders ist als andere, erfährt es spätestens in der Schule. Frühe Erschöpfungsphasen durch Reizüberflutung, intensives Leiden unter Ungerechtigkeiten, Sticheleien von Klassenkameraden, Mobbing, leichte Ablenkbarkeit u. a. Schwierigkeiten können dazu beitragen, dass Hochsensible glauben, mit ihnen stimme etwas nicht. Wenn hier kein Lehrer da ist, der das Kind in seinen Talenten fördert und wertschätzt, können die Verletzungen aus der Schulzeit ebenfalls dazu beitragen, dass ein Hochsensibler später seiner Wahrnehmung als Erwachsener nicht mehr traut. Hochsensible Kinder sind Spätentwickler und können unter einer zu frühen Einschulung leiden, auch bei intellektueller Überbegabung. Die länger anhaltenden kindlich naiven Züge machen den Kindern spätestens in der Pubertät Probleme. Wenn alle anderen Klassenkameraden bereits Freunde und Freundinnen haben und sexuell aktiv sind, können Hochsensible immer noch Interesse an kindlichen Spielen haben und sich noch nicht bereit fühlen, eine intime Beziehung mit einem Gleichaltrigen einzugehen. (Lesen Sie dazu mehr in dem Kapitel »Nachwuchs«.)

Übungen zur Stärkung
Ihrer eigenen Wahrnehmung

Die folgenden Übungen zur Ich-Stärkung sollen Ihnen helfen, mit Ihrer Aufmerksamkeit besser bei sich zu bleiben, damit Sie nicht ständig von den Gefühlen, Handlungen und dem Wollen anderer Menschen beeinflusst werden.

Übung 1: Intuition stärken

Haben Sie schon einmal eine andere Person kennengelernt und gleich so ein komisches Gefühl gehabt, dass Sie diesen Menschen nicht mögen, nicht riechen können, dass er nicht vertrauenswürdig ist? Wie oft ist es Ihnen passiert, dass Sie mit diesem Menschen später eine Freundschaft oder gar eine Partnerschaft eingegangen sind? Nach der anfänglichen Abneigung folgten weitere Begegnungen, die Sie dazu ermuntert haben, Ihr voreiliges Urteil zu revidieren.

1. Notieren Sie in Ihr persönliches Arbeitsbuch Erlebnisse aus Ihrer Biografie, bei denen Sie entweder auf Ihr Bauchgefühl gehört oder dieses übergangen haben. Welche Ergebnisse folgten diesen Entscheidungen?
2. Notieren Sie weiterhin Begebenheiten, bei denen Sie auf Ihre Intuition gehört haben und sich dadurch wichtige und positive Entwicklungen in Ihrem Leben eingestellt haben. Dies sind die kleinen Erfolge, die es in jedem Leben gibt. Durch das Aufschreiben erfahren sie Wertschätzung und Anerkennung.

3. Nehmen Sie sich für diese Woche vor, jegliche Entscheidungen auf Grundlage Ihres ersten Impulses zu treffen. Notieren Sie auch dazu die Erfahrungen, die Sie dabei machen.
4. Welche Konsequenzen ziehen Sie daraus für Ihre Zukunft?

Übung 2: Instinkte

Wenn Sie lernen wollen, wieder Ihrer Wahrnehmung zu vertrauen, nehmen Sie Kontakt mit Ihrer ursprünglichen Instinktnatur auf. Spüren Sie Durst und Hunger – essen und trinken Sie, wenn Sie es brauchen? Wann sind Sie müde? Gehen Sie dann auch ins Bett oder gehen Sie darüber hinweg? Riechen Sie an Nahrungsmitteln, bevor Sie sie kaufen oder essen? Was sagt Ihnen Ihr eigener Körpergeruch? Um Kontakt mit unseren Instinkten zu haben, brauchen wir eine gute Körperwahrnehmung. Probieren Sie folgende Übungen aus:

1. Konzentrieren Sie sich eine Woche lang auf Ihre Körperwahrnehmung. Versuchen Sie das in einer neugierigen, unvoreingenommenen Haltung wie ein Kind, am besten den natürlichen Tagesrhythmen entsprechend: morgens, mittags und abends. Welche Signale sendet Ihnen Ihr Körper? Wie fühlt sich Ihr Körper an, wenn Sie Freude haben, wenn Sie traurig sind, wenn Sie Gefahr wittern?
2. Gehen Sie zu einer Tanzveranstaltung, in der freier Tanz und der authentische Ausdruck der eigenen Gefühle im Mittelpunkt stehen. Angebote wie Kontaktimprovisation, freies Tanzen, die 5-Rhythmen oder Trancedance lassen Ihnen Freiräume für instinktive, nicht kontrollierte Bewegungen.

Dies gibt Ihnen die Freiheit und das Vertrauen in den eigenen Körper zurück.

3. Machen Sie morgens bei Sonnenaufgang einen Spaziergang, und atmen Sie dabei tief ein und aus. Spüren Sie die Veränderung in der Körperwahrnehmung.

4. Versuchen Sie, nur die Dinge zu essen, die Ihr Körper bejaht. Essen Sie nur, wenn Sie Hunger haben. Gehen Sie schlafen, wenn Sie müde sind.

5. Versuchen Sie, Ihre Bedürfnisse nach Nähe oder Alleinsein zu erspüren, und geben Sie dem Raum, egal wie Sie gerade leben. Selbst, wenn Sie Single sind und sich einsam fühlen, können Sie einen Freund anrufen oder einen Verwandten, geben Sie sich einen Ruck! Wenn Sie Ruhe und Rückzug brauchen, ist das genauso wichtig.

6. Notieren Sie auch hier die Erfahrungen, die Sie dabei machen.

Übung 3: Ja oder Nein

Verschaffen Sie sich eine Ruhepause und kommen Sie bewusst in einen entspannten Zustand. Versuchen Sie wiederum, sich auf ein Körpergefühl einzulassen. Erinnern Sie sich an Augenblicke, in denen es aus Ihnen »Ja« geschrien hat. Ja und Nein werden auch bei Muskeltests in der Kinesiologie benutzt, um abzufragen, ob eine bestimmte Behandlung förderlich ist oder nicht.

1. »Ja« ist ein gutes, angenehmes, leichtes Gefühl. Finden Sie heraus, wie genau sich »Ja« anfühlt. Ja ist richtig und gut für uns. Was können Sie innerlich fühlen, sehen, hören, riechen,

schmecken? Wie genau atmen Sie in diesem Moment? Welche Körperhaltung nimmt Ihr Körper ein? Notieren Sie die Ergebnisse in Ihr HSP-Tagebuch.

2. Wenn Sie dies genau erforscht und benannt haben, wechseln Sie zum »Nein«. Wenden Sie die gleichen Fragen an, und finden Sie heraus, wie sich ein »Nein« anfühlt, wenn Sie innerlich Nein sagen. Vielleicht spüren Sie hier ganz bestimmte körperliche Wahrnehmungen, etwa eine innere Beklemmung oder eine innere Unruhe, eine Klarheit, eine Schwere, einen gewissen Alarm-Impuls? Egal, wie dies bei Ihnen gestaltet ist, schreiben Sie es auf, oder fertigen Sie eine gemalte Landkarte für Ja und Nein an.

3. Benutzen Sie diese Landkarte einen Monat lang ganz bewusst für Entscheidungen. Stellen Sie sich der Verantwortung, die mit den Entscheidungen zusammenhängt, die Sie treffen.

ZUSAMMENFASSUNG

▶ Die Eigenwahrnehmung und das Vertrauen in die eigene Intuition sind die wichtigsten Grundlagen zur Stärkung der Persönlichkeit.

▶ Durch vielfältige negative Erfahrungen in der Kindheit und Jugend wurde den meisten von uns das Vertrauen in die eigene Wahrnehmung abtrainiert. Die Wiederbelebung dieser lebenswichtigen Fähigkeit kann mit schmerzhaften Erinnerungen verbunden sein. Sie brauchen jedoch keine Angst davor zu haben.

▶ Sobald Sie es schaffen, sich wieder auf diesen Instinkt zu verlassen, können Sie mit mehr Vertrauen in sich selbst durchs Leben gehen. Entscheidungen fallen Ihnen leichter. Der eigene Körper wird nicht länger als störend, sondern als wichtiger Partner bei der Wahrnehmung der eigenen Person und der Umwelt gewürdigt.

▶ Wenn Ihnen die Übungen zu diesem Kapitel besonders schwerfallen, kann das möglicherweise auf eine Traumatisierung in der Kindheit schließen lassen, die Ihnen eine Art von Gefühlschaos beschert. Lesen Sie sich das Kapitel über Stress, Burnout und Trauma durch. Sollten Sie den Impuls haben, vertrauen Sie sich einem Psychotherapeuten an.

Survivalregel Nr. 2: Stärken Sie Ihre Selbstakzeptanz und Ihr Selbstwertgefühl. Wie Sie mit sich selbst ins Reine kommen!

Die Biografien Hochsensibler sind häufig geprägt durch Phasen, in denen ihre Andersartigkeit vom sozialen Umfeld nicht verstanden oder, viel schlimmer noch, missgedeutet wird. Viele HSPs wachsen mit dem Gefühl auf, etwas stimme mit ihnen nicht. Sie sind anders, komisch, ihr Verhalten ist für ihre Umwelt oft nicht nachvollziehbar. Über die Jahre schleicht sich häufig ein negatives Selbstbild ein, das nur schwer zu korrigieren ist. Sollten Sie anhand der Tests herausgefunden haben, dass Sie tatsächlich zur Gruppe der Hochsensiblen gehören, können Sie womöglich Ihr Leben im Rückwärtsspiegel nun anders betrachten. Sie legen einfach die Brille ab, die Ihnen gesagt haben mag, dass mit Ihnen etwas nicht in Ordnung sei, und setzen eine neue Brille auf. Diese neue Brille ist verständnisvoll und heißt: »Ich bin hochsensibel.« Durch diese Brille werden einige Szenen aus Ihrer Biografie nun verständlicher, zum Beispiel das starke Rückzugsbedürfnis, um Erlebnisse zu verarbeiten, die verwirrende Erfahrung, gespürt zu haben, was andere Menschen im Umfeld gefühlt oder gedacht haben, dies aber abstritten.

> Da sich Hochsensibilität nicht abtrainieren lässt, können Sie Energie sparen und sich so akzeptieren, wie Sie nun einmal sind.

Ihre Hochsensibilität macht Sie nicht zu einem besseren oder schlechteren Menschen, sondern zu einem Individuum. Wenn Sie sich lange Zeit mit anderen Menschen verglichen haben und sich gefragt haben: »Warum kann ich nicht so sein, wie er/sie?«, haben Sie sich selbst nicht akzeptiert. Machen Sie sich diese Angewohnheit bewusst, und legen Sie diese in Ihrem Tempo ab. So können Sie Ihr Leben gestalten, wie Sie es möchten und brauchen. Falls Sie sich lange Zeit wie ein Stück Treibholz gefühlt haben, heimatlos und ohne Zugehörigkeit, dann seien Sie beruhigt: Sie sind einer ganz besonderen Gruppe zugehörig – willkommen bei den Hochsensiblen!

Woran erkenne ich ein niedriges Selbstwertgefühl?
Hochsensible mit einem niedrigen Selbstwert haben teilweise Versagensängste. Ihnen ist es sehr wichtig, was andere über sie denken. Darüber hinaus vergleichen sie sich häufig mit anderen, was einen starken inneren Druck auslösen kann. Aus der Verletzung des Selbstwertes entsteht bei vielen Erwachse-

nen eine Art übertriebener Perfektionismus. Diese Eigenart kanalisiert sich gern im Berufsleben oder in der Familie. Dabei erhoffen sich viele Hochsensible, durch Leistung Anerkennung zu erhalten, oder sie fühlen sich zu sehr verantwortlich für ihr Umfeld. Ein weiterer Hinweis auf ein angegriffenes Selbstwertgefühl ist die Angewohnheit, sich schnell kritisiert zu fühlen und sich dann zu rechtfertigen. Das Überschreiten der eigenen Grenzen ist auch ein Indiz – emotional verletzte HSPs opfern sich häufig für andere auf und fühlen sich gleichzeitig nicht genug geschätzt oder gesehen.

Übungen
Das Selbstwertgefühl stärken und aufbauen

1. Der schnellste Weg, um zu seinem Wesenskern zu gelangen, ist bedingungslose Selbst-Akzeptanz. Beginnen Sie also damit, alles, was jetzt ist, zu akzeptieren: Ihre Unperfektion, Ihre Fehler und Ängste sowie Ihre Talente und Ihre großartigen Seiten. Dazu können Sie eine Übung vor dem Spiegel durchführen. Setzen Sie sich einfach vor einen größeren Spiegel, und betrachten Sie sich selbst liebevoll. Besonders Menschen, die Schwierigkeiten haben, ihren Körper zu akzeptieren, können davon profitieren. Beginnen Sie damit, kleine Details wahrzunehmen, die Sie an sich mögen, zum Beispiel Ihre Haare, die Augen, die Hände usw. Dehnen Sie diese positive Selbstwahrnehmung nach und nach auf den gesamten Körper und Ihr Sein aus.

2. Nehmen Sie Ihr HSP-Tagebuch zur Hand und notieren Sie einmal, was Sie bereits alles schon geschafft haben in Ihrem

Leben und worauf Sie stolz sind. Schreiben Sie auch über die Aspekte Ihrer Persönlichkeit, bei denen Sie in der Vergangenheit Mühe hatten, sie zu akzeptieren. Betrachten Sie sich dabei am besten durch die Brille eines liebevollen Menschen von außen, so wie eine Großmutter es tun würde, die ihren Enkel über alles liebt und die über seine kleinen »Fehler« hinwegsieht.

3. Bei großen Veränderungsprozessen können Sie sich auch eine Art Liebesbrief schreiben, indem Sie notieren, was Sie aus Liebe zu sich selbst in Ihrem Leben ändern möchten. Es ist sehr kraftvoll, diesen Brief abzuschicken und dann einige Tage später aus dem Briefkasten zu holen und wieder zu lesen. Diese Übung kann sehr effektiv sein, während Sie in einem Urlaub sind oder eine Kur machen.

4. Erstellen Sie eine Collage: Mit dieser Übung können Sie den Teil Ihres Gehirns ansprechen, der in Bildern denkt. Besorgen Sie sich einen Stapel mit Zeitschriften zu Ihren Lieblingsthemen (Kunstmagazine, Gartenzeitschriften usw.), die viele Bilder beinhalten. Legen Sie drei Fotos von sich selbst bereit: 1.) als Baby, 2.) als Kind von 6 bis 9 Jahren und 3.) ein aktuelles Bild. Nehmen Sie ein großes Papier im A3-Format in einer Farbe, die Ihnen angenehm erscheint. Kleben Sie das Bild von Ihrem inneren Kind in die Mitte des Blattes. Danach kleben Sie von sich selbst das Babyfoto und das Erwachsenenbild so auf das Blatt, dass alle Lebensabschnitte wie durch einen Weg miteinander verbunden sind. Lassen Sie noch Platz auf dem Bild für zukünftige Visionen, Wünsche und Träume. Schreiben Sie unter Ihr Porträtfoto den Satz: »Ich bin wertvoll«. Schneiden Sie wahllos Bilder aus den Zeitungen aus, die Hochsensibilität für Sie bedeuten, zum

Beispiel einen Schmetterling, eine Blume oder eine Feder.
Finden Sie in den Zeitungen oder in Ihrem Fotoalbum ein
Landschaftsbild, das Ihrem inneren oder äußeren Kraftplatz
nahekommt. Das kann beispielsweise ein Leuchtturm sein,
ein Baum, ein See oder das Meer. Falls Sie ein solches Bild
nicht finden, malen Sie es selbst auf. Dann suchen Sie Fotos,
die Ihren Wünschen und Visionen für die Zukunft entsprechen. Kleben Sie all diese Bilder nach Ihrem Gefühl in die
Collage ein. Schreiben Sie nun auf der Collage zusätzlich
Ihre Talente, Fähigkeiten und guten Eigenschaften auf. Ganz
oben auf der Collage können Sie eine passende Affirmation
schreiben, die Sie aktuell darin unterstützen soll, Ihren Wert
zu erkennen oder Sie einfach zu stärken. (Siehe »Affirmationen fühlen und integrieren« in dieser Survivalregel.) Geben
Sie dieser kreativen, kraftvollen Arbeit einen Ehrenplatz in
Ihrer Wohnung.

5. Aus meiner persönlichen Erfahrung kann ich auch zu Gruppentherapien raten. Es ist viel leichter, ein negatives Selbstbild zu korrigieren, wenn uns mehrere Personen im Außen
   positiv bestätigen. Wenn Sie eine Umgebung gefunden
   haben, in der Sie positive, ehrliche Rückmeldungen erhalten
   und Zuwendung erfahren, können Sie anfangen, diese liebevolle Instanz in sich selbst zu festigen. Sie können sich auch
   positives Feedback aus Ihrer alltäglichen Umgebung einho-
   len: zum Beispiel am Arbeitsplatz oder im Freundeskreis, indem Sie andere darum bitten, Ihnen mitzuteilen, was Sie gut
   können oder was Ihr Umfeld an Ihnen schätzt.

Übungen zur biografischen Detektivarbeit

Nehmen Sie Ihr Tagebuch in die Hand, ziehen Sie sich zurück und legen Sie eine beruhigende, entspannende Musik auf. Vielleicht hilft es Ihnen, alte Fotoalben aus Ihrer Kindheit dabei anzuschauen. Forschen Sie nach, wann Sie zum ersten Mal in Ihrem Leben gespürt haben, dass Sie anders sind. Achten Sie bei dieser Übung insbesondere darauf, wie Ihre Eltern und Lehrer Sie in Ihrem Selbstbild geprägt haben. Aufkeimende eigene Gedanken, Werte, Ziele und Visionen können Sie sich so wie ein kleines Pflänzchen vorstellen, das Sie selbst hegen und pflegen müssen, damit es groß und kräftig wird. Sobald Sie anfangen, Ihre eigenen Maßstäbe an Ihr Leben zu legen und nicht die Maßstäbe, die Sie in der Vergangenheit geprägt haben, können Sie glücklich werden.

Stellen Sie sich folgende Fragen:
1. Wie hat sich meine Hochsensibilität bei mir als Kind gezeigt?
2. Welche positiven Resultate sind daraus erwachsen?
3. Was hat mir besonders viel Freude bereitet?
4. In welchen Bereichen haben sich schon früh meine Begabungen gezeigt?
5. Welche Verletzungen habe ich dadurch erfahren, dass andere Menschen meine Hochsensibilität missverstanden haben?
6. Welche Vor- und Nachteile hatte ich durch meine Hochsensibilität in der Schule?
7. Was hat mir als hochsensibles Kind, als hochsensible/r Jugendliche/r gefehlt?
8. Wer konnte mich als Kind so annehmen, wie ich war?
9. Wer hat mir Kraft, Liebe, Geborgenheit und Schutz gegeben?

Vervollständigen Sie folgende Sätze:

- Meine Mutter wollte immer, dass ich mehr

  _____

  _____

  werde.

- Mein Vater vermittelte mir, dass mein(e)

  _____

  _____

  nicht gut sei.

- Ich vermute heute, dass mein/e

  _____

  _____

  auch hochsensibel gewesen sein muss.

- In meinen ersten sechs Lebensjahren habe ich gelernt, dass ich

  _____

  _____

  sein muss, um Liebe und Aufmerksamkeit zu bekommen.

- Den Erwartungen von

  _____

  _____

  konnte ich meist nicht gerecht werden.

- Das gab mir ein Gefühl von

  _____

  _____

- Als hochsensibles Mädchen / als hochsensibler Junge war für mich folgende Erfahrung von Andersartigkeit besonders einprägsam:

  _____

  _____

- Deshalb begann ich über mich zu denken, ich sei

  _____

  _____

- Mein Vater zeigte mir seine Liebe, indem er

  _____

- Meine Mutter zeigte mir ihre Liebe, indem sie

  _____

  _____

- In folgenden Bereichen zeigten sich schon früh meine Talente:

  _____

  _____

- Wenn ich aufgrund meiner Sensibilität als Kind geweint habe, reagierten meine Eltern mit

  _____

  _____

- Um in dieser Welt überleben zu können, lernte ich,

  _____

  _____

- Rückblickend betrachtet, würde ich sagen, ich hätte als Kind und Jugendlicher mehr

  _____

  _____

  gebraucht.

- Der Mensch, der mir am meisten das Gefühl gegeben hat, dass ich so, wie ich bin, in Ordnung bin, ist:

  _____

  _____

- Ich bin meinen Eltern dankbar dafür, dass sie

  _____

  _____

Versuchen Sie, eine Haltung der Liebe sich selbst gegenüber aufzubauen. Betrachten Sie sich mit diesen liebevollen Augen durch Ihr ganzes Leben hindurch: von der Kindheit über die Jugend und die frühen Jahre des Erwachsenseins bis heute. Versuchen Sie im Zustand dieser Selbstannahme auf Ihre aktuelle Lebenssituation zu schauen. Sagen Sie einfach »Ja«, so bin ich, so ist mein Leben.

Dem inneren hochsensiblen Kind einen Brief schreiben
Nehmen Sie schließlich eine besonders schöne oder intensive Erinnerung, und schreiben Sie Ihrem inneren Kind einen Brief, in dem Sie ihm sagen, wie stolz Sie auf es sind. Wenn Sie mit einer negativen Erfahrung arbeiten wollen, schreiben Sie Ihrem inneren Kind einen Brief, in dem Sie es trösten und die Situation heute aus sicherer Entfernung anders bewerten können.

Was sind meine Bedürfnisse?

Nachdem Sie intensiv mit Ihren Erinnerungen gearbeitet haben, können Sie anfangen, sich Ihrer jetzigen Lebenssituation zu widmen. Wie leben Sie heute? Mit wem verbringen Sie Ihre Zeit? Wenn Sie Ihr Leben aus der Perspektive eines hochsensiblen Menschen sehen – was muss sich verändern, damit es Ihnen gut geht? Dazu stellen Sie sich am besten folgende Fragen:

1. Was ist das größte Geschenk meiner Hochsensibilität?
2. Wenn ich aufhöre, mich verändern zu wollen, wie würde sich mein Leben anfühlen?
3. Welche Bedürfnisse habe ich als HSP, und wie kann ich diese besser in meinem Alltag berücksichtigen?
4. Wenn ich mich wirklich selbst wertschätze, wie kann ich das in meinem Leben ausdrücken?
5. Wenn ich meine Hochsensibilität ernst nehme und die Verantwortung dafür übernehme, welche Konsequenzen hat das für meine Berufstätigkeit, für meine Beziehungen, für meine Gesundheit?

Affirmationen fühlen und integrieren

Affirmationen können uns helfen, eine liebevollere Beziehung zu uns selbst aufzubauen und alte, begrenzende Glaubenssätze loszulassen. In meinen Seminaren oder Einzeltrainings arbeite ich mit Affirmationen folgendermaßen: Ich schreibe die Affirmation auf ein Stück Papier und lege es als Bodenanker auf den

Boden. Die Person, die damit arbeitet, stellt sich darauf und liest den Satz mehrmals laut vor. Sie versucht, sich so stark wie möglich in diesen Satz einzufühlen. Gleichzeitig sollte sie offen bleiben für Empfindungen, die nach oben steigen, wenn dieser Satz ganz gefühlt und wahrgenommen wird. Oftmals stellen sich Trauer oder intensive Empfindungen an verschiedenen Stellen des Körpers ein, die ich als gespeicherten Schmerz bezeichnen möchte. Es zeigen sich Verletzungen, die ein Mensch durch andere in der Vergangenheit erfahren hat.

Es geht also nicht mehr darum, diese negativen Gefühle zu unterdrücken, die der Affirmation entgegenstehen, sondern diese erst einmal vollkommen zuzulassen. Sehr effektiv wird die Übung, wenn diese nicht allein, sondern in einer Gruppe oder mindestens mit einer zweiten Person durchgeführt wird. Wenn nämlich andere Menschen diesen Prozess liebevoll begleiten, geht es schneller und einfacher. Nachdem sich diese emotionalen Knoten gelöst haben, kann es sein, dass wir darüber lachen oder sie einfach verabschieden. Jetzt kann die gewünschte Affirmation noch einmal gesprochen werden. Mit dem Körpergefühl überprüft der Klient, ob der Satz jetzt stimmig ist. Wenn kein Widerstand mehr zu spüren ist, liegen die Chancen gut, diese positiven Impulse in Ihrem System neu zu verankern.

Versuchen Sie einige der unten stehenden Affirmationen mit dem eben beschriebenen Verfahren zu bearbeiten, und tragen Sie die Ergebnisse in Ihr HSP-Tagebuch ein.

Affirmationen für Hochsensible

Ich vertraue meiner eigenen Wahrnehmung.

Ich nehme meine Hochsensibilität an und wertschätze diese.

Ich setze meine eigenen Maßstäbe.

Ich bin selbst verantwortlich für mein Leben.

Ich nähre meinen Körper.

Ich achte und liebe meinen Körper.

Ich achte auf mein Rückzugsbedürfnis und gönne mir Ruhe.

Ich bin wichtig.

Meine Entscheidungen treffe ich in Übereinstimmung mit meinem Bauchgefühl und meinen Werten.

Ich weiß, was richtig für mich ist.

Ich liebe mich selbst für meine Einzigartigkeit.

Ich bin nicht für die Gefühle anderer Menschen verantwortlich.

Ich darf mich abgrenzen.

Meine Hochsensibilität ist ein Geschenk.

Ich erkenne meine Bedürfnisse.

Ich erkenne mein inneres Kind als wichtigen Teil meines Selbst.

Ich liebe mein inneres Kind.

Mich selbst wie einen wertvollen Schatz zu behandeln, wird mich stark machen.

Ich vergebe mir selbst vollkommen.

Auswertung:

Wie ist es Ihnen mit dieser Übung gegangen? Welche verdrängten Bewusstseinsinhalte sind dabei an die Oberfläche getreten? Haben Sie die Übung mit einer zweiten Person durchgeführt? Wie geht es Ihnen jetzt im Kontakt mit dieser Person? Das Gefühl kann durch eine entsprechende Körperhaltung, Atmung und ein inneres Bild verstärkt werden.

ZUSAMMENFASSUNG

▶ Ihr Selbstwertgefühl wird in dem Maße wachsen, wie Sie sich selbst annehmen und lieben können. Besonders Menschen, die in der Vergangenheit viel Ablehnung erfahren haben, finden es schwierig, sich selbst zu mögen. Beginnen Sie damit, sich selbst die Wertschätzung zu geben, die Ihnen zusteht. Und Ihnen steht grenzenlose Wertschätzung zu.

▶ Sobald Sie beginnen, Ihre Biografie rückblickend besser zu verstehen, indem Sie anerkennen, dass Sie hochsensibel sind, können Sie auch Enttäuschungen und Verletzungen, die Sie durch Ihr Umfeld erfahren haben, besser verarbeiten.

▶ Realisieren Sie, dass sich viele Erwachsene in Ihrem Umfeld geirrt haben. Erkennen Sie an, dass auch Ihre Eltern Fehler haben und Sie als Kind oftmals nicht richtig verstanden haben. Der Schmerz und die Verwirrung, die daraus entstanden sind, sagen nichts über Ihre Liebenswürdigkeit aus, sondern nur darüber, wie wenig Empathie möglicherweise Ihr Umfeld besaß.

▶ Indem Sie Ihre Bedürfnisse ernst nehmen, geben Sie sich selbst die Art von Wertschätzung, die Sie brauchen, um ein glückliches und zufriedenes Leben als HSP zu führen.

▶ Affirmationen lassen sich am besten integrieren, wenn der Körper mit einbezogen wird und »negative« Gefühle und Gedanken, die dabei aufsteigen, zunächst einmal zugelassen werden.

Survivalregel Nr. 3:
Erschaffen Sie sich einen Schutzraum!
Wie Sie die Kunst erlernen, sich abzugrenzen.

Reizüberflutung

Das Thema Reizüberflutung oder Überstimulation ist eines der zentralsten Merkmale von Hochsensiblen. Da HSPs schon bei Situationen mit Überstimulation reagieren, die für andere Menschen noch gut erträglich sind, hören sie oft abfällige Bemerkungen über sich wie »Mimose« oder »Weichei«. Menschenansammlungen auf der Straße, bei Konzerten, länger anhaltende Lärmbelastung, Hitze, Kälte, emotionale Belastungen oder schlechte Stimmungen in Gebäuden und Firmen führen bei Hochsensiblen schneller zu Reaktionen von Überforderung. Meist suchen sie von sich aus dann Rückzug oder Erholung. Wenn diese Selbstschutzreaktion noch nicht eingeübt wurde, entwickeln sich in den Phasen von Überstimulation unangenehme Empfindungen im Körper wie Druckgefühl auf den Magen, Schweißabsonderung, erhöhter Puls oder andere Körpersignale.

Es gibt Hochsensible, die sehr deutlich eine Überbetonung beim Rückzug erleben und mehr oder weniger isoliert leben. Die modernen Großstädte tragen ihr Übriges zu dieser verstärkten Rückzugstendenz bei: Lärm, Reklame, schnelle Autos oder Straßenbahnen, Menschenmassen, Chaos, Telefonanrufe oder Zigarettenqualm bombardieren uns auf allen Wahrnehmungskanälen. Daher ist das Einüben von Rückzug eine der wichtigsten Survivalregeln, die Sie befolgen sollten – nur dann kann der Körper in eine Regenerationsphase eintreten, die wichtig für den gesamten Organismus und das Nervensystem ist.

Übungen

1. Wie können Sie in Zukunft mehr auf sich selbst achten? Woran erkennen Sie, dass Sie reizüberflutet sind? Wie können Sie schneller für Rückzug und Regeneration sorgen?
2. Welche Formen des Rückzugs geben Ihnen am meisten Erholung?
3. Jedes Kind baut Höhlen, in die es sich im Spiel zurückzieht. Welche Art von Höhle brauchen Sie, um sich zu erholen? Welche Farben, Klänge, Düfte, Geräusche unterstützen Sie dabei? Vielleicht möchten Sie sich zu Hause eine Kuschelecke einrichten, in die Sie sich zurückziehen können. Lassen Sie sich dazu von Ihrem inneren Kind inspirieren! Wo können Sie sich am Arbeitsplatz Ruhe gönnen? Gibt es die Möglichkeit für Sie, Ihr Mittagsbrot nicht in der lärmerfüllten Cafeteria einzunehmen, sondern an einem geschützten Ort? So können Sie sich bei Bedarf vor allzu vielen Fragen von Kollegen und Vorgesetzten schützen.
4. Informations-Diät: Nehmen Sie sich vor, eine Woche lang nicht zu lesen. Zusätzlich können Sie Ihren Fernseh- oder Internetkonsum drastisch reduzieren oder versuchen, ganz darauf zu verzichten. Je mehr Sie Input von außen bekommen, umso mehr müssen Sie diese Informationen auch verarbeiten. Wie oft pro Tag schauen Sie in Ihren E-Mail-

Account, nur weil Sie befürchten, eine wichtige Nachricht zu verpassen? Wir laufen alle mehr oder weniger vor der kreativen Einsamkeit davon, obwohl wir diese so dringend nötig haben, um uns zu erholen. Wie lange können Sie auf mediale Ablenkmaschinen verzichten, um endlich wieder ein Wohlgefühl zu erleben, wenn Sie *nichts* tun, anstatt damit innere Unruhe, Angst oder quälende Langeweile zu überdecken?

5. Haben Sie in der Vergangenheit statt Rückzug häufig Betäubung gewählt? Wenn Sie sich dabei ertappt haben, mehr Alkohol als früher zu trinken oder Beruhigungstabletten zu nehmen, dann ist Alarmstufe ROT. So können Sie keineswegs weitermachen!

Abgrenzung

Ihr Nachbar nervt Sie? Die Arbeitskollegen heulen Ihnen die Ohren voll? Gibt es in Ihrer Familie mit den lieben Verwandten oft Streit? Wie lange wollen Sie das noch alles schlucken? Auch der soziale Rückzug muss gelernt werden. Machen Sie eine Liste mit den größten Nervensägen in Ihrer Umgebung, und denken Sie darüber nach, wie Sie sich besser von ihnen abgrenzen können! Üben Sie sich öfter darin, »Nein« zu sagen. Achtung, das emotionale Feuerwerk, das Ihr Gegenüber danach möglicherweise zündet, sollten Sie nicht so nah an sich heranlassen. Im Notfall verlassen Sie die Situation und die professionellen Nervensägen mit ihrem emotionalen Drama. Wer sagt, dass Sie sich das anhören müssen? Machen Sie sich gefasst auf ein Bündel von Schuldgefühlen. Doch diese machen Sie erpressbar. Lassen

Sie die Schuldgefühle los. Sie sind nicht für Ihr soziales Umfeld verantwortlich. Davon ausgenommen sind natürlich nur die Kinder.

Wie ein Apfel, der eine Schale braucht, um sich vor schädlichen Umwelteinflüssen zu schützen, brauchen Sie eine Schutzhülle, mit der Sie Ihr Inneres vom Außen abgrenzen können. Bei vielen Hochsensiblen scheint diese Schale sehr dünn und zart zu sein. Mit den folgenden Übungen können Sie sich selbst helfen, dass Ihr Schutzmantel stabiler wird.

Übungen

1. Zwei Kreise

Nehmen Sie eine Situation, in der Sie sich von einer anderen Person abgrenzen wollen. Schreiben Sie auf einen Bodenanker (ein Stück Papier) Ihren Namen. Danach fertigen Sie einen Bodenanker an, auf dem der Name einer anderen Person steht, von der Sie sich abgrenzen wollen. Nun nehmen Sie vier Moderationskarten oder Trennkarten aus Aktenordnern und schreiben jeweils auf zwei Karten, was SIE dabei wollen, tun, sagen, denken und fühlen. Danach schreiben Sie auf die anderen zwei Karten Dinge, die Ihr Gegenüber sagt, welche Gefühle es aussendet und was es vielleicht von Ihnen fordert. Dann nehmen Sie zwei Wollfäden mit unterschiedlichen Farben und legen diese in einem Kreis um die Namen der beiden Personen. Nun können Sie beginnen, die Zettel auszuteilen.

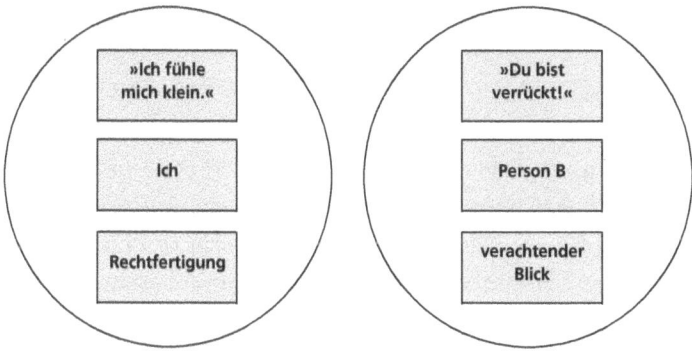

Legen Sie alles, was zu Ihnen gehört, in Ihren eigenen Kreis. Wenn es Dinge gibt, die der andere sagt oder tut, die Sie zu sehr an sich herangelassen haben, die Ihnen emotional wehtun, legen Sie auch die Zettel, die eigentlich zu der anderen Person gehören zuerst in Ihren Kreis. Dann, wenn Sie das nicht mehr bei sich haben wollen, legen Sie alles in den Kreis Ihres Gegenübers, wo es herkommt. Lassen Sie die Beurteilung der anderen Person dort und schauen Sie, was übrig bleibt. Wenn Sie sich klein fühlen, hat dies möglicherweise mit einer alten Verletzung aus Ihrer Vergangenheit zu tun. Person B hat dieses Gefühl nur aktiviert. Wenn Sie die abwertenden Verhaltensweisen von Person B bei ihr lassen, können Sie sich sagen: »Er/sie verhält sich abwertend.« Anstatt sich einzureden: »Ich fühle mich klein, weil er/sie mich beschimpft hat.« Sie lassen die Verhaltensweise des anderen bei ihm und nehmen sich Raum für Ihre eigenen Gefühle und Gedanken dazu, anstatt einfach nur zu reagieren. Durch die Verortung im Raum mit den Bodenankern schaffen Sie zusätzlichen Raum. Sie geben Ihrem Gegenüber dadurch keine Macht mehr über sich.

2. Distanzierung von Fremdgefühlen

Das unfreiwillige Aufschnappen fremder Gefühle kommt bei
Hochsensiblen relativ häufig vor. Damit es nicht zur Dauerbelastung wird, ist es wichtig, dass Sie für sich trainieren, diese
Wahrnehmung abzuschwächen. Das ist nicht einfach, aber
möglich. Dazu brauchen Sie allerdings Raum und Zeit für sich
allein. Fragen Sie sich einfach in einer ruhigen Minute: Sind
das meine Gefühle oder die Gefühle anderer Menschen? Wenn
Sie in einen befreiten, entspannten Zustand zurückwechseln
wollen, können Sie einfach mit einem Bodenanker arbeiten.
Dazu nehmen Sie einen Zettel und schreiben den gewünsch-
ten Zustand darauf. Zum Beispiel »neutraler Beobachter«. Oder
Sie schreiben einfach »neutral« auf das Papier. Legen Sie das
Blatt hinter sich und treten Sie einen Schritt zurück, um dann
auf dem Papier zu stehen. Das Einfinden in diese Energie hilft
Ihnen, sich weniger mit dem »fremden« oder »negativen« Gefühl zu identifizieren. Besser noch wäre ein Zustand von abge-
dämpften Gefühlen, eben wie ein neutraler Beobachter. Im NLP
(Neuro-Linguistisches Programmieren) nennt man diesen Zustand »dissoziiert« im Gegensatz zu »assoziiert«. Wenn Sie zum
Beispiel gerade Gefühle von Trauer und Leid aufgeschnappt
haben, ist es einfacher, auf »neutral« umzuschalten, als plötzlich »Glück« zu fühlen. Auch die Änderung der Blickrichtung
kann helfen. Bei traurigen Gefühlen schauen wir oft nach unten auf den Boden. Heben Sie willentlich Ihren Blick nach oben
links oder rechts, und schauen Sie, wie sich die Gefühle dabei
verändern. Wenn Sie mitten in einer Situation stecken, zum
Beispiel auf einer Party, bei der Sie massiv die Gefühle anderer
Menschen aufschnappen, hilft es in der Regel erst einmal, den
räumlichen Abstand zu suchen. Wenn Sie können, verlassen Sie

das Getümmel, gehen Sie ins Bad, oder laufen Sie eine Runde ums Haus. Wenn Sie zu Hause eine Zeit lang den dissoziierten Zustand trainiert haben, kann das möglicherweise auch in Gegenwart anderer Menschen besser klappen.

3. Schuldgefühle

Zur Abgrenzung gehört auch der Themenkomplex Schuldgefühle. Sie sind das Ergebnis eines übergroßen Verantwortungsgefühls von Hochsensiblen. Schuldgefühle können bei HSPs schon auftauchen, wenn sie »egoistisch« an sich selbst denken oder für sich selbst sorgen wollen, und das bedeutet, zu anderen »Nein« zu sagen. Das Aufschnappen von den Gefühlszuständen des Partners, der Kinder oder der eigenen Eltern führt nicht nur dazu, dass HSPs genau spüren, wie es dem anderen geht, sie wollen dies nun auch noch verändern. Hochsensible Eltern beispielsweise fühlen sich oft verantwortlich für die schlechte Laune ihrer Kinder und wollen alles tun, um sie aufzumuntern, damit bloß diese negativen Gefühle verschwinden und sie sich selbst auch wieder besser fühlen. Dieselbe Dynamik gibt es bei hochsensiblen Partnern in einer Beziehung. Hier ist der schmale Grat zwischen »sich verantwortlich« fühlen und sich »schuldig« fühlen.

Lassen Sie uns noch tiefer in die Ursache oder die Quelle des übergroßen Schuldbewusstseins von Hochsensiblen eintauchen. Durch die feinen Antennen hochsensibler Menschen können sie oft schon im jüngsten Alter erspüren, wie es ihren Eltern emotional geht. In ihren Bemühungen, die Eltern in ihren schlechten Phasen aufzuheitern, zu trösten oder sogar zu beschützen, kann sich ein (über-)großes Verantwortungsgefühl bei diesen Kindern einstellen. Dasselbe gilt auch im Umgang mit Tieren. Hochsensible sind in der Lage, intensiv das Leid von Lebewesen in ihrem Umfeld zu erfühlen. Deshalb gibt es viele Vegetarier, Veganer und Tierschützer unter ihnen. Als Erwachsener kann sich dieses übergroße Verantwortungsgefühl beruflich im »Helfersyndrom« zeigen oder privat in der Familie und im weiteren Verlauf: als Anfälligkeit für Schuldgefühle. Gesellschaftliche Normen, die Hochsensible verinnerlicht haben, können ebenfalls zu Schuldgefühlen führen. Seit Jahrtausenden werden uns Richtlinien eingetrichtert, wie wir uns als Frauen, Männer und Kinder zu verhalten haben.

Impulse:
Nehmen Sie Ihr HSP-Tagebuch zur Hand, und schreiben Sie zu folgenden Fragen Ihre Antworten auf.

1. In welchen Situationen tauchen Schuldgefühle bei mir auf?
2. Welche Personen sind an der Situation beteiligt?
3. Wie schafft es mein Gegenüber, dass ich mich schuldig fühle?
4. Wer profitiert von meinen Schuldgefühlen?
5. Wer erpresst mich emotional?
6. Welche Handlungen unterdrücke ich durch meine Schuldgefühle?
7. Was würde geschehen, wenn ich dieses Schuldbewusstsein infrage stelle?
8. Wie würde mein Leben aussehen ohne übertriebene Schuldgefühle, ohne Scham?

▶ Schreiben Sie noch einmal alle Schuldgefühle auf ein Blatt Papier. Nehmen Sie dieses Blatt, und verbrennen Sie es.
▶ Sprechen Sie mit einer Person, die in derselben Situation KEINE Schuldgefühle hat, und fragen Sie sie, wie sie das macht.

▶ Hören Sie auf, sich in die Gefühlsregungen, Konflikte und das Unwohlsein Ihrer Mitmenschen einzumischen, auch wenn Sie es gut meinen. Übernehmen Sie stattdessen mehr liebevolle Verantwortung für sich selbst.

4. Energetische Nabelschnur

So, wie ein Baby mit seiner Mutter während der pränatalen Phase über eine Nabelschnur verbunden ist, können sich auch Erwachsene auf der gefühlten Ebene mit anderen Menschen verbunden fühlen. Über eine unsichtbare Nabelschnur werden die Gefühle und Gedanken zwischen zwei Personen hin- und hergeschickt. Oftmals entstehen in diesen Beziehungen gewisse Abhängigkeiten. Ein kraftvolles Ritual, das Sie selbst durchführen können, ist das symbolische Durchtrennen dieser Nabelschnur. Dieses Ritual können Sie am besten durchführen, wenn Sie sich emotional von einer anderen Person befreien wollen.

Nehmen Sie sich eine Schnur oder einen Wollfaden zur Hand, den Sie um Ihren Bauch binden und verknoten. Dann spannen Sie die Schnur zu einem Stuhl oder einem Gegenstand, der diese andere Person symbolisiert. Vielleicht werden Sie sich vor dem Ritual bewusst, was Sie dieser Person auf der geistigen Ebene mitteilen wollen. Zum Beispiel, dass Sie nicht mehr zur Verfügung stehen, wenn es um bestimmte Ansprüche geht, die der andere an Sie stellt. Weisen Sie Schuldvorwürfe zurück, und benennen Sie klar, was Sie wollen und nicht mehr wollen im Kontakt mit Person X. Manchmal ist es hilfreich, einen Brief zu schreiben, den Sie während des Rituals vorlesen. Wichtig ist es, der anderen Person ihre eigene Verantwortung zurückzugeben, falls Sie übermäßig Verantwortung für sie übernommen haben. Wenn Sie alles laut ausgesprochen haben, nehmen Sie eine Schere, und schneiden Sie das Band beherzt durch. Entsorgen Sie anschließend die Reste der Schnur und verbrennen oder begraben Sie diese. Die Übung hat mit einer psychischen Befreiung zu tun und kann viele Emotionen aufwühlen. Sie ist sehr kraftvoll, da Ihr Unterbewusstsein genau versteht, was eine Abnabelung bedeutet.

5. Rollenwechsel und das Problem von oben sehen

Wenn Sie sich als Hochsensibler im Rahmen eines Konfliktes mit einer anderen Person abgrenzen wollen, können Sie folgende Übung machen. (Zu einem Zeitpunkt, wenn Sie allein sind.) Nehmen Sie wieder vier Bodenanker zur Hand. Schreiben Sie auf diese Zettel: 1.) Ich, 2.) Person X (den Namen des Konfliktpartners), 3.) Neutraler Beobachter, 4.) Das weise Selbst. Legen Sie die Zettel am Boden im Quadrat aus. Dabei liegt Ihnen gegenüber der Zettel mit der anderen Person und im rechten Winkel oder weiter weg dazu die beiden Bodenanker 3 und 4. Stellen Sie sich zu Beginn auf den Bodenanker Ihres eigenen Ichs, und notieren Sie auf einem Zettel, wie Sie sich selbst in der Situation fühlen. Schreiben Sie alles auf, was Ihnen dazu einfällt. Danach machen Sie kurz einen Schritt auf den neutralen Beobachter und versuchen, sich zu beruhigen, falls Sie sehr aufgewühlt sind. Dann machen Sie einen mutigen Schritt auf den Bodenanker Ihres Konfliktpartners. Fühlen Sie sich genau ein, was dieser in der Situation sagt, tut und möglicherweise auch denkt und fühlt. Schreiben Sie auch das alles auf. Nun wechseln Sie wieder zum neutralen Beobachter und vergleichen die beiden Positionen miteinander. Dieser Zwischenhalt hilft Ihnen, sich wieder emotional vom Erlebten zu distanzieren. Wie hat sich Ihre Wahrnehmung der Situation zu diesem Zeitpunkt geändert? Gehen Sie nun nochmals auf Ihren eigenen Bodenanker, und stellen Sie sich klar die Frage: »Was will ICH eigentlich in dieser Situation?« Schreiben Sie nun wieder auf, was aus Ihrem Innersten emporsteigt. Gehen Sie anschließend noch einmal kurz auf Bodenanker 3, und wechseln Sie danach zum »Weisen Selbst«. Dieser weise Anteil blickt noch einmal mit einer höheren Perspektive auf die Gesamtsituation und kann von dort aus seine Impulse einbringen. Achten Sie auf Ideen, die Ihnen jetzt kommen mögen, und schreiben Sie diese wieder auf. Schließen Sie die Übung ab, indem Sie wieder auf Ihrem eigenen Bodenanker stehen, und spüren Sie in sich hinein, was sich verändert hat.

Impulsfragen:
- Wie geht es Ihnen damit, die Perspektiven zu wechseln?
- Welchen Effekt verspüren Sie, wenn Sie auf dem neutralen Beobachter stehen?
- Welche neuen Ideen hat das weise Selbst eingebracht?

6. Sich mit Farben einhüllen
Wenn Sie sich von einem anderen Menschen oder von einer Organisation abgrenzen wollen und gut in Bildern und Farben denken können, fragen Sie sich, welche Farbe diese Person etc. hat. Wählen Sie nun für sich selbst die Gegenfarbe, und hüllen Sie sich mit dieser Farbe in Ihrer Vorstellungskraft ein. In der folgenden Tabelle können Sie die Komplementärfarben nachlesen.

Schwarz	Weiß
Gelb	Violett
Grün	Rot
Blau	Orange

7. Mickymaus-Stimme

Eine weitere Möglichkeit, sich von anderen Menschen abzugrenzen, die sich bereits in Ihrem Kopf eingegraben haben, besteht in der Arbeit mit der Stimme. Manchmal hören Hochsensible noch den Nachhall von Worten oder Beschimpfungen anderer in ihrem Inneren, und es belastet sie stark. Je dramatischer es ist, was Sie da loswerden wollen, umso kraftvoller kann diese Übung sein. Erinnern Sie sich an die Stimme von Mickymaus oder von Menschen, die an einem Heliumluftballon geschnuppert haben. Schreiben Sie ein paar Sätze auf, die Sie aus Ihrem Kopf verbannen wollen, die andere gesagt haben. Lesen Sie nun diese Sätze mit einer hohen, lustigen Mickymaus-Stimme vor und versuchen Sie, darüber zu lachen. Fragen Sie sich, wie diese Szene in einen Comedy-Film hineinpassen könnte.

8. Nein-Sagen

Die abschließende Übung zum Thema Abgrenzung könnte eine Herausforderung für Sie werden. Viele Hochsensible haben Probleme damit, Nein zu sagen. Damit sind sie einfach oft überfordert. Das schlechte Gewissen klopft wieder an und die übergroße Verantwortung für andere. Nehmen Sie sich einen Zettel zur Hand, und schreiben Sie auf, zu welchen Situationen und Personen Sie in Zukunft mehr Nein sagen sollten. Versuchen Sie, im Verlauf der kommenden Woche zu Beginn wenigstens einmal Nein zu sagen. Suchen Sie sich einen besonders starken Tag aus, und beantworten Sie an diesem Tag pauschal jede zweite Frage, die Ihnen andere stellen, mit »Nein«, auch wenn es Ihnen absurd vorkommt. Nehmen Sie es als Trainingseinheit, und versuchen Sie die Stärke darin zu finden, einfach Nein sagen zu können, um Ihren eigenen Bedürfnissen gerecht zu werden.

9. Durchfließen lassen

Wenn Sie sich in einer Situation wiederfinden, die Sie emotional sehr aufregt, können Sie die Durchfließtechnik anwenden. Anstatt sich ständig zu fragen, was diese Situation mit Ihnen zu tun hat, stellen Sie sich vor, dass es überhaupt nichts mit Ihnen zu tun hat. Versuchen Sie, der Versuchung zu widerstehen, emotional betroffen zu reagieren. Das gelingt Ihnen am besten, wenn Sie bereits trainiert haben, sich von Schuldgefühlen zu distanzieren, und wenn Sie die anderen so sein lassen, wie sie sind. Jeder Mensch in Ihrem Umfeld hat eigene Absichten, Ideen, Pläne und Gründe, sich so zu verhalten, wie er es gerade tut. Beziehen Sie so wenig wie möglich auf sich selbst und sehen Sie alles von oben. Versuchen Sie, nichts daran zu ändern, sondern einfach alles durch sich durchfließen zu lassen. Geben Sie den Widerstand auf, dagegen nun unbedingt etwas unternehmen zu wollen, sondern sammeln Sie lieber Ihre Kräfte, um in Ruhe auf konstruktive Lösungen zu kommen. Eine Einstellung, die Ihnen auch dabei helfen kann, ist der Gedanke, dass Sie nicht alles unter Kontrolle haben. Das Leben gleicht in manchen Teilen einem reißenden Fluss, der Sie einfach mitnimmt auf eine unbestimmte Reise. Wenn die Strömung sehr stark ist, sind Sie gut darin beraten, einfach mitzusurfen, anstatt zu versuchen, der Welle etwas entgegenzusetzen. In seinem Buch »Transsurfing« beschreibt Vadim Zeland ähnliche Situationen mit dem Bild der »Pendel«. Pendel ziehen Ihnen Energie ab, wenn Sie sich negativ über bestimmte Umstände oder Personen in Ihrem Leben aufregen. Sie können Ihre Energie auch freiwillig abgeben, indem Sie andere Menschen verehren (z. B. einen Musikstar) oder vergöttern. In beiden Fällen verlieren Sie Energie, und das Pendel (der Mensch, die Organisation usw.) nimmt Ihre Energie auf und wird dadurch noch stärker. Sobald Sie die Technik des Durchfließens anwenden und innerlich neutral werden, können Sie dem Einflussbereich der Pendel entgehen und Ihre Energie für sich behalten.

10. Das ganze Leben ist ein Witz

Eine andere Möglichkeit, Ereignisse einfach geschehen zu lassen, ist die Perspektive: »Stelle dir vor, es wäre ein Comedy-Film.« Diese effektive Methode kann Ihnen helfen, den Witz in der Situation zu erkennen und zu sehen, wie übertrieben manchmal Menschen aus dem Umfeld agieren, sodass es eigentlich schon wieder lustig ist. Diese Technik hilft besonders gut bei Umständen, die Sie gerade nicht ändern können.

ZUSAMMENFASSUNG

▶ Sich regelmäßig aus Zuständen vor Reizüberflutung zurückzuziehen, gehört zu den grundlegenden Fähigkeiten, die Hochsensible einüben sollten.

▶ Abgrenzung lässt sich trainieren, insbesondere wenn es um

die emotionale Abgrenzung von anderen Menschen geht. Dazu ist es wichtig, übersteigertes Verantwortungsbewusstsein und Schuldgefühle infrage zu stellen.

▸ Das »Nein-Sagen« gibt Ihnen die Freiräume, die Sie brauchen, um den Rückzug erfolgreich im Alltag umsetzen zu können.

▸ Um Energie zu sparen, trainieren Sie die Durchfließen-Technik und die Comedy-Perspektive, um Abstand zu sonst belastenden Umständen zu finden.

Survivalregel Nr. 4: Finden Sie Orte der Kraft, um sich zu erden und zu verwurzeln. Wie Sie Ihre Heimat in der Natur erfahren können.

Das Leben gleicht in manchen Phasen einem Sturm, der uns ins Chaos zu stürzen droht. Wir suchen alle nach einem Zuhause, einem Ort, an dem wir uns wohlfühlen können. Die innere Heimat ist etwas, das wir uns selbst aufbauen können, egal, wo wir gerade sind. Um sie zu finden, hilft es, Kraftorte in der Umgebung aufzusuchen. Als ich 2002 an den Bodensee umgezogen bin, erlebte ich eine seltsame Vertrautheit mit dem Wasser. Auch in Magdeburg lebte ich direkt am Ufer der Elbe und suchte schon dort immer die Nähe des Wassers. Bei anderen Menschen sind das die Berge oder Bäume. Naturerfahrungen sind für Hochsensible eine besonders gute Möglichkeit, um wieder in Kontakt mit sich selbst und der eigenen Seele zu kommen. Der Besuch von Kraftplätzen kann Ihnen helfen, sich selbst wieder besser zu spüren. Nur in der Natur können wir diese Erfahrung machen. Durch die Rückverbindung mit

Abbildung 3.2: Berühmter Steinkreis im County Cork, Irland

unseren keltischen Vorfahren können wir versuchen, die Entwurzelung zu heilen, die viele Familien durch die Kriege des
20. Jahrhunderts erleben mussten. Die Erlebnisse von Flucht
und Vertreibung wirken noch heute in Millionen von Familien
nach. Es liegt teilweise ein Tabu auf Begriffen wie Heimat, Hei-

matverbundenheit, Abstammung und auch auf den Traditionen und den Volksliedern unserer deutschen Kultur. Ganz anders verhält es sich beispielsweise in Irland, wo in den Pubs verschiedene Generationen zusammenkommen, um ihre »Traditionals« (Volkslieder) gemeinsam zu singen. Die Iren empfinden einen großen Nationalstolz auf ihr Land und ihre Kultur.

Kraftorte in der Natur

In der Tradition der amerikanischen Ureinwohner wurden Kraftplätze erspürt und rituell genutzt. So werden die Himmelsrichtungen mit verschiedenen Jahreszeiten in Verbindung mit unterschiedlichen Lebensabschnitten gebracht. In Steinkreisen, die als »Medizinräder« bezeichnet wurden, führten sie Rituale durch, um mit der eigenen Seele oder mit Mutter Erde zu kommunizieren. Auch unsere keltischen Vorfahren errichteten überall Steinkreise, die meist exakt an den Himmelsrichtungen ausgerichtet waren. Der berühmteste Steinkreis Europas ist Stonehenge in England, der auch als astronomischer Kalender bezeichnet wird. Am 21. Juni fallen beispielsweise die Strahlen der aufgehenden Sonne über den Fersenstein auf den Altarstein in der Mitte des Kreises. Diese Ausrichtung an den Jahreskreisfesten findet sich an sehr vielen Kraftorten wieder. Die meisten Steinkreise befinden sich innerhalb Europas in der Bretagne, in Schweden, Irland und England. Auch in Norddeutschland, besonders in Niedersachsen und Mecklenburg-Vorpommern, können diese alten Kreise gefunden werden. Bei genauerem Hinsehen finden sich natürlich überall in Deutschland diese

Plätze, zum Beispiel auch in der Bodensee- und Schwarzwald-region. Auch Österreich, die Schweiz und Frankreich bieten vielfältige Kraftorte, die es wiederzuentdecken gilt. Die Kelten besaßen ein immenses Wissen über die Natur und den Him-mel, die Sterne und die Zeit. Jede Kultur baute sich diese Orien-tierungspunkte, Orte der Kraft und der Spiritualität.

Die Externsteine
Als vergessenes Heiligtum Europas werden die Externsteine in Ost-Westfalen bei Horn-Bad Meinberg bezeichnet. In dem Buch »Osning – die Externsteine« beschreibt die Autorin Usch Henze die sehr weit zurückliegende und weitestgehend verges-sene Nutzung der Externsteine für Einweihungen und Feste, zu denen die Kelten aus weit entlegenen Regionen Europas anreis-

Abbildung 3.3: Wasserfall im Schwarzwald

ten. In den Jahren zwischen 2007 und 2009 lebten mein Mann und ich in Detmold, ganz in der Nähe dieses Kraftplatzes. Noch heute zieht der Ort Menschen an, die nach dieser tiefen Verbindung suchen. Musiker, Künstler und Geomanten besuchen ihn ebenso wie Esoteriker und Mystiker. Zur Sommersonnenwende am 21. Juni treffen sich jedes Jahr Menschen, die auf der Suche nach dem Besonderen sind, und feiern gemeinsam dieses alte Fest.

Heilige Haine

Was viele Menschen heutzutage nicht mehr wissen, ist die Tatsache, dass den Kelten die Wälder und Bäume besonders heilig waren. Sie pflanzten heilige Haine, in denen sie für Versammlungen und Rituale zusammenkamen. Heute noch bekannt sind die sogenannten Gerichtslinden, unter denen unsere Vorfahren Recht sprachen und Streitigkeiten schlichteten. Bei den Kelten nannte man die Esche den Weltenbaum. Unsere Vorfahren hatten dieses mächtige Symbol genutzt, um die Verbindung zwischen Himmel und Erde darzustellen. Dieser Weltenbaum stellt das zentrale Element aller keltischen Sagen dar. Spätestens seit dem Film »Avatar« dürfte allen Zuschauern klar sein, wie stark das Bild eines riesigen Baumes zu unserer Seele spricht.

Rituale der Heilung und Seelenrückverbindung

Somit gibt es noch einen weiteren Weg außerhalb der westlichen Psychotherapie: Heilungswege, die in Verbindung mit diesen Plätzen innerhalb der Natur geschehen und die uns mit unserem inneren Kompass in Gleichklang schwingen. Uralte überlieferte Rituale wie die Visionssuche oder das Begehen des Medizinrads haben eine starke Kraft. Sie können uns wieder mit unseren Wurzeln und mit unserer Seele verbinden. Durch das Betreten dieser heiligen Kreise fanden und finden Menschen Zugang zur inneren Orientierung. Mittlerweile gibt es auch bei uns in Europa wieder Kundige, die Menschen auf Reisen oder Seminaren in diese heiligen Kreise bringen und heilsame Erfahrungsräume öffnen. Unsere moderne Psychologie ist nicht viel mehr als 120 Jahre alt. Doch dieses alte Wissen um die Steinkreise wurde über Jahrtausende von unseren Vorfahren weitergegeben. Wir können nicht erfassen, wie stark die Menschen unserer Vorzeit damit verbunden waren oder wie wirksam diese Rituale sind. Wir können es lediglich für uns ausprobieren und neu erfahren.

Das Medizinrad der Ureinwohner Amerikas

Da sich die Rituale und Traditionen unserer keltischen Vorfahren nur schwer rekonstruieren lassen, suchen einige Menschen der Moderne spirituelle Erfahrungen durch überlieferte Wege, wie zum Beispiel dem Medizinrad. Diese sehr alte Methode der Rückverbindung mit der Natur und der eigenen Seele wurde von Sun Bear, einem Ojibwa-Metis-Indianer, in den USA und weltweit durch Bücher und Seminare bekannt gemacht. In dem Buch »Das Medizinrad: eine Astrologie der Erde« schreiben Sun Bear und Wabun Wind:

»Das Wissen des Medizinrades wird in unserer heutigen Zeit dringend benötigt. Wir glauben, dass eine wachsende Menschlichkeit einhergehen muss mit einem besseren Verständnis unserer Umwelt. Gerade die Entfremdung des Menschen von seiner natürlichen Umwelt ist die Ursache vieler Probleme. Wir fordern Euch auf, Eure Vorurteile beiseitezuwerfen und mit uns in eine magische

Welt hineinzutauchen, in der alle Dinge mit Euch verbunden sind. In unserer heutigen Zeit neigt man dazu, die Erde als eine bloße Kulisse für das menschliche Tun und Treiben, Mineralien, Pflanzen und Tiere als bloße Diener der Menschheit zu betrachten. Längst haben wir vergessen, dass sie auch unsere Lehrer sein können; dass sie in uns eine Welt von Gedanken und Gefühlen erschließen können, gegen die sich das menschliche Herz schon viel zu lange verschlossen hat.«

Das Medizinrad stellt eine eigene Kosmologie dar, innerhalb derer der Suchende seinen Platz findet. Dabei werden 36 Steine in Form eines Mandalas auf den Boden gelegt und nach den Himmelsrichtungen ausgerichtet. Jeder Stein enthält seine eigene Symbolik. Durch das Beschreiten des Medizinrades kann der Mensch in Kommunikation mit seinem innerseelischen Wissen treten. Eine tiefe Verbindung mit der Erde, dem Kosmos und den inneren Welten wird somit ermöglicht. Um diese mystischen Erfahrungen machen zu können, ist es erforderlich, das Verstandesdenken auf die Seite zu schieben. In der inneren Kommunikation können Bilder, Visionen, Gefühle und Eingebungen empfangen werden, die auf symbolische Weise ihre Botschaft vermitteln. Die Illusion der Trennung wird aufgehoben, und die tiefe Verbundenheit allen Lebens auf der Ebene des Bewusstseins wird erfahrbar.

Übungen

1. Besuchen Sie einen heiligen Ort

Jede Kultur und jede Religion kennt heilige Orte. Die Moslems reisen nach Mekka, Christen pilgern auf dem Jakobsweg nach Spanien, die Kelten hatten ihre eigenen Kultplätze. Für Elvis-Fans könnte ein heiliger Ort Graceland sein. Auch in Ihrer Nähe gibt es einen heiligen Ort, an dem Sie das Gefühl von Geborgenheit, Energie, Heiligkeit oder sogar Schutz erfahren können. Äußere Orte von Heiligkeit können uns wiederum innere Orte der Heilung aufschließen. Das Wort Heilung steht in direktem Zusammenhang mit heilig. Suchen Sie nach einem Platz in Ihrer Region, den Sie als Ihren Kraftplatz oder Ihr Heiligtum bezeichnen würden. Es kann eine Lichtung im Wald sein, eine Kirche oder Synagoge, eine Bibliothek, ein Schloss, ein See, eine Höhle, ein Kloster – egal, was es ist, es sollte Ihnen das Gefühl von etwas Besonderem vermitteln, ein Gefühl von Zeitlosigkeit. Der Kraftplatz ist ein Schutzraum, der Sie aus Ihrem Alltag erhebt oder in eine andere Welt entführt. Hier haben Sie die Möglichkeit, mit einer anderen Realität in Berührung zu kommen. Die profane Welt der Arbeit, des Fernsehens, des Geldverdienens spielt hier keine Rolle mehr. Orte dieser Art haben das Potenzial, uns mit unserer inneren Wahrheit in Kontakt zu bringen.

2. Malen oder beschreiben Sie Ihren Kraftort

Es gibt tolle Hör-CDs mit geführten Meditationen zum eigenen Kraftort. Vielleicht machen Sie sich in nächster Zeit auf den Weg in ein Geschäft, das diese CDs verkauft. Oder Sie nehmen eine Musikaufnahme, die Ihnen das Gefühl von Geborgenheit und Sicherheit vermittelt. Mit Ihrer inneren Vorstellungskraft machen Sie sich dann auf die Suche nach Ihrem Kraftplatz. Wenn Sie ihn gefunden haben, dann können Sie in Situationen, die Sie verunsichern oder emotional aufregen, diesen Kraftort innerlich aufsuchen und sich darin zurückziehen. Wenn Sie gern malen, ist es eine schöne Aufgabe, diesen inneren Kraftplatz zu malen oder zu zeichnen. Andere Menschen ziehen es vor, sich eine Collage zu kleben. Experimentieren Sie damit, bis Sie einen Weg gefunden haben, der Ihnen hilft, sich zu beruhigen.

3. Erden Sie sich in der Natur

Spätestens nach dem Erscheinen des Buches »Earthing, Heilendes Erden: Gesund und voller Energie mit Erdkontakt« von Ober, Sinatra und Zucker wurde dieser Begriff für naturwissenschaftlich denkende Menschen ganz physikalisch erläutert. Viele elektrische Geräte müssen geerdet werden, warum denken wir dann in Bezug auf uns selbst nicht daran? Auch der menschliche Körper wird durch feine elektrische Signale gesteuert. Wir umgeben uns den ganzen Tag mit Technikgeräten, die mit Strom funktionieren. Es treten Wechselwirkungen auf. Das Barfußgehen ist eine wirksame Möglichkeit, den eigenen Körper in der Natur zu erden und somit auch zu entladen. Überschüssiges elektrisches Potenzial wird abgeleitet, was besonders dem Nervensystem von Hochsensiblen zugutekommt. Gehen Sie im Sommer am besten täglich hinaus in die Natur. Versuchen Sie dabei, mindestens 20 Minuten Hautkontakt mit der Erde aufzunehmen. Sie können barfuß auf einer Wiese laufen oder sich unter einen schönen großen Baum setzen. Für Hochsensible ist der spirituelle Aspekt dieser Übung natürlich genauso wichtig wie der physikalische. In der Nähe von Wasserfällen können Sie durch feine Wassermoleküle, die durch die

Luft schweben, ebenfalls sehr schnell entladen werden und dabei eine angenehme Frische und Erholung spüren. Auch Gartenarbeit, bei der Sie viel Kontakt mit der Natur haben, kann zum Erden beitragen. Die Beschäftigung mit den Pflanzen und Bäumen ist ein wahrer Balsam für hochsensible Naturen.

Erdmeditation
Finden Sie einen Platz in der Natur, an dem Sie sich besonders wohlfühlen. Setzen Sie sich unter einen Baum oder an ein Gewässer. Lassen Sie Ihre Alltagsgedanken ziehen und konzentrieren Sie sich jetzt auf Ihren Atem und auf die Wahrnehmung Ihres Körpers. Versuchen Sie, sich innerlich mit der Natur um Sie herum zu verbinden und Mutter Erde als ein lebendiges Wesen mit Bewusstsein wahrzunehmen. Die Natur versorgt uns alle mit Nahrung und materiellen Gütern, die zum Leben wichtig sind. Verbinden Sie sich von Ihrem Herzen aus mit dem Zentrum von Mutter Erde, tief im Inneren dieser riesigen Kugel. Atmen Sie dabei tief und regelmäßig ein und aus. Lassen Sie sich inspirieren. Vielleicht erfahren Sie ein Gefühl von Dankbarkeit und Freude oder ein tiefes Gefühl von Verbundenheit. Genießen Sie Ihre Erfahrungen und kommen Sie in Ihrem eigenen Tempo zurück in Ihr Alltagsbewusstsein.

4. Finden Sie Ihren Kraftbaum, (Edel-)Stein und Ihr Krafttier
So wie die Kelten und amerikanischen Ureinwohner ihre besondere Beziehung zu der sie umgebenden Natur erforschten, können Sie ebenfalls danach suchen, mit welchen Bäumen, Steinen und Tieren Sie sich besonders verbunden fühlen. Welche Bäume ziehen Sie magisch an? Versuchen Sie, die Energie von verschiedenen Baumarten zu erspüren, indem Sie sich direkt

an den Baum lehnen oder daruntersetzen. Vielleicht finden Sie auf einem Spaziergang Äste, Zweige, Blätter oder Samen dieser Bäume. Es macht Spaß, sich daraus Schmuck oder Anhänger zu basteln, mit denen Sie sich im Alltag umgeben können. Dasselbe trifft auf Steine zu, ob in der Natur gefunden oder gekauft. Ob als Handschmeichler oder als Anhänger, Sie können mit verschiedenen Steinen experimentieren und beobachten, wie es Ihnen damit geht.

Viele Hochsensible haben eine besonders tiefe und emotionale Verbindung zu Tieren. Versuchen Sie herauszufinden, mit welchen Tieren Sie am meisten verbunden sind. Das können auch Haustiere sein wie Hunde, Katzen, Pferde oder Vögel. Natürlich sind auch Tiere aus anderen Ländern möglich wie zum Beispiel Elefanten, Wölfe, Wale oder ein Puma. Die Arbeit mit Krafttieren macht nur Sinn, wenn Sie auf der Ebene einer Meditation oder in einem schamanischen Bewusstseinszustand mit diesen Energien kommunizieren können. Ähnlich wie beim Medizinrad ist es hierfür erforderlich, das Alltagsbewusstsein zu verlassen und sich auf andere Ebenen der Wahrnehmung einzulassen. Teilweise erhalten wir auch Botschaften vom Unterbewusstsein in Träumen. Wenn Sie hin und wieder von Tieren träumen, schreiben Sie sich den Inhalt auf und versuchen Sie, einfach intuitiv zu erfassen, was Ihnen dieser Traum oder dieses Tier mitteilen möchte. Was können Sie von ihnen lernen?

5. Natürliche Kleidung selbst herstellen

Eine wunderbare Möglichkeit, sich wieder mit der Natur und der Erde zu verbinden, besteht darin, selbst Kleidung, Schals oder Stoffe durch Stricken oder Weben herzustellen. Viele Men-

schen lieben es, zu filzen oder Wolle mit Naturfarben zu fär-
ben. Wenn Sie noch einen Schritt weiter gehen wollen, können
Sie sich einen Umhang oder einen Rock aus einem Naturstoff
schneidern. Für den Anfang könnte es genügen, Strümpfe oder
einen Schal zu stricken. Das Stricken kann uns in einen entspannten Zustand bringen. Das Gefühl, ein Kleidungsstück
selbst hergestellt zu haben, ist unbeschreiblich schön. Wenn
Sie nun schon wissen, mit welchen Bäumen, Steinen oder Tieren Sie verbunden sind, können Sie beispielsweise Knöpfe aus
dieser Baumart verwenden, das Krafttier auf den Stoff sticken
oder mit einem Symbol darstellen. Diese selbst hergestellte
Kleidung hat eine ganz besondere Energie. Wenn Sie sich noch
mehr mit Abgrenzung befassen wollen, können Sie Ihren eigenen »Zauber«-Umhang, Hut oder Schal erschaffen, mit dem Sie
sich ganz bewusst von Ihrer Umwelt abschirmen können.

Unsere innere Heimat

Für Hochsensible ist es besonders wichtig, ihre innere Heimat
zu finden. In der Traumatherapie sowie im Schamanismus wird
mit dem sogenannten Kraftort oder Schutzort gearbeitet. Das ist
ein Platz in unserer Vorstellung, der Halt, Sicherheit und Geborgenheit vermittelt. Viele Fantasiereisen arbeiten ebenfalls damit. Manchmal hilft es, sich den inneren Kraftort nach einem
Vorbild aus der Natur vorzustellen. Besonders in Veränderungs-
phasen kann dieser innere heilige Platz Ihnen Halt geben. Indem sich Menschen an äußere Sicherheiten klammern, verlieren
sie innerlich die Fähigkeit, sich selbst Schutz und Geborgenheit

zu geben. Zur inneren Heimat gehören auch unsere Werte und unsere Spiritualität, die Verbindung mit der eigenen Seele.

Ein zentrales Merkmal von Hochsensiblen besteht darin, dass sie nach einem Sinn im Leben suchen, nach etwas, das größer ist als sie selbst. Obwohl ich in der DDR aufwuchs, einem Staat, der jegliche Form von Religiosität aus dem öffentlichen Leben verbannte, interessierte ich mich mit zwölf Jahren bereits für Engel und das Leben nach dem Tod. Das hat sicherlich damit zu tun, dass zu diesem Zeitpunkt meine Großmutter starb, die ich sehr liebte und vermisste. In dem Maße, wie ich mir selbst eine Welt erklärte, in der der Tod überwunden werden konnte, fühlte ich mich sicherer und ruhiger. Die innere Heimat stellt letztendlich die eigene Seele dar und unsere geistige Herkunft. Wie weise Schamanen und Hellsichtige berichten, wird der Körper durch unsere Seelenenergie am Leben gehalten. Auch die Erlebnisberichte von Menschen, die bereits klinisch tot waren, machen uns Hoffnung, dass es tatsächlich ein kontinuierliches Bewusstsein nach dem physischen Ableben gibt. Viele Hypnosetherapeuten haben sich (teilweise unbeabsichtigt) mit diesen Fragen in den Sitzungen ihrer Klienten auseinandersetzen müssen, wenn diese plötzlich von Erfahrungen in anderen Leben oder im Jenseits berichteten. Jeder Mensch sucht insgeheim nach einem Sinn in seinem Leben. Sie können sich auf den Weg machen, um diese Fragen ganz persönlich für sich zu beantworten.

Die Entwicklung der eigenen Rückverbindung mit dem Sinn des Lebens gehört auch zum Individuationsprozess.

Viele Menschen jenseits des 35. Lebensjahres stürzen in die sogenannte Midlifecrisis – sie stellen auf einmal fest, dass das Leben schneller läuft, dass wir nicht ewig Zeit haben. Beruflich sind einige Entwicklungen passiert, andere lassen vielleicht immer noch auf sich warten. Vielleicht haben Sie eine Familie gegründet? Oder Sie sind Single? Sicher ist irgendjemand aus der Familie verstorben. Manchmal steht die eigene Erkrankung im Vordergrund. Viele Pläne sind möglicherweise geplatzt. Jetzt haben Sie die Gelegenheit, noch einmal auf Ihr bisheriges Leben zu schauen und auf Ihre noch vor Ihnen liegende Zukunft. So gern wir manchmal an den alten Lebensumständen festhalten möchten, das Leben verändert jedoch ständig die Bühnen und Kulissen, auf und in denen wir uns bewegen. Diese fundamentale Unsicherheit verängstigt auch Hochsensible, was meist dazu führt, dass sie noch mehr an ihren Lebensgewohnheiten festhalten. Doch das ist nicht die Lösung für ein Problem, was wir auf einer inneren Ebene verspüren. In Märchen werden die Helden immer wieder mit brutalen Verlusten konfrontiert. So müssen auch wir mit Verlusten und Ungerechtigkeiten klarkommen: das Kind, das einer Mutter entrissen wird, der Partner, der sich einer anderen Frau zuwendet, die Arbeit, die doch nicht die Erfüllung oder den Erfolg bringt wie erwartet. Umzüge, Katastrophen großer und kleinerer Natur machen unser Leben nicht planbar. Wenn Sie sich einmal dieser fundamentalen Wahrheit ergeben haben, dann können Sie darüber nachdenken, wie Sie mit dieser Unsicherheit umgehen werden.

Schreiben Sie in Ihr Tagebuch folgende Fragen, und suchen Sie in den nächsten Wochen Antworten darauf.

- Warum lebe ich?
- Was könnte der Sinn meines Lebens sein?
- Was erfüllt mich mit Lebensfreude?
- Was möchte ich meiner Nachwelt hinterlassen?
- Welcher Gruppe fühle ich mich zugehörig?
- Was gibt mir Halt im Leben?
- Worauf besinne ich mich in Phasen von Trauer und Verlust?
- Was gibt mir Kraft für meinen Lebensalltag?
- Wie möchte ich in zwanzig Jahren leben?
- Welche Werte sind mir wichtig?

ZUSAMMENFASSUNG

▶ In Zeiten großer Veränderungen ist es wichtig, sich an dem inneren Kraftort zu orientieren. Durch Meditation, Stille und Rückzug finden Sie Zugang zu Ihrem inneren Wesenskern, der sich nie verändert. Durch das Festhalten an äußeren Sicherheiten, die illusorisch sind, können wir auf Dauer keinen inneren Halt erfahren.

▶ Die Rückverbindung mit dem Sinn des Lebens, den Sie für sich persönlich entdecken, gibt Ihnen die innere Sicherheit, warum Sie leben.

▶ In der Mitte des Lebens tauchen vermehrt Sinnfragen auf. Lebenspläne werden überprüft. Es ist für Hochsensible besonders wichtig, sich diesen Sinnfragen zu stellen.

▶ Durch den Besuch von äußeren Kraftorten können innere Kraftorte besser gefunden werden.

II. Körperweisheit: Was braucht mein hochsensibler Körper?

Als ich etwa zwanzig Jahre alt war, lebte ich noch in Magdeburg und studierte Psychologie. Eines Tages schenkte mir meine Yogalehrerin und Freundin Angelika einen Korb mit Lebensmitteln, darunter auch Hirse, mit dem Kommentar, ich solle doch jetzt mal anfangen, meinen Körper zu nähren. Als mütterliche Freundin wollte sie mir einen Stups in die richtige Richtung geben. Meinen Körper nähren? Ich aß doch, reichte das nicht? Obwohl ich zu den jungen Frauen gehörte, die sehr schlank waren, hatte ich als Jugendliche stark darunter gelitten, keine richtigen weiblichen Formen zu bekommen. Genauso wie die Frauen, die dachten, sie wären zu dick, war ich unglücklich mit meinem Untergewicht und schämte mich für meinen schlanken Körper. Ich wollte ja so gern zunehmen, doch es klappte nicht. Die liebevolle Beziehung, die ich heute mit meinem Körper habe, musste ich mir über Jahre erarbeiten. Durch meine Ausbildung in Atemtherapie weiß ich, wie wichtig die körperliche Integration von Therapieprozessen ist.

Erst die Integration des Körpers ins Gesamtbewusstsein macht den Menschen ganz. Daher ist es für Hochsensible wichtig, herauszufinden, wie es ihrem Körper überhaupt geht und was er braucht. Die liebevolle Annahme des eigenen Körpers ist die Grundlage jeglicher Gesundheit.

Survivalregel Nr. 5:
Nähren Sie Ihren Körper!
Wie Sie das Geheimnis körperlicher Vorgänge und
deren Einfluss auf das Wohlbefinden knacken.

Was bedeutet es, den Körper zu nähren? Hier kommen wir einem weiteren mysteriösen Thema auf die Spur. Das Nähren ist eine mütterliche Qualität. Je nachdem, wie viel wir davon erfahren und integriert haben, können wir als Erwachsene damit anfangen, uns selbst zu bemuttern. Dazu gehört eben in erster Linie der eigene Körper mit seinen Bedürfnissen. Genügend Schlaf, gutes Essen, Bewegung, Gedankenpflege, nährende Beziehungen, Berührung, Sexualität und Nähe. Insbesondere Menschen, die nicht ausreichend als Kind genährt wurden, fällt es als Erwachsenen schwer, Fürsorge oder sogar Liebe für sich selbst und den eigenen Körper zu entwickeln. Jeder, der einmal längere Zeit krank war, weiß, wie wichtig Gesundheit ist. Der Körper bildet die absolute Grundlage für unser Lebensgefühl. Wenn wir den Körper als Tempel der Seele betrachten, ist es doch klar, dass dieser Tempel auch Aufmerksamkeit und Pflege braucht.

Wenn Sie einem Baby oder Kleinkind zeigen möchten, wie sehr Sie es lieben, machen Sie auch nicht viele Worte, sondern Sie nehmen das Baby auf den Arm, streicheln es, füttern es, wärmen es und tun alles dafür, dass es sich wohlfühlt. Genauso funktioniert auch unser Körper, er möchte sich wohlfühlen. *Fühlen* ist das Stichwort, es geht nicht ums Denken. Das Körpergefühl von Hochsensiblen wurde im Buch »Zart besaitet« von Georg Parlow mit dem Konzept des »Kleinkindkörpers« vorgestellt. Es wird in der Literatur beschrieben, dass HSPs oftmals körperlich wie Kleinkinder funktionieren. Sie brauchen mehr Schlaf als andere, sind schneller erschöpft, die Nahrungsaufnahme sollte regelmäßig erfolgen. Eine Mahlzeit auszulassen, verursacht bei vielen Hochsensiblen Unbehagen und wirkt sich negativ auf die Stimmungslage aus.

Vitalstoffe, lebenswichtige Fette

Überlegen Sie mal! Welches Tier auf diesem Planeten strahlt die größte Lebensfreude aus? Welches Tier spielt völlig frei und unbeschwert? Bei den meisten Lesern stellen sich wahrscheinlich sogleich Bilder von springenden Delfinen ein. Haben Sie sich schon einmal Gedanken gemacht, warum Delfine und Wale solch große und differenzierte Gehirne haben? Sie ernähren sich ausschließlich von Fisch, Algen oder anderen Meerestieren und sind immer reichlich versorgt mit essenziellen Fettsäuren. Lediglich in Gefangenschaft verlieren sie unter bestimmten Umständen ihre natürliche, lebendige Freude und werden verhaltensgestört. In dem genialen Buch »Die neue Medizin der

Emotionen. Stress, Angst, Depression: Gesund werden ohne Medikamente« von David Servan-Schreiber belegt der Arzt und Autor mit 44 Referenzen von wissenschaftlichen Studien einen Zusammenhang von psychischer Gesundheit und der Aufnahme von Omega-3-Fettsäuren. Diese Fettsäure kommt reichlich in Algen und Fischen vor. Insbesondere verschiedene Formen von Depressionen konnten durch Untersuchungen in einen Zusammenhang mit dem Mangel an Omega-3-Fettsäuren gebracht werden. Dass diese für das Nerven- und Hormonsystem so wichtige Fettsäure in der Muttermilch vorhanden ist, ist mittlerweile allgemein bekannt. Besonders in Deutschland und Frankreich leiden die Menschen unter einem chronisch niedrigen Spiegel dieser Substanz, denn sie fehlt schlicht und ergreifend in unserer täglichen Nahrung. Die Eskimos, die täglich bis zu 16 Gramm Fischöl zu sich nehmen, sind da besser dran. In demselben Buch erzählt Dr. Servan-Schreiber von einem Patienten, der unter starken Depressionen litt. Sein Psychiater verordnete ihm eine Hochdosis von Omega-3-Fettsäuren, weil er keinen anderen Ausweg für diesen schweren Fall sah. Nach einigen Monaten konnte eine deutliche Linderung seiner Erkrankung erreicht werden. Wie Sie sehen, spielt die Ernährung bei der Entstehung von psychischen Erkrankungen offenbar eine größere Rolle, als wir bisher dachten. Aufgrund der Schwierigkeit, sich mit hochwertigem Fisch aus Wildfang in Mitteleuropa zu ernähren, rät Dr. Servan-Schreiber, Fischölkapseln einzunehmen, die mittlerweile durch Krill-Öl-Kapseln in der Qualität noch überholt wurden. Für Veganer gibt es auch direkt aus Algen hergestellte Omega-3-Öl-Kapseln, in denen keinerlei tierische Produkte zu finden sind.

Mikro-Algen

Zur Nahrungsergänzung haben sich besonders Spirulina und die Afa-Algen bewährt. Sie erhalten in beiden Fällen unterschiedliche Qualitäten auf dem Markt. Während die Spirulina-Alge gezüchtet werden kann, wird die Afa-Alge ausschließlich an einem Ort der Welt aus Wildwuchs geerntet: im Klamath-See in Oregon. Dieser See stellt eine Besonderheit in der Natur dar, er befindet sich mitten in einem Naturschutzgebiet in ca. 1400 m Höhe. Vor 7000 Jahren verschleuderte ein gigantischer Vulkanausbruch des Mount Mazuma Mineralasche in einem weiten Umfeld. Durch die Naturkreisläufe wurden die wertvollen Mineralstoffe großzügig in den Klamath-See geleitet, wo sie bis heute reichlich Nährstoffe für das Algenwachstum bieten. Es gibt unterschiedliche Verfahren, diese Algen zu ernten und zu trocknen. Seriöse Firmen, die Afa-Algen vertreiben, lassen die Algen in Labors auf Microcystin (einem Algengift) testen. Nur Chargen, die unbedenklich niedrige Werte haben, kommen in den Handel. Diese Algenform ist ca. 3,5 Milliarden Jahre alt und gehört damit zu den ältesten Lebensformen auf der Erde. Afa-Algen enthalten fast 70 % hochwertige essenzielle Aminosäuren, wichtige Vitamine und Mineralstoffe, Chlorophyll und andere Farbstoffe wie Betacarotin. Besonders wertvoll ist der hohe Vitamin-B12-Anteil. Interessant bei den Afa-Algen ist der positive Einfluss auf das Gehirn, da sie klares Denken und die Konzentrationsfähigkeit positiv beeinflussen sollen. Der amerikanische Chemieprofessor Dr. Karl Abrams bezeichnete die Afa-Algen als das nährstoffreichste Lebensmittel. Auch die Spirulina-Alge hat einen hohen Gehalt an Aminosäuren und Mineralstoffen.

Beide Algen sind besonders für Vegetarier, Sportler und Menschen, die viel leisten müssen, eine wertvolle Energiequelle und Zusatznahrung.

Sonnenlicht

Wie haben Sie sich während des Winters 2012/2013 gefühlt? Seit den ersten Wetteraufzeichnungen von 1850 war diese Saison die sonnenärmste Zeit. Ein trüber, sehr kalter Schleier legte sich über Europa. Wahrscheinlich haben auch Sie die negativen Auswirkungen der mangelnden Lichteinstrahlungen bei sich und Ihrem Umfeld beobachten können. Durch regelmäßiges Sonnenbaden entwickelt der Körper das sogenannte Vitamin-D3, was eigentlich ein Hormon ist. Auch darüber berichtet der Arzt David Servan-Schreiber in seinem oben genannten Buch. Sobald es Herbst wird, spüren wir schon die Auswirkungen des Lichtmangels auf unser Wohlbefinden. Wir werden müde, antriebsärmer – und die Stimmung geht oft in den Keller. Der Begriff der »Winterdepression« hat sich längst eingebürgert. Die Sonne ist eine der wichtigsten Gesundheits- und Gute-Laune-Quellen für unseren Körper, und sie kostet uns nichts. Wenn Sie die Möglichkeit haben, gehen Sie täglich hinaus in die Sonne, achten Sie dabei jedoch bei der Länge der Sonneneinwirkung auf Ihren Hauttyp. Viele Arzt- und Naturheilpraxen haben medizinisch wirksame Lichttherapiegeräte, die sie für die Behandlung ihrer Patienten verwenden. Auch der Einsatz von Lichtweckern entspricht dem Bedürfnis des Körpers, denn durch Licht wird der Körper sanft geweckt, der

Melatoninspiegel sinkt, andere Botenstoffe machen den Körper wach und startklar für den Tag. Stellen Sie sich vor, Sie könnten morgens friedlich und sanft durch Licht geweckt werden anstatt durch einen Klingelton vom Wecker!

Schlaf

Auf der anderen Seite ist es ebenso wichtig, dass Sie sich nachts keiner weiteren Lichtquelle aussetzen. Denn Licht irritiert Ihre Zirbeldrüse, die das Melatonin produziert. Dies könnte Ihren Schlaf empfindlich stören, denn die Produktion von Melatonin ist abhängig von Dunkelheit. Sobald Sie später als 22 Uhr ins Bett gehen, wird Ihr Schlafrhythmus schon negativ beeinflusst. Besonders Schichtarbeiter kennen das Problem, wenn der Rhythmus von Wachsein und Schlafen nicht mehr den natürlichen Bedürfnissen des Körpers entspricht. Als Hochsensibler sind Sie besonders auf Schlaf angewiesen. Beobachten Sie einmal, wie es Ihnen geht, wenn Sie später als 22 Uhr schlafen gehen. Der Schlaf ist unser wichtigstes Instrument zur Regeneration. Nicht nur der Körper kommt zur Ruhe, sondern auch die Psyche.

Übungen

1. Öffnen Sie Ihren Kühlschrank und die Vorratskammer, und überprüfen Sie, welche Lebensmittel Sie vorrangig konsumieren. Wovon brauchen Sie mehr? Wovon weniger? Wie sieht es aus mit Genussgiften wie Alkohol, Tabak, Schokolade oder Tee? Was davon können Sie reduzieren?

2. Machen Sie eine Liste von Dingen, die Sie wirklich nähren! Das kann ein Bad in der Wanne sein, das Treffen mit Freunden. Welche Nahrungsmittel nähren Sie tatsächlich? Was raubt Kraft?

3. Welche Speise war als Kind Ihre Lieblingsspeise? Vielleicht können Sie sich dieses Essen diese Woche gönnen? Es geht mehr um den Aspekt, das innere Kind zu nähren, als um eine gesunde Ernährung.

4. Sport: Welche Sportart tut Ihnen gut? Versuchen Sie Probestunden im Yoga, Bauchtanz, Tai Chi, Tanzen oder Laufen.

5. Gehen Sie eine Woche lang regelmäßig spätestens um 22 Uhr ins Bett, und beobachten Sie, wie es Ihnen damit geht.

6. Finden Sie heraus, was Ihr hochsensibler Körper wirklich braucht, um sich wohlzufühlen. Vielleicht eine Kuscheldecke für den Winter oder ein Trampolin für den Garten im Sommer? Wie sieht es mit einem Saunabesuch aus?

7. Lassen Sie mögliche Allergien überprüfen. Oftmals lieben Menschen bestimmte Lebensmittel, die sie überhaupt nicht vertragen. Wenn Sie an bisher unerklärlichen körperlichen Symptomen im Bereich Verdauung, Magen, Darm oder Hautanomalien gelitten haben, könnte Ihnen ein Allergietest helfen. Helfen Sie Ihrem Körper, sich endlich wieder wohlzufühlen. Fragen Sie Ihren Arzt nach einer fachlichen Beratung.

ZUSAMMENFASSUNG

▶ Die Berücksichtigung körperlicher Bedürfnisse nach Schlaf,
  Bewegung, guter Ernährung und Sonnenlicht kann eine
  enorme Verbesserung Ihrer Gesamtbefindlichkeit bewirken.
▶ Die liebevolle Annahme des physischen Körpers setzt starkes
  Heilpotenzial frei.

Survivalregel Nr. 6: Achten Sie auf Ihre
körperlichen Signale! Wie Sie Ihren Körper
als Freund und Verbündeten zurückgewinnen.

Die feine Wahrnehmung von Hochsensiblen kann dazu führen,
dass ihr Körper früher als bei anderen Signale gibt, wenn er
aus dem Gleichgewicht geraten ist. Bevor eine Krankheit sich
vollständig manifestiert, geht der Körper durch verschiedene
Phasen von Veränderungen. Wiederkehrende Schmerzen sind
Zeichen, die beachtet werden möchten. Jeder Mensch erhält im
Verlauf seines Lebens diese Signale. Viele von uns wurden darauf getrimmt, diese Hinweise zu ignorieren. Die hartnäckigen
Kopfschmerzen können zum Beispiel einfach ein Hinweis sein,
dass Sie zu wenig trinken oder dass Sie nicht mehr entspannen
können. Die systemische Betrachtung des Körpers rückt in vielen ganzheitlichen Behandlungsmethoden immer mehr in den
Vordergrund – ohne eine richtige Ausbildung können Sie teilweise gar nicht wissen, welche weiteren Zusammenhänge Ihre
Beschwerden möglicherweise haben. Daher lohnt es sich, für
diese Dinge Experten aufzusuchen, die sich damit auskennen,
ganzheitlich zu diagnostizieren. Besonders Heilpraktiker, Ärzte

mit naturheilkundlicher Zusatzausbildung sowie ganzheitliche Physiotherapeuten sind gut geeignet, Ihre Symptome in einem größeren Bild zu sehen. Hochsensible können sich in besonderer Weise auf die Eigenwahrnehmung ihres Körpers verlassen. Ihr Körper spricht mit Ihnen. Gehen Sie diesen Weg weiter, verfolgen Sie die Hinweise, die Ihr Körper Ihnen sendet.

Übungen

1. Fertigen Sie eine Liste mit Signalen an, die Sie bei sich selbst beobachten, wenn Sie unter Reizüberflutung leiden. Beobachten Sie diese Symptome ganz genau im Alltag, und schreiben Sie auf, welche körperlichen und psychischen Reaktionen Sie bei sich wahrnehmen.
2. Nehmen Sie sich vor, schneller als bisher auf die Signale einer beginnenden Reizüberflutung zu reagieren. Überlegen Sie sich Strategien zur Erholung.
3. Malen Sie ein Bild von Ihrem Körper auf, in dem Sie schwierige Zonen eintragen – und damit meine ich nicht unbedingt einige überschüssige Pfunde. Wo treten häufig Schmerzen auf? Welche Organe sind besonders empfindlich gegenüber Stress? Welche Erkrankungen treten wiederholt auf? Was braucht Ihr Körper?
4. Sprechen Sie mit Ihrem Körper. Der physische Körper hat seine eigene Intelligenz. Er meldet sich, wenn er Hunger oder Durst hat. Er gibt Signale, wenn er schlafen muss. Wie oft hören Sie auf diese Signale? Welche Bedürfnisse hat Ihr Körper, auf die Sie in Zukunft mehr achten sollten? Wie viel Bewegung und wie viel Ruhe braucht Ihr Körper? Wenn Sie

Schmerzen haben oder andere Beschwerden, können Sie Ihrem Körper versichern, dass Sie alles unternehmen werden, um das zu beheben.

5. Lieben Sie Ihren Körper? Viele Menschen sind unzufrieden, weil sie sich als hässlich empfinden. Dabei spielt es keine Rolle, wie viel Gewicht Sie haben. So manche Mütter zermartern sich wegen Schwangerschaftsstreifen den Kopf. Andere Männer jammern, weil sie zu klein sind oder zu schmale Schultern haben. Doch das Jammern nutzt alles nichts. Die Natur hat Sie so ausgestattet, wie Sie sind. Natürlich können Sie über Bewegung und Sport sowie über die Ernährung positiven Einfluss auf Ihre Körperformen nehmen. Doch die Grundstruktur bleibt dieselbe. Wenn Sie Ihrem Körper die Liebe und Akzeptanz geben, die er verdient hat, werden Sie sich viel wohler und zufriedener fühlen. Je unzufriedener Sie sind, umso eher sollten Sie beginnen, eine positive Beziehung mit Ihrem physischen Körper aufzubauen – egal, wie Sie jetzt aussehen.

6. Praktizieren Sie die Übung vom »Inneren Lächeln«. Diese Übung stammt aus dem Tao-Yoga. Setzen Sie sich gerade hin, schließen Sie die Augen und ziehen Sie den Mund zu einem breiten Lächeln. Das künstliche Lächeln stimuliert bestimmte Muskelgruppen, die wiederum gewisse Glückshormone ausschütten. Denken Sie jetzt liebevoll an bestimmte Körperbereiche, besonders an Organe, die Unterstützung brauchen oder oft vernachlässigt werden. Denken Sie an Ihr Herz, an Ihre Lunge, lächeln Sie zur Leber und zur Bauchspeicheldrüse, zum Darm, zu den Nieren, zu den Muskeln, zum Rückenmark. Denken Sie auch an Ihre Fortpflanzungsorgane – in ihnen liegt immens viel Lebens-

kraft. Schneiden Sie sich nicht von Ihrer Vitalität ab, sondern integrieren Sie liebevoll die untere Körperhälfte. Diese Übung unterstützt ebenfalls die positive Selbstakzeptanz und die Selbstheilungskräfte Ihres Körpers. Wenn Sie nicht mehr mit Ihrem Körper kämpfen, werden Sie erkennen, dass er über eine hervorragende Intelligenz verfügt. Ihr Körper ist darauf programmiert, ein Gleichgewicht zu suchen und sich selbst zu heilen. Unterstützen Sie ihn mit dieser Übung.

7. Wann sind Sie über Ihre körperlichen Grenzen gegangen? Wo verlangen Sie zu viel von sich? Wenn Sie zum Beispiel regelmäßig nach 23 Uhr ins Bett gehen und dann zwischen 5 und 6 Uhr aufstehen, dann ist das Raubbau an Ihrer Lebensenergie. Machen Sie sich hiervon auch eine Liste, schreiben Sie links in die Spalte, in welchen Situationen Sie Ihren Körper überbeanspruchen, und auf der rechten Seite tragen Sie die Folgen dieses Handelns ein. Überlegen Sie sich die Konsequenzen, die daraus entstehen, und welche Alternativen Sie haben, um solche Angewohnheiten zukünftig zu vermeiden oder wenigstens zu reduzieren.

8. Haben Sie dauerhafte Schlafstörungen? Hören Sie auf, dieses Symptom zu ignorieren. Schlafstörungen können eine Begleiterscheinung einer aktuellen Überlastung sein, oder sie sind die Vorboten einer Depression. Ebenso können ungelöste Konflikte in der Familie oder am Arbeitsplatz zum Grübeln führen, dann dreht sich nachts im Bett das berühmte Gedankenkarussell. Doch das ist nicht der Ort, an dem Sie Ihre Probleme lösen. Gehen Sie den Dingen auf den Grund. Eliminieren Sie alle Störquellen, die Sie ausfindig machen können. Sorgen Sie für einen stressreduzierten

Abend. Viele Mütter bügeln und putzen nachts oder holen private Dinge nach, die sie tagsüber vernachlässigen müssen. Doch welchen Preis zahlen Sie dafür? Vielen Hochsensiblen hat es schon geholfen, sich abends vor dem Schlafengehen eine To-do-Liste zu machen, damit sie nachts im Bett nicht ständig darüber nachdenken müssen, was sie am nächsten Tag noch alles zu erledigen haben.

9. Wenn Sie sich selbst noch intensiver wahrnehmen möchten, empfehle ich Ihnen, Atemmeditationen auszuprobieren. In jedem guten Yoga-Kurs können Sie diese lernen. Versuchen Sie folgende Techniken, und entscheiden Sie, was Sie davon in Ihrem Alltag einsetzen möchten. A) Das tiefe Ein- und Ausatmen durch den Mund. Diese Technik wird in vielen Körpertherapien angewandt. Am besten versuchen Sie, diese Übung im Sitzen oder im Stehen durchzuführen. Atmen Sie 10-mal tief durch den Mund in den Bauch ein und wieder aus. Versuchen Sie, dabei keine Pause zu machen, sondern den Atem kreisrund zu führen. Das Ausatmen sollte entspannt und von allein geschehen. Dieses intensive Atmen kann dazu führen, dass Sie sich als Anfänger schwindelig oder kribbelig fühlen. Deshalb trainieren Sie das zeitlich sehr begrenzt auf wenige Minuten allein, oder besuchen Sie eine Atemgruppe mit fachlicher Anleitung. Das tiefe Atmen bringt Sie wieder in Kontakt mit Ihren Gefühlen. B) Versuchen Sie, Ihren Atem zu verlangsamen. Atmen Sie ganz langsam und ganz tief ein, so langsam wie eine Schildkröte. Dann halten Sie für kurze Zeit den Atem an, und atmen Sie wieder ganz langsam aus. Versuchen Sie, auf 6 bis 4 tiefe Atemzüge pro Minute zu kommen und schauen Sie, wie es Ihnen damit geht.

10. Eine Übung für kleine Hypochonder: Manchmal kann es Ängste bereiten, sich ganz intensiv auf den Körper zu konzentrieren. Dies gilt besonders für Hochsensible, die ängstlich sind oder die schon viel körperliches Leid erlebt haben. Wenn Ihnen die Übungen aus diesem Kapitel eher Unbehagen bereitet haben, versuchen Sie Folgendes: Nehmen Sie sich eine Körperfunktion heraus, die gerade offensichtlich gut funktioniert, zum Beispiel der Atem, die Verdauung, das Haarwachstum oder der Sehprozess. Es dürfen ruhig banale Beispiele sein. Erkennen Sie bewusst an, dass Ihr Körper diese Aufgabe gerade gut und vollautomatisch meistert. Erweitern Sie diese Wahrnehmung auf alle Körperfunktionen, die Ihnen einfallen, und erkennen Sie dankbar an, was Ihr Körper alles leistet. Wenn Sie dabei auf körperliche Bereiche stoßen, die Ihnen in der Vergangenheit Probleme bereitet haben, denken Sie daran, dass Ihr Körper die Weisheit besitzt, sich selbst zu heilen, und dass er dies bereits schon viele Male getan hat. Jede Wunde, die auf der Haut verheilt ist, jeder Schmerz, der verschwunden ist, jede Infektion, die Ihr Immunsystem bekämpft hat: Sie alle beweisen, dass Ihr Körper diese immense Kraft besitzt. Sagen Sie Ihrem Unterbewusstsein und Ihrem Körperbewusstsein einfach danke dafür, und weisen Sie es an, weiterhin seine Arbeit zu tun.

11. Wenn Sie ganz mutig sein möchten, können Sie auch mit dem Organ sprechen, das Ihnen Probleme bereitet, und es fragen, welche Botschaft hinter dem Schmerz oder hinter den Beschwerden steckt. Der Volksmund kennt viele Sprüche, die das Körperbewusstsein verdeutlichen: »Dir ist wohl eine Laus über die Leber gelaufen?«, »Das geht an die Nie-

ren«, »Sich etwas zu Herzen nehmen«, »Die Aufregung ist auf den Magen geschlagen«. Die Kommunikation mit den eigenen Organen kann am besten im Zustand einer Tiefenentspannung stattfinden, in einer (Selbst-)Hypnose oder in Trance.

ZUSAMMENFASSUNG

▶ Indem Sie beginnen, Ihren Körper als Kommunikationspartner wahrzunehmen, können Sie die kleinen Signale besser beachten.

▶ Liebevolle Aufmerksamkeit für die Organe und den Körper insgesamt erhöhen das Wohlbefinden und fördern die Selbstheilungskräfte.

▶ Wenn Sie Ihre Grenzen kennen, können Sie besser auf sich achtgeben.

▶ Bauen Sie durch eine liebevolle Kommunikation mit Ihrem Körper das Vertrauen in sich auf, dass Sie die Kraft haben, gesund zu werden/zu bleiben, und dass Ihr Körper alles tut, um sein inneres Gleichgewicht zu bewahren.

III. Seelenbalsam: Wie tickt meine (hoch)sensible Seele?

Wenn wir »ich« sagen, klopfen oder zeigen wir dabei meist auf unser Herz. Das Ich-Bewusstsein hat viel mit dem Herzraum und dem Herzbewusstsein zu tun. Das Herz ist dabei entscheidender als das Gehirn. Das Ich ermöglicht uns, als eigenständiges Bewusstsein innerhalb eines Körpers zu agieren. Ein gesundes Ich unterstützt die Seele darin, ihre Wünsche und Bedürfnisse zu verwirklichen. Viele Hochsensible sind in ihrer Wahrnehmung nicht bei sich selbst fokussiert, sondern erleben eine erweiterte Wahrnehmung, die besonders stark das Umfeld mit einbezieht. Dadurch fühlen sie sich meist in einem größeren Maße für ihre Mitmenschen oder für Tiere und Mutter Erde verantwortlich. Dies ermöglicht Hochsensiblen auf der einen Seite tiefe, spirituelle Erkenntnisse zu erlangen. Auf der anderen Seite verleitet diese Wahrnehmung dazu, sich selbst zu vergessen. Das Ich wird im Alltag oft mit dem Ego verwechselt. Das Ego stellt letztlich nur eine Maske dar, die das wahre Ich verdeckt. Es ist das Produkt unserer Prägungen und Konditionierungen. Das wahre Ich hingegen ist authentisch und ein Ausdruck der Seele. Die Seele drückt sich in der Individualität des Menschen aus. In dem übertriebenen Bemühen, das Ego zu eliminieren, haben schon einige spirituell Suchende ihr wahres Ich aufgegeben oder vernachlässigt.

Survivalregel Nr. 7: Entwickeln Sie Ihre eigene Individualität! Wie Sie Ihr Ich-Bewusstsein stärken und sich weiterentwickeln.

Manchmal spielen Hochsensible sich und anderen etwas vor, was sie nicht wirklich sind – zum Beispiel, indem sie einen Beruf ausüben, der gar nicht ihren wahren Talenten entspricht, oder sie versuchen, bestimmten gesellschaftlichen Vorstellungen zu entsprechen. Ihre wahren Gefühle und Bestrebungen bleiben jedoch verborgen. Besonders für hochsensible Männer ist es immer noch mit viel Mut verbunden, authentisch zu sein, denn das gesellschaftliche Bild von Männern ist ja noch immer durch Härte, Aggression, Macht, Führung, Versorgung und Logik geprägt. Sensible Männer hingegen haben häufig weibliche Attribute oder sind sozial engagiert, was sie nicht ins gängige Klischee passen lässt.

Dieses Thema hat mit unserer Identität zu tun. In den folgenden Kapiteln möchte ich es als Ich-Bewusstsein bezeichnen. Ein starkes Ich hilft Ihnen, Ihr seelisches Potenzial zu leben, es macht Sie sicher bei Entscheidungen, hilft Ihnen, sich abzugrenzen und herauszufinden, was Sie wirklich wollen.

Durch meine Beratungen habe ich den Eindruck gewonnen, dass die meisten Hochsensiblen ein entgrenztes und nicht auf sich selbst fokussiertes Ich haben. Darin liegt auch die mangelnde Fähigkeit zur Abgrenzung begründet.

Woran lässt sich ein entgrenztes Ich erkennen?

- Emotionen anderer Menschen besonders gut wahrnehmen zu können
- Das Ausblenden eigener Bedürfnisse zugunsten einer größeren Aufgabe oder anderer Menschen (die Eigenwahrnehmung tritt schnell in den Hintergrund)
- Hemmungen, »Nein« zu sagen
- Eine erweiterte Wahrnehmung wird ermöglicht
- Denken in größeren Zusammenhängen
- Denkt mehr an andere als an sich selbst
- Die Aufmerksamkeit wandert oft nach außen zur Umwelt
- Unsicherheit in Bezug auf die eigenen Wünsche, Bedürfnisse, Ziele, Pläne
- Sich stark für andere Menschen im Umfeld verantwortlich fühlen (auch für deren Gefühle)
- Empfänglichkeit für kreative Ideen und Visionen

Es gibt sehr viele Modelle zur Persönlichkeitspsychologie. Ich möchte Sie hier mit den wesentlichen Ideen bekannt machen, die ich für wichtig und hilfreich im Umgang mit Ihrer Hochsensibilität halte.

Die Entwicklung des psychologischen Ichs

Kein biologisches Wesen erlebt eine so langwierige psychologische Entwicklung wie der Mensch. Die Entfaltung der eigenen
Identität braucht viele Jahre und ist ein lebenslanger Prozess.
Für das Verständnis des Ich-Bewusstseins sind Informationen zur Entwicklung Ihrer Identität hilfreich. Stellen Sie sich
ein Neugeborenes vor: Es hat neun Monate in einer Symbiose
mit seiner Mutter gelebt. Durch den intensiven Prozess der Geburt erlebt das Baby auf dramatische Weise eine Veränderung,
den Eintritt in eine völlig neue Welt. Mit dem Durchtrennen
der Nabelschnur beginnt der erste Schritt in der Entwicklung
zu einem eigenständigen Lebewesen. In dem ersten Lebensjahr ist das Kind natürlich alles andere als selbständig, es lebt
psychologisch gesehen immer noch in einer Symbiose mit der
Mutter, manchmal ersetzen auch Väter diese Rolle. Es ist in seinem Überleben in besonderer Weise abhängig von der Fürsorge
seiner Bezugspersonen – es kann sich nicht alleine ernähren,
wärmen oder schützen. Dieser Zustand macht es hochgradig
verletzlich, sowohl psychologisch als auch körperlich.

Aus dieser Symbiose heraus entwickelt sich nach und nach
ein eigenständiges Bewusstsein. Das Kind erlebt sich zunehmend als die Ursache bestimmter Ereignisse in seinem Umfeld.
Wenn es weint, kommt (hoffentlich) die Mama und schaut, was
es braucht. Je empathischer die Eltern auf das Kind reagieren,
umso wahrscheinlicher kann sich das eigene Ich-Bewusstsein
des Kindes gesund entwickeln. Sobald ein Kind Kontrolle über
seine Motorik erwirbt, fängt es an zu greifen, zu laufen, selb-

ständig zu essen oder den Ausscheidungsprozess zu meistern. Schließlich kommt die Sprachentwicklung hinzu, das Kind hört auf seinen Namen und fängt an, die Dinge in seiner Umwelt zu benennen. Doch noch lange, bevor es die Sprache der Erwachsenen entschlüsseln kann, empfängt es emotionale Botschaften seiner Umwelt. Ist das Kind willkommen? Ist es als Mädchen oder Junge erwünscht? Lieben sich seine Eltern? Wird es von seiner Familie angenommen oder abgelehnt? Nur über eine sichere Bindung zu den Bezugspersonen kann das Kind sich psychologisch gesund weiterentwickeln. Ein starkes Ich entwickelt sich auf der Grundlage positiver Aufmerksamkeit durch die Eltern oder andere für das Kind wichtige Bezugspersonen. Positive, wertschätzende und motivierende Rückmeldungen rufen in dem Heranwachsenden ein Gefühl von Sicherheit, Geborgenheit und des Geliebtwerdens hervor. Dies nährt das kindliche Ich, das teilweise genauso wackelig und unsicher unterwegs ist wie ein Kind, das gerade laufen lernt.

Die Bindungsstufen im Kontext der Ich-Entwicklung im Kindesalter

Der kanadische Entwicklungspsychologe Gordon Neufeld beschreibt in seinen Büchern verschiedene Stadien der Bindung. Ausführlichere Informationen zu diesem Thema erhalten Sie in Kapitel 5, wenn es um hochsensible Kinder geht. Bindung verursacht ein Nähe-Streben, das die Natur den Säugetieren, Vögeln und den Menschen als Instinkt einprogrammiert hat. Dieser Instinkt dient der Sicherstellung unseres Überlebens und ist besonders für soziale Wesen von Wichtigkeit. So, wie die kleinen Elefanten-Kinder sich mit ihrem Rüssel am Schwanz der Eltern oder Tanten festhalten und in einer Karawane durchs Land ziehen, klammern sich Affen- und Menschenbabys an ihre Eltern, um dort Schutz, Sicherheit und Geborgenheit zu bekommen. Die Bindung ist für Kinder und Eltern hierarchisch organisiert. Dabei gibt die Natur den Eltern die Rolle des »Alphatiers« vor, also des »Rudelführers«, der auf der einen Seite Schutz, Sicherheit und Nahrung bietet und auf der anderen Seite dem Kind mit fürsorglicher Autorität Orientierung und Grenzen gibt. Über den Bindungsinstinkt werden Kulturinhalte und Werte an die nachfolgenden Generationen weitergegeben. Darüber hinaus sichert die Bindung, dass Kinder nicht »verloren gehen«, denn sie suchen instinktiv die Nähe und den Schutz der Eltern. Gordon Neufeld beschreibt verschiedene Stufen, durch die Kinder unter optimalen Umständen während ihrer Bindungs-Entwicklung gehen:

1. Bindung über die Sinne: Körperkontakt, Sehen, Riechen, Fühlen, Schmecken, Wärme.
2. Bindung über Gleichheit: Die Kinder wollen es den Bindungspersonen gleichtun, ahmen sie nach, lernen über Vorbilder, wollen so sein wie die Eltern.
3. Bindung über Zugehörigkeit und Loyalität: Diese mächtige Stufe der Bindung soll die Familie zusammenhalten, Kinder werden dadurch folgsam, wollen es recht machen, den Erwartungen entsprechen, auch Besitzansprüche gehören dazu.
4. Bindung über Bedeutsamkeit und Besonderheit: In dieser Phase möchten sie von den Eltern als etwas Besonderes behandelt und wahrgenommen werden, sie sind in dieser Phase besonders empfindlich gegenüber Ablehnung.
5. Bindung über emotionale Vertrautheit: Gefühle von Liebe und Wärme, Kinder wollen einen Elternteil später heiraten, verschenken ihr Herz, malen Herzen.

6. Bindung über psychologische Vertrautheit: Die tiefste Ebene der Bindung, sie setzt etwa ab dem 7. Lebensjahr ein und setzt vollkommenes Vertrauen in die Bindungspersonen voraus. Zu diesem Zeitpunkt hat das Kind bereits ein eigenes Ich. Das Anvertrauen von Geheimnissen (Gefühlen, Gedanken, Ängsten, Erlebnissen) wird als Verbindung zu den Eltern genutzt.

Die Bindungsstufen bauen aufeinander auf und gehen psychologisch gesehen immer weiter in die Tiefe. Das bedeutet, dass sich die Bindung zwischen Eltern und Kindern von der körperlichen Ebene tief in das Bewusstsein eingräbt und zur Entwicklung der eigenen Identität beiträgt. Auf den tieferen Ebenen der Bindung erlernt das Kind bereits Fähigkeiten, die es für spätere Beziehungen braucht. Sobald es diese Ebenen erreicht hat oder sich sicher fühlt, wird eine weitere Entwicklung immer stärker vorangetrieben, nämlich die Autonomie und die Entfaltung des eigenen Ich. Das Ich-Bewusstsein keimt zum ersten Mal in der sogenannten Trotzphase auf, hier entdeckt das Kind seinen eigenen Willen, und es kommt zu Wutausbrüchen, da es probieren möchte, seine Wünsche durchzusetzen. Das Kleinkind beginnt, vermehrt selbst »Nein« zu sagen und seinen Unwillen auszudrücken. Das Ich-Bewusstsein stabilisiert sich mit rund sieben Jahren und erfährt in der Jugendzeit eine erneute Geburt. Während der Phase der Pubertät erleben Teenager Verwirrendes: So tief die Bindung an die Eltern auch war, etwas verändert sich. Eine Wand taucht auf, die sie jetzt von den Eltern trennt. Eine Mischung aus Einsamkeit, Melancholie, innerer Unruhe, Verliebtsein in Gleichaltrige und sexuellen Empfindungen bringt alles durcheinander. Es ist ein Zwischenraum, der den Ablöseprozess von den Eltern ermöglicht und die endgültige Geburt des eigenen Ichs vorbereitet. Wie bei der Geburt als Baby löst dieser Prozess Schmerzen aus, diesmal auf der psychologischen Ebene. Es braucht Mut, um in dieses unbekannte Neue zu springen, die eigenen Vorlieben, Abneigungen und Ideen zu entdecken. Insbesondere, wenn diese im starken Gegensatz zu den Lebensmodellen der Eltern stehen.

Verletzungen auf dem Weg

Wenn durch widrige Lebensumstände Blockaden innerhalb der Bindungsentwicklung auftreten, wird uns dies als Erwachsene so lange begleiten, bis wir diese Verletzungen geheilt haben. Das bedeutet konkret, dass ein Teil der hochsensiblen Erwachsenen Beziehungsängste hat und sich kaum traut, Partnerschaften einzugehen oder zu vertiefen. Erst wenn wir uns wirklich tief auf emotionale Bindungen einlassen können, werden wir ein zufriedenes und gesundes Leben führen können. Der Bindungsinstinkt gehört zu unseren tiefsten Bedürfnissen, und diese sind biologisch in unserem gesamten Nervensystem verankert. Bindung verursacht, dass wir dem Partner nahe sein wollen, körperliche Nähe suchen und uns auch mit unseren Geheimnissen anvertrauen möchten. Bindung sorgt dafür, dass wir uns Gruppen zugehörig fühlen wollen. Die wichtigsten Gruppen sind die Familie, Freunde und das berufliche Umfeld. Bindungsirritationen können durch frühe Trennungserlebnisse von den Eltern geschehen. Dazu gehören die Scheidung der Eltern, der Verlust eines Elternteils durch Migration, Tod oder Adoption. Auch die emotionale Distanziertheit, die Eltern ausstrahlen können, kann dazu führen, dass das Kind in seinem Streben nach Nähe und psychologischer Vertrautheit nicht ankommen darf bei den Eltern. Diese emotionale Distanz führt dann dazu, dass sich das Kind den Eltern nicht mehr anvertraut oder seine Bedürfnisse nach Trost, körperlicher Nähe und Schutz unterdrückt. Das Selbstwertgefühl leidet stark darunter. In der Literatur werden Hochsensible häufig als bindungsängstlich beschrieben. Dies ist keineswegs angeboren, sondern die Ursache liegt immer in den bereits beschriebenen Irritationen mit den Bindungspersonen und in der hohen Sensibilität, die uns empfindlicher macht gegenüber Signalen von Ablehnung oder Verletzung.

Individualität oder Anpassung?
Die meisten Gesellschaften unterstützen keine authentische Entwicklung von Individualität. Unterschiedliche Mechanismen sorgen dafür, dass viele Menschen gar nicht bei sich selbst ankommen, sie werden zu Abziehbildern ihrer Vorbilder und Idole. Die Identifikation mit Status, Mode, Macht, Geld, Sexappeal oder Beruf ist in unserer Gesellschaft enorm hoch. Hochsensible erleben sich aufgrund ihrer Andersartigkeit schon in der Kindheit und Jugend oft als Außenseiter. Dadurch steigt die Wahrscheinlichkeit, dass sie den Weg der Individualität gehen. Denn Anpassung ist für sie kaum möglich und erscheint vielen auch gar nicht als lohnenswert. Dennoch ist der Wunsch da, ein Teil der größeren »Herde« zu sein, dazuzugehören und einen anerkannten Platz in der Gesellschaft zu finden. In diesem Spannungsfeld zwischen den Impulsen, ein Individuum zu werden oder sich anzupassen, stecken viele Hochsensible für eine gewisse Zeit in einem Dilemma.

Traditionelle Übergangsriten

In der Kultur der nordamerikanischen Ureinwohner wurde über viele Generationen ein Ritual zum Erwachsenwerden durchgeführt. Heute wird es »Vision Quest« (Visionssuche) genannt. Dabei wurden Heranwachsende von der schützenden Gemeinschaft des Stammes getrennt. An einem Platz in der Natur mussten sie mehrere Tage ohne mitgenommenes Essen und Trinken in völliger Einsamkeit verbringen, umgeben von den Elementen, Pflanzen und Tieren. Diese Rituale forcieren die psychologische Entwicklung des Menschen. Interessant ist dabei, dass eine Fastenzeit eingelegt wird – dies zeigt den Jugendlichen auch, dass die Angst, nicht zu überleben, unbegründet ist. Sie können als eigenständige Individuen weiterleben, ohne zu sterben, die Phase existenzieller Abhängigkeit ist vorbei. Gleichzeitig ist diese Konfrontation mit der Einsamkeit eine Initiation in die eigene Seele. Besondere Wahrnehmungen können in diesen Tagen erfahren werden: Trauer und Tränen, Ängste, Träume und Visionen. Nach dieser Grenzerfahrung galten die Jugendlichen als erwachsen und wurden als vollwertige Mitglieder wieder in ihren Stamm aufgenommen. Es gibt mittlerweile in den USA ein Ausbildungsinstitut, das Leiter für Visionssuchen ausbildet. Steven Foster und Meredith Little haben mit ihrer »School of Lost Borders« großartige Arbeit geleistet. Unserer Kultur fehlen solche Rituale normalerweise. Insbesondere die Phasen von kreativer Einsamkeit kommen zu kurz oder fallen ganz weg. Wir fliehen vor dem Alleinsein und schauen Fernsehen, telefonieren, hören Radio oder lesen Bücher. Viele Jugendliche gehen Partnerschaften mit Gleichaltrigen ein, die sie später heiraten, ohne jemals allein gelebt oder sich von den Einflüssen der elterlichen Prägung gelöst zu haben. Es gibt eine Menge Erwachsene, die eine riesige Angst vor dem Alleinsein haben. Doch genau dieses Alleinsein ist die schöpferische Basis zur Entwicklung des eigenen Ichs, der eigenen Identität.

Individuation trotz widriger Umstände
Je früher in der Entwicklung eines Menschen Störungen von außen auftreten, umso schwerwiegender werden die entwicklungspsychologischen Auswirkungen später sein. Besonders der Entzug von Bindung in einem frühen Alter hat gravierende Folgen auf das weitere Leben. Kinder, die in den ersten drei Lebensjahren Bindungsabbrüche oder ambivalente Bindungen mit ihren Bezugspersonen erlebt haben, können später als Erwachsene Unsicherheiten mit ihrer Identität, ihrem Selbstwert und der Beziehungsfähigkeit erleben. Glücklicherweise sind Hochsensible in der Lage, auch dann ein starkes Ich zu entwickeln, wenn die Lebensumstände in der Kindheit und Jugend nicht optimal waren. Der Individuationsprozess kann in solchen Fällen durch intensive künstlerische Arbeit, liebevolle Beziehungen oder Psychotherapie unterstützt werden. Diejenigen, die an ihren schwierigen Biografien wachsen, gewinnen oft die Gabe der Unterscheidungsfähigkeit – für sie ist die Welt nicht mehr eine rosarote oder einfach nur eine bedrohliche Landschaft, sondern sie haben ihre Wahrnehmung so weit geschult, dass sie nicht mehr naiv durch das Leben gehen. Sie erlangen eine *Wahr*-nehmung und sind in der Lage, intuitiv zu erfassen, was um sie herum und in ihnen selbst vorgeht. Die analytische Psychologie spricht in diesem Zusammenhang vom Individuationsprozess.

Es geht beim Individuationsprozess nicht darum, die Kopie des eigenen Vaters oder der Mutter zu werden, sondern eine eigenständige Persönlichkeit, die über die Eltern hinausgeht. Wir sind mehr als die Summe unserer Teile.

Übungen

Wie ich bereits erwähnt habe, kann ein starkes Ich auch nachträglich entwickelt werden. Dieses Thema ist vor allem für Hochsensible zentral. Ich werde Ihnen mit den folgenden Übungen verschiedene Anregungen geben, wie Sie sich dies erarbeiten können. Ja, es ist Arbeit, doch es lohnt sich, denn Sie gewinnen sich dabei selbst.

1. Die Arbeit mit dem HSP-Tagebuch an sich ist schon ein grundlegendes Werkzeug für die weitere Entfaltung Ihres Ich-Bewusstseins. Julia Cameron hat in ihrem Buch »Der Weg des Künstlers« immer wieder auf die heilsame Kraft des Schreibens hingewiesen. Ich kann das aus eigener Erfahrung nur bestätigen. Das Schreiben eines Tagebuches bedeutet, sich selbst wichtig zu nehmen. Indem Sie Ihre Erfahrungen, Gedanken, Wünsche, Träume, Begegnungen, Konflikte und Übungen aufschreiben, nähern Sie sich in einem geschützten Rahmen Ihrer inneren Wahrheit. Versuchen Sie das HSP-Tagebuch noch zu erweitern, indem Sie täglich Einträge darin vornehmen, auch wenn sie kurz sind. Das Ich entwickelt sich durch Aufmerksamkeit. Wenn Ihnen als Kind

die positive Aufmerksamkeit Ihrer Eltern gefehlt hat, dann beginnen Sie jetzt damit, sich selbst diese Aufmerksamkeit zu geben.

2. Erinnern Sie sich an Phasen in Ihrem Leben, in denen Sie das Gefühl hatten, ganz Sie selbst zu sein. Wann haben Sie sich besonders wohl, authentisch, glücklich und unbeschwert gefühlt? Waren Sie allein oder in Gesellschaft? Was haben Sie getan? In welchem Umfeld haben Sie sich bewegt? Schreiben Sie das als einen kurzen Text auf, und analysieren Sie nachher, welche Faktoren diesen Zustand begünstigt hatten.

3. Wenn Sie auf Ihre Kindheit und Jugend zurückblicken: Welchen Berufswunsch hatten Sie damals? Haben Sie ihn umgesetzt? Wenn ja, fühlen Sie sich damit wohl? Wenn nicht, welche Botschaft über versteckte Talente können Sie heute daraus entnehmen? Manchmal braucht eine Vision einfach Zeit. Möglicherweise sagt der Kinderwunsch etwas über Ihre Herzenswünsche aus. Was wäre, wenn Sie anfangen, die Essenz dieses Wunsches zu erforschen und sich dann zu überlegen, ob Sie die Möglichkeit haben, diesen Wunsch heute auf eine originelle Art und Weise auszuleben? Wenn Sie Balletttänzerin werden wollten, steckt in Ihnen vielleicht eine geheime Leidenschaft für das Tanzen. Dann könnten Sie beispielsweise einen Tanzkurs belegen und schauen, was es mit Ihnen macht. Lassen Sie die kindliche Freude zu, die aus diesen Ideen erwächst.

4. Welche Menschen haben Ihnen in der Vergangenheit ein positives Selbstbild vermittelt? Welche liebevollen, ermutigenden Rückmeldungen haben Sie von Ihren Eltern, Großeltern, Lehrern, Freunden und anderen Bekannten erhalten? Wählen Sie verschiedene Erinnerungen, die Ihnen noch beson-

ders plastisch vor Augen sind, und schreiben Sie diese Begebenheiten auf. Bedanken Sie sich innerlich oder tatsächlich
bei diesen Menschen für diese Wohltat. Wann haben Sie zuletzt ein Kompliment erhalten? Konnten Sie es annehmen?

5. Kreative Einsamkeit: Wie beim Ritual der Visionssuche können Sie sich vornehmen, beispielsweise ein Wochenende
oder länger allein zu verreisen oder Zeit in der Natur zu verbringen. Phasen des Rückzugs sind besonders wichtig, um
wieder zu sich zu kommen und der inneren Stimme zu lauschen. Bei einigen Lesern mag dieser Gedanke Ängste oder
Befürchtungen hervorrufen. Doch die Konfrontation mit der
Einsamkeit kann uns enorm viel Kraft, Inspiration und innere Stärke geben.

6. **Der Zauberstab: Negative Bewertungen aus der Vergangenheit verwandeln.** Listen Sie jetzt die Schreckgespenster
Ihrer Vergangenheit auf. Das wird möglicherweise unangenehme Emotionen an die Oberfläche befördern. Welche
Verwandten und Lehrer haben Sie beschämt, verurteilt, ungerecht bestraft, abgelehnt, verraten, ignoriert, ausgesto-
ßen, kritisiert? Welche Schlussfolgerungen haben Sie daraus
für sich gezogen? Welche von diesen Sätzen oder Handlungen begleiten Sie noch heute? Schauen Sie Ihre Liste, die Sie
eben angelegt haben, genau an. Als Erwachsene haben wir
die Möglichkeit, diese Bannsprüche wirkungslos zu machen.
Wir nehmen ihnen die Macht. Diese Übung stellt eine Art
Zauberstab dar, mit dem Sie diese schädlichen Einflüsse aus
Ihrer Vergangenheit bereinigen und in positive Eigenschaften von sich selbst verwandeln können. Hier sind einige Beispiele:

Negative Botschaft	Umdeutung aus heutiger Sicht
»Du bist unmöglich« (Sagte ..., als ich ... Jahre alt war und meine Umgebung verschönern wollte, indem ich alles mit bunten Stiften anmalte.)	Ich bin kreativ und fantasievoll. Ich habe Ideen, wie ich die Welt verschönern kann.
»Du machst alles falsch!« (Sagte ... als ich ... Jahre alt war – und meinte damit, dass ich es nicht so mache, wie X das von mir erwartete.)	Ich darf meine eigenen Ideen haben und aus meinen eigenen Fehlern lernen.
»Du Weichei!« (Sagte ... zu mir, als ich mich weigerte, mich zu prügeln.)	Ich vertraue meiner Wahrnehmung. Ich bin mitfühlend und empathisch.
»Du bist eine Null in Mathe!« (Sagte mein(e) ..., als ich 12 Jahre alt war.)	Ich bin kreativ und visuell veranlagt. Ich muss nicht überall gut sein.

ZUSAMMENFASSUNG

▶ Die mangelnde Fähigkeit von Hochsensiblen, sich abzugrenzen, liegt oft darin begründet, dass das Ich-Bewusstsein eher entgrenzt und nicht auf sich selbst fokussiert ist.

▶ Die psychologische Entwicklung des Ichs ist biologisch einzigartig – nur Menschen durchleben solch lange Phasen von Abhängigkeit und Unreife. Vom Zeitpunkt der körperlichen Abnabelung von der Mutter braucht ein Kind viele Jahre, um aus der Symbiose in die körperliche und psychologische Selbständigkeit hineinzuwachsen. Auf dem Weg zur persönlichen Reife müssen zuerst die Bindungsbedürfnisse des Kindes erfüllt werden.

▶ Frühe Irritationen, Vernachlässigungen oder Verluste von Bindungspersonen können diesen komplizierten Entwicklungsprozess stören. Je früher die Schwierigkeiten auftraten, umso gravierender können die Langzeitfolgen für die Ich-Entwicklung sein.

▸ Die Entwicklung des eigenen Ichs wird in der Psychologie Individuationsprozess genannt. Auch nach schwierigen Startbedingungen kann der Entwicklungsprozess später stattfinden. Die psychologische Geburt des Ichs ist, ähnlich der körperlichen Geburt, mit seelischen Schmerzen verbunden.

▸ Durch den Verlust traditioneller Übergangsriten, die Phasen kreativer Einsamkeit forcieren, verblassen die Übergänge. Wichtige psychologische Reifeprozesse können blockiert werden, wenn Jugendliche oder Erwachsene permanent vor der Einsamkeit und der eigenen Verletzlichkeit fliehen. Entwicklungsverzögerungen können jedoch später noch nachgeholt werden.

Survivalregel Nr. 8: Finden Sie den wahren Kern hinter den Schichten Ihrer Persönlichkeit!
Wie Sie Ihre begrenzenden Glaubensmuster infrage stellen und darüber hinausgehen.

Abbildung 3.4: Das Haus unserer Identität.
Das Ich-Bewusstsein basiert auf unseren emotionalen Prägungen und
wird durch unsere Glaubenssätze über uns selbst und die Welt geformt.

Unsere Identität wird durch unsere Glaubenssätze geprägt. Das, was wir über uns selbst und die Welt glauben, bestimmt darüber, wie wir unsere persönliche Realität wahrnehmen. Indem wir unsere begrenzenden Glaubenssätze erkennen und loslassen, öffnen sich tiefere Schichten der Seele, die uns zu unserem wahren Kern leiten wollen. Hinter jedem Glaubenssatz verbergen sich Gefühle, daher ist es wichtig, bei der Änderung von Glaubensmustern auch die Gefühlsebene mit einzubeziehen. In der folgenden Tabelle lesen Sie einige Beispiele von möglichen Glaubenssätzen und den dazugehörigen Gefühlszuständen.

Mögliche begrenzende Glaubenssätze von Hochsensiblen

negativer Glaubenssatz	darunter liegendes Gefühl
Ich weiß nicht, was ich will.	▶ Hilflosigkeit, Orientierungslosigkeit
Ich bin nicht liebenswert.	▶ Trauer und Verzweiflung, Schuld
Ich bin schwach/Ich schaffe es nicht.	▶ Hilflosigkeit, Verzweiflung
Irgendetwas stimmt mit mir nicht.	▶ Verwirrung, Selbstzweifel
Weil ich so anders bin, versteht mich keiner.	▶ Hilflosigkeit, Einsamkeit
Ich bin unfähig.	▶ Hilflosigkeit, Selbstabwertung
Meine Beziehungen scheitern immer an …	▶ Trauer und Verzweiflung, Schuld
Ich kann Männern/Frauen nicht vertrauen.	▶ Angst, Misstrauen, Schutzbedürfnis
Ich bin eine Mimose.	▶ Hilflosigkeit, Selbstabwertung
Ich kann meiner Wahrnehmung nicht vertrauen.	▶ Verwirrung, Selbstzweifel
Ich bin nicht so wichtig.	▶ Trauer, Selbstverleugnung, Schutz
Ich habe Angst, andere zu verletzen.	▶ Selbstzweifel, Schuldgefühle

Jede Emotion, die immer und immer wieder erlebt wird, führt langfristig zu einem Glaubenssatz über sich selbst oder die Welt. Daher bilden unsere emotionalen Prägungen aus der Kindheit den Grundstein für unsere späteren inneren Überzeugungen.

Versteckte Glaubenssätze

Es ist immens wichtig, unsere Gefühle nicht zu unterdrücken, geheim zu halten oder durch eine gespielte positive Haltung zu übertünchen. Vielleicht schaffen Sie es nicht allein, sich den oft schmerzhaften oder unbequemen Wahrheiten zu stellen – dann kann es hilfreich sein, eine gute Therapiegruppe oder eine Einzeltherapie zu nutzen. Besonders Verletzungen im Selbstwertgefühl lassen sich nur schwer allein heilen. Wir brauchen positive Rückmeldungen und einen liebevollen Umgang mit anderen. Das füllt die vertrockneten Kanäle wieder auf.

Beispiel A: Mike*, ein Geschäftsmann unter Strom
Zu den versteckten Glaubenssätzen möchte ich Ihnen nun noch eine weitere Grafik vorstellen, um ein noch tieferes Verständnis dieser Thematik zu erlangen. Dazu stelle ich Ihnen nun einen weiteren Fall vor: Mike ist ein erfolgreicher Geschäftsmann, der viel zu viel arbeitet. Sein Stresspegel ist enorm hoch, die innere Anspannung und Alarmierung treiben ihn zu immer mehr Arbeitsleistung an, er realisiert nicht, wie er sich selbst in ein Burnout treibt. Sein Zigarettenkonsum wird immer höher, Schlafstörungen stellen sich ebenfalls ein. Er achtet überhaupt nicht mehr auf sich selbst und auf seine körperlichen Bedürfnisse. Eine Zeit lang bringt ihm das in seiner selbständigen Tätigkeit viel Erfolg ein, doch mittlerweile ist er am Ende seiner Kräfte angelangt. Für seine Angestellten ist er ein geschätzter Chef, auf den sich alle verlassen können. Doch er selbst weiß nicht, wie er das alles noch länger bewältigen soll. Was ist geschehen? Es stellte sich heraus, dass Mike unter sehr widrigen Umständen aufwuchs. Sein Va-

ter war bedrohlich, abwertend und vernachlässigend im Umgang mit seinem Sohn. Mit eiserner Kraft löste sich Mike aus dem Elternhaus, machte eine Ausbildung und absolvierte schließlich ein Studium. Selbst wenn er hungern musste oder sich schon während des Studiums überarbeitete, seine Angst trieb ihn an. Er wollte frei und unabhängig werden. Als junger Mensch schafft man das vielleicht einige Zeit. Doch mit über vierzig Jahren, als Familienvater und einige Kilo schwerer, sieht nun alles anders aus. Wie viele andere Menschen sucht er auch über die Arbeit Anerkennung und Bestätigung. Wenn ich seine Zwiebelschalen von Glaubenssätzen einmal skizzieren würde, dann sähe das Ganze möglicherweise so aus:

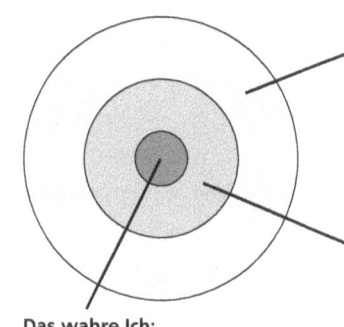

Äußere Hülle der Persönlichkeit:
»Ich bin erfolgreicher Geschäftsmann. Schau, das habe ich alles schon geleistet. Ich bin wichtig und geachtet. Ich bin stark. In Beziehungen und im Beruf möchte ich am liebsten alles kontrollieren.«

Ego: Tiefer liegende, unbewusste Gefühle und Glaubenssätze:
Angst, Alarm, Selbstzweifel, Trauer, Wut
Ich bin wertlos. Nur, wenn ich etwas leiste, werde ich Anerkennung erhalten. Wenn ich mich entspanne und loslasse, wird sicher etwas Schlimmes passieren. Ich darf nicht auf meine Bedürfnisse achten. Ich muss um jeden Preis überleben. Ich habe Angst vor engen Beziehungen. Ich kann mich auf niemanden verlassen und niemandem vertrauen. Ich bin es nicht wert, geliebt zu werden. Die Welt ist bedrohlich, deshalb muss ich alles kontrollieren.

Das wahre Ich:
Dieser Kern ist unsere innere Wahrheit: Selbstakzeptanz, Selbstwahrnehmung, einfach sein, Authentizität, Liebe. Bei vielen Menschen ist er verschüttet. Für Mike würde es bedeuten, dass er, wenn er zu seinem wahren Kern vordringen will, sich durch das Dickicht seiner negativen Glaubensmuster über sich selbst und die Welt kämpfen muss. Dazu braucht er therapeutische Hilfe.

Abbildung 3.5: Das Zwiebelmodell der Persönlichkeitsschichten von Mike (* Name geändert)

Mike ist ein gutes Beispiel dafür, wie wir unser Umfeld täuschen können. Durch eine gute Therapie erkennen wir, dass diese negativen Gefühle und Glaubensmuster auch nicht wahr sind. Sie sind nur das Ergebnis unserer Prägungen aus der Kindheit oder aus dem aktuellen Lebensumfeld. Unsere Psyche schützt uns in der Regel vor diesen negativen Gefühlen und Gedanken. Stattdessen baut sie einen Panzer auf, den äußeren Ring. Das ist die Persönlichkeitsschicht, die wir nach außen hin zeigen und die wir zeitweise auch selbst glauben. Es bedeutet einen immensen Kraftaufwand, uns vor diesen negativen Glaubenssätzen zu schützen. Jeder Mensch, der schon einmal in einer Krise war, weiß, dass diese Schatten aufsteigen. Besonders in Trennungssituationen, wenn Partnerschaften zerbrechen oder berufliche Träume platzen, können diese Muster an die Oberfläche kommen, und die Betroffenen fühlen sich einfach nur noch elend.

Persönlichkeitsschichten in der Partnerschaft

Insgeheim wollen wir in unserem innersten Kern gesehen und berührt werden. Natürlich fürchten sich viele Menschen genau davor – sie wollen nicht, dass die mittlere Schicht zum Vorschein kommt. Ihre Minderwertigkeitsgefühle, die Angst vor dem Verlassenwerden, die eigene Unsicherheit, Schamgefühle, all dies führt zu großen Irritationen. Besonders in Partnerschaften können sich daher diese unbewussten Gefühls- oder Glaubensmuster negativ auswirken.

Beispiel B: Jens und Anna, Versteckspiele in der Beziehung

Dies ist ein exemplarisches Beispiel einer Partnerschaft mit typischen Konflikten, die Sie möglicherweise schon einmal in Ihrem Umfeld beobachtet haben. Nehmen wir an, Jens und Anna haben sich gerade frisch kennengelernt. Jens ist der Typ Mann, der Unabhängigkeit, Sicherheit und männliche Stärke ausstrahlt. Er ist erfolgreich in seinem Beruf, fährt gern Auto und treibt regelmäßig Sport, um seine Figur zu optimieren. Er wirkt sicher, souverän, charmant, kann sich gut artikulieren, er pflegt und parfümiert sich. Und er steht auf geheimnisvolle, erotische Frauen, die Unabhängigkeit, Selbständigkeit und Intelligenz ausstrahlen. Jens hat Angst vor allzu viel Bindung und daher viele oberflächliche Beziehungen. In einer Disco trifft er Anna, die ihm mit kurzem Rock, geschminkt und gut gebaut auffällt. Beide lassen sich auf eine Affäre miteinander ein, die schließlich in eine Beziehung übergeht. Schon nach kurzer Zeit stellen sich jedoch ernsthafte Irritationen ein. Obwohl Anna zu Beginn so souverän gewirkt hat, wird sie mit dem Fortbestehen der Beziehung immer kontrollierender. Sie vertraut Jens nicht, wenn er abends »allein« mit seinen Kumpels unterwegs ist. Jens fühlt sich eingeengt und entzieht sich immer weiter. Anna hingegen rückt nach und nach mit ihrem Kinderwunsch heraus – Jens sieht sich schon Windeln wechseln und ist völlig genervt. Obwohl Anna sich bemüht, ihre erotische Anziehungskraft auf Jens beizubehalten, fühlt er sich immer weniger von ihr angezogen, das Geheimnisvolle ist weg. Ohne jetzt zu sehr ins Detail gehen zu wollen, gebe ich an dieser Stelle die grafische Übersicht.

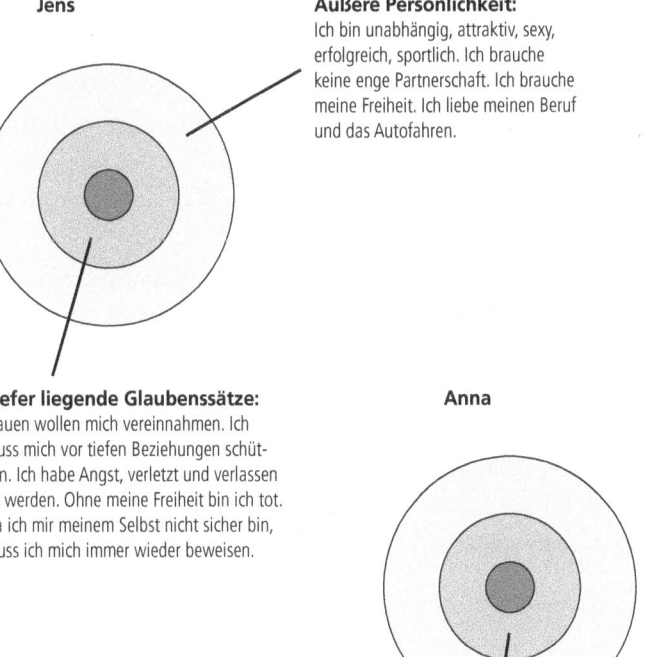

Jens

Äußere Persönlichkeit:
Ich bin unabhängig, attraktiv, sexy, erfolgreich, sportlich. Ich brauche keine enge Partnerschaft. Ich brauche meine Freiheit. Ich liebe meinen Beruf und das Autofahren.

Tiefer liegende Glaubenssätze:
Frauen wollen mich vereinnahmen. Ich muss mich vor tiefen Beziehungen schützen. Ich habe Angst, verletzt und verlassen zu werden. Ohne meine Freiheit bin ich tot. Da ich mir meinem Selbst nicht sicher bin, muss ich mich immer wieder beweisen.

Anna

Äußere Persönlichkeit:
Ich bin sexy und suche einen Mann, der unabhängig und erfolgreich ist, der mich absichern kann. Ich bin geheimnisvoll und locker, an Sex interessiert. Mein Körper ist mein Kapital. Ich bin anpassungsfähig, intelligent und stark.

Tiefer liegende Glaubenssätze:
Partnerschaften funktionieren sowieso nicht. Ich habe Angst, verlassen zu werden. Ich möchte meinen Partner für mich allein. Ich habe Angst, nicht liebenswert zu sein, so wie ich wirklich bin. Ich fühle mich allein und schutzlos. Ein Kind ist die Erfüllung meiner Träume und sichert mich ab.

Abbildung 3.6: Das Zwiebelmodell in der Partnerschaft von Jens und Anna (konstruiertes Beispiel)

Die Konflikte sind vorprogrammiert: Solange Anna und Jens vorgeben, die zu sein, die sie spielen, machen ihnen ihre tiefer liegenden Ängste und Sehnsüchte einen Strich durch die Rechnung. Da es Mut braucht, sich gegenseitig die verletzten Ebenen zu zeigen, ziehen es einige Menschen vor, sich weiter etwas vorzuspielen. Wenn eine Partnerschaft jedoch funktionieren soll, sind beide aufgefordert, diese tieferen Schichten zunächst einmal bei sich selbst zu erforschen und ehrlich zu sich selbst zu sein. Die zugrundeliegenden Glaubenssätze entsprechen nicht der Wahrheit, sondern sind auf verletzenden und enttäuschenden Erfahrungen aufgebaut. In dem Maß, wie Sie beginnen, Ihre tieferen Bedürfnisse zu erkunden, haben Sie die Chance, authentischer zu werden. Nur so können Sie den passenden Partner anziehen oder in einer bereits bestehenden Partnerschaft wachsen.

Übungen

Fertigen Sie von sich selbst ebenfalls ein solches Persönlichkeitsprofil an. Diese Arbeit kann mehrere Tage dauern, gehen Sie immer mal wieder an die Skizze heran. Versuchen Sie zu ergründen, wie Sie sich an der Oberfläche selbst darstellen und auch teilweise fühlen. Besonders als Hochsensibler sind Sie höchstwahrscheinlich schon oft missverstanden oder kritisiert worden. Möglicherweise haben Sie sich auch ein Fell zugelegt, mit dem Sie nach außen hin etwas anderes darstellen, als Sie sich innerlich fühlen. Die Fragen sollen Sie anregen, gehen Sie einfach tiefer und tiefer.

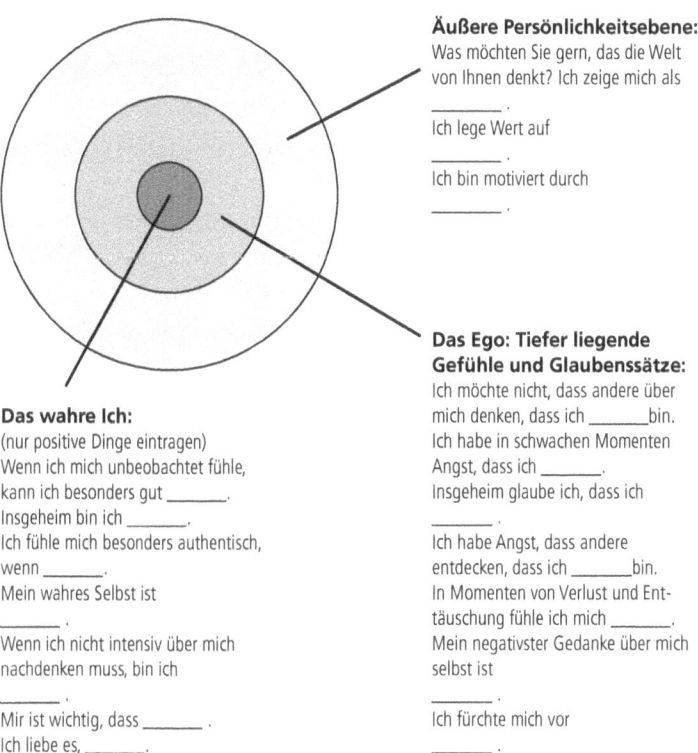

Äußere Persönlichkeitsebene:
Was möchten Sie gern, das die Welt von Ihnen denkt? Ich zeige mich als

_____ .
Ich lege Wert auf

_____ .
Ich bin motiviert durch

_____ .

Das Ego: Tiefer liegende Gefühle und Glaubenssätze:
Ich möchte nicht, dass andere über mich denken, dass ich _____bin.
Ich habe in schwachen Momenten Angst, dass ich _____.
Insgeheim glaube ich, dass ich

_____ .
Ich habe Angst, dass andere entdecken, dass ich _____bin.
In Momenten von Verlust und Enttäuschung fühle ich mich _____.
Mein negativster Gedanke über mich selbst ist

_____ .
Ich fürchte mich vor

_____ .

Das wahre Ich:
(nur positive Dinge eintragen)
Wenn ich mich unbeobachtet fühle, kann ich besonders gut _____.
Insgeheim bin ich _____.
Ich fühle mich besonders authentisch, wenn _____.
Mein wahres Selbst ist

_____ .
Wenn ich nicht intensiv über mich nachdenken muss, bin ich

_____ .
Mir ist wichtig, dass _____ .
Ich liebe es, _____.

Identifizieren Sie die Glaubensmuster, die Ihnen besonders schaden oder Ihnen im Weg zu einem glücklichen Leben stehen. Jeder Glaubenssatz ist einfach nur eine Art Programm. Sie können die Glaubensmuster entschärfen, indem Sie sich folgende Fragen stellen:

1. Ist das wirklich so?
2. Wer sagt das? Wer hat das früher zu mir gesagt?
3. Was wäre, wenn dieser Satz nicht wahr wäre?

4. Könnte auch genau das Gegenteil wahr sein?
5. Welche Menschen haben mir bereits bewiesen, dass es nicht wahr ist, was ich da über mich gedacht habe?
6. Wie lange will ich diesen Quatsch über mich noch glauben?

Durch tiefe Erfahrung von Meditation, achtsamem Bewusstsein oder durch die liebevolle Verbindung mit anderen Menschen können Sie erkennen, dass Ihr eigentliches Sein jenseits dieser Verletzungen liegt. Lesen Sie mehr zu diesem Thema in der Survivalregel Nr. 10: »Wie Sie Ihre Seelenkraft und Spiritualität aufbauen«.

Warum das einfache Umkehren von Glaubenssätzen nicht immer hilft

Als ich Ende der Neunzigerjahre mit meiner Atemtherapieausbildung begann, verwendeten wir noch sehr viel Zeit darauf, negative Glaubenssätze durch deren Gegenteil »auszutauschen«. Doch diese Umprogrammierung ist gar nicht so einfach. Nach meiner Erfahrung funktioniert es nicht, einfach ständig das Gegenteil von einem bestimmten negativen Glaubenssatz zu denken oder zu schreiben. Vielmehr kann dies zu stärkeren Irritationen führen, da die oftmals darunterliegenden verletzten Gefühle noch immer belastend und präsent sind. Wenn ich mich dick und hässlich fühle, dann bringt es Unruhe in mein System, wenn ich hundertmal am Tag schreibe: »Ich bin schön und schlank.« Auf dieser Ebene bekämpfe ich einen negativen Gedanken mit einem positiven Gedanken. Doch es bleibt ein innerer Konflikt. Daher haben wir schließlich vor der Arbeit mit den Glaubenssätzen die blockierenden Gefühle, die hinter den negativen Glaubenssätzen standen, durch einfaches, tiefes Atmen ins Bewusstsein geholt. Emotionen sind mächtige Energien, die uns antreiben. In dem Moment, wo ich anfange, diese zuzulassen, öffnen sich regelrecht Schleusen, eine Fülle von unterdrückter Energie kommt nach oben, was in der Regel zu einem Tränenausbruch, Hitze oder Kälte sowie zu intensiven Körperwahrnehmungen führen kann. Man spricht in diesem Zusammenhang auch von Katharsis, also Reinigung. Dabei ist es wichtig, die Emotionen wertfrei zu beobachten, ohne sie zu verdrängen oder zu verstärken, dadurch wird die Energie im System wieder freier. Meist wird im Zuge dieser Bewusstwerdung von Gefühlen die Quelle dieser Glaubenssätze erkannt – oft sind es Eltern und Lehrer aus der Kindheit, die uns mit ihren Aussagen, Botschaften oder Verhalten geprägt haben. Versuchen Sie herauszufinden, was Ihnen in Ihrer aktuellen Lebenssituation am besten hilft, wieder Zugang zu Ihren eigenen Gefühlen zu bekommen. Vielleicht wird in Ihrer Nähe eine Form von Körpertherapie wie zum Beispiel Kunsttherapie, Tanztherapie, Atemtherapie, Reittherapie oder Shiatsu angeboten?

Survivalregel Nr. 9: Finden Sie die Balance zwischen Ihren Persönlichkeitsanteilen. Wie Sie mit Ihrem inneren Kind in Kontakt kommen und weitere unterstützende Anteile stärken.

Die Transaktionsanalyse

In diesem Kapitel möchte ich Ihnen ein abschließendes Modell der Persönlichkeitspsychologie erläutern, das mir in vielen meiner Beratungen weiterhilft. Es handelt sich dabei um die Transaktionsanalyse. Das von dem amerikanischen Psychiater Eric Berne entwickelte Persönlichkeitsmodell wird sowohl in Coachings für die Unternehmensberatung als auch in der Einzeltherapie verwendet. Dieses Strukturmodell von Ich-Zuständen lässt sich auch im Alltag sehr gut anwenden und kann selbst von Laien sofort nachvollzogen werden. Es erkennt an, dass in jedem Erwachsenen ein inneres Kind verborgen ist. Da das Kind zuerst da ist, ist es unser ältester Persönlichkeitsanteil. Noch lange, bevor Sie erwachsen wurden, haben Sie schon wichtige Dinge über das Leben gelernt. Die Kontaktaufnahme mit dem inneren Kind kann uns wieder lebendiger, reicher und kreativer machen. Hochsensible haben in der Regel einen guten, intuitiven Zugang zu ihrem inneren Kind. Leider trägt das innere Kind auch viele Verletzungen in sich, die geheilt werden möchten. Sie haben in den vergangenen Abschnitten viel über das Ich-Bewusstsein erfahren. Dabei ist das Ich nur eine Vereinfachung unserer Selbstwahrnehmung. Bei genauerer Betrachtung lässt sich die menschliche Psyche noch weiter differenzieren. Obwohl dieses Ich über die Jahre der Kindheit, Jugend und im Erwachsenenalter weiter zu bestehen scheint, ist es so, dass sich das Ich-Bewusstsein durch verschiedene Stadien weiterentwickelt. In der Transaktionsanalyse geht man, vereinfacht gesagt, davon aus, dass die Persönlichkeit der Ich-Struktur in verschiedene Zustände wechseln kann:

Persönlichkeitsmodell nach der Transaktionsanalyse von Eric Berne

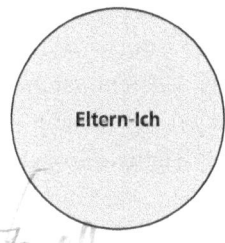

Das Eltern-Ich ist die Verinnerlichung von elterlichen und gesellschaftlichen Botschaften. Begrenzende Prägungen lassen sich anhand von Du-sollst-, Du-musst-, Du-darfst-nicht- oder Du-kannst-nicht-Botschaften erkennen. Es kann fordernde Strukturen (orientiert an Leistung und Druck) enthalten, vernachlässigende oder überbehütende Elemente. In manchen Familien kann es auch einen bedrohlichen Elternteil geben, der verinnerlicht wird. Diese Instanz ist Träger religiöser und kultureller Konzepte und Werte. Natürlich sind darin auch die Liebe und Fürsorge der Eltern gespeichert, positive Botschaften und Bestätigung.

Das Erwachsenen-Ich muss erarbeitet werden. Es lebt im Hier und Jetzt, kann logisch denken, Gefahren abwägen und Entscheidungen treffen. Es ist fähig zu integrativem Denken und Fühlen, das heißt, es kann verschiedene Gedanken und Emotionen miteinander mischen und dadurch ausgewogene Zustände erreichen. Es kann auch als Vermittler zwischen dem Eltern-Ich und dem inneren Kind wirken.

Das Kinder-Ich ist im gesunden Zustand die Quelle für Lebendigkeit, Kreativität, Lebensfreude, Lust, Instinkt, Neugierde, Begeisterung und Spontanität. Die Schattenseiten des inneren Kindes sind Schwarz-Weiß-Denken, Ängste, Schamgefühle, Versagensängste, Angst vor Autoritäten, Selbstüberschätzung, irrationales Denken, Hilflosigkeit, Neid, Eifersucht oder Verlustängste. Die Beziehung zur eigenen Körperlichkeit wird zu einem großen Teil durch das innere Kind bestimmt.

Das Eltern-Ich

Das Eltern-Ich repräsentiert alle Botschaften, die wir als Kinder erhalten haben, sowie gesellschaftliche Normen, Männer- und Frauenrollen und religiöse Vorstellungen. Elternbotschaften kommen in der eigenen Psyche oft als »Du-Botschaften« vor. Wir reden quasi mit uns selbst. Wenn Sie sich einmal die Mühe machen, diese Elternbotschaften bei sich selbst zu identifizieren, können Sie möglicherweise sogar die Originalstimmen Ihrer Eltern wieder hören. Überprüfen Sie genau, was Sie von Ihren Eltern übernommen haben. Als Beispiel schauen Sie sich folgende Tabelle an. Ich habe für das bessere Verständnis zwar nur negative Beispiele aufgelistet, aber natürlich sind auch alle positiven Botschaften im Eltern-Ich enthalten, sofern diese für das Kind glaubhaft waren.

> Die Botschaften der Eltern werden von den Kindern verinnerlicht. Später erleben wir diese Botschaften nicht mehr als von außen kommend, sondern als eigene Positionen.

Frühere Elternbotschaften	Verinnerlichte Botschaften des Eltern-Ichs
»Stell dich nicht so an, du musst jetzt stark sein. Ein Indianer kennt keinen Schmerz.«	»Ich muss stark sein, ich darf keine Schwäche zeigen. Jetzt muss ich mich zusammenreißen!«
»Pfui, lass das. Das gehört sich nicht. Das ist schmutzig. Das ist eklig!«	»Das ist mir peinlich. Sehe ich gut aus? Ich muss noch bügeln, Hände waschen, …, Körpergeruch und Körperflüssigkeiten sind eklig…«

»Was soll Frau Müller, unsere Nachbarin von uns denken, wenn du dich so anstellst?«	»Was denken die Nachbarn?« »Habe ich alles aufgeräumt?«
»Das schaffst du doch nie! Dazu bist du zu klein, zu dumm. Du bist doch ein Mädchen/ein Junge, …, das ist nichts für dich!«	»Das schaffe ich nie. Mein Gott, bin ich wieder blöd gewesen. Ich bin dumm, …«
Schweigen und Nichtbeachtung als Strafe	»Ich fuhle mich nicht mehr, ich fuhle mich so leer, ich habe Angst vor dem Verlassenwerden.«
»Du bist schuld, dass ich mich so schlecht fühle. Wie kannst du mich so enttäuschen?«	»Ich bin schuld. Ich bin verantwortlich. Ich habe so ein schlechtes Gewissen. Ich kann nicht Nein sagen. Ich bin für die Gefühle anderer Menschen verantwortlich.«
»Du musst dir meine Liebe und Aufmerksamkeit durch … verdienen!«	»Ich muss Leistung bringen. Alles hat seinen Preis. Von nichts kommt nichts. Ich muss mich immer wieder beweisen. Es ist nie gut genug.«
»Das ist nicht so, wie du das fühlst. Du irrst dich. Frag nicht so viel nach! Das geht dich nichts an!«	»Ich weiß nicht, was richtig ist. Ich kann meiner Wahrnehmung nicht vertrauen.«

Kriegsfolgen in Deutschland und Europa: Traumatisierte Eltern und die Auswirkungen auf die Folgegenerationen

In der Generation unserer Eltern und Großeltern waren Prügelstrafe und harte Autorität wesentliche Elemente der Erziehung. Gefühle wurden in den meisten Familien weitgehend unterdrückt. Die militärische Erziehung und das Kriegsgeschehen im letzten Jahrhundert hinterließen eine Schneise seelischer Vernarbungen und emotionaler Verhärtungen. Daher kommt es heute noch vor, dass viele Erwachsene hart mit sich selbst um-

gehen – das verinnerlichte Elternbewusstsein wirkt bis in die
heutige Zeit nach. Deshalb leiden wir, psychologisch gesehen,
immer noch unter den Folgen der vergangenen Kriege. Die
Menschen, die in den Dreißiger-, Vierziger- und Fünfzigerjah-
ren geboren wurden und dann selbst Kinder bekamen, sind unmittelbar von den Traumatisierungen und emotionalen »Ver-
krüppelungen« ihrer Eltern betroffen. Viele Kriegsheimkehrer
waren durch die unfassbaren Erlebnisse oder Gefangenschaft in
einem zerrütteten psychischen Zustand, ebenso wie die Flücht-
linge und die Familien, die Verwandte verloren hatten. Es gab
keine psychologische Betreuung für diese Millionen traumati-
sierter Menschen. Vielfach entwickelten die Kinder der Nachkriegszeit seelische Irritationen als Reaktion auf die emotionale
Vernachlässigung oder die Gewalterfahrung, die sie als Kinder vielfach erlebten. In den Büchern »Nachkriegskinder« und
»Kriegsenkel« von Sabine Bode wird dieses bisher verschwiegene Kapitel durch die Dokumentation von Therapiesitzungen
sehr anschaulich geschildert.

Die prüden und strengen Fünfzigerjahre wurden abgelöst
durch die Zeit des Rock 'n' Rolls und der legendären Studenten-
revolten. Die erste Jugendkultur entstand durch Elvis Presley
und die Beatles. Die Jugendlichen wollten diesen verkrusteten
Strukturen entfliehen und sich endlich wieder spüren und ausdrücken dürfen. Die Musik war dabei ein passendes Ventil. Kollektiv gesehen, befreite sich der innere Jugendliche vom über-
strengen Eltern-Ich.

Das Erwachsenen-Ich

Das Erwachsenen-Ich ist die Instanz, die in der Lage ist, die verworrenen Botschaften der Eltern und die Verletzungen des inneren Kindes neutral zu beobachten und zu benennen. Es kann zwischen dem Eltern-Ich und dem Kinder-Ich vermitteln. Durch Selbsterfahrung oder Therapie erfährt das Erwachsenen-Ich, dass es nicht gefährlich ist, sich gegen die elterlichen starren Regeln aufzulehnen und Gefühle zuzulassen. Die persönliche Reife des inneren Erwachsenen hängt davon ab, wie gut es ihm gelingt, innerlich widersprüchliche Gefühle wie Hass und Liebe, Angst und Neugierde, Freude und Trauer zu mischen. Dadurch entstehen gereifte Entscheidungen und Einstellungen zu Lebenssituationen. Auch die Fähigkeit zur Perspektivübernahme (Wie geht's meinem Gegenüber?) wird durch das Mischen von Gefühlen unterstützt, und extreme Handlungen werden damit vermieden. Dieses integrative Bewusstsein entwickelt sich unter günstigen Umständen zunächst im Alter von sieben bis neun Jahren, und später wird es durch die Pubertät weiter »angeheizt«, bis es im jungen Erwachsenenalter im optimalen Falle voll entwickelt ist. Die Stärkung des inneren Erwachsenen führt zur Entwicklung von mehr innerer Autonomie, Selbstliebe, Selbstfürsorge, Handlungsspielraum, Selbstwirksamkeit und zur seelischen Gesundheit.

ZUSAMMENFASSUNG

▶ Das Eltern-Ich repräsentiert die Botschaften der Eltern, die
  wir als Kinder aufgenommen haben. Positive wie negative
  Sätze brennen sich in das Gehirn ein. Daraus werden später
  Leitsätze, die unser Leben prägen.

▶ Besonders die traumatisierte Kriegs- und Nachkriegsgeneration vermittelte ihren Kindern verzerrte Botschaften, die sich
  meist in Form von Leistungsdruck, Funktionieren, Leug-
  nung von Emotionen und innerer Härte zeigten.

▶ So, wie die Eltern mit Ihnen als Kind umgegangen sind, so
  gehen Sie teilweise heute mit sich selbst um.

▶ Während das Eltern-Ich eine Kopie der Eltern darstellt, ist
  der innere Erwachsene eine selbst erarbeitete Struktur, die
  sich von den Werten und Botschaften der Eltern unterscheiden kann. Der innere Erwachsene kann zwischen dem
  Eltern-Ich und dem inneren Kind vermitteln.

▶ Durch das Bewusstmachen der Eltern-Ich-Botschaften können Sie sich davon distanzieren, wenn dies für Sie erforderlich ist.

Atemtherapie und das innere Kind

Das innere Kind ist tatsächlich der Schlüssel für unsere psychische Gesundheit und für die Lebensfreude. Als ich im Jahr 1999
mein erstes Seminar zum integrativen Atmen in Berlin besuchte,
kam ich mit einem großen Paket unterdrückter Gefühle dort an.
Ich war neugierig, diese Therapieform kennenzulernen, da ich
zuvor ein Selbsterfahrungsbuch über das holotrope Atmen gelesen hatte. Ich war gerade einundzwanzig Jahre alt und unglücklich verliebt. Mich sprach das ganze Thema natürlich sehr an.

Meine Kindheit und Jugend hatte ich hinter mich gebracht, jedoch die vielen Enttäuschungen und Verluste in keiner Weise verarbeitet. Als die Gruppe begann, diese intensive Atemtechnik im Liegen anzuwenden, wurde ich in einen anderen Bewusstseinszustand versetzt. Die Kontrolle, die ich normalerweise über mich hatte, wurde nach und nach kleiner. Das rhythmische, intensive Atmen durch den Mund beförderte einige unterdrückte Bewusstseinsinhalte nach oben. Als die ersten Seminarteilnehmer zu weinen anfingen, konnte auch ich mich kaum noch bremsen. Da ich in dieser Form der Atemtherapie noch unerfahren war, erlebte ich zunächst einmal nur Krämpfe und Schmerzen im gesamten Körper. Doch der Prozess konnte nicht mehr aufgehalten werden. Eine Welle von Empfindungen und eingegrabenen Gefühlen bahnten sich einen Weg durch meinen Körper. Ich spürte intensive Trauer, Wut, Enttäuschung und Liebe. Vor meinem inneren Auge liefen die Erinnerungen an viele Erlebnisse aus meiner Vergangenheit ab. Dann kamen die Tränen, und eine unglaubliche Erleichterung erfasste mich – ich fühlte mich frei und gleichzeitig geborgen. Der Wert einer solchen Gruppentherapie kann gar nicht hoch genug eingeschätzt werden. Denn die Gruppe und die Therapeuten geben die Sicherheit, durch diese intensiven Erfahrungen zu gehen. Die Verarbeitung von emotionalen Themen kommt und geht in Wellen. Sie können nicht einfach mit einer Sitzung abgeschlossen werden. In den nächsten drei Jahren wurde der Kontakt zu meinem inneren Kind immer intensiver. Ich begann wieder viel zu malen, zu tanzen, zu schreiben. Meine Kreativität blühte mehr und mehr auf. Ich verlor viele soziale Ängste und konnte offener auf Menschen zugehen. Heute würde ich von mir behaupten, dass mein inneres Kind sehr gut integriert ist, ich spüre diesen Anteil täglich in mir.

Warum sind Körpertherapien so wichtig? Viele Kinder werden in der Verarbeitung ihrer schmerzlichsten Emotionen von den Eltern unbewusst alleingelassen. Kein Buch, keine Übung, keine Meditation bringen Sie so schnell in Kontakt mit sich selbst wie eine Körpertherapie. Die meisten Hochsensiblen haben kein Vertrauen in sich gewonnen. Meiner Erfahrung nach sind viele Eltern nicht in der Lage, die Kinder dabei zu begleiten, sich durch ein Thema durchzufühlen. Sobald Kinder aggressiv werden, verarbeiten sie Frustration. Das wird dann schnell durch Drohungen oder Strafen unterbunden, da Eltern oft der Meinung sind, dies gehöre zu einem Erziehungsprozess dazu. Ebenso verhält es sich bei der Trauer und dem Weinen. Sobald ein Paar Kinder bekommt, spiegeln die Kinder die ungelösten Themen der Eltern wider. Daher versuchen viele Eltern abermals die Emotionen der Kinder zu unterdrücken oder abzukürzen. So lernt das Kind, dass Emotionen nur stören, und kann kein Vertrauen darin entwickeln, dass Gefühle gewissen Gesetzmäßigkeiten folgen, innerhalb derer sie sich verwandeln. So kann ein Wutausbruch von starker Emotionalität in ein Weinen umschlagen, plötzlich ist die Trauer da und das gesamte Aggressionspotenzial ist weg. Doch dafür braucht das Kind geduldige und verständnisvolle Eltern.

Das innere Kind in der Kunst und Literatur
Viele Schriftsteller und Künstler wissen um den Wert des inneren Kindes. Pablo Picasso sagte zum Beispiel, dass er viele Jahre gebraucht habe, um wieder zu lernen, wie ein Kind zu malen. Wenn Sie sich die Entwicklung seines Malstils anschauen, werden Sie erstaunliche Wandlungsphasen beobachten können. Ein anderes Beispiel finden Sie im Buch »Der kleine Prinz«

von Antoine de Saint-Exupéry. So rein und liebevoll der kleine Prinz seine Begegnungen erlebt, spiegelt dies das gesunde innere Kind in uns, unseren schöpferischen, kreativen, lebendigen und magischen Teil. Viele Figuren in dem Buch sind Archetypen von Erwachsenen – der König, der Geschäftsmann, der Geograf oder der Alkoholiker. Die Welt des kleinen Prinzen ist magisch, und er sieht sie mit anderen Augen, nämlich mit dem Herzen. Diese mystische Realität ist für das Bewusstsein eines rationalen Erwachsenen nur noch schwer nachvollziehbar. Versuchen Sie einmal, sich daran zu erinnern, wie Sie die Welt als Kind wahrgenommen haben. Jeder Stein, jeder Käfer, jedes Blatt war interessant und faszinierend in einem bestimmten Alter.

> Wenn wir klein sind, träumen wir davon, erwachsen zu werden. Als Erwachsene suchen wir oft verzweifelt nach jener Leichtigkeit und dem Zauber, den wir als Kinder erlebt haben.

ZUSAMMENFASSUNG

▶ Der Zugang zum inneren Kind ist bei vielen Menschen mit Ängsten behaftet. Das innere Kind ist jedoch der Schlüssel zur Wiedererweckung von Lebensfreude, Vitalität und Kreativität.

▶ Besonders Gruppentherapien, die körperorientiert sind, bieten gute Möglichkeiten, wieder Kontakt mit dem inneren

Kind zu bekommen. Da viele Hochsensible als Kinder mit ihren überwältigenden Emotionen alleingelassen wurden, brauchen sie erfahrene Therapeuten, die ihnen helfen, Sicherheit und Vertrauen im Umgang mit starken Emotionen aufzubauen.

▶ Die Integration des inneren Kindes ermöglicht eine nachträgliche Verarbeitung emotionaler Belastungen aus der Kindheit und einen verbesserten Zugang zur eigenen Kreativität und Lebendigkeit.

▶ Achtung: Bei tieferen Persönlichkeitsstörungen, wie der narzisstischen Persönlichkeit oder der Borderline-Persönlichkeit, ist eine nachträgliche Integration des inneren Kindes mit großen Schwierigkeiten verbunden, da das innere Kind traumatisiert ist und bedrohliche Erinnerungen abgespalten wurden. Hier ist unbedingt die langfristige Begleitung eines erfahrenen Therapeuten gefragt. Körpertherapien, die mit Regression arbeiten, dürfen bei diesen Klienten nur von erfahrenen Therapeuten eingesetzt werden.

Übungen

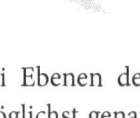

1. Machen Sie sich eine Skizze mit den drei Ebenen der Transaktionsanalyse und tragen Sie dort möglichst genau ein, welche positiven und negativen Botschaften auf jeder Ebene vorhanden sind und welche Schattenseiten geheilt werden müssen.

2. Bestimmen Sie, welcher Persönlichkeitsanteil bei Ihnen möglicherweise größer ausgeprägt ist, also mehr Einfluss auf Ihr Leben hat. Leben Sie stärker aus dem Eltern-Ich

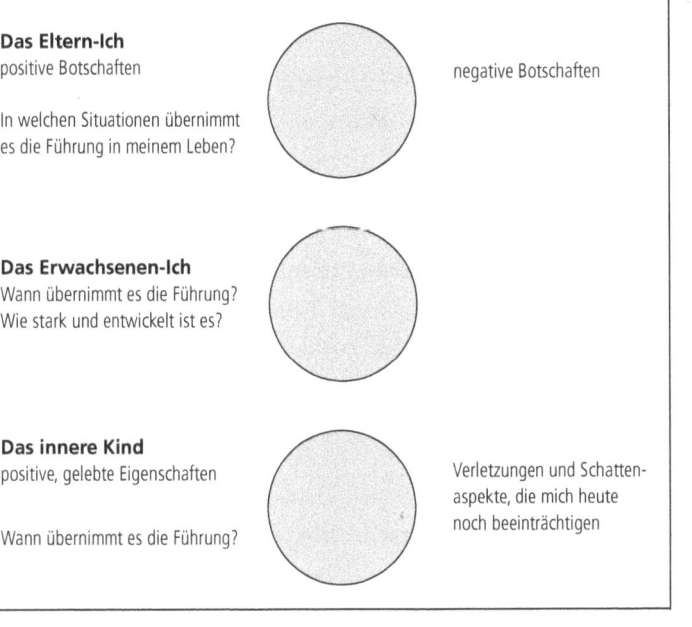

oder aus dem Kinder-Ich? Wie geht es Ihnen dabei? Welche Botschaften haben Sie von Ihren Eltern verinnerlicht?

3. Betrachten Sie noch einmal die negativen Botschaften des Eltern-Ichs. Trauen Sie sich, diese Botschaften infrage zu stellen und abzuschwächen. Welche davon sollten Sie ganz aufgeben und loslassen? Nehmen Sie dazu noch einmal die Tabelle mit den negativen Beispielen von Elternbotschaften zur Hand. Wandeln Sie die negativen Botschaften in positive und konstruktive Sätze um. Zum Beispiel: Aus »Ich muss stark sein, ich muss alles allein schaffen« wird: »Ich darf meine Gefühle zeigen, ich darf Schwäche zeigen, ich darf Unterstützung annehmen.« Arbeiten Sie mit den um-

gewandelten Sätzen wie mit den Affirmationen aus Survivalregel Nr. 2.

4. Betrachten Sie die Verletzungen des inneren Kindes. Haben Sie die Kraft, sich selbst Ihrem inneren Kind zu widmen?

5. Wie reagieren Sie, wenn andere Menschen Sie aus dem Eltern-Ich heraus angreifen, kritisieren, kleinmachen oder unter Druck setzen?

6. Können Sie es aushalten, wenn Ihr Partner Ihnen sein verletztes inneres Kind zeigt? Können Sie selbst Ihr inneres Kind dem Partner/der Partnerin zeigen? Wie fühlen Sie sich dabei? Wie reagiert Ihr Gegenüber?

7. Welches Verhältnis hat Ihr hochsensibles inneres Kind zu Ihrem Eltern-Ich?

8. Versuchen Sie zu beobachten, aus welchen Instanzen Sie im Alltag leben und Entscheidungen treffen. Wichtig ist dabei auch das Umfeld: Bei welchen Menschen gehen Sie in das Kinder-Ich? Ist das angemessen oder eher negativ? Bei welchen Menschen gehen Sie in das Eltern-Ich? Ist das angemessen oder ruft es Probleme hervor?

9. Waren Ihre Eltern oder zumindest ein Elternteil hochsensibel? Was hat er/sie Ihnen in Bezug darauf vorgelebt? Wenn Sie Ihre Eltern nicht als hochsensibel erlebt haben, welche Botschaften haben sie Ihnen zu Ihrer Hochsensibilität vermittelt? Was können Sie Ihren Eltern heute verzeihen? Wo brauchen Sie heute noch realen Abstand zum Elternhaus?

10. Suchen Sie sich ein Kinderfoto aus vergangenen Tagen aus Ihrer Sammlung. Stellen Sie das Bild eingerahmt auf Ihren Schreibtisch, oder hängen Sie es an die Wand. Versuchen Sie, in den nächsten Wochen und Monaten immer mal wieder Kontakt mit Ihrem inneren Kind aufzunehmen. Sie

können mit ihm sprechen, so wie ein liebevoller Erwachsener, der das Kind tröstet, ihm Mut zuspricht und hilft, seine Ängste zu überwinden.

11. Manchmal sind Großeltern die Engel im Leben der Kinder. Auch wenn sie in der Vergangenheit einiges Leid bei unseren Eltern verursacht haben, so können sie in einem höheren Alter mit mehr Gelassenheit liebevollen Trost spenden. Die Großeltern können den inneren Erwachsenen und das innere Kind nähren. Suchen Sie in Ihrer Erinnerung einige schöne Erlebnisse mit Ihren Großeltern, die Sie wirklich genährt haben.

12. Finden Sie Ihr inneres göttliches Kind: Sicher erinnern Sie sich noch an den Film »Die unendliche Geschichte« von Michael Ende. Darin kommt die »kindliche Kaiserin« vor, die in einem Palast in Form einer Blüte lebt. Sie ist die Königin von Phantásien und symbolisch gesehen ein göttliches inneres Kind. Die Hauptfigur der Geschichte ist der Schuljunge Bastian, der durch seine Fantasie und seine Wünsche Phantásien nach der fast vollständigen Zerstörung wieder zum Leben erweckt. In der wunderschönen Verfilmung werden die Reinheit und die Schöpferkraft des inneren Kindes gezeigt. Das Kind hat viele Herzensqualitäten wie Liebe, Mitgefühl, Mut, Forschergeist, Neugierde, Entschlossenheit, Loyalität, Treue sowie Unvoreingenommenheit. Stellen Sie sich Ihr inneres Kind in seiner reinen unverletzten Form vor. Sie können auch mit einem Bodenanker arbeiten. Schreiben Sie auf ein Blatt Papier »mein göttliches inneres Kind« oder »mein heiles inneres Kind«, und stellen Sie sich auf den Anker. Verbinden Sie sich mit der Kraft der bedingungslosen Liebe in Ihrem Inneren, mit

Ihrer Unschuld, Reinheit und mit Ihrer grenzenlosen Kreativität, Neugier und Lebensenergie. Sobald Sie diese Energie spüren, beginnen Sie, diese zu verkörpern. Atmen Sie das innere göttliche Kind ein, und beginnen Sie, sich selbst und Ihre Umwelt aus den Augen dieses Kindes zu sehen. Sie werden möglicherweise von Empfindungswellen der Glückseligkeit, des Staunens und des inneren Friedens erfasst werden.

Geheime Persönlichkeitsanteile

Jetzt wird's ganz mysteriös. Ich selbst habe viele Jahre gebraucht, um an diese Wahrheit heranzukommen. Was wäre, wenn es außer den Persönlichkeitsanteilen, die wir gerade erforscht haben, noch weitere gäbe? Nun, die Vielfalt Ihrer Persönlichkeitsfacetten zeigt natürlich genau das. So, wie Sie von mehreren Erwachsenen als Kind begleitet wurden, die möglicherweise sehr unterschiedlich waren, haben Sie auch verschiedene Anteile in Ihrer Persönlichkeit. Meist sind wir uns ihrer nicht bewusst. In meiner NLP-Ausbildung haben wir eine interessante Übung gemacht, in der es darum ging, innere Saboteure zu identifizieren. Manchmal scheint es so, als ob ein Teil von uns gegen uns arbeiten würde. In Kleingruppen wurden wir aufgefordert, an Situationen zu denken, in denen etwas schiefgelaufen ist. Ich dachte sofort an mein chaotisches Büro – wenn ich nicht ganz aufmerksam alle Unterlagen schnell ablegte, verschwanden immer wieder Dinge auf unerklärliche Weise. Ich hatte immer schon Probleme damit, systematisch Ordnung zu halten, ein Teil von mir hatte sogar eine gewisse Abneigung dagegen. Über einen entspannten Zustand nahmen wir Kontakt auf mit dem Persönlichkeitsanteil, der für diese Schwierigkeiten verantwortlich war. Plötzlich sah ich einen roten Vogel mit wunderbar schwebenden Federn und einem frechen Gesicht mit großem Schnabel durch mein Büro laufen. Er brachte einfach alles durcheinander. Und er machte es mit Absicht. Was wollte dieser komische Vogel? Wie sich herausstellte, war er das Symbol für meinen kreativen Anteil. Bunt, vorlaut, lustig, frech und natürlich chaotisch. Auf meine Frage, warum er das alles mache, antwortete er, dass er sich dadurch Aufmerksamkeit verschaffe. Sein Gegenspieler war das schlaue Buch, das eine riesige Brille trug und große Schuhe anhatte. Das Buch war mein psychologischer Anteil, derjenige, der Bücher über alles liebte, gern forschte und schrieb. Dieser Anteil ist wohl auch verantwortlich für das Buch, das Sie gerade in Ihren Händen halten, während der rote Vogel mich immer wieder mit neuen, frischen Ideen dazu versorgt. Der Vogel fühlte sich vom schlauen Buch unterdrückt und erhielt einfach nicht so viele Möglichkeiten, seiner Kreativität Ausdruck zu verleihen, wie er sich das vorstellte. Es folgte eine angeleitete Begegnung dieser beiden Persönlichkeitsanteile. Mir liefen die Tränen. Ich fühlte mich auf einmal so vollständig. Das gegenseitige Verständnis, das zwischen beiden Anteilen geübt wurde, verbreitete eine friedliche Stimmung. Auch wenn ich heute immer noch zu wenig Zeit für meine Kreativität habe, fühle ich diesen Druck, diese Anspannung nicht mehr. Ich kann einfach in mich hineinspüren und Kontakt mit diesen beiden wunderbaren Anteilen in mir aufnehmen. Jeder von ihnen wird gebraucht, keiner ist besser als der andere. Wenn ich mich be-

Abbildung 3.7: Das schlaue Buch und der kreative Vogel

wusst mit einem von ihnen verbinde, kann ich sehr viel Kraft und Motivation daraus ziehen. Wenn ich genauer hinschaue, erkenne ich natürlich, dass mein kreativer Anteil sehr viel mit meinem inneren Kind zu tun hat.

Das Kind in uns ist immens kreativ. Und natürlich interessiert sich kein Kind für »Bürokram«. Das nervt alles. Spielen und Malen sind viel interessanter! Haben Sie schon einmal beobachtet, was passiert, wenn Sie ein Kind mit seinen wahren Bedürfnissen ignorieren? Es fängt an, Sie fürchterlich zu nerven und laut zu werden. Andere Kinder ziehen sich in ihr Schneckenhaus zurück, wenn sie bemerken, dass eine Auflehnung sinnlos ist. Genau das kann mit Ihren geheimen Persönlichkeiten passieren. Diese geheimen Anteile sind immer organisch aus unserer Biografie gewachsen. Besonders intensiv wird dieses

Thema bei Menschen auftreten, die Eltern aus zwei verschiedenen Kulturen haben. Durch das Hin- und Herpendeln zwischen diesen Welten erlebt das Ich eindrückliche und unterschiedlichste Prägungen, die ihre Spuren in der Psyche hinterlassen. Oftmals haben diese Teilpersönlichkeiten völlig unterschiedliche Werte, Vorlieben und sogar unterschiedliche Kleidungsstücke, die sie bevorzugen. Je mehr wir es schaffen, uns über diese Anteile bewusst zu werden und sie in unsere Leben zu integrieren, umso leichter und lebendiger können wir es gestalten und genießen.

Übungen

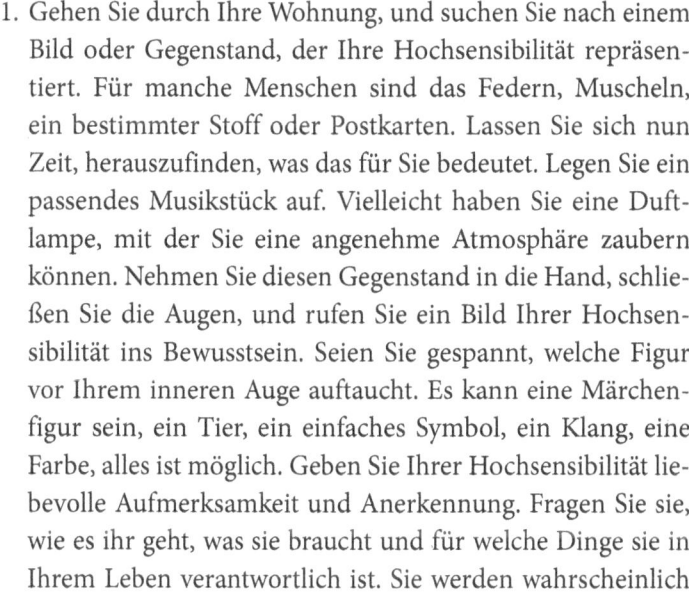

1. Gehen Sie durch Ihre Wohnung, und suchen Sie nach einem Bild oder Gegenstand, der Ihre Hochsensibilität repräsentiert. Für manche Menschen sind das Federn, Muscheln, ein bestimmter Stoff oder Postkarten. Lassen Sie sich nun Zeit, herauszufinden, was das für Sie bedeutet. Legen Sie ein passendes Musikstück auf. Vielleicht haben Sie eine Duftlampe, mit der Sie eine angenehme Atmosphäre zaubern können. Nehmen Sie diesen Gegenstand in die Hand, schließen Sie die Augen, und rufen Sie ein Bild Ihrer Hochsensibilität ins Bewusstsein. Seien Sie gespannt, welche Figur vor Ihrem inneren Auge auftaucht. Es kann eine Märchenfigur sein, ein Tier, ein einfaches Symbol, ein Klang, eine Farbe, alles ist möglich. Geben Sie Ihrer Hochsensibilität liebevolle Aufmerksamkeit und Anerkennung. Fragen Sie sie, wie es ihr geht, was sie braucht und für welche Dinge sie in Ihrem Leben verantwortlich ist. Sie werden wahrscheinlich

eine Menge an Informationen erhalten. Bedanken Sie sich für jede Antwort. Erkunden Sie dann Wünsche, Bedürfnisse und Visionen der Hochsensibilität in Ihnen. Vielleicht wollen Sie etwas aufschreiben oder malen: nur zu! Abschließend können Sie sich fragen, ob es einen anderen Persönlichkeitsanteil gibt, der Ihre Hochsensibilität stört. Möglicherweise tauchen dann Elemente aus dem Eltern-Ich auf. Strenge, korrekte und laute Anteile, die sich ganz anders in der Umwelt darstellen wollen, oder Anteile, die dieses zarte Wesen hinter einer Fassade verstecken. Versuchen Sie ein Gespräch zwischen beiden zu moderieren. Lassen Sie sie einen Kompromiss aushandeln. Notieren oder malen Sie abschließend Ihre Erlebnisse.

2. Erschaffen Sie, wie bei der ersten Übung, eine geschützte Atmosphäre. Suchen Sie vorab verschiedene Farbkarten in einem Schreibwarengeschäft zusammen. Je mehr Farben, desto besser, auch Gold und Silber, Schwarz und Weiß sollten dabei sein. Breiten Sie nun diese Farbkarten wie einen Fächer auf Ihrem Tisch oder Boden aus. Stellen Sie sich die folgende Frage: »Wenn ich noch weitere geheime Persönlichkeitsanteile hätte, welche Farben hätten sie?« Wählen Sie spontan eine Farbe, die Sie anspricht. Lassen Sie sich inspirieren, was auf Sie zukommt. Farben regen unser Unterbewusstsein an. Versuchen Sie, etwa fünf bis sieben Persönlichkeitsanteile zu finden. Möglicherweise sind auch Figuren aus vergangenen Zeiten darunter. Viele Menschen identifizieren sich mit Zauberern und schauen sich dann Filme wie »Harry Potter« oder »Der Herr der Ringe« an. Was bedeuten Ihnen diese Aspekte? Wie wirken diese Anteile in Ihrem Alltag? Sie können ebenso Ihr Bücherregal und die Musiksammlung

durchforsten. Welcher Teil von Ihnen hat dieses Buch über Wirtschaftspsychologie gekauft? Welcher interessiert sich für Schamanismus oder Sushi? Wenn Sie Kontakt mit diesen Anteilen aufgenommen haben, zeichnen oder schreiben Sie jeweils auf die dazugehörige Farbkarte diesen Aspekt Ihrer Anteile auf. Je harmonischer das Zusammenspiel zwischen Ihren inneren Anteilen gelingt, umso einfacher und interessanter wird Ihr Leben.

3. Nehmen Sie an einem Tag die Karten aus Ihrem Schrank, und suchen Sie sich eine Persönlichkeit heraus. Schenken Sie ihr diesen Tag. Was würde sie/er gern damit anfangen? Seien Sie offen für Inspirationen und Eingebungen. Weiten Sie die Arbeit mit den Anteilen nach Ihrer Fantasie noch mehr aus. Experimentieren ist erwünscht.

Survivalregel Nr. 10: Stärken Sie Ihre Seelenkraft! Wie Sie Ihre einzigartige Verbindung mit dem Universum und Ihren Seelenverwandten entdecken.

Wann haben Sie sich zuletzt ergriffen gefühlt von der Schönheit einer Landschaft, von der Tiefe einer Begegnung mit anderen Menschen? Welche spirituellen Orte geben Ihnen Kraft? In der Verbindung mit der Natur oder einer höheren Weisheit können wir sehr viel Trost, Hoffnung und Heilkraft aufnehmen. Die Sehnsucht von Hochsensiblen nach Sinn, Ethik und Spiritualität ist in der Regel sehr groß. Die eigene Seelenkraft zu entwickeln, bedeutet auch, sich über die Begrenzungen und Verletzungen der Vergangenheit und Persönlichkeit hinaus zu entwickeln. In den traditionellen Kulturen wurden vor allem Gebete und Rituale in den Lebensalltag eingeflochten, um sich mit einer höheren Kraft und Wirklichkeit zu verbinden. Besonders in schwierigen Lebenssituationen schöpfen auch heute noch viele Menschen ihre Kraft aus einer höheren Quelle. Durch spirituelle Praktiken können Sie sich dafür öffnen, wieder durchlässiger für die Impulse Ihrer Seele zu werden. Die Seele wird zu einem Kelch, der höhere Qualitäten empfängt wie inneren Frieden, Dankbarkeit, Vergebung, Kreativität und Lebensfreude.

Über den Verstand hinausgehen: Chancen und Risiken spiritueller Meditationspraktiken

Sie sind mehr als Ihr Verstand

Spirituelle Praktiken bieten viele Chancen, aus dem Gefängnis des Verstandesdenkens auszubrechen. Kein Mensch kommt mit Gedanken zur Welt. In den ersten Lebensjahren sind wir in erster Linie Wahrnehmende, Fühlende, Forschende, Lustvolle, Flirtende, Neugierige und Bewegungsmenschen. Die inneren Gedanken, Bewertungen und Überlegungen kommen erst viel später und sind immer das Ergebnis der kulturellen Prägung, in der wir aufgewachsen sind. Kennen Sie das 9-Punkt-Rätsel? In diesem Quiz sollen Sie neun Punkte mit nur vier Linien verbinden, ohne den Stift dabei abzusetzen. So sieht das aus:

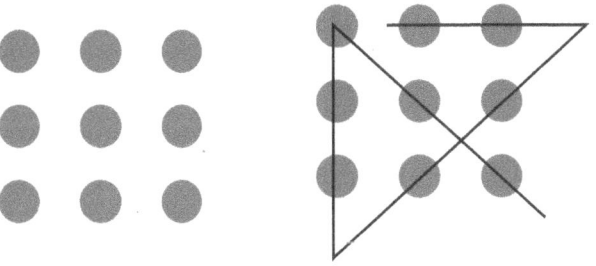

Abbildung 3.8.: Das 9-Punkträtsel

Wenn Sie die Lösung noch nicht kennen, werden Sie viele Möglichkeiten ausprobieren, die alle nicht funktionieren. Erst, wenn der Geist offen genug ist, um aus dem Gefängnis des Punktequadrates auszubrechen, findet er die Lösung: außerhalb der vorgegebenen Struktur. Wenn Sie sich erlauben, die vorgegebene Struktur zu verlassen, finden Sie eine Lösung. Was passiert, wenn Sie diese Erkenntnis auf Ihre persönliche Situation übertragen? Wenn Sie beispielsweise unter Zwangsgedanken leiden, und Sie entdecken durch Meditation, dass Sie mehr sind als Ihre Gedanken, können Sie dieser »Hölle« entfliehen. Sie sind nicht mehr länger eingesperrt und suchen innerhalb Ihres Verstandes nach der Lösung, indem Sie möglicherweise versuchen, andere Gedanken zu pflegen. Nein, Sie steigen aus dem Gedankenkarussell aus und beginnen zu meditieren.

Was bewirkt Meditation?

Meditation bewirkt eine Beruhigung des Geistes und der Gedanken. Innere Anspannung und Aufregung werden durch das Üben reduziert. Meditation kann zu einem Türöffner für transpersonale Erlebnisse und mystische Erfahrungen werden. Für

den Meditierenden wird Zeit als Illusion erfahrbar: Zeit existiert
eigentlich gar nicht. Sie ist das Konstrukt unseres Verstandes,
der seine Erlebnisse innerhalb des physischen Universums interpretiert. Das regelmäßige Praktizieren von Meditationstechniken kann Ihnen dabei helfen, die Konditionierungen Ihres
Verstandes zu durchbrechen. Durch die dabei veränderten Ge-
hirnströme (messbar durch das EEG/Elektroenzephalogramm)
treten veränderte Bewusstseinszustände auf, die wiederum
eine tiefere Seelenverbindung ermöglichen. Die Identifikation
mit dem eigenen Körper oder der alltäglichen Realität tritt all-
mählich in den Hintergrund, und eine größere Realität von Bewusstsein wird erfahrbar, zum Beispiel das Erlebnis, dass auch
Bäume, Steine oder Landschaften, ja der gesamte Kosmos ein
eigenes Bewusstsein besitzen. Das Buch »Das erleuchtete Gehirn« von dem Psychologen und medizinischen Anthropolo-
gen Dr. Villoldo und dem Neurologen Dr. Perlmutter verbindet
schamanische Weisheiten mit modernen neurowissenschaftli-
chen Erkenntnissen. Die Autoren beschreiben, dass unser Gehirn nicht optimal funktioniert, weil es zu stark von tieferen
Gehirnbereichen gelenkt wird, die für das Überleben und die
Befriedigung von instinktiven Grundbedürfnissen zuständig
sind. In diesem Zusammenhang spricht man auch vom Rep-
tiliengehirn und dem sogenannten limbischen System, das besonders für die Gefahrenerkennung zuständig ist (Angstzent-
rum). Um in höhere Bewusstseinszustände zu gelangen, wie der
Empfindung von Liebe und Mitgefühl, von Kreativität, Freude,
Frieden und Weisheit, brauchen wir den sogenannten Neocor-
tex (das ist die äußere Hirnrinde) und den präfrontalen Cortex
direkt hinter der Stirn. Durch das Trainieren von bestimmten
Meditationstechniken und einer gehirngerechten Ernährung,

so führen die Autoren aus, können diese höheren Funktionen aktiviert werden.

Wofür wurde Meditation in traditionellen Kulturen genutzt?

Trance und Meditationstechniken, die schon seit Jahrtausenden in den alten Kulturen wie Indien, Tibet, Südamerika, Ägypten und in den Hochkulturen des antiken Europas (wie auf Malta, in Griechenland oder bei den Kelten) angewandt wurden, dienten dazu, sich auf den Tod als Übergang in ein anderes Bewusstsein vorzubereiten. In allen Hochkulturen war der Tod ein elementarer Bestandteil der jeweiligen Religion und wurde nicht ausgeblendet. Die Menschen sahen den Tod als das Ziel und Schicksal jeden Lebens an, deshalb bereiteten sie sich intensiv darauf vor. Meditation und Trance dienten damals wie heute auch als Medium, um in die Zukunft zu schauen. Durch das Transzendieren der Zeit wurden Entfernungen und Jahre überbrückt. Dafür wurden Seherinnen wie das Orakel von Delphi oder die Weleda im Sauerland von großen Königen und Herrschern aufgesucht, um sich die Zukunft weissagen zu lassen.

In den asiatischen Traditionen wie dem Tai Chi, dem Yoga und dem Tao Yoga wurden insbesondere Techniken vermittelt, die dem Übenden helfen sollen, seinen Körper zu meistern. Meditationspraktiken wurden also auch zum Zwecke der Selbstheilung, der Langlebigkeit und sogar zur Entwicklung von Psi-Fähigkeiten entwickelt. So kennt der Yoga zahlreiche Atemübungen, die zu einer verstärkten Versorgung des Gehirns mit Sauerstoff führen und damit höhere kognitive und spirituelle Bewusstseinszustände ermöglichen. Erst dadurch wird das Gehirn in seinem ganzen Spektrum nutzbar und erfahrbar. Dabei hat sich immer wieder gezeigt, dass das Gehirn nicht nur der Sender von Gedanken, Ideen und Schwingungen ist, sondern auch als Empfänger dient. Im Zustand des Empfangens können wir uns höheren Inspirationen öffnen, die besonders für Künstler, Wissenschaftler, Mystiker und auch für jeden anderen Menschen wertvolle Erkenntnisse aus dem »Nichts« erfahrbar machen. In der Tradition des Tao Yoga werden verschiedenste Zusammenhänge von Körperorganen, Meridianen und Energiezentren erläutert. Das Besondere an dieser Tradition ist die Integration der sexuellen Energie des Körpers. Die Vitalenergie des Körpers wird durch diese Meditationspraktiken gestärkt und eine verlängerte Lebensspanne in Gesundheit angestrebt. Das Energiepotenzial unserer Fortpflanzungsorgane und der Ei- und Samenzellen ist sehr hoch. Diese Energie kann nicht nur zum Kinderzeugen genutzt werden, sondern auch zur Gesunderhaltung des eigenen Körpers.

Ich möchte Ihnen nun ein weiteres Bild anbieten, das Sie einfach als Arbeitsbasis verwenden können, wenn Sie Techniken wie das »offene Beobachten« beim Meditieren anwenden möchten. Sie sind nicht Ihre Gedanken und Gefühle, sondern das Bewusstsein, die Instanz, die diese Phänomene beobachtet. Darüber hinaus werden Sie zum Empfänger höherer Einsichten, Inspirationen und kreativer Ideen, die nicht aus Ihrem Verstand stammen.

Inspiration, Einsichten und intuitive Erkenntnisse können empfangen werden aus der Quelle des intelligenten, schöpferischen Universums, dem Urfeld der universellen Matrix.

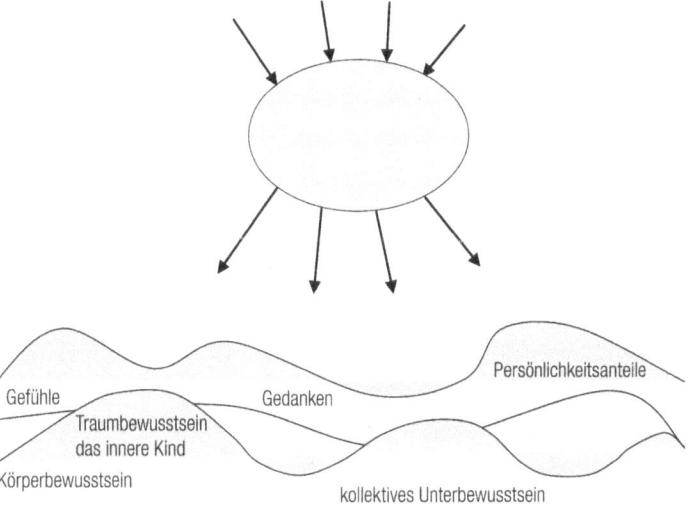

Abbildung 3.10: Bewusstseinsmeer:
verschiedene Zustände von Bewusstsein und Erfahrungen

Risiken beim Praktizieren von Meditation

Aus meiner Beratungspraxis weiß ich, dass bestimmte spirituelle Praktiken für Menschen mit einem stark geschwächten Ich ungeeignet sein können, da sie möglicherweise zu einer weiteren Destabilisierung führen. Die ohnehin schwache Persönlichkeit löst sich noch mehr auf. Doch anstatt in höhere Bereiche des Bewusstseins zu gelangen, finden sich geschwächte Personen unerwartet in einem Zustand des Chaos und der Ängste wieder, wenn sie längere Zeit intensiv spirituelle Praktiken ausgeübt haben. Auf der anderen Seite gibt es das Phänomen des »Abgehobenseins«, das auftreten kann, wenn Menschen sich

sehr lange in spirituellen Bewusstseinsräumen aufhalten. Die
alltäglichen Dinge wie Geldverdienen, das soziale Miteinander
oder Fragen zur Steuererklärung können dabei zu kurz kommen. Die Gefahr, dass wir den niederen Ebenen und dem Leid,
das darin gespeichert ist, entfliehen wollen, ist groß. Daher ist
es wichtig, dass die Person, die spirituelle Übungen regelmäßig
praktiziert, genügend Stabilität besitzt, um sich in die höheren
Bewusstseinsbereiche bewegen zu können. Hilfreich ist es auch,
anschließend wieder in der alltäglichen Welt Aufgaben zu erledigen, die uns erden, wie zum Beispiel Gärtnern, Einkaufen,
Arbeiten, Kinder betreuen und Familienmitglieder besuchen.

Übungen und Impulse zum Aufbau
Ihrer spirituellen Seelen-Kraft

Namhafte Wissenschaftler, Musiker, Künstler und Erfinder berichten immer wieder davon, dass sie durch einen Traum, eine
Vision oder eine plötzliche Eingabe ihre Erfindungen, Kompo-
sitionen oder Werke quasi geschenkt bekommen haben. Nicht
der Verstand oder das Ego waren die Quelle dieser Inspiration,
sondern eine Ebene außerhalb der begrenzten Persönlichkeit.
Um in Kontakt mit höheren Qualitäten zu gelangen, gibt es
wieder zahlreiche Möglichkeiten. Ich möchte Ihnen an dieser
Stelle einige Beispiele und Anregungen mitgeben.

1. Energieaufbau in der Natur

Den inneren Kraftort, über den wir schon gesprochen haben,
können Sie auch im Außen finden. Alte Bäume, Wasserfälle,
Flüsse, Seen, Berge, das Meer: Sie alle können beruhigend und

kraftvoll auf uns einwirken. Jeder Mensch fühlt sich an bestimmten Orten in der Natur besonders wohl. Hier können Sie zur Ruhe kommen. Über die direkte Aufmerksamkeit auf die Schönheit der Natur bauen Sie automatisch Energie auf. Ärger und Stress aus dem Alltag treten in den Hintergrund. Wenn Sie Bäume mögen, können Sie versuchen, sich unter einen von ihnen zu setzen. Lehnen Sie sich mit dem Rücken an den Stamm des Baumes an und spüren Sie die Kraft, die darin steckt. Bereits in der Survivalregel Nr. 4 haben Sie viele Informationen zu diesem Thema erhalten. Blättern Sie ruhig zurück und lesen Sie dort noch einmal nach.

2. Machen Sie einen meditativen Spaziergang
Beobachten Sie dabei einfach mal die Gedanken und Gefühle, die in Ihnen ablaufen. Versuchen Sie nicht, da einzugreifen, sondern einfach nur Zeuge zu sein. Meditatives Gehen kann einen guten Einstieg in diese Meditationsform darstellen. Sie müssen nicht rumsitzen oder still sein. Sie dürfen alles wahrnehmen, was sich in Ihrem Umfeld befindet. Am besten gehen Sie das Ganze spielerisch an. Versuchen Sie, die Freiheit, die in der Distanzierung von Ihrem Denken liegt, darin zu erspüren. Auch das einfache Konzentrieren auf das Ein- und Ausatmen bringt Sie in diesen Zustand. Beobachten Sie vorurteilsfrei alles, was in Ihrem Geist und Körper vor sich geht.

3. Entdecken Sie Synchronizitäten
Um einen Eindruck zu gewinnen, dass das Universum nicht einfach eine mechanistische Maschine ist oder ein Meer aus lauter Zufällen, versuchen Sie sich an ungewöhnliche »Zufälle« zu erinnern, sogenannte Synchronizitäten, die geschehen, um

uns in Staunen zu versetzen. Wie oft haben Sie an eine Freundin gedacht, an ein Familienmitglied, nur um Minuten später einen Anruf von genau dieser Person zu erhalten? Sie waren auf der Suche nach einer Möglichkeit für eine Weiterbildung in einem bestimmten Fachgebiet? Zufällig stolpern Sie kurz darauf über eine Anzeige, ein Plakat oder erhalten einen Tipp von einem Freund. Durch den Fokus auf ein bestimmtes Thema kann es geschehen, dass Sie auf der Straße plötzlich Leute beobachten, die über genau das Thema gerade sprechen, mit dem Sie sich auch beschäftigen. Sie schalten den Fernseher ein, und eine Reportage läuft, die genau das erzählt, was Sie gerade interessiert. Suchen Sie nach Synchronizitäten, die Ihnen ein Gefühl des Staunens, der Ehrfurcht und der Dankbarkeit beschert haben: ein Ereignis, das Sie vielleicht vor einer Katastrophe bewahrt hat oder das Ihnen die Erfüllung eines längst begrabenen Traums ermöglichte. Sie können das Universum auch um Synchronizitäten bitten, die in Ihrem aktuellen Leben auftauchen dürfen und Ihnen dabei helfen, Ihre Ziele, Wünsche und Visionen zu erreichen. Schreiben Sie alles in Ihr HSP-Tagebuch. Seien Sie offen, in den nächsten Tagen noch mehr Fügungen zu erleben.

4. Vergebung

Die Kunst der Vergebung gehört zu den schwierigsten und gleichzeitig lohnenswertesten Aufgaben innerhalb der eigenen persönlichen und spirituellen Entwicklung. Vielfach kleben wir an der Vergangenheit, an den eigenen Verletzungen und schmerzhaften Erinnerungen. Wenn Sie auf Ihre Vergangenheit blicken und Ihnen das heute noch Schmerzen bereitet, kann Vergebung der Schlüssel zur Heilung sein. Durch Verge-

bung haben Sie die Möglichkeit, aus der Opferrolle auszusteigen. Nicht umsonst ist sie das zentrale Element der christlichen
Religion. In besonders schweren Schicksalsfällen kann dieser
Schritt schwerfallen. Vergebung kann nicht mit dem Kopf erzwungen werden, es ist ein tiefer seelischer Prozess. Wenn die
Zeit noch nicht reif dafür ist, sollte sich niemand damit selbst
belasten. Oftmals ist es auch die Wut und die Empörung über
bestimmte Erfahrungen, die wir zuerst verarbeiten müssen, um
weiter zum Schritt der Vergebung zu kommen.

5. Rituale und Gebete für Liebe und Vergebung

Die radikale Selbstakzeptanz und Selbstliebe, die im vor-
herigen Kapitel bereits angesprochen wurde, findet in der
Ho'oponopono-Methode ihre Vollendung. Dr. Ihaleakala Hew
Len ist Therapeut und arbeitete von 1983 bis 1987 im Hawaii
State Hospital in Kaneohe. Weltweit erregte er durch die Hei-
lungsmethoden der Kahuna-Schamanen aus Hawaii Aufsehen.
Mit einer verblüffenden Methode erreichte der Psychothera-
peut, dass es nach etwa anderthalb Jahren nicht mehr notwendig war, psychisch kranke Patienten am Bett zu fixieren oder
zu isolieren. Wieder anderthalb Jahre später konnten alle »In-
sassen« entlassen werden. Was war geschehen? Der Psychologe
schaute sich die Patientenakten an. Statt mit den Betroffenen
zu reden, ging er in sein Inneres und fragte sich, wie er selbst
den Zustand des Patienten hervorgerufen haben könnte. Ja, Sie
haben richtig gelesen. Hintergrund dieser Vorgehensweise ist
eine spirituelle Weltsicht, nach der alles, was in unserer Umgebung geschieht, eine Widerspiegelung unseres eigenen inneren Zustandes ist. Dr. Len war überzeugt, dass er die Ursache
war für das, was er in seinem Umfeld erlebte. Mit Verantwor-

tung ist an dieser Stelle nicht Schuld oder Schuldbewusstsein gemeint. Die spirituelle Kraft von Ho'oponopono liegt in der Kraft der Liebe und der Vergebung. Als Dr. Len gefragt wurde, wie er sich selbst geheilt hatte und was er dabei genau gemacht habe, zeigte er den traditionell überlieferten Weg auf. Es ist ein Gebet für Vergebung. Die Parallelen zum christlichen Glauben sind kaum zu übersehen: Vergebung, Hingabe und Vertrauen in eine höhere Kraft. Sich zunächst selbst zu vergeben, ist ein kraftvoller Schritt in die richtige Richtung. Sie können anfangen, sich selbst zu vergeben für die sogenannten »Fehler«, die Sie bei sich sehen, oder für Entscheidungen, die Sie bereuen. Darüber hinaus vermitteln viele spirituelle Schulen, dass jegliche Formen von Bewusstsein auf einer höheren Ebene miteinander verbunden sind. Das, was wir als unsere persönliche Individualität erleben, ist demnach nur ein Ausdruck eines größeren Bewusstseins, dass sich in Milliarden Lebensformen manifestiert. Ho'oponopono lehrt uns auch, dass wir alle miteinander verbunden sind, es gibt keine Trennung zwischen uns und den anderen. Nicht nur mit unseren Handlungen, sondern auch mit unseren Gedanken und Gefühlen nehmen wir direkten Einfluss auf unser persönliches Umfeld.

6. Verbindung mit Ihrem idealen Selbst

Trotz all der Widrigkeiten und Beschränkungen, die Sie möglicherweise bereits in Ihrem Leben erfahren haben, lebt tief in Ihnen ein Bild von dem Menschen, der Sie idealerweise sein könnten. Versuchen Sie, sich selbst aus einer höheren Perspektive zu sehen – schreiben Sie alles auf, was Ihnen dazu einfällt. Was tun Sie den ganzen Tag, welche Menschen umgeben Sie dabei? Wo leben Sie? Welche Tätigkeiten üben Sie aus? Welche

Eigenschaften haben Sie? Wie fühlen Sie sich in Ihrem Körper? Welche Beziehungen pflegen Sie? Was ist Ihr größtes Talent? Fertigen Sie sich einen Bodenanker an. In diesem Fall würde ich »Mein ideales Selbst« darauf schreiben. Wenn Sie es genau visualisiert haben, machen Sie einen Schritt auf das Blatt »Mein ideales Selbst«. Versuchen Sie, genau dieses ideale Selbst jetzt zu verkörpern. Welche Gefühle und Gedanken hat dieses ideale Selbst? Wie ist seine Körperhaltung? Macht es eine bestimmte Geste? Womit ist es beschäftigt? Wie atmet es? Egal, ob Sie sich noch meilenweit davon entfernt fühlen, seien Sie einfach jetzt schon Ihr ideales Selbst. Der Sinn dieser Übung liegt darin, sich in einen Bewusstseinszustand zu versetzen, der Sie nicht länger von Ihrem Ziel trennt, indem Sie Ihr Ziel in eine entfernte Zukunft projizieren, sondern dass Sie heute schon das ausstrahlen, was Sie leben wollen. Damit machen Sie es sich einfacher, die Ereignisse in Ihrem Leben anzuziehen, die Sie darin unterstützen werden, Ihre Ziele zu erreichen. Durch die Verbindung mit Ihrem idealen Selbst entziehen Sie gleichzeitig den negativen Glaubenssätzen und Prägungen aus der Vergangenheit die Energie und Aufmerksamkeit. Denn das, worauf wir uns konzentrieren, erhält Energie. Wenn Sie Kraft aufwenden, um Ihr ideales Selbst zu verkörpern, dann bauen Sie Energie für etwas auf, was Sie wirklich wollen.

7. Führen Sie ein Traum-Tagebuch

Wenn Sie jetzt schon fleißig und regelmäßig Ihr HSP-Tagebuch geführt haben, konnten Sie hoffentlich eine Art Kommunikation mit sich selbst beobachten. Auch plötzliche Einfälle, Ideen und Inspirationen können dabei sein. Wenn Sie mögen, schließen Sie in diesem Buch auch die Einträge zu Ihren nächtlichen Träumen mit ein. Die Beschäftigung mit Träumen und luzidem Träumen gibt sehr aufschlussreiche Einblicke in die eigene Seele. Das luzide Träumen ist eine Wissenschaft, die schon früher von Schamanen trainiert wurde. Es geht darum, sich innerhalb des Traumes bewusst zu werden, dass man träumt. Dadurch erhalten wir ungeahnte Möglichkeiten, die eigene (Traum-)Realität zu gestalten. Während Sie in einem luziden Traum lernen, Ihre Erfahrungen zu steuern, profitieren Sie nach und nach auch tagsüber davon. Wir alle träumen davon, unser Leben bewusst zu gestalten, anstatt nur der Zuschauer eines Lebensfilms zu sein. Die Beschäftigung mit Ihren Träumen kann Ihnen helfen, die sogenannte »Realität« fließender und spielerischer wahrzunehmen. Sie können beispielsweise abends vor dem Schlafengehen Ihr Unterbewusstsein oder Ihre Seele bitten, Ihnen eine Botschaft im Traum zu übermitteln. Vielleicht arbeiten Sie gerade an einem kreativen Projekt, oder Sie suchen nach der Lösung für ein Problem. In der Zusammenarbeit mit dem Traumbewusstsein arbeitet Ihre Seele als Wegweiser für Sie.

Während des Tages hilft es, wenn Sie sich mehrmals die Frage stellen: »Wache ich oder träume ich?« Auch aufgehängte Zettel in der Wohnung können Sie an diese Frage erinnern. Wenn Sie sich tagsüber angewöhnt haben, Ihren Bewusstseinszustand kritisch zu hinterfragen, kann es irgendwann geschehen, dass Sie sich im Traum dieselbe Frage stellen. Dies ist meist der Moment, in dem Sie luzid, also bewusst werden. Ab diesem Zeitpunkt können Sie den Traum steuern. Dazu ist es hilfreich, dass Sie sich auch tagsüber genau vornehmen, was Sie tun wollen, wenn Sie im Traum bewusst sind. Dies sollten zunächst einfache

Dinge sein, wie bestimmte Körperbewegungen. Später können Sie sich größere Ziele vornehmen, wie zum Beispiel, mit einem Delfin zu schwimmen oder in ein bestimmtes Land zu verreisen. Wenn Sie mit dieser Technik etwas vertrauter sind, werden Sie erstaunliche Erinnerungen an Träume haben, wenn Sie morgens aufwachen. Während des Traumzustandes können wir viel flexibler denken und handeln. Viele Erfinder und Künstler nutzen bewusst oder unbewusst den Traumzustand als Experimentierwerkstatt. Sobald Sie anfangen, Ihre Träume regelmäßig zu erinnern, können diese zu einer wahren Quelle der Inspiration werden. Träume können auch Botschaften über zukünftige Ereignisse vermitteln. Daher stellen sie unsere Vorstellungen von Raum und Zeit auf den Kopf. Manchmal kann es auch vorkommen, dass Sie sich im Traum daran erinnern, dass Sie in einem anderen Traum schon einmal an diesem Ort waren. Zeichnen Sie eine Landkarte über Orte und Situationen, zu denen Sie in Ihrem Traumbewusstsein immer wieder zurückkehren. Ein weiteres Mysterium ist das Auftauchen von Menschen im Traum, mit denen wir sehr stark verbunden sind, egal ob sie gerade in ihrem Körper leben oder ob sie schon »verstorben« sind. Diese Träume können sehr viel Trost und Kraft geben.

8. Umgeben Sie sich mit Schönheit

Schöne Dinge sind besonders Elemente aus der Natur. Alles, was die Natur erschaffen hat, unterliegt dem goldenen Schnitt, ist also auf harmonischen Proportionen aufgebaut. Jede Blume, jeder Schmetterling, jeder Baum ist nach diesem mathematischen Gesetz der Harmonie geschaffen. Farben, Düfte, harmonische Musik helfen Ihnen, Ihren Zustand anzuheben. Frauen, die sich in seelischen Krisen befinden, kaufen sich instinktiv

Blumen, Schmuck oder schöne Kleidung, um sich besser zu fühlen. Meiner Erfahrung nach wirkt das bei selbsthergestellten Dingen noch besser.

9. Erlauben Sie sich, künstlerisch und kreativ tätig zu sein

Seelische Narben können mit Kunst geheilt werden. Dinge, für die es keine Worte gibt, Gefühle und Wahrnehmungen können oft besser mit Farben, Klängen oder Bewegungen ausgedrückt werden. Die meisten Menschen wachsen in dem Irrglauben auf, sie seien nicht kreativ. Entsprechende Rückmeldungen von Lehrern und Eltern haben sie schon früh entmutigt. Viele Erwachsene versagen es sich, kreativ zu sein. Doch jeder Mensch ist kreativ. Wovon träumen Sie in Ihrem Herzen? Welche kreativen Tätigkeiten haben Sie als Kind immer fasziniert? Was haben Sie früher gern getan? Fangen Sie mit kleinen Schritten an. Hören Sie auf, sich selbst zu stoppen, und erlauben Sie sich, Ihre kreativen Träume auszuleben.

10. Schaffen Sie eine Verbindung mit einer höheren Kraft oder dem Sinn Ihres Lebens

Was Sie darunter verstehen, möchte ich Ihnen selbst überlassen. Die Verbindung mit einer Kraft, die göttlicher Natur ist und die größer als Sie selbst ist, kann Ihnen jedoch helfen, die Begrenzungen, die Sie durch Ihre Eltern erfahren haben, zu überschreiten. Ein übergeordneter Sinn verhilft ebenso zu einem angenehmen Gefühl der Sicherheit und Bestimmung in Ihrem Leben. Wenn Ihnen Gott oder Ihr höheres Selbst zu groß vorkommen, erschaffen Sie sich durch Ihre Fantasie einen »inneren Berater«, der Ihnen wohlgesonnen ist. In einer Tiefenentspannung oder einer geführten Fantasiereise können Sie mit diesem weisen Aspekt Kontakt aufnehmen. Manche Menschen stellen sich einen Zauberer vor, eine gute Fee, andere einen weisen alten Menschen. Egal, was es ist, wenn es für Sie stimmig ist, können Sie damit arbeiten. Stellen Sie diesem weisen Anteil Fragen, warten Sie auf die Antwort.

11. Verbindung mit dem Seelenstern

Schließen Sie die Augen und konzentrieren Sie sich auf Ihren Atem. Lassen Sie die Gedanken zur Ruhe kommen. Finden Sie Abstand zu Ihrem Alltagsgeschehen. Wenn Sie genügend im aktuellen Moment zentriert sind, konzentrieren Sie sich in Liebe und Dankbarkeit auf Ihr physisches Herz. Stellen Sie sich vor, wie Ihr Herz von einem leuchtenden Stern mit Licht erfüllt wird. Der Stern in Ihrem Herzen symbolisiert das Bewusstsein Ihrer Seele. Öffnen Sie sich für den Gedanken, dass es außerhalb von Ihrem menschlichen Bewusstsein noch eine Instanz gibt, die weiser und wissender ist. In manchen spirituellen Schriften wird dies die Überseele genannt. Stellen Sie sich vor, dass dieser Teil von Ihnen ein Stern am Himmel ist. Von dort aus sendet dieser Stern einen Lichtstrahl direkt in Ihr Herz hinein und schickt Ihnen Inspiration, Intuition und innere Führung. Von dort aus hat Ihre Seele den besseren Überblick über Ihr Leben. Zeit und Raum spielen hier keine Rolle mehr, sondern nur das, was die Seele sich vorgenommen hat. Lassen Sie sich aufladen von der Liebe Ihrer Seele. So können Sie langsam das Vertrauen in sich selbst gewinnen und Einsichten erfahren, die über Ihr normales Alltagsbewusstsein hinausgehen. Sie dürfen diesem weisen Teil Ihres Selbst auch Fragen stellen. Bei vielen Menschen stellen sich dann intuitive Antworten in Form von inneren Bildern ein.

12. Schreiben Sie über eine mystische Begebenheit, die Sie in Ihrem Leben erfahren haben

Das sind besondere Zufälle, Begegnungen, Träume, Reisen, die Sie in Verbindung mit einer höheren Perspektive brachten. Dazu gehören auch Zeichen, Symbole und Hinweise, die Sie getröstet haben, zum Beispiel in einer Lebenskrise, nach dem Verlust eines geliebten Menschen oder in einer Entscheidungssituation. Vielfach sind diese Begebenheiten sogenannte Zufälle, oder sie geschehen in Ihrem Bewusstsein, während Sie meditierten, sich in Trance getanzt haben oder längere Zeit allein in der Natur verbracht haben. Oftmals verdrängen wir später diese Einsichten, da sie nicht zu unserem Alltagsbewusstsein passen. Diese kleinen Momente offenbaren, dass jeder Mensch irgendwann einmal ein Wunder erlebt hat. Machen Sie sich dieses Wunder noch einmal bewusst, indem Sie darüber schreiben. Fühlen Sie die Energie, die dabei durch Ihren Körper strömt. An dieser Stelle möchte ich Ihnen meine eigene stärkste mystische Erfahrung anvertrauen, die sich im Jahr 2003 ereignete. Auch wenn es sich wie ein Märchen liest, ist es genau so geschehen.

Abschied

»Sylvia saß erschöpft im Zug nach Hause. Es war nach 16 Uhr, sie hatte einen anstrengenden Arbeitstag hinter sich. Die Psychologin dachte genervt an die Szenen des Tages: ihre Disziplinierungsmaßnahmen für die Jugendlichen, die irgendwie nicht funktionieren wollten. Lag es daran, dass sie selbst erst Anfang zwanzig war? Sie war frustriert und wollte den Tag einfach vergessen. Sie schaute auf das flirrende Wasser des Bodensees, das leuchtend in der Sonne funkelte. Sie schloss die Augen, um ein wenig Schlaf nachzuholen. Sie wusste selbst nicht, warum sie etwas später die Augen wieder öffnete, als der Zug an der nächsten Haltestelle quietschend zum Stehen kam. Sie lag eingerollt auf der Sitzbank eines alten Zuges, der schon viele Jahre auf dem Buckel hatte. Ihr Blick fiel auf einen Mann, der in der Tür stand und rauchte. Der Qualm zog teilweise nach draußen und ins Abteil, es stank. Der Zug hätte eigentlich schon weiterfahren sollen, aber es schien so, als ob der Zugführer so lange auf den Mann warten würde, bis er aufgeraucht hatte. Er wirkte auf die junge Frau wie ein Geheimagent. Irgendetwas war merkwürdig an ihm. Sylvia schloss wieder die Augen und versuchte, sich in ihren Schlaf zu träumen. Etwas später setzte sich der Fremde in das Abteil neben ihrem. Gleich nachdem der Zug losgefahren war, eröffnete er auch schon das Gespräch.

»Entschuldigung, darf ich Sie um einen Gefallen bitten?«, sagte er deutlich in Sylvias Richtung. Die wusste auch mit geschlossenen Augen, dass sie gemeint war. Ihr Herz schlug plötzlich schneller, sie fühlte sich unwohl, aufgeregt, denn sie wusste sofort, dass etwas Ungewöhnliches an dem Mann war. Wieso sprach er sie an, obwohl es doch offensichtlich war, dass sie lieber schlafen als reden wollte?

»Es kommt ganz darauf an, was es ist!«, antwortete sie ausweichend. Sie vermutete eine billige Anmache. Wie sollte sie sich diesen Kerl bloß vom Hals halten?

»Würden Sie mich bitte segnen?«

»Wie bitte?«, dachte sie bei sich. Sylvia traute ihren Ohren kaum, dieser Mann, etwa Mitte vierzig, mit Falten im Gesicht, mit einer Reisetasche unter den Füßen und schwarzer Kleidung, bat sie um eine Segnung? Das war unfassbar. Noch am selben Morgen musste sie sich die Beschimpfungen von Jugendlichen auf der Arbeit anhören. Und jetzt war da ein Mann, der sie ernsthaft um Hilfe bat. Sylvias Herz pochte so schnell, dass sie glaubte, jeder im Zug könne es hören. Sie musterte den Mann genauer: Seine Haare waren ungepflegt, in der Brusttasche seiner Lederjacke steckte noch die Packung Zigaretten. Die schwarze Jeans war abgewetzt, er trug Turnschuhe. Wer war dieser Fremde? War er aus der Psychiatrie abgehauen, die nur zwei Haltestellen entfernt lag? Als der dunkelhaarige Mann die verdutzten Augen von Sylvia sah, ergänzte er sein Anliegen:

»Ich befinde mich gerade kurz vor einem Kampf um Leben und Tod. Ich habe geschworen, dass ich in diesem Kampf gegen meine Alkoholsucht antreten werde. Es wird ein harter Wettkampf werden. Ich muss diesen Kampf gewinnen. Verstehen Sie?«

Sylvia vermutete nun in der Reisetasche Sportsachen für Karate oder Taekwondo. Dann holte er noch weiter aus: »Meine Mutter hat mich gelehrt, dass man in so einer Situation den Segen einer heiligen Frau erbitten soll.«

Sylvia spürte jetzt, dass es dem Mann wohl ernst war, obwohl ihr die ganze Situation immer noch absurd und peinlich erschien. Sie zögerte. Doch die Worte »heilige Frau« berührten sie tief in ihrem Innersten. Nie jemals zuvor war sie als eine heilige Frau angesprochen und um Hilfe gebeten worden. Wusste sie denn überhaupt, was zu tun war? Gurus in Indien segneten ihre Schüler, Yogis und Sektenführer, der Papst vielleicht oder ein Pfarrer, aber sie? Sie antwortete mit Bedacht:

»Ich werde Sie nicht segnen, aber wir können gemeinsam beten.« Sylvia wurde nicht religiös erzogen. Überhaupt war sie weder getauft worden noch Mitglied einer der großen Weltreligionen. Doch auf einer tieferen Ebene war sie immer überzeugt davon, dass es so etwas wie Gott geben musste, auch wenn sie keine Ahnung davon hatte. Sie wusste nicht, woher die Worte kamen, die sie nun aussprechen würde. Doch schien es ihr sinnvoller, als ihn zu segnen. Die junge Frau setzte sich zu dem Hilfesuchenden ins gegenüberliegende Abteil. Sie sah in seine Augen, die schmerzerfüllt in die ihren schauten. Sie berührte ihn nicht. Sie roch den Zigarettenrauch und empfand plötzlich Mitgefühl für diesen Mann und so etwas wie Liebe …

»Schließen Sie die Augen und nehmen Sie drei tiefe Atemzüge. Dann konzentrieren Sie sich auf Ihr Herz. Füllen Sie es mit Licht, einer Kugel aus Licht und Liebe. Dann rufen Sie Ihre Schutzengel und Gott, denn die sind immer für Sie da. Bitten Sie darum, dass sie Ihnen helfen, nie wieder auch nur einen Tropfen Alkohol anzurühren. Sie haben die Kraft dafür, Sie können es schaffen, die Engel werden Ihnen dabei helfen.«

Sylvia hatte während des Sprechens selbst die Augen geschlossen. Beim letzten Satz öffnete sie sie wieder und beobachtete das Gesicht des Betenden. Auf seine Weise hatte er ihre Worte aufgenommen und eine innere Reise angetreten. In seinem Herzen war ein Gefühl angekommen. Eine Träne lief an seiner linken Wange hinab. Das harte Gesicht hatte Farbe angenommen und wurde weicher. Er öffnete seine Augen ebenfalls und bedankte sich inständig, während Sylvia einen kurzen Augenblick in das Innerste des Mannes schauen durfte. Noch bevor sie darüber nachdenken konnte, was als Nächstes geschehen würde, nahm er seine Reisetasche, stieg an der nächsten Haltestelle hastig aus und lief auf dem Bahnsteig davon. Sie würde ihn nie wieder sehen. Sylvias Herz pochte weiterhin. Eine andere Frau im Abteil hatte die ganze Szene mitbekommen und war ebenso tief berührt von dieser Begebenheit. Das Ganze war filmreif, aber echt.

Sie sagte: »Also, so etwas habe ich ja noch nie erlebt!«

»Ich auch nicht!«, antwortete Sylvia und setzte sich auf ihren alten Platz zurück, wo sie niemand sehen konnte. Sie dachte in diesem Augenblick an ihren Vater, der weit weg in einer anderen Stadt lebte. Auch ihr Vater war dem Alkohol verfallen, wahrscheinlich war das auch der Grund, warum die Mutter sich von ihm getrennt hatte. Sylvia war damals gerade drei Jahre alt gewesen. Sie hatten in einer Kleinstadt in der DDR gelebt. In einer neu errichteten Plattenbausiedlung hatte sich ihr Vater durch unbezahlte Arbeitsstunden eine der heiß begehrten Wohnungen für die kleine Familie gesichert. Doch das Glück währte nicht lange. Viele Jahre lang sollte sie ihn nicht mehr sehen. Während der Zug weiter nach Hause rollte, dachte Sylvia immer intensiver an ihren Vater. Niemand schien ihm helfen zu können. Er versank immer tiefer in einem Sumpf, aus dem es kein Entrinnen gab. Entzug nach Entzug fiel er immer wieder in sein Elend zurück. Besonders in den Jahren, als sie in der Oberstufe der Schule auf das Abitur mit Musternoten zusteuerte. Sie hatte ihn zuletzt vor zwei Jahren gesehen. Nun hatte sie bereits ihr Studium abgeschlossen und eine Kunstausstellung mit eigenen Acryl- und Seidenmalereibildern organisiert. Er war extra aus Köln angereist. Zu ihren Bildern hatte er Rahmen aus Holz gebaut. Sein handwerkliches Talent war noch immer funktionstüchtig. Doch seine Sucht hatte ihn verändert, er war nicht mehr derselbe wie früher. Ohne Zweifel. Er war ein Trinker. Er war ihr Vater. Es tat weh.

Drei Tage nach dieser mysteriösen Begegnung hatte Sylvia eine Nachricht von der Polizei auf dem Anrufbeantworter:

»Hier ist das Polizeirevier Köln, wir müssen Sie leider darüber informieren …«, Sylvia wusste sofort Bescheid, ihr Vater war tot. Keine Sekunde lang war sie überrascht. Noch einige Tage vor seinem Tod hatte er bei ihr angerufen. »Es geht ihm sehr schlecht«, hatte ihr sein Mitbewohner aus der WG noch zwei Wochen zuvor am Telefon gesagt. Wie schlecht, wusste sie jetzt. Er hatte den Kampf verloren. Seine Zeit war abgelaufen.

War die Begegnung mit dem Mann im Zug eine Botschaft ihres eigenen Vaters gewesen? Wie konnte es sein, dass ihr drei Tage vor seinem Ableben ein fremder Mann im Zug begegnete und sie um Hilfe bat? War dieser Mann selbst ein Engel, der zu ihr gekommen war, damit sie sich auf diese sonderbare Art mit ihrem Vater versöhnen und sich von ihm verabschieden konnte? Sie wusste es nicht, sie hoffte es. Sie spürte die besondere Verbundenheit mit ihrem Vater, die auch nach seinem Verschwinden aus dieser Welt nicht abriss. Doch eines wusste sie sicher, dass sie ihn als Vater nun endgültig verloren hatte. Nichts brachte ihn zurück, nichts konnte mehr aus den verlorenen Jahren nachgeholt werden. Es war vorbei. Doch die Verbindung zwischen ihren Seelen würde für immer erhalten bleiben.

Dies ist eine wahre Geschichte. Meine Geschichte.

Wenn ich heute diese Zeilen lese, kommt es mir so vor, als wären sie aus der Feder eines Schriftstellers geflossen, der eine rührende Geschichte schreiben wollte. Tatsächlich ist es genau so geschehen. Millionen anderer Menschen haben ähnliche Erfahrungen im Angesicht des Todes von lieben Verwandten und Haustieren erlebt, doch die wenigsten sprechen offen darüber. Egal, welches religiöse oder spirituelle Weltbild Sie selbst haben, diese mystischen Begegnungen lassen uns erahnen, dass es mehr zwischen Himmel und Erde gibt, als wir uns mit unserem Verstand vorstellen können. Liebe überwindet alle Grenzen von Raum und Zeit.

ZUSAMMENFASSUNG

▶ Meditation kann Ihnen dabei helfen, über den Verstand und seine begrenzenden Muster hinauszugehen.

▶ Meditation wurde in den alten Kulturen genutzt, um sich auf den Tod als Übergang in eine andere Welt vorzubereiten. Darüber hinaus sollen Meditationstechniken dabei helfen, höhere kognitive und sogar Psi-Fähigkeiten zu erlangen, den Körper zu verjüngen und zu meistern.

▶ Durch Meditation wird Zeitlosigkeit erlebbar und sogar Raum und Zeit überwunden. Sie werden zum Empfänger höherer Einsichten und Inspirationen.

▶ Das Erden und die Einbindung in die alltägliche Welt helfen Ihnen dabei, nicht »abzuheben«.

▶ Mystische Begebenheiten, (luzide) Träume und Erlebnisse jenseits unserer Alltagsrealität helfen uns zu erkennen, dass das Universum nicht einfach ein mechanisches Uhrwerk darstellt, sondern dass es sich eigentlich nur um Bewusstsein in verschiedenen Formen handelt.

▶ Die Verbindung mit der eigenen Seele kann uns dabei helfen, unser innerstes Potenzial zu erkennen und zu leben.

IV. Lebensraumsicherung: Welches Lebensumfeld brauche ich?

Allein oder gemeinsam?

Im Kontakt mit Hochsensiblen habe ich immer wieder gehört, dass sich viele von ihnen einsam und von der Umwelt unverstanden fühlen. Rückzugstendenzen und Schutzbedürfnisse führen häufig dazu, dass Hochsensible isoliert leben. Unsere Vorfahren und viele hochentwickelte Säugetiere lebten und leben jedoch in Clans, also in Gruppen. In Europa bilden sich in den letzten Jahrzehnten Gemeinschaften, die es wagen, in einer größeren Gruppe zu leben und zu arbeiten. Vielfach gelingen berufliche und persönliche Projekte besser, wenn sie aus der Kraft einer Gruppe getragen werden. Hochsensible Menschen können sehr wertvolle Mitglieder dieser Gemeinschaften sein, da sie besondere Impulse einbringen können. Wenn Sie beim Durcharbeiten Ihrer Vision erkannt haben, dass Sie dabei andere Menschen benötigen, geht die Suche weiter. Welche Menschen passen zu Ihnen? Mit wem können Sie Ihre Vision teilen? Die meisten Projekte lassen sich kaum allein verwirklichen. Wenn Sie Ihre »Hausaufgaben« gemacht haben und wissen, wer Sie sind, werden Sie Ihrer Wahrnehmung wieder vertrauen und Ihre Bedürfnisse als Hochsensibler klar erkennen. In dem Buch »Vom Aussteigen und Ankommen« berichtet der Journalist Jan Grossarth über verschiedene Gemeinschaften innerhalb von Deutschland und Europa. Es macht Mut, zu sehen, was bereits geschafft wurde. Ob Sie es schaffen, Ihre Wünsche und Ziele umzusetzen, hängt ganz entscheidend von einem passenden Umfeld ab. Suchen Sie gezielt Kontakt mit Menschen, die das erreicht haben, was Sie anstreben und wünschen. Das Zusammenleben oder Zusammentreffen mit Menschen, die auf Ihrer Wellenlänge schwingen, kann Sie dabei unterstützen, Ihre Individualität zu entfalten und den richtigen Platz im Leben zu finden. Die dabei auftretenden Synergien lassen Sie wie auf einer Welle surfen und tragen Sie zu Ihrem ganz persönlichen Strand.

Heilsame Wahlverwandtschaften und Seelenverwandte finden

In dem genialen Buch »Anam Cara« des irischen Philosophen John O'Donohue wird der spirituelle Wert der Freundschaft auf wunderschöne und poetische Weise beschrieben. »Anam Cara« ist der irische Begriff für »Seelenfreund«. Freundschaft, die eine Begegnung auf der Seelenebene ermöglicht, nährt uns und lässt uns wachsen. Verbundenheit, Zugehörigkeit, Ehrlichkeit und wahre Kommunikation geben uns ein Gefühl für unser wahres Ich, für unsere wahre Bestimmung. So gestärkt können wir hinausgehen in die Welt und unseren Platz darin finden. Wenn Sie anerkennen, dass Sie nicht der Einzige auf diesem Planeten sind, der so fühlt und denkt wie Sie, dann werden Sie auch Menschen treffen, die Sie als Ihre Freunde bezeichnen werden. Ein guter Freund ist Gold wert. Machen Sie sich auf die Suche nach Ihren Seelenfreunden. Diese finden Sie an Orten, die Sie persönlich inspirieren und an denen Sie sich wohlfühlen. Sie brauchen keine neuen Dinge zu erfinden, sondern einfach da zu sein, wo Ihre Seele sich hingezogen fühlt. Die Aufgabe unserer Seelenfreunde liegt darin, uns unser höchstes Potenzial zu spiegeln und das aufzuzeigen, was wir tief in unserem Inneren tragen. Sie dürfen uns liebevoll auf unsere blinden Flecken hinweisen. In ihrer Gegenwart erleben wir Zustände tiefer Verbundenheit und Inspiration. Seelenfreunde helfen sich gegenseitig bei der Verwirklichung ihrer Träume und Visionen. Sie sind oft über gemeinsame Interessen und Werte tief miteinander verbunden. In dem Maße, wie Sie selbst authentisch Ihr eigenes Leben leben, werden Sie die Menschen und Freunde anziehen, die zu Ihnen passen.

Survivalregel Nr. 11: Finden Sie Ihre eigene Nische! Wie Sie Ihren inneren Kompass und Ihre beruflichen Talente entdecken.

In einer Zeit, in der die Worte und Themen Wirtschaftskrise, Globalisierung, Outsourcing, Eurokrise, Inflation, Effizienz oder Arbeitslosigkeit täglich in unser Leben treten, erfahren viele Menschen eine stärker zunehmende Unsicherheit und Orientierungslosigkeit. Ähnlich wie die ehemaligen Bürger der DDR (in der Generation meiner Eltern) von den unglaublich großen gesellschaftlichen Veränderungen aus der Bahn geworfen wurden, so werden heutige Generationen von den oben genannten Themen verunsichert. Wenn Sie früher als Jugendlicher vielleicht beim Arbeitsamt einen Test zur Berufswahl gemacht haben, bekamen Sie sicher auch von einigen Menschen gut gemeinte Ratschläge, welche Berufsgruppen in den kommenden Jahren besonders gefragt sein würden. Doch die Entwicklung wird immer rasanter. Besonders Hochsensible sind gut beraten, sich weniger an kurzlebigen Trends zu orientieren. Lebensentscheidungen, die überwiegend auf Angst basieren, erweisen sich möglicherweise später als falsch.

Wenn Sie Ihren Platz im Leben finden wollen, wäre es ratsam, sich nicht von den angstmachenden und verunsichernden Begriffen, die wir täglich in den Nachrichten hören, aus der Bahn werfen zu lassen. Jedes Wort hat eine bestimmte Macht und Energie. Beginnen Sie damit, mehr nach innen zu lauschen. Ihre Seele wird Ihnen sicherlich Impulse geben. Achten Sie auf innere Bewegungen, die mit Harmonie, Naturverbundenheit und dem Ausdruck Ihrer Talente verbunden sind. Wir sind ein Teil der Natur, auch wenn wir uns sehr weit von ihr entfernt haben. Unsere innere Natur ist ganz einfach und durchschaubar. Wenn ich ich selbst bin, kann ich keine »falschen« Entscheidungen treffen. Viele Hochsensible suchen nach einem Beruf, der zu ihnen passt. Doch unsere Wirtschaft stellt eigene Spielregeln auf, nach denen Arbeitnehmer zu funktionieren haben.

Die bereits in diesem Buch erwähnten Rituale, wie die Visionssuche, können dazu beitragen, das größere Bild in Ihrem Leben zu sehen. Besonders Momente, die Sie allein in der freien Natur verbringen, sind dazu geeignet, sich wieder mit Ihrem ursprünglichen Selbst zu verbinden. Auch Rituale in der Gruppe können sehr viel Energie freisetzen, um die eigene Lebensvision zu finden. Und keine Angst, Sie müssen sich nicht für den Rest

Ihres Lebens festlegen. Sie können immer wieder einen neuen Kurs setzen. Möglicherweise wechseln Sie noch mehrmals den Wohnort oder Ihr Tätigkeitsfeld, doch die inneren Themen werden in einer gewissen Abwandlung wieder auftauchen. Sollten Sie bereits berentet sein, ist es ebenso wichtig, sich seiner Aufgabe im Leben bewusst zu werden. Nichts verbraucht mehr Kraft als ein sinnloses Leben. Die Erfüllung Ihrer inneren Sehnsucht muss nicht mit dem Gelderwerb verknüpft sein.

Idealismus

Zum Phänomen der Hochsensibilität wird in der bisherigen Literatur immer wieder auf den Idealismus von HSPs hingewiesen. Dies kann ich aus eigener Erfahrung und aus den Gesprächen mit Klienten nur bestätigen. Besonders die Naivität und die kindliche Verspieltheit, die Hochsensiblen häufig zu eigen sind, stehen ebenfalls im krassen Gegensatz zu den gesellschaftlichen Konventionen. Der Idealismus von Hochsensiblen kann dazu führen, dass berufliche Projekte von dem starken Willen angetrieben werden, einen positiven Beitrag für diese Welt zu leisten. Die Frage, ob dieses Projekt überhaupt wirtschaftliche Früchte tragen wird, kommt in der Planungsphase oft zu kurz. Die Idealisten und Visionäre haben jedoch eine wichtige Funktion in unserer Gesellschaft. Sie bringen neue Impulse und Ideen ein. Da, wo andere über Probleme hinwegsehen, sehen Visionäre Lösungsmöglichkeiten. Solche Pioniere haben Orte geschaffen wie zum Beispiel Auroville (eine spirituelle Lebensgemeinschaft in Indien) oder andere Gemeinschaften und Un-

ternehmen. Künstlerdörfer sind daraus entstanden und eine
Vielzahl von Büchern, deren Autoren eine Vision von einer
besseren Welt hatten. Die Zeit war nie so günstig wie heute,
um einen Teil der eigenen »Spinnereien« auszuleben. Die gesellschaftlichen Strukturen sind bei Weitem nicht mehr so ver-
krustet wie vor hundert Jahren. Die folgenden Übungen werden
Ihnen Impulse geben, das Thema Idealismus und Visionen eingehender zu erkunden.

Übungen

1. Wenn das Thema Idealismus für Sie wichtig ist, können Sie
   beginnen, sich Ihrer Werte bewusst zu werden. Nehmen Sie
   zehn Zettel zur Hand, und notieren Sie spontan Werte, die in
   Ihrem Leben wichtig sind. Zum Beispiel:
2. Kreativität, Spontanität, Verlässlichkeit, Beständigkeit,
   Selbstverwirklichung, Sicherheit, Heimatverbundenheit, Erfolg, Familie, Liebe, Status, Geld … Versuchen Sie anschließend, diese Werte in eine Rangfolge zu bringen. Was kommt
   auf Platz 1? Was kommt auf Platz 2?
3. Schreiben Sie auf, wie Sie Geld und finanzielle Versorgung
   als Kind erlebt haben. Wie ging es Ihren Eltern finanziell,
   und welche Botschaften haben Ihnen Ihre Eltern zum Thema
   Geldverdienen und Status vermittelt?
4. »In einer idealen Welt würde ich gerne …« – schreiben Sie
   dazu eine kurze Abhandlung. Was würden Sie gern tun, sein,
   haben und verwirklichen? Machen Sie Ihre Vision ganz groß,
   und versuchen Sie, Ihren gesunden Anteil, das Eltern-Ich, zu
   stärken. Mit der Kraft der kindlichen Begeisterung und dem

Realismus des Erwachsenen können Sie beginnen, an der Verwirklichung Ihrer Vision zu arbeiten. Vielleicht genügt es zu Beginn, sich Teilziele zu suchen. Anstatt über eine Auswanderung nach La Gomera nachzudenken, organisieren Sie erst einmal einen Urlaub dort. Sprechen Sie mit möglichst vielen Menschen, die das erreicht haben, was Sie sich auch wünschen. Suchen Sie besonders nach Menschen, die in ähnlichen Ausgangssituationen wie Sie waren, als sie begannen, ihren Traum zu erfüllen.

5. Welche Menschen nutzen Ihre Gutmütigkeit aus? Welche Institutionen und Personen rauben Ihnen die Kraft, die Sie eigentlich zur Verwirklichung Ihrer eigenen Träume bräuchten? Welche Menschen hingegen würden Sie vielleicht bei der Realisierung Ihrer Ziele unterstützen und motivieren?

6. In welches Projekt haben Sie sich verrannt? Brauchen Sie eine Beratung dazu? Vielleicht kann Ihnen ein Coach vor Ort helfen. Oftmals stecken wir über Jahre Energie, Zeit, Aufmerksamkeit und Geld in Projekte oder Menschen, die wie ein Fass ohne Boden sind. Unser Unterbewusstsein möchte, dass dies nicht umsonst gewesen sein soll, und rechtfertigt damit jede weitere Anstrengung, auch wenn wir insgeheim wissen, dass es sinnlos ist. Was können Sie loslassen?

7. Listen Sie drei bis fünf Projekte auf, die Sie in der Vergangenheit aus Idealismus heraus gemacht haben. Was haben Sie daraus gelernt? Es muss nicht immer wirtschaftlicher Erfolg die »Belohnung« dafür sein. Oftmals lernen wir andere wichtige Dinge daraus, die unseren Erfahrungshorizont erweitern. Welche Impulse aus Ihrer Seele könnten hinter diesen Projekten stehen? Welche Ziele und Visionen können Sie daraus ableiten?

Die eigene Nische finden

Navigieren und der innere Kompass

Sicher kennen Sie einen der Filme aus der Reihe »Der Fluch der Karibik«. Die Hauptfigur, Kapitän Jack Sparrow, besitzt einen magischen Kompass, der ihm dazu verhilft, das zu finden, was er sich tief in seinem Inneren wünscht. Auch im Film »Der goldene Kompass« hat die kleine Lyra einen Kompass, der ihr verborgene Wahrheiten und Antworten auf ihre Fragen gibt. All diese Bilder sind Symbole des inneren Kompasses, den jeder Mensch in sich trägt. Der Besitz dieser Kompasse bringt die Figuren auch in Gefahr, denn andere Menschen wollen sie ihnen gern wieder abnehmen. Jeder Mensch wird mit diesem inneren Wissen geboren. Leider gibt es viele Lebensumstände, die verhindern, dass wir Zugang zur inneren Weisheit erlangen. Mithilfe der Übungen aus diesem Buch haben Sie schon viel dazu beigetragen, diesen inneren Kompass zu reinigen und auf Vordermann zu bringen. Er funktioniert, glauben Sie ruhig daran. Mithilfe Ihrer Intuition können Sie Zugang zu dieser Art von innerer Orientierung erlangen. Sobald Sie beginnen, Ihrer Wahrnehmung wieder zu vertrauen, und Ihre Gefühle als Verbündete erkennen, haben Sie beste Chancen, erfolgreich mit dem inneren Kompass durchs Leben zu segeln. Navigieren bedeutet auch, anzuerkennen, wo Sie gerade jetzt stehen. Sie haben Erfahrungen gesammelt, die Sie zukünftig weiter auf Ihrem Weg voranbringen werden. Vertrauen Sie darauf, dass Ihre Seele Sie führt. Es bedeutet, sich auch innerhalb eines Sturmes zu orientieren. Egal, wie viele Umwege Sie scheinbar in Ihrem Leben gemacht haben, Ihre Seele hält

Sie auf Kurs. Tief in Ihrem Inneren haben Sie die Antworten auf alle Ihre Fragen. Nur allzu oft blockiert uns der Verstand, der sagt: »Nein, das kann doch nicht sein!« Jeder Mensch trägt tief in seinem Herzen eine Sehnsucht in sich, eine Ahnung dessen, was er sein kann. Nur allzu oft glaubten wir unserer Umwelt, die uns falsche Signale sandte, die uns klein und unsicher machten. Das ist einer der Gründe, warum wir das Vertrauen in uns selbst verloren haben. Die innere Sehnsucht wird häufig missinterpretiert als die Suche nach dem großen Geld, ähnlich dem Goldrausch im Westen der USA. Doch wonach wir uns wirklich sehnen, ist der Ausdruck der eigenen Seele in der Welt der Materie. So, wie der Fisch nur im Wasser leben kann, der Adler in den Lüften und in der Wildnis mit vielen Bäumen, Felsen und Seen, so können auch Sie als hochsensibler Mensch nur in einer bestimmten Nische glücklich werden. Diese Nische hat in jedem Fall mit Ihren Begabungen und Bedürfnissen zu tun. Sie fühlt sich natürlich und leicht an. Sie brauchen sich innerhalb Ihrer Nische nicht zu verstellen. Alle Ihre Tätigkeiten fühlen sich dort selbstverständlich an. Der ideale Lebensraum besteht aus Ihrem Lebensumfeld und Ihren Aktivitäten, die Sie darin ausüben. Zum Umfeld gehören die Menschen, mit denen Sie zusammenleben, egal ob beruflich oder privat. Dazu gehört das Land, in dem Sie leben, die Landschaft oder die Stadt, die Sprache und die Kultur. Jeder Mensch fühlt sich von bestimmten Kulturen besonders angezogen. Der wohl wichtigste Teil unserer Gesellschaft, der Ihre Nische definieren wird, hat mit Ihrer Berufstätigkeit zu tun. Um den zu Ihnen passenden Beruf zu finden, ist es hilfreich, Ihre Begabungen zu analysieren.

Entdecken Sie Ihre Talente und Ihre Berufung

Begabungen werden immer innerhalb einer Familie über viele Generationen vererbt. Auch wenn sie im Verborgenen ruhen, die Erfahrungen Ihrer Ahnen sind in Ihrem genetischen Code, in Ihrem Blut gespeichert. Ihre besonderen Fähigkeiten als HSP hängen mit Ihren stärksten Wahrnehmungskanälen zusammen. Schauen Sie sich noch einmal die Tabelle aus Kapitel 2 zu den Stärken und Schwächen von Hochsensiblen an. Denken Sie zum Beispiel an Ihre Berufswünsche, die Sie als Kind hatten. Sie werden erstaunt sein, wie viel davon aus Ihrem Herzen kam. Kinder wissen in der Regel sehr klar, was sie wollen. Vielleicht können Sie den Faden wieder aufnehmen und die Talente weiter entfalten, die Ihre Vorfahren Ihnen mit auf den Weg gegeben haben.

Hochbegabung?

Hochsensible Menschen sind häufig in einem oder mehreren Feldern hochbegabt. Das bedeutet allerdings nicht, dass sie Überflieger an der Universität sind oder waren. Besonders die häufige Mehrfachbegabung macht es schwer, sich auf eine Sache zu fokussieren, und damit sind Erfolg oder Expertise verbunden, die dann im Berufsleben Geld bringen würden. Noch schwieriger wird es, wenn hochbegabte Hochsensible unerkannt und ohne Förderung bleiben. Oft wissen sie selbst nichts davon, merken aber, dass sie für bestimmte Themen besonders empfänglich sind, dass manche Dinge ihnen besonders leichtfallen oder Freude bereiten. Zum Beispiel können musisch begabte Hochsensible, auch wenn sie nicht gefördert wurden, ein enormes Interesse an Musik oder einer bestimmten Musikrichtung entwickeln. Als Sammler kennen sie möglicherweise alle Bands eines Genres, können Texte auswendig, haben ein fotografisches Gedächtnis oder ein stark ausgeprägtes akustisches Unterscheidungsvermögen. Sie können Musikstücke anhand kleiner Bruchstücke wiedererkennen oder imitieren. Hochsensible Hochbegabte im visuellen Bereich können feinste Farbnuancen und Harmonien finden und unterscheiden. Diese Dinge lassen sich kaum erlernen, sie zeigen sich schon in frühester Kindheit.

Leider wird Hochbegabung, heute wie früher, viel zu oft vom Umfeld nicht erkannt. Besonders das angeknackste Selbstwertgefühl bei HSPs kann zusätzlich die Verwirklichung der Talente blockieren. Eine IQ-Testung muss nicht immer Aufschluss über eine Hochbegabung geben. Denn viele Hochbegabungen können in Bereichen liegen, die nicht mit einem herkömmlichen Intelligenztest getestet werden können. Das gilt insbesondere für künstlerische Hochbegabung oder hohe emotionale Empathie. In einer Beratung mit einer Unternehmerin sprach ich einmal ihre Hochbegabung an. Sie spricht neun Sprachen und ist zusätzlich im Bereich Mathematik und Informatik tätig. Die Frau war völlig überrascht und wollte nicht glauben, dass sie hochbegabt sei. Es sei doch alles so normal! In ihrem alten Beruf habe sie sich gelangweilt und deshalb ein eigenes Unternehmen gegründet. Das ist sehr typisch. Die Erfahrung, etwas Besonderes zu sein, ist oft mit negativen Gefühlen wie Scham oder gar Schuldgefühlen verbunden. Die meisten von uns wollen eigentlich nur »normal« sein und dazugehören.

Wenn Sie etwas mehr über Ihre Hochbegabung erfahren wollen, brauchen Sie keinen IQ-Test zu machen, sondern stellen Sie sich einfach folgende Fragen:

1. Was hat mir als Kind sehr viel Spaß gemacht, was habe ich geliebt zu tun?
2. Was wollte ich schon immer mal ausprobieren?
3. Welche Interessen habe ich? Zu welchen Themen lese ich überdurchschnittlich viel?
4. Was fällt mir besonders leicht, ohne dass ich viel darüber nachdenken müsste?
5. Auf welche Tätigkeiten im Berufsleben oder privat könnte ich am wenigsten verzichten?
6. Welche positiven Rückmeldungen haben mir Erzieher oder Lehrer als Kind gegeben?
7. Wenn ich ein anderes Leben leben könnte, wer wäre ich dann?
8. Welche Vorlieben ziehen sich durch mein gesamtes Leben?

Ich selbst habe zum Beispiel eine starke malerische Begabung, die schon im Kindergartenalter sichtbar wurde. Als Erwachsene habe ich eine Zeit lang sogar eine kleine Zeitung herausgegeben und mir die Arbeit mit dem Grafikprogramm selbst angeeignet. Ich sehe einfach, ob die Optik der Grafiken, Texte und Farben zusammenpasst oder ob die Bildkomposition beim Malen stimmt, auch ohne künstlerische Ausbildung. Fangen auch Sie an, diese positiven Erinnerungen aus dem Gedächtnis hervorzuholen. Schreiben Sie alles auf.

Typische Themen von Hochbegabten im Beruf

- Sie können durchaus unter ihren fachlichen wie persönlichen Möglichkeiten beschäftigt sein und sich dadurch unterfordert und frustriert fühlen.
- Unterforderung, nicht erkannt werden, am falschen Platz sein kann für Hochbegabte zu Burnout und Depressionen führen.
- Da sie sich schneller langweilen und Input brauchen, suchen sie Herausforderungen. Viele Wechsel innerhalb der Arbeitsbiografie (sowohl den Arbeitgeber als auch die Branche) können die Folge sein.
- Sie werden schneller als Sonderlinge, als »anders« oder als Querulanten von Kollegen und Chefs wahrgenommen.
- Am richtigen Ort sind sie sehr leistungsfähig und gehen dabei schon mal über ihre eigenen Grenzen hinaus, was zu starker Erschöpfung führen kann.
- Sie erfassen sehr schnell Situationen, Menschen, Abläufe und durchschauen dadurch schneller Probleme, Fehler und Ungereimtheiten. Wenn sie diese dann ansprechen, werden sie oft als störend vom Umfeld wahrgenommen.
- Hochbegabte interessieren sich nicht für Smalltalk oder Kaffeeklatsch. Oberflächliche Gespräche sind ihnen zuwider, und daher sondern sie sich in geselligen Runden möglicherweise eher ab.
- Hochbegabung kann zu zahlreichen Interessen führen, die von anderen als »Verzettelung« wahrgenommen werden. Dennoch führen die vielen Interessensgebiete später zu einem vernetzten Denken, das besonders beim Lösen von komplexen Problemen oder bei der Innovation sehr wichtig sein kann.

- Starker Perfektionismus, hohe Ideale, ein hoher ethischer, intellektueller und moralischer Anspruch behindern manchmal den effektiven Ablauf von Arbeits- und Entscheidungsprozessen. Der hohe Anspruch an sich selbst oder an die Umwelt muss zwangsläufig an den Beschränkungen des Alltags im Berufsleben scheitern.
- Wenn sich Hochbegabte selbständig machen, können sich diese hohen Ideale als eine ernsthafte Bedrohung für den wirtschaftlichen Erfolg des eigenen Unternehmens herausstellen.
- Schnelles Denken, schnelle Ideen, Lösungen für Probleme finden: Das ist ein Klacks!

Scanner

In Kapitel 2 haben Sie bereits etwas über sogenannte Scanner-Persönlichkeiten erfahren. An dieser Stelle möchte ich den Begriff noch erweitern und vor dem Hintergrund des Themas der Überreizung von einer anderen Ebene beleuchten. Ein weiteres Phänomen bei Hochsensiblen, das zu Reizüberflutung führt, ist das sogenannte »Scannen«. Das Wort wurde dem Englischen entliehen und bedeutet so viel wie *abtasten, wahrnehmen, untersuchen und beleuchten*. Der »Scanner« ist eine besondere Steigerung von Hochsensibilität, denn er »scannt« und beobachtet seine Umgebung wie eine Radaranlage sehr genau. Diese Menschen nehmen ganz intensiv Informationen aus ihrem Umfeld auf und fühlen sich dadurch schnell überreizt oder sogar belastet. Nach ein paar kurzen Sekunden schätzen sie Menschen in ihrem Umfeld ein, erkennen Gefahrensituationen oder

Streit, der in der Luft liegt. Dieses Phänomen beruht sehr wahrscheinlich auf zwei Grundlagen: zum einen auf der Reizoffenheit, zum anderen auf einer erhöhten Alarmbereitschaft des Nervensystems. Auch im Tierreich kann man das Phänomen des Scannens beobachten. Insbesondere Fluchttiere wie Rehe, Pferde oder Eichhörnchen beobachten ihre Umgebung ständig und sehr genau, um mögliche Gefahren frühzeitig zu erkennen. Bei Herden übernimmt häufig ein Tier besonders stark diese Aufgabe. Möglicherweise sind Scanner-Persönlichkeiten schon in der frühesten Kindheit Situationen ausgesetzt gewesen, die sie zu dieser erhöhten Alarmbereitschaft befähigt haben. Das Talent des »Scannens« ist eine hervorragende Begabung, um therapeutisch oder beratend tätig zu werden. Der »Scanner« als Unternehmensberater wird, wenn er eine Firma besucht, sofort die dort vorherrschende Stimmung und das Betriebsklima aufnehmen. Bei komplexen Tätigkeiten, die eine Gefahrenabschätzung notwendig machen, sind Scanner ebenfalls wichtige Mitarbeiter, etwa bei der Risikoberechnung in Versicherungen. Die multipel hochbegabten Scanner hingegen entwickeln sich häufig zu Generalisten, die in zahlreichen Tätigkeiten und Branchen zu Spitzenleistungen fähig sind, da sie sich schnell in neue Themengebiete einarbeiten können.

Schatzsuche mit dem inneren Kompass

Um herauszufinden, welche Nische für Sie die richtige ist, können Sie folgende Übungen ausprobieren. In ihrem Buch »Der Weg zum kreativen Selbst« stellt Julia Cameron eine ähnliche

Übung vor, die sie die »Goldader« nennt. Als Goldader bezeichnet Cameron jene Bereiche, in denen Künstler brillant sind. Jeder Mensch hat bestimmte Themengebiete, die ihn besonders faszinieren und in denen er authentisch ist. Durch Begeisterung, Interesse und den dazu passenden Wesenskern ergeben sich für jeden Menschen ideale Tätigkeitsbereiche und Lebensnischen. Ich möchte die Übung an dieser Stelle »Schatzsuche« nennen und habe sie für unsere Zwecke abgewandelt.

1. Gehen Sie an Ihren Bücherschrank und beginnen Sie, die Themen zu sichten, die sich dort finden. Fangen Sie an, die Bücher auf Haufen zu sortieren. Das könnte bei mir so aussehen: Es finden sich viele Bücher zum Thema Psychologie. Weiter finde ich Bücher zu den Themen Naturheilkunde und Kräuterkunde, dann kommen die Themen Marketing, Existenzgründung, Bücher zu Märchen und Mythen und zu kreativen Techniken im Malen und Basteln. Eine weitere wichtige Sparte stellen die Reisebücher dar. Welche Länder faszinieren Sie? Okay, machen Sie den Check, zählen Sie, wie viele Bücher sich in den jeweiligen Haufen befinden. Vielleicht finden Sie 25 Bücher zum Thema Kunstgeschichte in den Bereichen Musik, Oper und Komposition, 15 Bücher über die Themen Philosophie, 22 Bücher zum Thema Spiritualität, 10 Bücher über das Gärtnern und Pflanzen, 3 Bücher zum Thema Liebe und Partnerschaft sowie 8 Reiseführer zu Ländern des Mittelmeerraums. Haben Sie noch Kinderbücher (in Erinnerung)? Was sagen diese Bücher über Sie aus? Versuchen Sie herauszufinden, welche Persönlichkeitsanteile für den Kauf dieser Bücher verantwortlich sind und welche Interessen und Vorlieben sie verfolgen. Welcher der Autoren

dieser Bücher könnte für Sie das größte Vorbild sein und die stärkste Motivation geben, Ihren eigenen Weg zu verfolgen?

2. Das gleiche Spiel können Sie nun mit Ihrer Musiksammlung machen. Sortieren Sie Ihre CDs und Schallplatten in Haufen nach Künstlern. Später können Sie die Genres und Stile zusammenfassen. Welche Musikrichtungen faszinieren Sie besonders? Ist es Musik der Gegenwart oder der Vergangenheit? Welche Länder und Kulturen prägten diese Musikrichtungen besonders? Mit welchen Themen beschäftigen sich diese Musikwerke? Welche Inhalte werden durch die Liedtexte transportiert? Vielleicht entdecken Sie überdurchschnittlich viele LPs aus der Hippiezeit oder mit italienischen Opern? Was hat das alles mit Ihnen zu tun? Wählen Sie eine CD oder Platte aus, mit der Sie sich aktuell besonders stark identifizieren. Wie spiegelt sich Ihre Identität, Ihr Lebensgefühl darin wider? Was könnte dieses Werk über Ihre Lebensmission aussagen? Welche Menschen haben dieses Musikwerk geschaffen? Was haben Sie mit diesen Personen gemeinsam?

3. Benennen Sie Ihre Top-5-Lieblingsfilme und Ihre Top-5-Fernsehserien. Welche Themen spiegeln sich in den Handlungen wider? Welche Charaktere spielen die Hauptrolle darin? Welche Aufgaben haben diese Figuren zu lösen?
Bei mir würde das zum Beispiel so aussehen: 1.) The Fountain. Ein Film über eine Liebe zwischen zwei Menschen über die Zeit (mehrere Leben) hinweg, Themen wie das Leben nach dem physischen Tod, der Sinn des Lebens und Metaphysik. Parallele Zeitebenen verweben die Handlung zu einem mystischen Ereignis für den Zuschauer. Die Art und Weise der Erzählung ist zyklisch und nicht linear. 2.) Die

Nebel von Avalon. Diese Literaturverfilmung zeigt die sagen-
umwobene Insel Avalon zur Zeit der Kelten. Die spirituelle
Gemeinschaft von Frauen und das Erlernen magischer Fähigkeiten stehen im Vordergrund. Die Heldin Morgaine le
Faye zerbricht jedoch an den Anforderungen ihrer Gesellschaft und an der nicht erfüllten Liebe. Weder in ihrer Rolle
als Priesterin noch in ihrer Identität als Frau findet sie Erfüllung. Es ist ebenso die Geschichte über eine Zeitenwende.
3.) Cloud Atlas. Ein Film, der das Thema von »The Fountain« noch auf die Spitze führt. Sechs verschiedene Zeit- und
Handlungsstränge werden miteinander zu einer Geschichte
verwoben. Auch eine zukünftige Zeitlinie wird gezeigt, in
der die Menschen nach einer atomaren Katastrophe die
Erde verlassen und einen anderen Planeten bevölkern. Die
Figuren können auch im Rahmen einer Inkarnationskette
durch verschiedene Leben und Zeiten gedeutet werden. Anhand der drei Beispiele können Sie schon erkennen, welche
Themen mich besonders faszinieren. In allen Filmen spielen Zeitlinien eine Rolle, das Übernatürliche wird in die Abläufe der Handlungen eingewoben. Die Filme zeigen mystische Phänomene und die Liebe zwischen Menschen, die
verschiedene Leben überdauert. Ich könnte noch Sciencefic-
tion-Filme und -Serien aufführen, die Themen ähneln sich.
Es geht in jedem Fall darum, über den Tellerrand der einge-
schränkten Alltagsrealität hinauszuschauen.
Wie sieht Ihre Liste aus? Welche Themen ziehen sich durch
die Filme und Serien hindurch? Wie steht das in Zusammenhang mit den Lektionen in Ihrem Leben? Welche Ziele
verfolgen die Charaktere? Welche Probleme müssen sie
lösen? Wie könnten diese Themen mit Ihren Lebensprojek-

ten in Zusammenhang stehen? Mit welchem der Charaktere dieser Filme können Sie sich am meisten identifizieren und warum?

4. Nehmen Sie sich eine Stunde Zeit, und schreiben Sie die Erkenntnisse in Ihr HSP-Tagebuch. Haben Sie die Möglichkeit, Ihren Lieblingsautor oder Ihren Lieblingskünstler persönlich zu treffen? Die persönliche Begegnung kann dazu beitragen, dass wir diese Helden vom Sockel holen. Sie werden zu Menschen aus Fleisch und Blut. Sie sind Menschen wie Sie und ich. Welches Bild ergibt sich daraus?

5. Welche Fähigkeiten haben Sie bereits erworben, um mit den Dingen, die Sie mögen, Geld verdienen zu können? Gibt es Fähigkeiten, die Sie sich noch aneignen möchten oder die Sie brauchen können, um endlich die Ideen umzusetzen, die Sie schon seit Jahren in sich tragen? Interesse und Begeisterung allein reichen oft nicht aus, sie sind jedoch der Motor, der uns vorantreibt. Welches Umfeld könnte Ihnen bei der Verwirklichung Ihrer Ideen hilfreich sein?

6. Im folgenden Kapitel über Beziehungen finden Sie die Pyramide von Robert Dilts zu den sogenannten »logischen Ebenen«. Anhand dieser Pyramide können Sie ebenfalls Ihre Lebensvision erarbeiten. Spannend wird es, wenn Sie die Ebenen von unten nach oben durcharbeiten. Schauen Sie sich vorab die Pyramide erst einmal an, um diese Übung verstehen zu können. Also nicht von der Vision aus, sondern vom Umfeld an beginnen. Fragen Sie sich also, welches Umfeld Sie brauchen, um sich wohlzufühlen. Welche Länder und Landschaften mögen Sie? Welche Art von Menschen inspirieren Sie und geben Ihnen das Gefühl, wertvoll zu sein? Dann weiter über Tätigkeiten, die Sie gern ausüben usw. Es

ist sehr spannend, die eigene Lebensvision von unten abzu-
leiten statt von oben (von der Vision). Mithilfe dieser Pyramide können Sie ebenfalls einen ganzen Tag lang arbeiten
und sich Notizen machen. Sie finden im Internet ebenfalls
die Originalpyramide. In meinem Buch habe ich die Pyramide an das Beziehungsthema angepasst.

7. Erinnern Sie sich an die Berufswünsche, die Sie als Kind
hatten. Viele Talente zeigen sich schon sehr früh in der Biografie. Wenn Sie nun versuchen, sich an die Wünsche und
Träume zu erinnern, die Sie als Kind hatten, kann es sein,
dass Ihnen wehmütig ums Herz wird. Vielleicht finden Sie
hier ebenfalls Hinweise auf Ihre Bestimmung.

Lauschen Sie Ihrem Seelenauftrag

Einer inneren Berufung zu folgen, kann auch bedeuten, keinen etablierten Beruf auszuüben, den man mit Abschlussprü-
fung und staatlich anerkanntem Zertifikat erlernen kann. Sie
lässt sich nicht begrenzen auf einen Abschluss oder ein Diplom.
Jeder Mensch ist weit mehr als seine berufliche Tätigkeit. Das
bedeutet, solange Sie versuchen, sich der Welt da draußen anzupassen, machen Sie sich kleiner als Sie in Wirklichkeit sind.
Fragen Sie sich lieber, was Sie der Welt da draußen zu geben
haben! Warum leben Sie hier und jetzt?

Angestellt oder freiberuflich?

Ein Teil der Hochsensiblen sieht sich immer weniger dazu in der Lage, den Anforderungen des heutigen Arbeitsmarktes entsprechen zu können. In meinen Interviews traf ich auffällig viele HSPs, die ein Burnout hinter sich hatten oder völlig unzufrieden mit ihrer beruflichen Situation waren. Die meisten von ihnen waren Angestellte. Die zahlreichen Selbständigen, die ihre persönliche Nische gefunden hatten, waren dagegen viel zufriedener mit ihrem Leben. Also, anstatt über den nächsten Job zu grübeln, den Sie irgendwo ergattern können, fragen Sie sich, was Ihre Berufung sein könnte. Lauschen Sie wieder nach innen, zum Beispiel beim Tagebuchschreiben. Suchen Sie nach Impulsen, die Ihnen spielerische Freiheit geben, wie Entfaltung, Gemeinschaft und Zugehörigkeit, Kreativität, Sinnhaftigkeit, Spiritualität und Lebensfreude – was auch immer Ihnen Kraft gibt. Vielleicht möchten Sie gern mit Kindern Zeit verbringen, oder Sie interessieren sich für Nachhaltigkeit, Werte in Unternehmen, für die Arbeit mit Frauen, Männern, mit Gruppen und mit der Natur. Andere Hochsensible sind begabte Erfinder, kreative Tüftler, sie arbeiten lieber allein und verbinden sich mit der inneren Weisheit über diese Tätigkeiten. Sobald sich eine Arbeit natürlich und leicht anfühlt und Sie eine gewisse innere Befriedigung und Freude dabei empfinden, sind Sie auf der richtigen Spur. Individuelle Visionen lassen sich eher in der Form einer Selbständigkeit verwirklichen als in der Rolle des Angestellten. Doch dies erfordert eine Menge Mut und ein gesundes Maß an strategischer Planung. Die Sicherheit, die ein Angestelltenverhältnis bieten kann, gibt auf der anderen Seite innere Ruhe, am Ende des Monats genau zu wissen, wie viel

Geld auf das Konto eingeht. Für Hochsensible, die in einem Unternehmen als Angestellte arbeiten, ist es wichtig, auch dort ihre eigene Nische zu belegen, in der sie sich einerseits vor Reizüberflutung schützen können und andererseits ihre besonderen Stärken einbringen dürfen.

Welche etablierten Berufe passen zu Hochsensiblen?

Hochsensible können, wenn sie am richtigen Platz sind, zu sehr wertvollen Mitarbeitern von Unternehmen werden. Mit ihrem Blick fürs Detail, ihrer sozialen Ader und ihrer großen Gewissenhaftigkeit können sie zu tragenden Pfeilern in Teams werden. Gerade in sozialen Berufen können Hochsensible mit ihrer enormen Empathie, ihrem Engagement für Schwächere und ihrem Idealismus geradezu Wunder bewirken. Auch künstlerische Berufe werden von Hochsensiblen sehr geliebt und gern ausgeübt. In der folgenden Tabelle finden Sie für Hochsensible häufige Berufe.

Therapeutische und soziale Berufe	Kreative Berufe	Kaufmännische und technische Berufe	Wissenschaftliche Berufe
Psychologen	Grafikdesigner	Tontechniker	Biologen
Psychotherapeuten	Kameramann	Programmierer	Botaniker
Sozialpädagogen	Regisseur	Architekten	Philosophen
Lehrer	Autoren	Ingenieure	Bibliothekare
Coaches	Lektoren	Buchhalter	Physiker
Kindergärtner	Schauspieler	Sekretärinnen	Anthropologen
Tierpfleger	Farbberater	Steuerberater	Archäologen
Altenpfleger	Visagisten	Cutter	Literaturwissen-
Gesundheits-	Hutmacher	Verkäufer	schaftler
pfleger	Modedesigner	Händler	Sprachwissen-
Heilpraktiker	Goldschmiede	Marketingspezia-	schaftler
Osteopathen	Fotografen	listen	Dolmetscher
Physiotherapeuten	Uhrenmacher	Personalmanager	Mathematiker
Logopäden	Maler		Astronomen
Geistheiler	Musiker		Geologen
Unternehmens-	Dirigenten		Historiker
berater	Journalisten		
Ernährungsberater	Komponisten		
Paartherapeuten	Instrumenten-		
Musiktherapeuten	bauer		
Yogalehrer	Werbetexter		
Mediatoren	Dekorateure		
Seelsorger			
Ethik-Beauftragter			

Welche Qualitäten können Hochsensible in Unternehmen einbringen?

- Kreativität und Ideenreichtum
- Ein feines Gespür für das Zwischenmenschliche
- Hohes soziales Engagement für Kollegen, Klienten und Geschäftspartner
- Flexibles Denken
- Zuhören können
- Begeisterungsfähigkeit
- Fairness und Hilfsbereitschaft
- Verbesserung des Arbeitsklimas durch eine hohe soziale Intelligenz
- Sorgfalt und Genauigkeit
- Fehler in Abläufen oder Produkten werden schneller gefunden
- Das Aufspüren von Verbesserungspotenzial
- Abläufe hinterfragen und neue Strukturen entwickeln
- Schönheit und Harmonie ins Umfeld einbringen
- Das Einbringen von Hoch- und Spezialbegabungen

Welche Arbeitsbedingungen blockieren Hochsensible?

- Druck und Kontrolle von »oben«
- Die starke Einschränkung von Kreativität und Flexibilität
- Starre Vorschriften und Abläufe
- Das Leugnen und Abschmettern von Verbesserungsvorschlägen durch Vorgesetzte
- Mobbing und soziale Kälte im Betriebsklima

- Reizüberflutung in Großraumbüros oder durch chaotisches Multitasking
- Nicht geklärte zwischenmenschliche Konflikte innerhalb der Firma
- Unmenschliches geschäftliches Vorgehen aus wirtschaftlichen Zwängen und die Kollision mit eigenen Werten
- Wenn Feedback zu Fehlern oder Verbesserungsvorschläge als Besserwisserei abgeschmettert werden
- Von Kollegen infrage gestellt zu werden wegen der hochsensiblen Wahrnehmung
- Wohngifte am Arbeitsplatz (besonders nach Renovierungsarbeiten)
- Geruchs- und Geräuschbelästigung
- Zu wenig Rückzugsmöglichkeiten während der Arbeitszeit
- Perfektionsdruck von Vorgesetzten und Chefs
- Zu wenig positives Feedback von Kollegen und Führungskräften
- Angst vor Kündigung
- Das Auseinanderklaffen zwischen Idealismus und Vorschriften (z. B. bei Behörden)
- Lange stressige Wege zum Arbeitsplatz (auf der Autobahn oder im Zug)

Aus der Balance geraten?
Hochsensible in sozialen Berufen

Im Spannungsfeld zwischen Idealismus und Wirklichkeit geraten Hochsensible in therapeutischen und sozialen Berufen häufig an ihre Grenzen. Die zum Teil erheblichen psychischen Belastungen in diesen Branchen führen mittel- oder langfristig zu Problemen. Insbesondere die Fähigkeit der Abgrenzung ist bei vielen HSPs eingeschränkt und in diesem Bereich doch so wichtig. Das Schicksal und die negativen Emotionen von Patienten, Schülern und Klienten können hochsensible Lehrer, Altenpfleger, Psychologen und Sozialarbeiter förmlich erdrücken. Wenn zusätzlich Arbeitsbedingungen da sind, die den Hochsensiblen zu wenig kreative Freiräume bieten und in denen sie sich durch Permanentauslastung kaum noch zurückziehen und regenerieren können, droht das Burnout. Der zunehmende gesellschaftliche und finanzielle Druck, der in Unternehmen an die Mitarbeiter weitergegeben wird, macht es Hochsensiblen zunehmend schwerer, ihren Platz im Job zu behalten. Die Empathie wird dann zur Last, das Engagement führt zur Erschöpfung. Wenn Sie, liebe Leserin, lieber Leser, ebenfalls in einem sozialen Beruf tätig sind, fragen Sie sich, ob diese Tätigkeit für Sie selbst noch immer förderlich ist, auch wenn sie Ihnen in der Vergangenheit Freude bereitet hat. Natürlich sind Hochsensible geradezu prädestiniert für helfende, beratende Berufe. Doch lohnt es sich, genau zu prüfen, ob das unternehmerische Umfeld noch zu Ihnen und Ihren Bedürfnissen passt. Deshalb ist es nicht nur wichtig, herauszufinden, welche Talente Sie besitzen, sondern in welcher Umgebung, welchem Unternehmen und mit welchen Menschen Sie zusammenarbeiten.

Christina (58 Jahre) spricht über ihre Erfahrung als medizinische Schreibkraft in einem Krankenhaus:

»Ich bin seit etwas über einem Jahr krankgeschrieben wegen tiefer Erschöpfung. Ich habe zwanzig Jahre lang in einem großen Krankenhaus als medizinische Schreibkraft gearbeitet. Als ich damals noch Kontakt zu PatientInnen hatte, war die Hochsensibilität eine große Hilfe, weil ich ihnen ein wenig ihre Angst nehmen konnte, da ich zugehört und mir Zeit für sie genommen habe. Der Kontakt zu den ÄrztInnen und Kolleginnen war gut, sie sind gern zu mir ins Büro gekommen. In den letzten Jahren wurde der Druck immer größer, Personal wurde abgebaut, die Arbeit verdichtet, sie bestand am Ende ausschließlich aus Tippen nach Diktat, es gab keine Zeit mehr für Gespräche. Die Konkurrenz unter den Kolleginnen wurde immer stärker, der Umgangston immer rauer. Da begann es, dass ich angestrengt und erschöpft war. Was ich von den PatientInnen wahrnahm, wurde mir zur Last. Wenn einer Kollegin etwas an mir nicht gefiel und sie das aus ihrem eigenen Unglück heraus deutlich machte, war es kein bisschen hilfreich, dass ich sehen konnte, dass es ihr nicht gut geht, dass sie überfordert ist, ängstlich und müde. Mich abzugrenzen war ungeheuer anstrengend und ist mir häufig nicht gelungen. Nach drei Jahren dieser Daueranstrengung hatte ich keine Kraft mehr.«

Am Rande der Gesellschaft?

Vielleicht haben Sie als Hochsensibler den Eindruck, nicht in die bestehenden Gesellschaftsstrukturen hineinzupassen. Sie können sich nicht mit den aktuell gängigen Modellen von Beruf und Arbeit identifizieren, da Ihre Ideale etwas ganz anderes vorgeben? Diese Diskrepanz zwischen Ihren Werten und der Gesellschaft kann langfristig zu Depressionen und dem Gefühl von Sinnlosigkeit führen, besonders wenn Sie schon länger arbeitslos sind. Die Phasen von Arbeitslosigkeit können auch sinnvoll genutzt werden, um sich weiterzubilden, sich sozial zu engagieren oder um Ideen für die eigene Zukunft zu entwickeln. Wenn Sie unsicher sind, was Ihre berufliche Tätigkeit angeht, kann dies zu inneren Spannungen führen. Diese Symptome können der erste Hinweis auf ein noch nicht entwickeltes Potenzial sein. Jeder Mensch bringt Talente und Potenziale mit ins Leben. Doch viele Hochsensible fühlen sich unsicher, wenn es darum geht, diese inneren Anlagen zu verwirklichen. Es erfordert sehr viel Selbstvertrauen, den eigenen Impulsen zu folgen. Vielfach gelingt die Umsetzung der eigenen Impulse für Hochsensible am ehesten in der Selbständigkeit.

Integration in das bereits bestehende Gesellschaftssystem als Übergangslösung

Leider werden die seelischen Impulse oft durch den finanziellen Überlebenskampf bei Hochsensiblen unterdrückt. Daher ist es wichtig, sich nach innen zu wenden und zu lauschen, was Ihr Herz wirklich möchte. Dies hat immer mit Ihren Talenten, Sehnsüchten und den Dingen zu tun, die Ihnen Lebensfreude und Sinn bescheren. Falls Ihnen die Verwirklichung Ihrer persönlichen Vision zu weit weg erscheint, kann es auch hilfreich sein, zunächst einmal weiter in einem etablierten Berufsfeld zu arbeiten und dort Ihre individuellen Impulse und Qualitäten einzubringen. Von dort aus entwickeln sich wiederum Möglichkeiten, die eigenen Ideen Schritt für Schritt nebenberuflich zu planen und umzusetzen. Gleichzeitig können Sie in jedem Job Lebenserfahrung sammeln, die Sie für Ihre eigenen Projekte später brauchen könnten.

Finden Sie neue (alte) Berufe

Möglicherweise gehören Sie zu jenen Hochsensiblen, die Ideen und Potenziale mitbringen, die neu (oder wiederholt) auf der Erde verwirklicht werden möchten. Diese sogenannten Pioniere sind die Vorboten einer neuen Zeit und bringen mit innovativen Ideen und Dienstleistungen frischen Wind in unsere Gesellschaft. So können die Zukunftsberufe für Hochsensible auch mit alten oder vergessenen Berufen aus der Vergangenheit zu tun haben: wie zum Beispiel die Heiler, Barden, Schamanen und Hebammen. Sie können sich heute wieder in einem neuen Gewand zeigen.

Musik

Im Anhang finden Sie zu diesem Thema ein passendes Interview mit Eloas Lachenmayr, der den bereits vergessenen Beruf des »Barden« wieder neu zum Leben erweckt hat. In seinen Reisen nach Irland fand er Hilfe und Unterstützung, diesen alten Weg zu gehen und in die heutige Zeit zu transportieren. Auch der holländische Sänger Lex van Someren kreierte einen Gesangsstil, der sakrale Kunst auf die Bühne bringt. Der Künstler nennt seine Musik »Seelengesang«. Das ist eine intuitive Sprache, die es so auf der Erde nicht gibt. Mit dieser Seelensprache kann er das Herz seiner Zuhörer erreichen und neue innere Räume aufschließen, in denen sie sich auf einer seelischen Ebene selbst erfahren können. In der fernen Vergangenheit waren Kunst und Musik immer an das Religiöse verknüpft und sollten dazu beitragen, den Menschen mit dem Göttlichen zu verbinden.

Heilkunst

Im Bereich der Heilungskunst finden Sie ebenfalls ein aufschlussreiches Interview im Anhang mit Stefanie Miosga aus Dresden. Sie arbeitet als Heilpraktikerin für Frauen und hat uralte Heilungsräume in Form von Frauenkreisen wieder neu belebt. Die amerikanische Bewegung »The Red Tent« knüpft dabei an die Traditionen der amerikanischen Ureinwohner an, die eine Zusammenkunft von menstruierenden Frauen in der sogenannten Moonlodge wieder erlebbar macht. Diese Heilungsräume unter Frauen werden dringend benötigt, um die verletzte Seele des Weiblichen auf diesem Planeten zu heilen und um Unterstützung unter Frauen wieder erfahrbar zu machen. Eine Vielzahl von Heilpraktikern beschäftigt sich mittlerweile mit alten Heilkünsten wie der Akupunktur, dem Yoga und Ayurveda, der traditionellen chinesischen Medizin, der Kräuterheilkunde und mit energetischen Heilweisen. Genau diese Berufsfelder sind für Hochsensible besonders interessant, da sie ein gewisses Maß an Sensibilität erfordern.

Handwerk

Ebenso können auch alte Handwerksberufe für Hochsensible infrage kommen, wie Imker, Schneider, Hutmacher etc. Es geht dabei um die tiefe Verbindung zur Natur und ihren Gaben. Diese Bereiche sprechen besonders HSPs stark an, da sie eine tiefe innere Verbundenheit mit der Natur empfinden. In Zukunft werden immer mehr Traditionsberufe und überlebenswichtige Fähigkeiten in Vergessenheit geraten, da unser technischer Fortschritt uns vorgaukelt, dass wir sie nicht mehr bräuchten. In den zukünftigen Generationen wird sicher die Frage auftauchen, wie diese »verlorenen« Traditionsberufe wieder belebt werden können, da sie höchstwahrscheinlich später dringend benötigt werden.

Zukunftsberufe

Drängende Probleme wie zum Beispiel die Umweltverschmutzung werden in Zukunft noch weiter zunehmen. Deshalb werden schon heute Spezialisten gesucht, die sich mit den Themen Langlebigkeit, Entgiftung, Gesundheit und Umweltreinigung auskennen. Durch die weiter voranschreitende Zerrüttung der Familien werden schon heute immer mehr Therapeuten benötigt, die Familien wieder zusammenführen und die helfen, die Kommunikation innerhalb von Partnerschaften oder zwischen Eltern und Kindern heilsam zu beeinflussen. Viele Menschen leiden aktuell unter Isolation, sei es durch das Singledasein oder durch das moderne Leben. Berufe, die Menschen zusammenführen, werden ebenfalls dringend benötigt: Single-Coaches, Partnervermittler, Paartherapeuten und Veranstaltungsmanager sind nur einige Beispiele dieser Berufsgruppen. Visionäre könnten Ideen entwickeln, wie Lebensgemeinschaften der Zukunft aussehen können, in denen die unterschiedlichen Generationen wieder in Einklang miteinander leben. Die Verbindung zur Natur, zum nachhaltigen, ökologischen Bauen und das Bewirtschaften des Landes wird in diesen Gemeinschaften ebenfalls eine wichtige Rolle spielen. Durch die sich rasant weiterentwickelnde Computertechnologie werden viele Berufe zukünftig mit dem PC und dem Internet zu tun haben. Dadurch ergeben sich zahlreiche Möglichkeiten, die besonders für Hochsensible interessant sind. Die Berufsfelder Grafikdesign, Webdesign, Onlinemarketing und die Möglichkeit, das eigene Geschäft in einem Onlineshop zu präsentieren, eröffnen noch nie

dagewesene Perspektiven. Statt in einem stressigen Großraumbüro zu sitzen, können Sie zukünftig auch von zu Hause aus
Ihrer Berufstätigkeit nachgehen.

Übung

Zeitreise in die Zukunft

Nehmen Sie sich einige Zettel zur Hand, die Sie als Bodenanker
verwenden können. Legen Sie sich auf dem Boden eine »Zeitlinie« aus, die 20 Jahre in die Zukunft führt. Schreiben Sie zum
Beispiel auf den ersten Zettel das aktuelle Jahr. Dann nehmen
Sie sich vier weitere Zettel, auf denen Sie in 5-Jahres-Rhythmen
weitere Jahre in der Zukunft aufschreiben, bis Sie 20 Jahre in der
Zukunft angelangt sind. Stellen Sie sich vor, dass Sie eine Zeitreise in eine ideale Zukunft unternehmen, in der Sie Ihren Seelenauftrag leben und bereits ausfüllen. Sie üben Ihren passenden
Zukunftsberuf aus (auch wenn heute noch niemand davon ge-
hört hat) und sind glücklich mit dem, was Sie tun. Legen Sie die
Zettel aus, und laufen Sie langsam (auch mit geschlossenen Augen, wenn Sie jemanden haben, der Ihnen dabei die Hand führt)
Schritt für Schritt in die Zukunft. Kommen Sie ganz schnell am
Ziel an. Stehen Sie mit geschlossenen Augen auf dem Bodenanker, und schauen Sie sich mit Ihrem inneren Auge um.

Blicken Sie zuerst auf den Boden und sehen Sie, wo Sie in der
Zukunft stehen, danach geradeaus und beobachten Sie, was Sie
dort sehen. Drehen Sie dann jeweils Ihren Kopf nach links und
rechts, und versuchen Sie dort das Bild zu erweitern. Wenn Sie
noch weiter gehen wollen, blicken Sie hinter sich. Was können

Sie dort sehen? Abschließend schauen Sie, was Sie über Ihrem Kopf wahrnehmen können. Führen Sie diese Bewegungen körperlich aus, während Sie die Augen geschlossen halten. Sie werden überrascht sein, wie viele unterschiedliche Impulse durch diese Bewegungen ausgelöst werden und welche inneren Bilder sich dabei einstellen. Vertrauen Sie Ihrer inneren Wahrnehmung. Sollte sich Ihr Zukunftsberuf als etwas sehr Neues darstellen, brauchen Sie Offenheit und Mut, um genau hinzuschauen. Was tun Sie in dieser Berufstätigkeit? Wie sieht Ihr Umfeld aus? Mit welchen Menschen haben Sie dabei zu tun? Welche Visionen, Ziele und Werte verfolgen Sie mit Ihrer Tätigkeit? Wie sieht die Sie umgebende Natur aus? Befinden Sie sich noch in Ihrem Heimatland, oder sind Sie im Ausland? Welche Sprache sprechen Sie?

Buchempfehlungen zur Vertiefung des Themas

Für weitere Impulse empfehle ich uneingeschränkt die Bücher von Julia Cameron »Der Weg des Künstlers« und »Der Weg zum kreativen Selbst«. Sie sind voller Mut machender Übungen und Geschichten, die besonders Lesern helfen, die viel Ermutigung brauchen, ihren eigenen kreativen und spirituellen Weg zu gehen. Für alle, die das Thema der Nischenfindung auf der beruflichen Ebene systematischer angehen wollen, empfehle ich das Buch »Durchstarten zum Traumjob« von Richard Nelson Bolles. Mir gefällt, dass der Autor das geeignete Lebensumfeld ebenfalls mit einbezieht. Für kreative Wirtschaftsrebellen kann ich das Buch »Die 4-Stunden-Woche« von Timothy Ferriss empfehlen. Der ungewöhnliche Unternehmer zeigt in seinem Bestseller auf, wie man sich ein passives Einkommen durch Onlinemarketing aufbaut, um seine Träume zu verwirklichen.

ZUSAMMENFASSUNG

▶ Das Lebensumfeld ist ein entscheidender Faktor, der Hochsensible bei der Verwirklichung ihrer Visionen entweder unterstützt oder blockiert.

▶ Das Umfeld besteht aus den Menschen, mit denen Sie zusammenleben und zusammenarbeiten. Gemeinschaftsprojekte können eine spannende und hilfreiche Lebensform für Hochsensible sein.

▶ Durch das Bewusstmachen der eigenen Bedürfnisse, Ziele und Begabungen können Hochsensible die für sie passende Nische im Leben und im Beruf finden.

▶ Idealismus kann bei HSPs den Blick für wirtschaftliche Notwendigkeiten trüben. Darüber hinaus scheitert ein Teil der Hochsensiblen am eigenen Idealismus im Kontrast zu den realen Arbeitsbedingungen und Belastungen. HSPs in sozialen Berufen sind besonders aufgefordert, zu überprüfen, ob sie (noch) am richtigen Platz sind.

▶ Kreative und individuelle Visionen lassen sich für Hochsensible besonders gut als Selbständige umsetzen, wenn sie einen soliden Businessplan haben und ihn verfolgen.

▶ Der Zugang zur eigenen Hochbegabung kann wesentlich dazu beitragen, die passende Nische zu finden. Multiple Hochbegabte können von einem professionellen Coaching profitieren, da sie sich gern verzetteln.

▶ Um als Angestellter in einem Unternehmen glücklich zu werden, ist es für HSPs besonders wichtig, eine Balance zwischen den eigenen Fähigkeiten und Bedürfnissen zu finden.

▶ Hochsensible, die sich als Außenseiter der Gesellschaft erleben und das Gefühl haben, nicht am richtigen Platz zu sein,

haben in der Regel ihr inneres Potenzial noch nicht freige-
legt.

▸ Das Finden von alten Berufen und die Beschäftigung mit
Zukunftstrends kann HSPs zu Pionierleistungen anspornen.
Sie finden so ihre ganz persönliche berufliche Nische, in der
es keine oder nur wenig Konkurrenz auf dem Markt gibt.

*Survivalregel Nr. 12: Finden Sie Ihren
Seelenpartner! Wie Sie sich aus destruktiven
Beziehungen befreien und Liebe und Heilung in
Beziehungen erfahren können.*

Sehnsucht nach Beziehung

Die Begegnung zweier Seelen, die auf der Herzensebene in Einklang miteinander schwingen, gehört zu den schönsten Erfahrungen, die wir als Menschen erleben dürfen. Die Sehnsucht danach, in einer Beziehung zu leben, in der wir Liebe,
Vertrauen, Nähe und Geborgenheit erfahren, ist tief in jedem
von uns verankert. Es ist uns von der Natur gegeben, in Partnerschaften und sozialen Gruppen zu leben. Daher ist es sehr
wichtig, alle Verletzungen aus diesem Bereich zu heilen. Seelenpartnerschaft bedeutet ein gegenseitiges Wiedererkennen. Im
ersten Augenblick der Begegnung findet dieses Erkennen statt.
Die Seele gibt sofort einen Impuls, der uns spüren lässt, dass
dieser Mensch etwas ganz Besonderes ist. In einer liebevollen
Beziehung kann der Mensch sich besonders gut entfalten und

weiterentwickeln. Verletzungen aus der Vergangenheit erhalten die Möglichkeit, geheilt zu werden. Durch eine Partnerschaft können wir lernen, den uns jeweils fehlenden psychischen Anteil zu integrieren: In erster Linie handelt es sich dabei um den weiblichen und männlichen Aspekt der Psyche. Darüber hinaus gibt es noch andere Aspekte, die wir in einer Partnerschaft integrieren können. Besonders Fähigkeiten und Charaktereigenschaften, die uns selbst fehlen, können über einen Partner oder eine Partnerin auch in uns zum Klingen gebracht werden.

Eine Seelenpartnerschaft zeichnet sich dadurch aus, dass es nicht nur um das gemeinsame physische Überleben geht oder um die »Aufzucht« von Nachwuchs, sondern dass das Paar gemeinsame Projekte erschafft, die über den Zweck der Beziehung hinausgehen, und dass Heilung auf der Herzensebene stattfinden kann. Diese Heilung kann nur geschehen, wenn die Partner ihre Masken fallen lassen und sich trauen, sich einander vollkommen authentisch und in ihrer Verletzlichkeit zu begegnen. In einer Seelenpartnerschaft erhalten Sie die Möglichkeit, Ihr wahres Ich innerhalb der Beziehung freizulegen und zu leben. Wenn Sie in der Vergangenheit in Partnerschaften verletzt wurden, ist es oft schwierig, sich vorzustellen, innerhalb einer Beziehung Liebe und Vertrauen erleben zu können. Seien Sie es sich wert, in einer liebevollen Partnerschaft zu leben. Öffnen Sie sich für den Gedanken, dass Beziehungen etwas Heiliges sind. Heilig kommt von heil und ganz sein. Es darf innerhalb von Beziehungen Heilung geschehen, beide Partner werden zur Ganzheit geführt. Im Englischen gibt es das Wort »sacred«, in dem wiederum »sakral« enthalten ist. In einem sakralen Raum gibt es keinen Platz für Verletzungen. Liebe, Wertschätzung,

Respekt und das tiefe innere Wissen, dass alte Verletzungen innerhalb der Partnerschaft geheilt werden können, kreieren die heilige Beziehung. Dasselbe gilt für die Sexualität. Alle sexuellen Muster, die nicht in der Liebe schwingen, dürfen innerhalb einer Seelenpartnerschaft transformiert werden. Dies ist nur möglich, wenn sich beide auf einer tiefen, seelischen Ebene aufeinander einlassen. Sobald Sexualität wieder etwas Heiliges ist, wird tiefe Heilung in beiden Partnern geschehen.

Vital-Zeichen einer gesunden Beziehung

- Sie fühlen sich in der Nähe Ihres Partners wohl, sicher und geborgen.
- Beim ersten Kennenlernen können Sie schon spüren, dass dieser Mensch Ihnen sympathisch ist und irgendwie vertraut vorkommt. Das Erkennen des Seelenpartners findet bewusst oder unbewusst sofort im ersten Augenblick statt.
- Sie haben sich immer etwas zu sagen. Im Gespräch mit dem Partner wird es nie langweilig. Es ist Ihnen und Ihrem Partner ein Bedürfnis, regelmäßig miteinander zu sprechen.
- Sie mögen den Geruch Ihres Partners/Ihrer Partnerin.
- Wenn Sie Kummer haben, können Sie mit Ihrem Partner/ Ihrer Partnerin über alles sprechen.
- Sie verstehen sich auch ohne viele Worte.
- Auch nach dem Verschwinden der Schmetterlinge im Bauch ist eine magnetische Anziehungskraft noch immer vorhanden.
- Nach einem Streit können Sie sich versöhnen und wieder in Harmonie sein.

- Die Bedürfnisse nach Nähe oder Alleinsein können offen kommuniziert werden.
- Tiefe Verletzungen beider Partner aus der Vergangenheit sind kein Geheimnis, sondern werden geteilt.
- Das Bedürfnis, schön, attraktiv und geheimnisvoll für den Partner zu sein, wird zunehmend durch das Bedürfnis nach Authentizität und Wahrhaftigkeit ersetzt.
- Nach längeren Phasen des Getrenntseins (durch Reisen oder Arbeit) freuen Sie sich noch immer auf Ihren Schatz.
- Sie entwickeln sich innerhalb der Beziehung weiter. Das bedeutet, dass Sie über sich hinauswachsen, Neues lernen und alte Verletzungen hinter sich lassen.
- Die Beziehung beruht auf Gleichwertigkeit, Wertschätzung und Respekt: egal, ob er oder sie auch hochsensibel ist.
- Krisen werden als Chance genutzt, um alte Verletzungen zu heilen (anstatt sich voreilig zu trennen).

Den Seelen-Partner anziehen

Machen Sie sich eine Liste mit Attributen, die Sie bei Ihrem Seelen-Partner verkörpert sehen möchten. Diese fängt damit an, welche Charaktereigenschaften oder auch körperlichen Merkmale Sie wichtig finden. Allerdings sollte die Fixierung auf das körperliche Erscheinungsbild nicht zu groß sein, weil Sie sich damit möglicherweise blockieren können, wenn es darum geht, die Richtige zu erkennen. Im weiteren Verlauf dieses Abschnitts lernen Sie die »Logischen Ebenen« von Robert Dilts in Form einer Pyramide kennen, anhand derer Sie überprüfen können, ob ein Partner zu Ihnen passt. In gleicher Weise können Sie anhand dieser Struktur darüber philosophieren, wie der ideale Partner für Sie sein könnte. Auf der untersten Ebene der Pyramide können Sie sich fragen, aus welchem sozialen oder kulturellen Umfeld Sie einen Partner suchen. Suchen Sie einen Partner, der gern auf dem Land lebt oder in einer Großstadt? Welche gemeinsamen Hobbys und Aktivitäten würden Sie gern mit dem Partner teilen? Welche Fähigkeiten im Allgemeinen und speziell in der Beziehungsführung sind Ihnen wichtig? Wenn Sie gern reden, wäre eine ausgeprägte Kommunikationsfähigkeit beim Partner wahrscheinlich wichtig. Manche Frauen suchen Männer, die besonders handwerklich begabt sind oder die kreativ sind. Welche Einstellungen und Überzeugungen zu Beziehungen sind Ihnen bei Ihrem Partner wichtig? Ist Ihnen beispielsweise Treue wichtig, oder wollen Sie eine offene Beziehung führen? Welche Werte sind Ihnen bei einem Partner wichtig? Dazu gehört zum Beispiel auch die Frage der Ernährung. Soll der Partner Vegetarier sein? Können Sie einen Raucher als Partner akzeptieren? Passt eine Partnerin zu Ihnen, deren höchstes Ziel es ist, Geld anzuhäufen? Gibt es übergeordnete Ziele, ein Engagement, nach denen Sie gemeinsam streben wollen? Zu welchen Kreisen wollen Sie sich zugehörig fühlen? (z. B.: Umweltschützer oder Börsenmakler, Akademiker, Weltenbummler?) Welchen Stellenwert hat die Spiritualität oder Religion für Sie? Ist es Ihnen wichtig, dass die Partnerin religiös ist oder sogar einer bestimmten Religion angehört? Sind Sie selbst Atheist? Können Sie eine Partnerin akzeptieren, die jeden Tag betet? Welche Lebensvision wollen Sie in Ihrer Partnerschaft verfolgen? Nachdem Sie das alles aufgeschrieben haben, machen Sie sich klar, welche Punkte auf der Liste für Sie besonders wichtig sind. Möglicherweise wird es nicht so sein, dass der nächste Partner alle diese Eigenschaften aufweist. Bei welchen Bereichen können Sie Kompromisse eingehen? Versuchen Sie, möglichst ehrlich zu sich selbst zu sein in dieser Hinsicht. Worauf können Sie nicht verzichten?

Übung

Ziehen Sie sich in einer ruhigen Minute zurück, und gehen Sie in die Stille. Sie können einfach Ihren Kraftort innerlich aufsuchen oder sich auf Ihre Herzregion konzentrieren. Lassen Sie aus der Ferne mithilfe Ihrer Fantasie den idealen Partner auf Sie zukommen. Versuchen Sie dabei, die Energie und Ausstrahlung dieses Menschen auf sich wirken zu lassen. Es geht nicht darum, zu erkennen, welche körperlichen Attribute dieser Mensch hat, sondern welche seelischen Qualitäten er/sie aufweist. Seien Sie sich bewusst, dass dieser Mensch tatsächlich lebt und nicht einfach eine Fantasie ist. Mit dieser Gewissheit ist es für Ihr Unterbewusstsein einfacher, den passenden Seelenpartner anzuziehen. Versuchen Sie, in Ihrer Fantasie den Seelenpartner zu berühren. Vielleicht machen Sie eine Geste oder beobachten eine Geste bei Ihrem Gegenüber. Woran werden Sie ihn/sie erkennen? Versuchen Sie sich klarzumachen, dass diese Begegnung im Quantenuniversum bereits jetzt stattfindet. Eine Projektion in die Zukunft kann wiederum für das Unterbewusstsein das Signal geben, dass es noch nicht so weit ist. Hier und jetzt begegnen Sie Ihrem idealen Seelengefährten. Die Begegnung in der Welt der Materie folgt zum passenden Zeitpunkt. Haben Sie Vertrauen. Sie werden es schaffen und müssen nicht gleich die nächstbeste Gelegenheit ergreifen.

Vielleicht erhalten Sie nach dieser Übung Impulse, wo Sie sich aufhalten können und welche Unternehmungen Sie planen können, um möglicherweise Ihren idealen Partner kennenzulernen. Meist reicht es aus, wenn Sie einfach Ihren Hobbys nachgehen und sich in den Kreisen von Menschen aufhalten, in denen der ideale Partner sich womöglich sowieso bewegt. Manchen Hochsensiblen ist auch geholfen, wenn sie eine Partnerschaftsanzeige in der Zeitung oder im Internet aufgeben. Dort können Sie genau reinschreiben, auf was Sie Wert legen. Die Partnersuche über eine Kontaktanzeige kann Ihnen so manche Situation ersparen, in der Sie Ihre Schüchternheit überwinden müssen, um jemanden anzusprechen, der Sie interessiert. Auf der anderen Seite muss auch gesagt werden, dass Sie Ihren Seelenpartner nicht auf Knopfdruck beim Universum »bestellen« können. Diese Dinge geschehen einfach, wenn Sie offen und bereit dafür sind. Oftmals spielen dann auch die berühmten »Zufälle« eine Rolle und stehen Ihnen hilfreich zur Seite. Es kann sein, dass Sie für Ihren Seelenpartner bereit sind, aber dieser fühlt sich noch in einer alten Beziehung gefangen und kann sich nur schlecht davon lösen. Daher kann es unterschiedlich lange dauern, bis sich Ihr Seelenpartner in Ihrem Leben zeigt. Geben Sie die Hoffnung nicht auf: Es wird geschehen.

Entwicklungsphasen in Beziehungen

Beziehungen eingehen

Die Annäherung von zwei Menschen gleicht einem Spiraltanz zweier Galaxien. Das Bedürfnis zur Bindung ist in uns Menschen so tief eingeprägt, da wir es von unseren Verwandten, den Säugetieren, quasi geerbt haben. Bindung, Nähe, Partnerschaft, Fortpflanzung, Familiengründung sind Überlebensinstinkte, die das Fortbestehen unserer Art sichern sollen. Die Romantisierung von Beziehungen verhindert in der Anfangsphase, die realen Mühen, die mit einer Beziehung und möglichen Familiengründung einhergehen, klar zu sehen. Dennoch: Es gibt keinen Ort, wo der Mensch besser wachsen könnte als in einer Partnerschaft. Jeder Mensch braucht ein Zuhause. Je dysfunktionaler die Familie ist, in der ein Mensch als Kind aufgewachsen ist, umso schwieriger wird sich die Beziehungsgestaltung im Erwachsenenalter erweisen. Besonders in der Phase des Kennenlernens ist es immens wichtig, die Survivalregel Nr. 1 verinnerlicht zu haben. Eine geschulte Wahrnehmungs- und Unterscheidungsfähigkeit ist jetzt Gold wert. Und diese erhalten Sie durch Erfahrung und den bewussten Umgang mit der Vergangenheit. Wenn Sie Ihrer Wahrnehmung nicht vertrauen, werden Sie mögliche passende Partner gar nicht als solche erkennen und Partner, die Ihnen Kummer bereiten, scheinbar magisch anziehen. Oftmals wird der erste Eindruck vom Gegenüber verleugnet. Im ersten Anblick eines Menschen wird die Art von Intuition aktiv, die uns immer die Wahrheit sagt. Wie oft sind Sie Partnerschaften eingegangen, obwohl Ihnen Ihre innere Stimme bei der ersten Begegnung eine Warnung vermittelt hat oder eine Art von unerklärlicher Abneigung? Noch bevor Prägungen und Muster aktiv werden können, gibt uns unsere *Wahr*-nehmung die Chance, den anderen so zu sehen, wie er wirklich ist. Wie oft haben Sie sich andererseits von Menschen distanziert, weil der Verstand einfach *Nein* sagte, obwohl Ihr Herz vor Freude hüpfte?

Beziehungsängste

Insbesondere Ängste verhindern die Anbahnung einer passenden Partnerschaft. Die Angst vor Nähe, die aus verstörenden Erfahrungen in relevanten Bindungen entsteht, die Angst, nicht liebenswert, nicht attraktiv genug zu sein, die Angst vor Verletzung sowie die Angst vor Ablehnung sind die häufigsten Verhinderungsgründe für glückliche Beziehungen. Die Schutzreaktionen, die aus verletzenden Erfahrungen in der Vergangenheit entstanden sind, halten viele Menschen davon ab, sich überhaupt oder in der Tiefe auf eine neue Beziehung einzulassen. In der Aufbauphase einer Beziehung gibt es bestimmte Abläufe, die vorgezeichnet sind. Der Beziehungstanz ist eine Art Ritual, bei dem bestimmte Regeln vorab festgelegt sind. Sobald eine bestimmte Stufe im Bindungsritual übersprungen wird, fühlt es sich nicht richtig an und torpediert in der Regel die Anbahnung von gesunden Beziehungen. Dies ist besonders bei Beziehungen der Fall, in denen Sexualität zu schnell ins Spiel kommt, zum Beispiel schon beim ersten Treffen. Wenn Sie eine oder mehrere der oben aufgeführten Ängste bei sich entdeckt haben, dann ist die Aufarbeitung dieser Ängste wichtig, um die eigene Beziehungsfähigkeit zu stärken. Vielfach wird über Hochsensible geschrieben, dass sie Bindungsängste haben. Da wir von der

Natur jedoch mit dem Bindungsinstinkt ausgestattet wurden, sind Bindungsängste keine Begleiterscheinung von Hochsensibilität, sondern die Folge von Verletzungen durch das familiäre Umfeld. Es lohnt sich, diese Verletzungen anzuschauen und behindernde Glaubenssätze aufzulösen. Häufig werden Sie dadurch mit Verletzungen aus Ihrer Vergangenheit konfrontiert. Solange Sie die Welt und potenzielle Partner durch eine verzerrte Brille aus behindernden Glaubenssätzen wahrnehmen, kann es geschehen, dass Sie die für Sie passenden Partner nicht erkennen. Insbesondere Bindungsängste können sich als hartnäckig erweisen, wenn Sie in der Vergangenheit durch Partner oder Familienmitglieder sehr enttäuscht wurden. Geben Sie nicht auf, diese Verletzung zu heilen, sodass Sie wieder tiefes Vertrauen in Beziehungen erfahren können.

Verschmelzung und Verliebtheit

Zu Beginn einer Beziehung kommt es meist auch zu intensiven Phasen von emotionaler Verschmelzung, die eine große Anzahl von Endorphinen (Glückshormonen) freisetzt: Wir sind verliebt. Verliebte schweben scheinbar mühelos durch den Alltag und blicken optimistisch in die Zukunft. Da Hochsensible zu sehr tiefen Empfindungen fähig sind, ist es oft so, dass sie in diesen Phasen sehr intensive Verliebtheitsgefühle erleben, eine Art Entgrenzung. Dies kann teilweise auch sehr anstrengend sein, da die Verliebtheitsgefühle bis an die Schmerzgrenze gehen können. Durch die geringere Reizschwelle ist es auch möglich, dass sich HSPs häufiger verlieben, auch wenn sie bereits in einer Partnerschaft leben. Der Zustand der Verschmelzung geht mit einem Zustand der Idealisierung einher. Die kleinen Macken und Fehler des anderen übersehen wir einfach durch die rosarote Brille. Leider können wir in diesem Zustand nicht für immer bleiben.

Liebeskummer

Waren Sie schon einmal unglücklich verliebt? Auch dies kann zu rauschartigen Phasen extremer Gefühlshöhen und sogar zu suchtartigen Zuständen führen. Wir malen uns in unserer Fantasie aus, wie schön es sein könnte, mit dieser Person zusammen zu sein. Da dieser innere Raum sicher ist, kann uns dort nichts passieren. Wir können durch diese Erlebnisse auch positive Entwicklungen erleben, wenn diese Gefühle beispielsweise in Literatur, Musik oder Kunst verarbeitet werden. Es gibt allerdings auch HSPs, die geradezu das Muster haben, sich in andere zu verlieben, die quasi unerreichbar sind. Je unerreichbarer der potenzielle Partner ist, umso interessanter erscheint er oder sie möglicherweise. Das sind oft Personen, die gar kein Interesse an Ihnen haben. In anderen Fällen sind diese ideal erscheinenden »Traumpartner« schon in einer festen Beziehung, oder sie leben in einer weit entfernten Stadt. Sollten sich die Erlebnisse des unglücklichen Verliebtseins häufig wiederholen, wäre es interessant, einmal die eigenen Prägungen in Bezug auf Beziehungen anzuschauen. Möglicherweise finden Sie dann Muster aus Ihrer Kindheit, in der Sie entweder den eigenen Vater oder die eigene Mutter als emotional unnahbar erlebt haben. Auch eine Trennung der Eltern mit daraus resultierenden unregelmäßigen Kontakten kann dazu führen, dass das Kind einen Elternteil vorrangig in seiner Fantasie am Leben erhält und sich an diesen Zustand quasi gewöhnt hat.

Im Liebeskummer liegt eine große Chance, die alten emotionalen Verletzungen zu heilen. Dabei erleben wir zunächst intensive Phasen von Schmerz, Einsamkeit, Traurigkeit und Verzweiflung. Wenn wir uns den Raum geben, trotz dieser Schmerzen im Herzen offen zu bleiben, können wir mit unserer inneren Wahrheit in Kontakt kommen: nämlich, dass wir alle Liebe brauchen. Sich vor weiteren Beziehungen zu schützen und diese abzulehnen, ist keine Lösung.

Beziehungen führen

Wenn Sie es geschafft haben, die aufregende Zeit der Kennenlernphase zu überstehen, beginnt die Festigungsphase innerhalb der Partnerschaft. Die rosarote Brille verschwindet in der Regel, und wir beginnen, den Partner so zu sehen, wie er ist: mit seinen Schwächen und Stärken, mit seinen Prägungen und den möglicherweise nervenden Verwandten. Die zwei Welten beginnen, gemeinsame neue Strukturen und Erfahrungen zu erschaffen. Jetzt kommt es darauf an, welche Prägungen jeder Einzelne in die Partnerschaft einbringt. Das Harmoniebedürfnis von Hochsensiblen kann dazu führen, dass Konflikte nicht offen geklärt werden oder zu lange unausgesprochen bleiben. Der gesunde Aspekt des Harmoniebedürfnisses von Hochsensiblen kann jedoch dafür genutzt werden, um ein Auseinanderleben der Partner zu verhindern.

Spiegelung, Projektion und Resonanz

Viele Beziehungen scheitern regelmäßig an den nicht geklärten Mustern der Partner. Sobald ein gewisses Maß an Nähe erreicht ist, werden die Verletzungen des jeweiligen Partners berührt. Daher ist es eine Gewissheit, dass im Verlauf einer festen Beziehung die ungeklärten Muster beider Partner an die Oberfläche aufsteigen, wie Bläschen in einem Mineralwasser. In jeder Beziehung gibt es Gesetzmäßigkeiten von Spiegelung und Projektion. Diese beiden Prinzipien auseinanderzuhalten, ist oftmals schwer. Der Partner spiegelt uns in unseren wunden Punkten. Das Gesetz der Spiegelung bedeutet, dass der Beziehungspartner oftmals Themen aufzeigt, die wir selbst an uns nicht sehen, oder dass beide Partner ähnliche Verletzungen haben und sich damit spiegeln. Das Gesetz der Spiegelung kann uns helfen, die blinden Flecke zu berühren, die uns davon abhalten, zu unserem wahren Kern vorzudringen.

Anders verhält es sich mit der Projektion. Im Zustand der Projektion verwechseln wir den Geliebten entweder mit der eigenen Mutter oder dem eigenen Vater. Das können Situationen sein, in denen wir uns bevormundet, eingeengt, kontrolliert oder nicht wahrgenommen fühlen.

Oder wir projizieren unsere verborgenen Seiten, Wünsche und Sehnsüchte auf den Partner. Nehmen wir an, Ihr Vater hat die Familie für eine jüngere Frau verlassen und zeigte sich wenig zuverlässig. Von Ihrer Mutter haben Sie dann möglicherweise die Überzeugung übernommen, dass Männer in Beziehungen unzuverlässig und untreu seien. Nun gibt es zwei Möglichkeiten, wie sich das Gesetz der Projektion in Ihrem Leben zeigen wird. Entweder ziehen Sie einen Partner an, der tatsächlich unzuverlässig oder untreu ist, oder Sie verdächtigen den Partner, genau das zu sein. Ihre sich wiederholenden Zustände von Eifersucht, Misstrauen und Kontrolle verursachen im Partner einen Widerwillen und eine Verletzung, die zu einer Distanz führt und oft genau zu dem, wovor Sie sich fürchten. Noch schwieriger lässt sich die Projektion als solche erkennen, wenn der Partner gar nicht so ist, wie er gerade wahrgenommen wird. In einer solchen Projektion kommt es vor, dass wir uns wieder wie in der Kindheit fühlen. Im Kontakt mit dem Partner werden diese Muster und Verletzungen automatisch getriggert, da sie Tausende Male schon durch unser Nervensystem geflossen sind. Die Lösung liegt dann darin, die aufsteigenden Muster als Teil der EIGENEN Vergangenheit zu erkennen. Wozu ist das gut? Der tief in Ihnen gespeicherte emotionale Schmerz möchte erlöst werden. Nur unser Ego hält uns oft davon ab, da es natürlich leichter ist, den anderen für das eigene Leid verantwortlich zu machen. Es braucht schon eine Menge Vertrauen in sich und in die Beziehung, um sich aus den Projektionen zu lösen. Wenn Sie erkannt haben, dass Ihr Partner gar nicht die Ursache für Ihre seelischen Schmerzen ist, sondern die Ursachen viel weiter in der Vergangenheit liegen, haben Sie eine Chance, die Verletzung in sich selbst zu heilen. Ebenso erhält die Beziehung die Chance, stabil zu bleiben. Viele Menschen beenden ihre Beziehungen immer wieder an denselben Stellen, da sie es nicht aushalten können, mit sich selbst konfrontiert zu werden. Im Grunde genommen ist das Gesetz der Projektion eine Hilfe, die Sie darauf hinweist, welche Themen noch zu heilen sind. Doch im Alltag führt es häufig zu weiteren Verletzungen, die den Betroffenen nur noch mehr in seiner Weltsicht bestätigen. Wenn Sie sich bewusst mit Ihren Verletzungen auseinandersetzen und diese heilen, werden die negativen Effekte der Projektion in Zukunft geringer ausfallen.

Beim Resonanzphänomen ziehen wir Partner an, die unsere Erfahrungen aus der Kindheit wiederholen. Vielleicht können Sie sich das Ganze als Prägung des Nervensystems vorstellen. Wenn Kinder mit Gewalt oder Alkoholismus aufwachsen, ziehen sie als Erwachsene oftmals ebensolche Partner an, die die Umstände der eigenen Kindheit wieder erschaffen. Zu einer gesunden Ich-Entwicklung gehört es ebenfalls, sich aus solchen Lebensumständen zu lösen, denn sie stellen eine Aufforderung zum Wachstum dar. Sie dürfen NEIN dazu sagen, anstatt die Muster Ihrer Eltern zu wiederholen. Auf der anderen Seite bewirkt das Gesetz der Resonanz, dass Sie Partner anziehen, die eine ähnliche Energie wie Sie selbst haben. Wenn Sie sich beispielsweise weiterentwickelt haben und in einer positiven Grundenergie sind, in der Sie Liebe, Vertrauen, Glück und Kreativität ausstrahlen, wird es leichter, einen ähnlich schwingenden Partner anzuziehen.

Vertrautheit

Wenn Sie es schaffen, die emotional aufwühlenden Anfangsphasen einer Beziehung zu überstehen, und in der Lage sind, die Projektionen auf den Partner zu erkennen, können Sie es schaffen, in die Festigungsphase einzutreten. Auf der Ebene der psychologischen Vertrautheit beginnen Sie, vollkommen authentisch im Umgang mit dem Partner zu leben. Sie vergeuden keine Kraft mehr, um etwas vorzuspielen. Die Masken fallen, und Sie können die Seelenessenz des Partners erkennen. Was vielen Menschen als langweilig erscheinen mag, ist in Wahrheit die familiäre Heimat und eine enorme psychische Sicherheit, die damit aufgebaut werden kann. Die tiefe seelische Vertrautheit, die zwischen Liebenden entstehen kann, entwickelt ein enormes Heilungspotenzial, das in der Lage ist, auch Verletzungen aus der Vergangenheit zu heilen.

Beziehungen beenden

Wann ist es besser, eine Beziehung selbst zu beenden? In jedem Fall ist es ratsam, der inneren Stimme zu folgen. Wie beim ersten Eindruck sind viele Menschen auch Meister darin, die warnende Stimme im Inneren auch im späteren Verlauf einer Beziehung zu ignorieren. Insbesondere destruktive Beziehungen, in denen der eine Partner abhängig ist und der andere dominant und verletzend, dauern oft viel zu lange. Viele Menschen finden nicht die Kraft, sich rechtzeitig aus solchen Beziehungen zu lösen. Das Harmoniebedürfnis von Hochsensiblen oder die gesteigerte Identifikation mit dem Partner machen es oft schwierig, sich in die konflikthafte Situation einer Trennung zu begeben. Oftmals haben wir Angst vor den heftigen Reaktionen des Partners, und dies hält uns dann davon ab, den erlösenden Satz auszusprechen. Vielleicht machen Sie sich eine Liste mit Gründen, die für die Trennung sprechen, und eine Liste, warum Sie die Partnerschaft weiterführen wollen. Welche Gründe haben das meiste Gewicht? Ein klärendes Gespräch mit einem Freund oder mit der besten Freundin hilft oftmals am besten, da Außenstehende meist neutraler beobachten konnten, wie Sie sich innerhalb der Beziehung entwickelt haben.

Verlassen zu werden, ist für die meisten Hochsensiblen eine extrem schmerzhafte Erfahrung. Dabei aktualisieren sich automatisch unsere Verletzungen aus der Kindheit. Dies ist der Grund, warum diese Trennungsphasen uns besonders stark aus der Bahn werfen. Es ist so, als würde eine Tür zu einem verborgenen Raum aufgehen, in dem alle emotionalen Schmerzen gespeichert sind, die wir je erfahren haben. So intensiv dieser Prozess auch ist: Er kann als Möglichkeit zur Heilung alter Verletzungen begriffen werden. Es ist wichtig, sich in diesen Phasen der Trauer Zeit zu nehmen, anstatt sich gleich wieder in die nächste Beziehung zu stürzen, um sich emotional zu betäuben oder in Sicherheit zu wiegen.

ZUSAMMENFASSUNG

- ▶ Eine liebevolle Beziehung mit einem Partner ist der Ort, an dem Sie am besten wachsen und heilen können.
- ▶ Sobald Sie vergessen oder noch nicht gelernt haben, wie Sie Ihrer Wahrnehmung vertrauen können, werden Sie mögliche passende Partner gar nicht als solche erkennen und Partner, die Ihnen Kummer bereiten, scheinbar magisch anziehen.
- ▶ Aufgrund von Verletzungen aus der Vergangenheit lassen sich die meisten Menschen nicht wirklich in der Tiefe auf die Beziehung mit dem Partner ein. Masken und Versteckspiele sollen die seelischen Verletzungen kaschieren.
- ▶ Negative Glaubenssätze, Ängste und Komplexe verhindern häufig, dass eine Seelenpartnerschaft überhaupt entstehen kann.

▸ Auf der anderen Seite ist es jedoch nicht erforderlich, bereits alle negativen Glaubenssätze und Prägungen geheilt zu haben, um den passenden Geliebten anzuziehen. Die Seele ist weiser und kann den Seelenpartner anziehen. Wir können den Seelenpartner am Herzensgefühl erkennen. Der Verstand ist nicht in der Lage, diese Wahrnehmung richtig zu interpretieren. Und vielleicht ist der beste »Seelenpartner« eben gerade jener, der uns durch sein scheinbar »negatives« Verhalten zunächst unsere eigenen alten Wunden zeigt, damit sie dann heilen können.

▸ Eine Beziehung entwickelt sich in verschiedenen Phasen: 1. Anziehung, 2. Verschmelzung, 3. Idealisierung, 4. Projektion, 5. Rückkehr zum eigenen Ich, 6. Vertrautheit und damit das Wahrnehmen der tieferen Persönlichkeitsschichten.

▸ Trennungsphasen stellen ebenfalls Chancen dar, die uns helfen können, alte emotionale Verletzungen zu heilen.

Themen und Übungen

Bedürfnisse von Hochsensiblen in Beziehungen

- Harmonie
- Vertrauen
- Verstanden werden
- Ernst genommen werden
- Tiefe Gespräche führen
- Austausch über spirituelle Themen, Sinnsuche
- Dem Alltag entfliehen: besondere Momente erschaffen, Rituale, Begegnungen

- Künstlerische, philosophische Tätigkeiten und Kultur genießen
- Soziales Engagement
- Sinnlichkeit genießen
- Bei Vegetariern: dass der Partner auch Vegetarier ist
- Sehnsucht nach Verschmelzung und Nähe
- Rückzugsmöglichkeiten und Ruhe
- Sich weiterentwickeln
- Gemeinsame Projekte und Interessen

Nähe und Distanz

Jeder Mensch braucht Phasen von intensiver Nähe und Phasen des Rückzugs, um wieder zu sich selbst zu finden. Dieses Thema ist für alle Partnerschaften enorm wichtig. Für Hochsensible ist es noch wichtiger, da sie aufgrund ihrer Neigung zur Reizüberflutung mehr Rückzug brauchen, um sich zu erholen. Besonders die intensive Anfangsphase der Verschmelzung und Idealisierung kann dazu führen, dass Sie mit dem Partner am liebsten 24 Stunden am Stück zusammen sein wollen. Wie beim Ein- und Ausatmen gibt es in jeder Partnerschaft Phasen des Zusammenkommens und Phasen des Auseinandergehens. Damit ist nicht die Trennung gemeint, sondern die Distanzierung. Da Hochsensible meist ein entgrenztes Ich haben, besteht die Gefahr, sich im Partner zu verlieren oder sich übermäßig anzupassen. Dann können schon Kleinigkeiten Streit auslösen, der eigentlich nur ein Ziel hat: nämlich Distanz zu schaffen. Wenn sich beide Partner bewusst werden, dass sie besonders in einer tiefen Beziehung Rückzugsräume brauchen, in denen sie ihren

eigenen Hobbys, Tagträumen, Gedanken und Gefühlen nachgehen können, kann sich dies enorm positiv auswirken. Keiner
von beiden braucht sich Sorgen zu machen, wenn der andere
sich zurückzieht. Verlustängste können an dieser Stelle an die
Oberfläche treten. Ist dies einmal geklärt, wird sich die Beziehung deutlich gesünder weiterentwickeln und Früchte tragen.
Versuchen Sie, mit Ihrer Partnerin darüber ins Gespräch zu
kommen, wann Sie Rückzug brauchen, und üben Sie ein, dies
zukünftig offen zu kommunizieren. Besonders die räumliche
Wohnsituation mit eigenen Zimmern oder sogar getrennten
Wohnungen kann Abhilfe bei zu viel Nähe schaffen. So können
beide Partner wieder zu sich kommen und sich wieder auf die
neuen Begegnungen freuen.

Schattenthemen heilen

Innerhalb jeder Partnerschaft flammen unbewusst auch die
Kollektivthemen unserer Vorfahren auf. Es gibt unzählige Bücher darüber, warum Frauen so anders sind als Männer. Warum
Männer nicht zuhören und Frauen schlecht einparken können.
Wie viele Frauen haben von ihren Müttern gehört, dass Männer kalte Klötze sind, die man aber zum wirtschaftlichen Überleben braucht? Wie viele Mütter wurden von ihren Männern
betrogen, verlassen oder erniedrigt? Wie viele Männer haben
ihrerseits als Kinder Verletzungen, Vernachlässigung oder Ein-
schränkungen durch die eigene Mutter erfahren? Wie viele
Väter konnten sich in ihrer Rolle innerhalb der Familie nicht
finden? Zwischen Männern und Frauen gibt es einen unsicht-
baren, tiefen Graben, der beide Teile der Menschheit in zwei

Lager teilt. Daraus kann sich unbewusst ein latenter Männer-
oder Frauenhass entwickeln. Dieser wird natürlich oft nicht
als solcher wahrgenommen, doch mit Sticheleien, den Partner
nicht ernst nehmen, sich gar nicht auf die Beziehung einlassen,
Spielchen spielen usw. kann sich diese nicht geklärte Verletzung
bei beiden Partnern zeigen. Auch die Angst vor zu viel Nähe gehört in diese Geschichte hinein. Hass ist eine Ausdrucksform
von verletzter Liebe: Die Erfahrung von Verlassenwerden, Ver-
ratenwerden, Ablehnung oder Gewalt verwandeln die Liebesfä-
higkeit in einen verzerrten Schatten. Jetzt werden Sie vielleicht
denken: »Aber ich hasse doch keine Männer/Frauen!« Doch
was verbirgt sich hinter dem Sarkasmus, den Männer an den
Tag legen, wenn sie ihre Frauen bloßstellen? Was verbirgt sich
hinter weiblichen Kommentaren, die Männer abwerten? Dahinter lauert schon die tiefe Verletzung, die Männer und Frauen
in ihren Seelen tragen.

Vergebung

Wenn Sie sich tiefer auf Ihre aktuelle oder zukünftige Partnerschaft einlassen möchten, ist es hilfreich, ein Ritual zur Vergebung durchzuführen. Vergebung kann nicht erzwungen werden. Es ist ein tiefer Prozess, der aus Ihrem Herzen kommt.
Meist hilft es, die Lebensumstände der Eltern genauer zu reflektieren, um zu verstehen, warum sie uns bestimmte Verletzungen zugefügt haben. Viele Eltern verhalten sich unbewusst und
ohne Absicht verletzend, sodass Kinder daraus negative Botschaften ziehen. Jedoch offene Ablehnung und Verrat nagen
tief an der Seele. Schauen Sie zwei bis drei Generationen zu-

rück, und Sie werden überraschende Wiederholungen in der Familiengeschichte finden. Vergeben Sie bewusst Ihrer Mutter und Ihrem Vater für die Fehler, die sie begangen haben. Bei den Frauen ist es besonders wichtig, dem Vater zu vergeben und zu erkennen, dass der eigene Vater nicht der Maßstab für alle Männer ist. Ebenso ist es für Männer wichtig, der eigenen Mutter zu vergeben. Wenn Sie das Gefühl haben, dies geschafft zu haben, beginnen Sie ebenfalls damit, allen Partnern zu vergeben, die Sie in der Vergangenheit hatten. Besonders, wenn Sie verlassen oder betrogen wurden, lassen Sie diese alten Beziehungen los und werden Sie innerlich frei davon. Manchmal kristallisiert sich eine Verletzung besonders stark in verflossenen Beziehungen, die in die Brüche gegangen sind. Dann meinen wir, niemandem mehr vertrauen zu können. Doch die Urverletzung liegt meist weiter zurück in der Vergangenheit. Vergeben Sie sich auch selbst, insbesondere, wenn Sie längere Zeit in ungesunden Beziehungen ausgeharrt haben.

Vergebungsritual

Gehen Sie dafür hinaus in die Natur, und suchen Sie sich einen Baum, der Sie anzieht. Ideal wäre ein Lindenbaum, da die Linde ein Friedensbaum und ein Herzensbaum ist. Das können Sie an der Form der Blätter erkennen. Bitten Sie eine höhere Kraft, an die Sie glauben, um Unterstützung für Ihren Vergebungsprozess und um Segen für eine neue Beziehung. Stellen Sie sich intensiv vor, dass die neue Beziehung sich gesund entwickelt und heilsam für Sie ist. Schreiben Sie auf ein Blatt Papier die Namen von den Menschen auf, durch die Sie in der Vergangenheit Verletzungen erfahren haben. Vergeben Sie jedem einzelnen, und geben sie ihn dadurch aus Ihrem Unterbewusstsein frei. Vorwürfe, Verletzungen und Enttäuschungen können so losgelassen werden. Nachdem Sie alle Namen aufgeschrieben haben, verbrennen Sie das Papier, und begraben Sie es unterhalb des Baumes. Machen Sie sich bewusst, dass diese Erfahrungen nun Vergangenheit sind.

Paar-Ritual

Wenn Sie sich in einer (neuen) Beziehung befinden, können Sie ein schönes Ritual zu zweit durchführen. Gehen Sie wieder hinaus in die Natur und suchen Sie sich einen Lindenbaum. Bringen Sie vorher zwei unterschiedlich farbige Wollfäden mit, die Ihre Lieblingsfarben darstellen. Zwirbeln Sie beide Fäden so zusammen, dass beide nun ein Band ergeben. Dieses Ritual stellt die symbolische Verschmelzung Ihrer beiden Seelen dar und dass Ihr Lebensweg miteinander verbunden ist. Zeigen Sie dem Partner Ihre Liebe, und sprechen Sie ein paar Worte tief aus Ihrem Herzen. Anschließend können Sie dieses Band an den Baum binden und einen Teil davon als Armband für sich abschneiden und umbinden. Ähnlich wie bei einem Eheversprechen können Sie in dieses Ritual liebevolle Absichten einflechten und Dinge, die Ihnen in einer Partnerschaft wichtig sind. Tauschen Sie sich darüber aus, was Sie in der Beziehung brauchen und sich wünschen.

Übungen

1. Fertigen Sie eine Liste der Partner an, mit denen Sie in der Vergangenheit eine Beziehung geführt haben. (Wenn Sie noch keine Beziehung geführt haben, gehen Sie zu Punkt 2.) Welche dieser Partner haben Ihnen gut getan? Warum? Welches Potenzial konnten Sie durch die Beziehung in sich selbst entdecken? Wie wurden Sie in der Vergangenheit möglicherweise verletzt? Welche Frühwarnsignale haben Sie bei diesem Partner übersehen? Welcher rote Faden zieht sich durch Ihre Beziehungen? Warum sind die Beziehungen Ihrer Vergangenheit gescheitert? Welche Rolle haben Sie innerhalb dieser Beziehungsmuster eingenommen? An welchen Punkten in den Beziehungen kam es zu einem Bruch? Warum wurden Beziehungen in der Vergangenheit beendet und durch wen?

2. Schauen Sie sich das Muster Ihrer Eltern an. Welche Rolle hat Ihnen Ihre Mutter vorgelebt? Welche Werte und Einstellungen hat Ihr Vater vermittelt? Welche Glaubenssätze über Beziehungen haben Ihnen Ihre Eltern vermittelt?

3. Vervollständigen Sie folgende Sätze:
   Männer sind ... Frauen sind ... Beziehungen sind ...

4. Welche »Fehler« haben Sie in der Vergangenheit in der Kennenlernphase immer wieder gemacht? Fühlten Sie sich angezogen von Partnern, die unerreichbar waren (in einer Ehe, die weit weg lebten, die keine Notiz von Ihnen nahmen)? Haben Sie wichtige Punkte im Bindungstanz übersprungen? Waren Sie zu schnell/zu langsam?

5. Zu welchen Menschen und Partnern hatten Sie in letzter Zeit am meisten Resonanz?

6. Welche Partner haben Sie trotz eines negativen ersten Eindrucks dann doch gewählt? Wie hat sich die Beziehung danach entwickelt?
7. Notieren Sie Ihre schlimmste Erfahrung mit einem Partner, und schreiben Sie auf, was Sie auf keinen Fall mehr möchten.
8. Können Sie mit sich gut allein sein? Wie sieht Ihr soziales Umfeld unabhängig von einem Partner aus?

Passen wir überhaupt zusammen? Der Beziehungs-Check

Eine gründliche Überprüfung der Gemeinsamkeiten und Unterschiede von Beziehungspartnern kann Ihnen helfen, herauszufinden, ob Sie mit Ihrem Partner oder Ihrer Partnerin überhaupt zusammenpassen. Sie können diese Übung auch verwenden, um eine frühere Partnerschaft zu analysieren, dabei dürfen Sie ruhig eine Fremdeinschätzung von Ihrem Ex-Partner vornehmen. Grundlage für diese Überprüfung bilden die »logischen Ebenen« nach Robert Dilts. Nehmen Sie sich einfach die folgende Pyramide zur Hand, und tragen Sie jeweils links davon für sich Stichpunkte ein, auf der rechten Seite ist Platz für die Antworten des Partners. Dabei gilt, dass höhere Ebenen innerhalb der Pyramide einen stärkeren Einfluss auf die unteren Ebenen haben. Je mehr Ebenen Sie mit Ihrem Partner gemeinsam haben, umso stabiler ist die Beziehung. Zum genaueren Verständnis lesen Sie vorab das Fallbeispiel von Christine und Andreas »Die perfekte Beziehung?«.

Vision

Spiritualität

Zu welchen Gruppen
fühle ich mich zugehörig?

Lebenssinn: Was ist meine
Mission auf dieser Erde?

Identität: Wer bin ich?
Wer möchte ich sein?

Glaubenssätze: Was glaube ich über mich und
Beziehungen, Männer und Frauen?

Fähigkeiten: Welche brauche ich,
um eine glückliche Partnerschaft zu führen?

Verhalten: Was tue ich gern? Was macht mir Spaß?
Hobbys, Beruf, tägliche Arbeiten, gemeinsame Aktivitäten.

Umfeld: Welchen Lebensraum brauche ich, um mich wohlzufühlen? Physikalisches und soziales Umfeld:
auf dem Land, in der Stadt ..., Freunde, Kollegen, Nachbarn?

*Abbildung 3.11: Die logischen Ebenen nach Robert Dilts wurden hier in
Bezug auf Partnerschaftsthemen überarbeitet.*

Fallbeispiel: Die perfekte Beziehung?

Andreas und Christine haben sich beim Tennisspielen kennengelernt. Beide sind Anfang dreißig und bemerken recht schnell, dass sie an derselben Universität studiert haben. Die Sympathie ist sofort da. Nachdem sie weitere Gemeinsamkeiten gefunden haben, verlieben sie sich und beginnen eine Beziehung. Anfangs scheint alles perfekt. Sie gehen gemeinsam zum Sport und auch die Urlaubsziele passen hervorragend zusammen. Die Eltern der Partner sind begeistert vom Schwiegersohn und von der Schwiegertochter in spe. Nach etwa einem Jahr der Verliebtheit und wunderschönen gemeinsamen Stunden kristallisieren sich einige Konflikte innerhalb der Beziehung heraus. Bei der Hochzeitsplanung zeigten sich erste Komplikationen. Christine bevorzugt eine katholische Trauung, während Andreas gern von einem buddhistischen Mönch getraut werden will. Christine glaubt fest an eine lebenslange Partnerschaft, während Andreas nicht daran glaubt, dass eine Ehe bis zum Lebensende hält. Deshalb besteht er auf einem Ehevertrag, was sie persönlich wiederum sehr verletzt. In ihrer Vorstellung ist ein Ehevertrag nicht notwendig. Bei der Planung des Lebensmittelpunktes sind sich wiederum beide einig. Sie möchten in einem Haus in der Nähe einer Großstadt leben. Nachdem die ersten Schwierigkeiten mit Kompromissen geklärt werden konnten, beginnt die Ehe recht harmonisch. Im Verlauf der Jahre und nach der Ankunft der beiden Kinder entwickeln sich die Partner immer weiter auseinander. Während Christine großen Wert auf ein harmonisches Familienleben legt, möchte Andreas wieder die Welt bereisen. In der Enge der Vorstadt fühlt er sich gefangen und gelangweilt. Er liest alles über Spitzensportler und möchte am Ironman in Hawaii teilnehmen. In einem Krisengespräch stellt sich heraus, dass beide Partner völlig andere Visionen von der Zukunft haben, wenn die Kinder aus dem Haus sind. Andreas möchte ins Ausland ziehen, während Christine in der Heimat bleiben möchte, um die Eltern im Alter zu unterstützen.

Haben Sie es gemerkt? Ich habe hier bewusst einige Klischees bedient, allerdings immer im Hinblick auf die logischen Ebenen von Dilts. Die Basis der Beziehung von Christine und Andreas war rückblickend zu schmal. Gemeinsame Freizeitaktivitäten und ähnliche Herkunft haben nicht ausgereicht, um die Partnerschaft auf ein solides Fundament zu stellen. Spätestens bei den Werten, der Spiritualität, der Frage von Zugehörigkeit im größeren Kontext und bei den Zukunftsplänen offenbarten sich Differenzen zwischen den beiden.

Da bei Hochsensiblen besonders die Suche nach einem Lebenssinn ausgeprägt ist, werden die oberen Bereiche in der Pyramide immer wichtiger, wenn es um Übereinstimmung mit dem Partner geht. Dazu gehören Lebensvisionen, Ziele, Projekte und Dinge, für die Sie innerlich brennen. Besonders die Spiritualität ist für HSPs ein elementarer Bestandteil ihres Lebens. Daher ist es sehr hilfreich für Partnerschaften, wenn Sie weitgehend mit den spirituellen Werten Ihres Partners übereinstimmen. Obwohl sich Lebensvisionen ändern können, ist es für eine funktionierende Partnerschaft wichtig, offen darüber zu kommunizieren. Wenn Sie in Ihrer Partnerschaft viele Übereinstimmungen bei Ihnen und Ihrem Partner erkennen, haben Sie gute Chancen auf eine dauerhafte Beziehung. Je mehr Differenzen auf den verschiedenen Ebenen zutage treten, umso mehr Konflikte sind vorprogrammiert. Und da ist die Urlaubsplanung noch Ihr kleinstes Problem. Sollten Sie gravierende Unterschiede in den mittleren Bereichen bei sich und Ihrer Partnerin/Ihrem Partner erkennen, wäre es hilfreich zu überprüfen, ob auf den höher liegenden Ebenen wieder Übereinstimmungen auftauchen.

Natürlich geht es nicht darum, sich dem Partner vollkommen anzugleichen. Differenzen gehören in jede Partnerschaft. Aber wenn es darum geht, sich selbst oder den Partner zu belügen, indem man wichtige Dinge verschleiert, sind viele Beziehungen zum Scheitern verurteilt, weil die Partner langfristig einfach zu wenige Gemeinsamkeiten haben. Deshalb ist es nicht egal, wen Sie heiraten.

Übung zur gemeinsamen Vision für Paare

Eine sehr kraftvolle Übung für Paare liegt in der Einstimmung auf eine gemeinsame Vision. Die oberen drei Ebenen der Pyramide von Dilts können einen stärkenden Impuls geben, um die Beziehung zu vertiefen. Diese Übung funktioniert natürlich nur, wenn Sie tatsächlich ähnliche Ziele und Visionen haben. Verständigen Sie sich mit Ihrem Partner in einer ruhigen Minute darüber, welche höchste Vision er für sein Leben verwirklichen möchte. Eine Vision ist immer groß gedacht. Es geht nicht darum, im nächsten Monat mehr Geld zu verdienen, sondern wie Sie sich mit Ihren Talenten ausdrücken und in die Gesellschaft einbringen möchten. Stellen Sie sich die höchstmöglichen Resultate vor, die Sie sowohl für sich persönlich als auch für die Welt verwirklicht sehen möchten. Welche spirituellen Werte teilen Sie mit Ihrem Partner? Zu welchen Gruppen fühlen Sie sich zugehörig? Legen Sie eine entspannende Musik auf, und tauchen Sie tiefer in diese Bilder ein. Wie sehen Sie sich selbst und Ihren Partner innerhalb der Vision? Nachdem Sie beide in diese innere Bilderwelt eingetaucht sind, können Sie sich darüber austauschen und eine Collage kleben oder ein Bild malen, das Ihre gemeinsame höchste Vision zum Ausdruck bringt. Dieses gemeinsame Ziel, wenn es mit Ihren inneren Werten und Überzeugungen übereinstimmt, kann ein enormes Kraftpotenzial für die Partnerschaft freisetzen. Alles, was Sie auf Ihrem Weg zum Ziel unternehmen, alle Rückschläge und Enttäuschungen, die Sie erleben werden, können durch die Macht der gemeinsamen Vision überwunden werden. Sie können sich das Ganze auch als einen gemeinsamen Seelenauftrag vorstellen. Auch daran erkennen Sie eine Seelenpartnerschaft: Beide Partner haben dieselben Werte und verfolgen ein gemeinsames Ziel. Geben Sie diesem Bild einen Ehrenplatz innerhalb der Wohnung oder des Hauses.

Warnsignale für ungesunde Beziehungen

- Ihr Partner/Ihre Partnerin stellt Ihre Wahrnehmung ständig infrage, glaubt Ihnen nicht, will Ihnen Ihre persönliche Wahrheit ausreden.
- Es gibt häufig Streitgespräche.
- In der Beziehung fehlt es an emotionaler Nähe und Vertrauen.
- Ihr Partner »straft« Sie mit Schweigen, Verurteilung, Beschuldigung und Erniedrigung.
- Sie finden kaum noch gemeinsame Interessen und Gesprächsthemen.
- Die Freunde Ihres Partners sind Ihnen suspekt und unsympathisch.
- Ihr Partner/Ihre Partnerin ist überdurchschnittlich den eigenen Eltern hörig.
- Die Schwiegereltern haben eine zu starke Macht und mischen sich ständig in die Beziehung ein. Ihr Partner/Ihre Partnerin kann dem nicht Einhalt gebieten.
- Das Vertrauen in der Beziehung schwindet.

- Sie sprechen weniger als zwei Stunden in der Woche miteinander.
- Frauen flüchten sich in Putzzwang oder »glucken« auf den Kindern, um dem Partner aus dem Weg zu gehen, oder gehen häufig shoppen.
- Männer flüchten sich in die Arbeit, hinter den PC, sind ständig auf dem Fußballfeld, in der Kneipe, …, nicht da.
- In der Beziehung werden Kleinigkeiten zu einer Riesenszene aufgeblasen.
- Der Partner ist überdurchschnittlich eifersüchtig.
- Streite eskalieren regelmäßig mit gegenseitigem Anschreien oder Trennungsandrohungen.
- Berg- und Talfahrten in der Beziehung
- On-Off-Beziehungen mit sich ständig wiederholenden Beziehungsabbrüchen und Trennungen.

HSPs und Narzissten

In den letzten Jahren meiner beruflichen Tätigkeit bin ich immer weiteren mysteriösen Beziehungsformen auf die Spur gekommen. Die Kombination in Partnerschaften von Hochsensiblen mit Narzissten ist gar nicht so selten. Doch was ist ein Narzisst? Wenn Sie in einer Beziehung mit einem Narzissten leben, kann das zu vielen schmerzhaften Komplikationen führen. In einem Artikel der Zeitschrift »Brigitte« (18/2012) wird der Hamburger Psychologe Michael Cöllen interviewt. Er arbeitet seit mehr als 40 Jahren als Paartherapeut und nennt klare Zahlen: »Etwa 40 bis 50 Prozent der Partnerschaften haben narzisstische Probleme. Und die Tendenz geht ganz eindeutig nach oben.« Weshalb besonders viele Narzissten unter den Single-Männern sind, begründet er wie folgt: »Nichtnarzisstische Männer sind einfach oft gut verheiratet und deswegen nicht mehr auf dem Partnermarkt.« Daher ist dieses Thema auch für Hochsensible sehr wichtig, um zu erkennen, ob der eigene oder ein potenzieller Partner narzisstisch veranlagt ist.

Woran können Sie einen Narzissten erkennen?
An erster Stelle findet sich das Streben nach Perfektion, Narzissten suchen nach einem Idealzustand, sowohl in sich selbst als auch in der Umwelt. Aufgrund widriger Umstände in der frühen Kindheit, die oft mit Vernachlässigung und mangelnder Empathie der Bezugspersonen einhergeht, entwickelt der Betroffene eine Maske, die mit Perfektion zu tun hat. In der Abspaltung der verletzten Gefühle findet er seine vermeintliche Stärke. Der Perfektionist schwankt zwischen Minderwertigkeit und Größenwahn. Diese beiden Attribute können auf sich selbst oder auf Personen im Umfeld übertragen werden, was Beziehungen sehr verkompliziert. Das Streben nach Perfektion soll den Narzissten vor seinen Minderwertigkeitsgefühlen bewahren, die aus schmerzhaften Erfahrungen in der frühen Kindheit stammen, in denen er mit seinen Niederlagen und Frustrationen mehr oder weniger von den Eltern alleingelassen wurde. Da jedoch kein Mensch immer grandios und perfekt sein kann, fällt der Narzisst in Beziehungskonflikten immer wieder auch in Phasen von Verzweiflung und Ängsten des Verlassenwerdens.

Was sind weitere Symptome von Narzissten?

- Angst vor Kritik und Zurückweisung, sich zu blamieren oder zu versagen
- Angst vor Trennung, Abschied, vor dem Alleinsein
- Angst, nicht attraktiv zu sein, sich schämen zu müssen
- Angst, bedürftig zu sein, sowie vor Abhängigkeit
- Übertriebene Kränkbarkeit
- Kann nicht verzeihen
- Angst vor Kontrollverlust und Selbstentfremdung
- Wirkt arrogant, brillant, zynisch, kühl und auch intellektuell
- Unersättlich nach Anerkennung und dadurch das Bedürfnis nach Selbstdarstellung
- Bedürfnis nach Macht und Kontrolle
- Erniedrigt und tyrannisiert andere (besonders Partner)
- Vermeidet Gefühle
- Narzissten suchen Partner, die für sie allein leben und sich selbst aufgeben
- Bei Konflikten kommt es zu Beziehungsabbrüchen oder Drohung einer Trennung

Welche Probleme tauchen in der Beziehung mit einem Narzissten häufig auf?

Die erste narzisstische Auffälligkeit besteht in der gekränkten Wut, die ein Narzisst mit Arroganz und Entwertung gegenüber dem Partner ausdrückt. Weitere Reaktionsmöglichkeiten sind Rückzug, Schweigen, Flucht, Rache bis hin zum Beziehungsabbruch. In der Phase der narzisstischen Kränkung, die durch Nichtbeachtung der narzisstischen Bedürfnisse nach Perfektion und Kontrolle von der Umwelt ausgelöst werden kann, kennt ein Narzisst kein Pardon. Auch Zynismus ist eine häufige Form von Abwehr, um nicht mit verletzlichen Gefühlen in Kontakt kommen zu müssen. In seinen Glanzphasen versucht der Narzisst mit seiner Grandiosität Macht, Reichtum, Anerkennung und Schönheit zu verwirklichen. Ein perfektes äußeres Erscheinungsbild sowie ein perfektes Zuhause sind ihm wichtig. Daher hat er/sie auch Angst vor dem Altwerden. Mit idealisierten Menschen versucht der Narzisst zu verschmelzen oder diese Menschen machtvoll an sich zu binden. Dabei möchte er/sie in großem Umfang bewundert, gelobt und hofiert werden. Diese Art von Aufmerksamkeit beflügelt und macht zugleich Angst, da es klar ist, dass solcherlei Anerkennung nicht von Dauer aus dem Umfeld kommen kann. Kritik wird scharf zurückgewiesen, besonders wenn es sich um Kritik an seiner Person handelt.

Es gibt weiblichen und männlichen Narzissmus, beide unterscheiden sich in ihrer Ausprägung. Narzisstische Frauen sind häufig depressiv und in einer Opferhaltung gefangen, mit der sie zuweilen ihr Umfeld durch Schuldvorwürfe auch unter Druck setzen. Sie fühlen sich minderwertig und versuchen, durch Überanpassung, Leistung oder gutes Aussehen zu glänzen. Sie idealisieren den Partner und geben sich auch für ihn auf. Narzisstische Männer bedienen eher männliche Rollenklischees. Sie streben nach Anerkennung, Autonomie und Bewunderung durch die Partnerin. Aggressionen werden offen ausgelebt und zeigen sich häufig in Form von Vorwürfen, Erniedrigung und Sarkasmus. Narzissten strahlen in der Anfangsphase der Beziehung eine starke Grandiosität und Anziehungskraft aus, die sie wie die perfekten Partner erscheinen lassen. Erst im weiteren Verlauf einer Beziehung mit einem narzisstischen Partner offenbaren sich dessen Schattenseiten. Nach der Phase der Verschmelzung kommen erste Irritationen auf, die später zu schwerwiegenden Verletzungen auf Seiten des Hochsensiblen führen. Der ständige Tanz zwischen Größenwahn und Minderwertigkeit suggeriert dem Hochsensiblen in einer solchen Beziehung mittelfristig ein demoliertes Selbstbild. Verletzungen aus der Vergangenheit, die ebenfalls mit Entwertung zu tun haben, aktualisieren sich beim Hochsensiblen, und dieser fühlt sich dann wie ein Häufchen Elend, unfähig, weder vorwärts noch rückwärts zu gehen.

Narzisstische Eltern legen den Grundstein für narzisstische Partner

Oftmals wiederholen wir die Umstände, die wir aus unserer Kindheit kennen. Daher kann es vorkommen, dass Menschen, die mit narzisstischen Eltern aufgewachsen sind, ebensolche Partner im späteren Leben anziehen. Viele narzisstische Mütter zum Beispiel treiben ihre Kinder in die Verzweiflung. Da ihnen die Fähigkeit fehlt, die Bedürfnisse nach Nähe, Kontakt und bedingungsloser Liebe bei den Kindern zu erfüllen, werden sie oft als herrschsüchtig, egozentrisch, verurteilend, bevormundend, vereinnahmend und kritisierend von den eigenen Kindern erlebt. Bis ins mittlere Erwachsenenalter beherrschen diese Eltern oft ihre Töchter und Söhne weiter, bis diese endlich die Kraft finden, sich gegen die überhöhten Ansprüche des Elternteils abzugrenzen. Meist führt dies sogar zu einem Kontaktabbruch, da Narzissten derartige Kränkungen nicht verkraften. Wenn Sie nicht den Erwartungen dieser Menschen entsprechen, kann es sein, dass der Narzisst zur »beleidigten Leberwurst« wird und versucht, Sie mit einer Mauer des Schweigens und Ignorierens

zu bestrafen. All diese Symptome können ein erster Warnhin-
weis sein, dass Sie es mit einem Narzissten zu tun haben.

Ausblick

Eine solche Beziehung kann, wenn überhaupt, nur funktionieren, wenn beide Partner unabhängig voneinander Psychotherapie machen. Dabei ist darauf zu achten, dass auch körpertherapeutische Methoden eingesetzt werden, um eine Integration
der verletzten Emotionen zu bewirken, die über eine reine Ge-
sprächstherapie nicht erreicht werden können. Zur Stabilisierung der Persönlichkeit können wiederum die Transaktionsanalyse sowie Kunsttherapie und Gruppentherapie einbezogen
werden. Eine Paartherapie kann ebenfalls gute Dienste leisten,
um Konflikte, die innerhalb der Beziehung zu eskalieren dro-
hen, zu entschärfen. Dies erfordert von beiden Partnern die
Einsicht, dass die Streitigkeiten und emotionalen Hochs und
Tiefs in dieser Beziehung nicht gesund, sondern therapiewür-
dig sind. Wenn Sie sich beim Lesen dabei ertappt haben, mit
einem narzisstischen Partner zusammenzuleben oder eine solche Beziehung in der Vergangenheit gelebt haben, machen Sie
sich keine Schuldvorwürfe! Fragen Sie sich stattdessen, ob Sie
so weiterleben wollen oder etwas verändern möchten.

Um sich innerhalb einer Beziehung mit einem Narzissten weiterentwickeln zu können, ist Abgrenzungsfähigkeit gefragt. Eine
Eigenschaft, die sich Hochsensible besonders hart erarbeiten
müssen. Anstatt sich durch die Vorwürfe des Partners schuldig
zu fühlen, wenn dessen Bedürfnisse nach Aufmerksamkeit, Bewunderung und Rücksichtnahme nicht erfüllt werden, braucht
es eine enorme Ich-Stärke, um sich dagegen zu wehren. Nicht

die ständige Bedürfniserfüllung für den narzisstischen Partner bietet die Lösung, sondern mehr eigene Autonomie und Abgrenzung: wenn notwendig, auch räumlicher Abstand. Innerhalb der Beziehung ist es wichtig, dass beide Partner begreifen, dass nicht der andere schuld am eigenen Leiden ist, sondern die Aktualisierung ungelöster kindlicher Verletzungen. Das maskenhafte Zusammenleben, das den anderen in eine Rolle presst, sollte nach und nach echtem Vertrauen weichen, wodurch sich beide Partner authentisch innerhalb der Beziehung mit ihren Stärken und Schwächen zeigen dürfen.

HSPs und Borderliner

Die Beziehungskombination von Hochsensiblen und Borderlinern ist ebenso eine explosive Mischung, die zu vielen Verletzungen bei Hochsensiblen führen wird. Zunächst einmal ist es wichtig für Sie, sich darüber im Klaren zu sein, ob Ihr Partner oder Ihre Partnerin zu dieser Art von Persönlichkeitstyp gehört. Menschen mit Borderline können ebenso wie die Narzissten in der Anfangsphase sehr attraktiv, spontan und sexuell anziehend wirken. Da Borderline eine Traumafolgestörung ist, müssen Sie sich bewusstmachen, dass dieser Mensch wahrscheinlich in seiner Vergangenheit extreme Formen von Gewalt oder Vernachlässigung erlebt hat. Daher treten oft in intimen Beziehungen für Borderliner im Erwachsenenalter die größten Probleme auf. Obwohl sie teilweise in der Öffentlichkeit und im Beruf gut zurechtkommen können, offenbaren sich im Privaten dann die Abgründe dieser Menschen. Statistischen Untersuchungen zufolge sind innerhalb dieser Gruppe ca. 60 % Frauen und 40 % Männer betroffen. Der geschätzte Gesamtanteil innerhalb der Bevölkerung liegt je nach Studie bei 1,2 bis 2 % der Gesamtbevölkerung. Möglicherweise liegt die Dunkelziffer noch höher. Bei einer Bevölkerungszahl von 80 Mio. und 2 % sind das immerhin schon 1,6 Mio. betroffene Menschen.

Wie sieht eine Beziehung mit einem Menschen aus, der Borderline hat?

Da es sehr viele verschiedene Spektren von Borderline gibt und viele verschiedene Ausprägungen, kann diese Übersicht nur schematischer Natur sein. Die Erwartungen, die Sie als Hochsensibler an eine Beziehung stellen, werden in vielen Momenten einer solchen Beziehung zerstört. Doch zuvor wird auf einer sehr tiefen Ebene eine Verschmelzung herbeigeführt, die Ihnen als HSP mit einem Bedürfnis nach Nähe, Harmonie und Intimität möglicherweise wie der Himmel vorkommt. Doch diese Nähe wird nicht von Dauer sein. Wie aus dem Nichts landen Sie dann plötzlich in der Hölle. Als Erstes können Sie sich darauf einstellen, dass Ihr Partner/Ihre Partnerin mit Borderline zwei verschiedene Gesichter hat. In einem Moment streitet er mit Ihnen, dass die Fetzen fliegen, fünf Minuten später will er/sie die totale Verschmelzung, in der Regel Sex. Darauf gehe ich später noch mehr ein. Auch die Dauer von Beziehungen ist bei den meisten Menschen mit Borderline nur von kurzer Zeit. In engen Beziehungen entwickelt der Borderliner Ängste, die er so interpretiert, dass der Partner ihn einengen würde. Fluchttendenzen treten auf. Aufgrund der traumatischen Kindheitserlebnisse erzeugen sowohl Nähe als auch das Alleinsein Ängste, was für die Betroffenen eine unerträgliche Situation darstellt.

Die Instabilität innerhalb der Borderline-Persönlichkeit überträgt sich natürlich auf die Beziehung mit dem Partner. Deshalb ist die Unsicherheit in einer solchen Beziehung eine Gewissheit, auf die Sie sich einstellen können.

Ein typischer Borderline-Beziehungsverlauf und biochemische Zusammenhänge

Ein Mensch mit Borderline hat praktisch kein eigenes Ich. Er ist sehr anpassungsfähig und bietet dem Partner sehr schnell eine Leinwand, auf der er seine Projektion einer idealen Person übertragen kann. Dies weist einmal mehr darauf hin, dass die Störung schon im frühen Kleinkindalter gelegt wird, noch bevor sich das psychologische Ich entwickelt. Die kritische

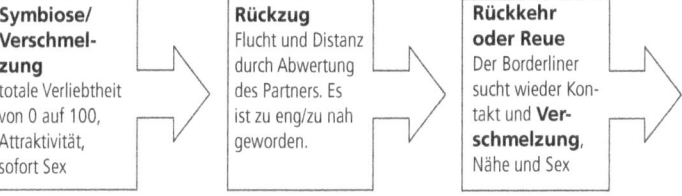

Symbiose/ Verschmelzung	**Rückzug**	**Rückkehr oder Reue**
totale Verliebtheit von 0 auf 100, Attraktivität, sofort Sex	Flucht und Distanz durch Abwertung des Partners. Es ist zu eng/zu nah geworden.	Der Borderliner sucht wieder Kontakt und **Verschmelzung**, Nähe und Sex
Statt einer langsamen Annäherung wird ganz schnell eine Symbiose eingeleitet. Die Glückshormone werden schlagartig nach oben gepuscht. Rauschartige Verliebtheit tritt auf. Suchtstrukturen im limbischen System werden gespeichert.	Nach einigen Wochen/Stunden kommt abrupt die Kehrtwende. Durch Distanz und Abwertung kommen Sie in den sofortigen Entzug der Glückshormone. Stattdessen schnellen die Stresshormone auf dasselbe Niveau wie zu Beginn die Glückshormone. Es tut sehr weh, Irritationen, Angst, Chaos, Schmerz.	Ihr Suchtgedächtnis möchte jenen rauschartigen Zustand vom Anfang wieder erleben. Sie geben Ihrem Partner wieder die Möglichkeit für die Symbiose. Die Stresshormone gehen runter, Glückshormone wieder rauf. Die Zeiten zwischen Symbiose und Abwertung werden immer kürzer.

Abbildung 3.12: Ein typischer Beziehungsverlauf in einer Partnerschaft mit einem Borderliner

Phase liegt hier, wie beim Narzissmus, zwischen dem 6. und 18. Lebensmonat. Als Gegenleistung erfüllt der Borderliner unbewusst Ihre Sehnsüchte und Wünsche. Ein langsames Kennenlernen gibt es nicht. Von null auf hundert geht er/sie in die Beziehung rein.

Da der Hochsensible meist ein entgrenztes Ich hat, ist er in Gefahr, auf die sofortige Herstellung einer Symbiose mit dem Borderliner hereinzufallen. Auch das nicht genährte Ich von Hochsensiblen sucht in der Verschmelzung mit dem Partner sehnsüchtig nach Zuständen, die er als Kind in Bezug auf die Mutter vermisst oder zu wenig erfahren hat: Nähe, Vertrauen, Intimität, blind verstanden werden, Kommunikation ohne Worte, körperlicher Kontakt und bedingungslose Liebe. Das Hin und Her in einer Beziehung mit einem Borderliner macht die Sache unerträglich, denn unser Bindungsbedürfnis lässt uns natürlicherweise nach stabilen, verlässlichen Bindungen suchen, es sei denn, die Bindungsentwicklung wurde schon im eigenen Elternhaus erheblich gestört. In der Phase des Rückzugs ist der Partner mit Borderline in einem Zustand der Spaltung, die ihn unerträglich kalt und verletzend werden lassen kann. Jetzt kommen die zwei Seiten zum Vorschein.

Symbiose/Verschmelzung	Trennung/Umkehrung
Liebe, Einheit, Symbiose, Nähe, Kontakt	Hass, Distanz, Abwertung, Böses
zum anderen aufschauen	auf den anderen herabsehen
verstehen	ignorieren
wertschätzen	abwerten
nachfragen	nicht zuhören
gleich sein wollen	sich unterscheiden wollen
loyal sein	Verrat
ehrlich sein, Geheimnisse teilen	Distanz, Geheimnis
authentisch sein	Maske
beschützen	erniedrigen, verletzen
verwöhnen	bestrafen
trösten	Desinteresse
Zuwendung	Drohung
Treue	Untreue
Übereinkunft	Befehl, Kontrolle

Dr. Jekyll und Mr. Hyde kommen zum Ausdruck. Sie sind eigentlich mit zwei völlig unterschiedlichen Personen zusammen. Die Fähigkeit, gemischte Gefühle zu haben oder eine Abschwächung von diesen Extremen zu erwirken, ist bei Borderline-Persönlichkeiten in der Regel gestört. Aus Liebe wird Hass. Viele sogenannte »On-Off-Beziehungen« haben diese Art von Dynamik. Die skizzierten Gewalt- und Demütigungserfahrungen von Menschen mit Borderline in der Kindheit sind dabei die Steilvorlage. Da der Partner/die Partnerin mit Borderline allerdings eine riesige Angst vor dem Alleinsein, vor dem Verlassenwerden hat, wird er/sie nach einer destruktiven Phase alles versuchen, um den verletzten Partner wieder für sich zurückzugewinnen. In einem Zustand von mangelnder Empathie versteht er allerdings nicht, warum der andere so verletzt ist. Erfüllt der Partner dann nicht das Drängen nach sofortiger Bedürfnisbefriedigung in Form von Nähe oder Sexualität, ist der Borderliner frustriert und reagiert in der Regel erneut mit übermäßiger Wut und Aggressionen. Die paradoxe Situation, dass sowohl (zu viel) Nähe als auch das Alleinsein Angst verursachen, führt zu einer starken Frustration, die sich in Aggression und Wut umwandeln wird. Mal wird diese Wut gegen den Partner gerichtet, mal gegen sich selbst (durch Ritzen beispielsweise).

Konsequenzen für Hochsensible

Wenn Sie als Hochsensibler in einer Partnerschaft mit einem Menschen mit Borderline leben, sind Sie womöglich in die Falle getappt, dass Sie mit Ihrem Empathievermögen, Ihrer feinen Wahrnehmung genau spüren, wie sehr dieser Mensch gelitten hat. Sie spüren in sich ein Mitgefühl, eine Wärme und eine Art Beschützerinstinkt. In einem Internetforum wird das so beschrieben, dass Sie diesen Menschen wie einen Hund lieben. Ein Hund schaut Sie mit seinen Augen voller bedingungsloser Liebe an, er wird Ihnen treu sein, bis zur Selbstaufgabe. Ein ähnliches Gefühl vermittelt ein Borderliner seinem Gegenüber, wenn er in der Phase des Liebseins ist. Würden Sie einen Hund, der Sie abwechselnd leckt und dann beißt nicht auch zum Tierpsychologen bringen? Sie können also nicht erwarten, dass entweder Sie oder Ihr Gegenüber diese Beziehung heilen oder retten kann. Denn die Achterbahnbeziehung ist nur eine Widerspiegelung des inneren Chaos, in dem der Borderliner selbst lebt. Viele grundlegende Bedürfnisse, die Hochsensible haben, werden in einer Beziehung mit einem Menschen mit Borderline nicht erfüllt, ja sogar mit Füßen getreten. Das Harmoniebedürfnis ist bei Hochsensiblen besonders groß. Genau dieses Bedürfnis wird in dieser Form von Beziehung zwar kurz erfüllt, aber dann umso destruktiver wieder zerstört. Die Instabilität und nicht abgeschlossene Ich-Entwicklung macht den Borderline-Partner zu einer Quelle von Verletzungen, Enttäuschungen, süchtig machenden Kicks und letztlich zu einer Quelle für Verrat und Schwächung. Sosehr Sie diesen Menschen auch lieben mögen, Sie können ihm nur bedingt helfen. Ohne eine fundierte langwierige Psychotherapie gibt es kaum Aussicht auf eine Besserung der Symptomatik. Natürlich kann eine langwierige, stabile Beziehung auch heilsam wirken. Aber haben Sie die Kraft, das durchzustehen? Dies wirft viele Komplikationen auf. Es empfiehlt sich, die einschlägige Literatur zum Thema zu lesen, damit Sie Klarheit über Ihre Beziehung finden können.

Übersicht zu den Ich-Strukturen

Abschließend möchte ich Ihnen noch die Tabelle mit den unterschiedlichen Ich-Strukturen vom starken Ich über das entgrenzte HSP-Ich bis hin zum narzisstischen und Borderline-Ich vorstellen. Durch das Verständnis der unterschiedlichen Ich-Strukturen können Sie Themen innerhalb von Beziehungen besser verstehen und auch, warum sich bestimmte Menschen so verhalten, wie sie es tun.

Dimensionen	Starkes Ich	Entgrenztes HSP-Ich	Narzissten-Ich	Borderline-Ich
Ich-Struktur	Hat ein stabiles Selbst, kann sich abgrenzen, spürt eigene Bedürfnisse, weiß, wer es ist, kann unabhängig seine eigene Meinung vertreten, integratives Denken ist möglich.	Hat ein stabiles Selbst, kommt jedoch schnell von sich und den eigenen Bedürfnissen weg, fühlt sich stark beeinflussbar von dem, was im Außen passiert. Integratives Denken ist möglich. Erlebnisse des erweiterten Ichs in Form von Identifikation mit dem Leid oder den Gefühlen anderer.	Der Narzisst hat ein schwaches, unsicheres Ich, versteckt dieses aber hinter einer Maske aus scheinbarer Selbstsicherheit, um sich aufzuwerten, oder er wertet andere ab, oft perfektionistisch und leistungsfixiert, Erfolgs- und Größenfantasien.	Sehr schwaches Ich, Instabilität im Selbstbild und im emotionalen Erleben, teilweise suizidal, selbstverletzend, Phasen von Dissoziation (Abspaltung von Bewusstseinsinhalten), Schwarz-Weiß-Denken.

Dimensionen	Starkes Ich	Entgrenztes HSP-Ich	Narzissten-Ich	Borderline-Ich
Konflikt-fähigkeit	Konfliktfähig, kann bei sich bleiben, kann eigene Meinungen in der Gegenwart anderer aufrechterhalten, kann Kritik objektiv aufnehmen, kann sich abgrenzen.	Konfliktscheu, leichter beeinflussbar, hat eine eigene Meinung, wird aber schnell unsicher bei Konflikten, nimmt sich Kritik sehr zu Herzen. Sucht nach Harmonie, ist kompromissbereit.	Ist häufig in Konflikte verwickelt, wenn es nicht nach seiner Vorstellung läuft, hat Angst, zu kurz zu kommen, erträgt keine Kritik, kritisiert selbst jedoch häufig andere.	Starke Wutausbrüche, manipuliert andere, irrationales Denken, Aufbau starker Feindbilder, Projektion eigener Schattenthemen auf Partner, fühlt sich schnell schlecht behandelt.

Dimensionen	Starkes Ich	Entgrenztes HSP-Ich	Narzissten-Ich	Borderline-Ich
Beziehungs-Themen	Kann sich gut auf Beziehungen und Nähe einlassen, hat Verlassenheitsängste verarbeitet, kann loslassen, kann eigene Standpunkte vertreten, verliert sich nicht in Beziehungen, kann zwischen sich und anderen unterscheiden, hat kaum noch das Bedürfnis, andere zu beeinflussen.	Hat Probleme, in Beziehungen mit dominanteren Partnern eigene Standpunkte durchzusetzen, vertraut oftmals der eigenen Wahrnehmung nicht genug, kann zwischen sich und anderen unterscheiden, ist aber leichter beeinflussbar, anfällig für Schuldgefühle, schnappt eher Gefühle vom Partner auf.	Hat in engen Beziehungen Angst, sich selbst zu verlieren, täuscht darüber hinweg, indem es hohe Erwartungen stellt und den Partner kleinmacht und kritisiert, braucht viel Bewunderung, hat auch Angst, den Erwartungen anderer nicht zu genügen, Neid, Macht.	Hat in Beziehungen große Angst, verlassen zu werden, instabile Beziehungsmuster zwischen Idealisierung und Entwertung, starke Projektionen auf andere Menschen, häufig unsicherer, vermeidender oder ambivalenter Bindungsstil.

ZUSAMMENFASSUNG

▶ Ungesunde Beziehungen mit einem Narzissten erkennen Sie an der Struktur von häufigem Streit um Kleinigkeiten. Der Narzisst sucht und braucht ständig Bestätigung, während er Sie im zunehmenden Verlauf der Beziehung immer häufiger kritisiert und kleinmacht. Auf Kritik reagiert er mit Empörung. Eigene Fehler oder Macken kann er kaum eingestehen, während er bei Ihnen zahlreiche Angriffspunkte findet.

▶ Die Beziehung mit einem Borderliner gleicht einer Achterbahn. Sie fallen aus Wolke 7 direkt in die Hölle. Häufige Kontaktabbrüche oder unerwartete Distanzierungen gehören zum Alltag. Borderliner selbst haben eine riesige Angst, verlassen zu werden. Aufgrund ihrer schwach ausgeprägten Empathie können sie nicht verstehen, warum Sie durch die Aktivitäten des Borderliners verletzt sind. Nähe und Distanz sind immerwährende Themen sowie die Abwertung des Partners.

▶ Es gibt Mischformen von Borderline und Narzissmus.

▶ Eine Beziehung mit dieser Art von Mensch ist immer mit großen Schwierigkeiten und Verletzungen verbunden. Die Instabilität in beiden Beziehungskonstellationen ist vorprogrammiert. Der HSP mit seinen Bedürfnissen nach Harmonie, Nähe und Vertrautheit kann in dieser Art von Beziehung nicht wirklich ankommen. Die Geborgenheit fehlt.

▶ Ohne psychotherapeutische Begleitung wird sich weder der Narzisst noch der Borderliner verändern. Selbst mit therapeutischer Begleitung sind Veränderungen nur in kleinen Schritten machbar. Die Ursprungsprobleme werden in den skizzierten Dimensionen bleiben.

Survivalregel Nr. 13: Klären Sie Konflikte zeitnah! Wie Sie innerseelische und zwischenmenschliche Konflikte einfach auflösen.

In allen sozialen Kontexten, egal, ob beruflich oder privat, wird es von Zeit zu Zeit immer wieder Konflikte geben. Da besonders Hochsensible ein starkes Bedürfnis nach Harmonie haben, sind Konfliktsituationen für sie eine besondere Herausforderung. In einem Streit oder einem brodelnden Konflikt werden sehr viele Emotionen frei, die häufig als negativ beurteilt werden: Wut, Ärger, Angst, Empörung, Gefühle von Ungerechtigkeit, Benachteiligung, Bevormundung, Hilflosigkeit oder der Eindruck, nicht beachtet zu werden. Im folgenden Abschnitt erfahren Sie, warum es für viele Hochsensible schwierig sein kann, Konflikte adäquat zu lösen, und welche Möglichkeiten Sie haben, Konflikte zu Ihrem Besten zu lösen. Konfliktsituationen entfachen sich meistens um nicht erfüllte Bedürfnisse. Der chilenische Ökonom Manfred A. Max-Neef hat eine interessante Aufstellung von Grundbedürfnissen entwickelt, die uns bei der Betrachtung von Konflikten helfen kann. Ich habe die von Neef benannten Grundbedürfnisse noch um die Begriffe Spiritualität, Selbstverwirklichung und Alleinsein erweitert.

Es gibt verschiedene Arten von Konflikten: innerseelische Konflikte, zwischenmenschliche Konflikte und Strukturkonflikte. Doch nicht nur Hochsensible haben damit Probleme. Konflikte geben uns die Gelegenheit, zu wachsen und herauszufinden, was wir wirklich wollen. Um Harmonie dauerhaft herzustellen, empfiehlt es sich, Konflikte zeitnah zu lösen. Ein guter Kontakt mit dem eigenen Körper und der eigenen Wahrnehmung ist in diesem Zusammenhang wichtig. Meistens bemerken wir Konflikte daran, dass sich die Wut im Bauch aufstaut. Andere Anzeichen für Konflikte sind Enttäuschung, Trauer, Resignation, Stumpfheit, Panik oder innere Unruhe.

Lebenserhaltung
körperliche und seelische Gesundheit, Unversehrtheit. Nahrung, Schlaf, Sexualität, Atmung, Wasser, Überlebenswille, Revier

Sicherheit
Geborgenheit, Gleichgewicht, Schutz, Solidarität, Vertrauen, soziale Sicherheit in Familien und in der Gesellschaft

Zuwendung
Freundschaft, Partnerschaft, Familienbande, Zuneigung, Aufmerksamkeit, Lob, Nähe, Zärtlichkeit, Kommunikation, Annahme

Verstehen
forschen, Interesse, Intuition, beobachten, Bewusstsein, Kommunikation, Sinn, wahrnehmen, erkennen

Teilnahme
Zugehörigkeit zu Familien und Gruppen, Teilnahme am gesellschaftlichen Leben, Respekt, Austausch

Muße
genießen, ausruhen, Fantasie, Spontanität, Wellness, Erholung, Frieden und Ruhe, Natur

Kreativität
Erfindergeist, kreatives Gestalten, Ideen, Neugier, Imagination, Visionen, Träume, Neues erschaffen

Identität
Zugehörigkeit, Geschichte, Selbstachtung, Selbstliebe, Selbstbewusstsein, Ich, Geschlechterzugehörigkeit

Selbstverwirklichung
Umsetzung von Visionen, beruflichen Zielen, familiären Plänen, Ausdruck des eigenen Ich

Spiritualität
Suche nach dem Sinn, Suche nach Gott und Transzendenz, religiöse Vorstellungen, Traditionen

Freiheit
Autonomie, Selbstausdruck, Weiterentwicklung, Reisen, Offenheit, Neugierde, Experimente, Authentizität

Alleinsein
Rückzug, Erholung, Inspiration, kreative Pause, Stille, Meditation, Frieden, sich selbst spüren

Da besonders Hochsensible ihren Fokus nicht bei sich, sondern bei den anderen haben, fällt es ihnen besonders schwer, den eigenen Standpunkt innerhalb des Konflikts zu benennen oder sogar Lösungen zu fordern.

In diesem Zusammenhang spielt wieder die Entwicklung eines starken Ichs eine große Rolle – denn nur, wenn ich weiß und spüre, wer ich bin, kann ich in Konflikten klar benennen, was ich will. Damit Ihnen das in Zukunft besser gelingt, werde ich in diesem Kapitel einige Übungen dazu anbieten und weitere Hintergrundinformationen liefern.

Innerseelische Konflikte

Ein innerseelischer Konflikt kann Ausdruck einer sich gesund entwickelnden Integrationskraft sein. Ein Merkmal, an dem Sie einen innerseelischen Konflikt erkennen, ist das Gefühl, dass Sie zwischen zwei Alternativen hin- und herschwanken, die sich gegenseitig auszuschließen scheinen. Mithilfe der Integrationskraft können Sie unterschiedliche Gefühle vermischen, so als würden Sie eine weiße Farbe mit einer schwarzen Farbe mischen. Teilweise ist es auch möglich, dass einer der beiden Impulse durch andere Menschen eingeredet oder vermittelt wurde, zum Beispiel durch die Erziehung oder vorgelebte Werte. Auch die Arbeit mit den inneren Persönlichkeitsanteilen und ihren unterschiedlichen Bedürfnissen (siehe Survivalregel Nr. 11) hilft hier sehr weiter. In der folgenden Tabelle möchte ich Sie mit Aussagen von inneren Konfliktsituationen vertraut machen, daneben finden Sie eine kurze Beschreibung der Art des Konflikts und der dahinterliegenden Bedürfnisse. Mit den Übungen und Fragen am Ende dieses Abschnitts werden Sie Gelegenheit haben, Ihre eigenen Themen noch näher zu beleuchten.

Innere Gedanken/Gefühle	Dahinterliegender Konflikt und die Bedürfnisse
»Einerseits möchte ich in einer liebe-vollen Beziehung leben, andererseits fühle ich mich in engen Beziehungen erdrückt und verliere mich selbst.«	**Autonomie- und Bindungskonflikt.** Auf der einen Seite stehen Bedürfnisse nach Nähe, Sicherheit, Intimität und Familienzusammenhalt. Auf der anderen Seite sind da Bedürfnisse nach Rückzug und Autonomie. Für einige Menschen scheint beides nicht miteinander vereinbar zu sein, und daher kommt es oft verfrüht zu Trennungen vom Partner.
»Einerseits möchte ich mich zurück-ziehen, mich ausruhen oder einfach nur entspannen. Andererseits kann ich nicht entspannen, weil ich alles perfekt machen muss. (Perfekt die Wohnung putzen, perfekt sein am Arbeitsplatz, perfekt ...)	**Selbstwertkonflikt.** Das Thema Perfektion ist häufig ein Konflikt, bei dem es darum geht, das eigene mangelnde Selbstwertgefühl durch Perfektion aufzuwerten. Die ureigenen Bedürfnisse nach Genuss, Erholung und Rückzug oder lustvoller sozialer Interaktion werden häufig durch Perfektionsstreben unterdrückt, und es entstehen starke innere Spannungen, im fortgeschrittenen Stadium auch Zwänge. Hintergrund kann ein starker Konflikt zwischen dem Eltern-Ich und dem inneren Kind sein, bei dem die perfektionistischen Werte der eigenen Eltern oder Elternteile ungefiltert übernommen wurden. Die eigene Lebendigkeit, Kreativität und Genuss-fähigkeit (Eigenschaften des inneren Kindes) werden dabei unterdrückt.

Innere Gedanken/Gefühle	Dahinterliegender Konflikt und die Bedürfnisse
»Einerseits möchte ich am liebsten meinen sicheren Job kündigen und sofort mit meiner kreativen Arbeit als… beginnen, andererseits habe ich Angst, auf der Straße zu landen.«	*Sicherheit vs. Kreativität.* Diese Art von Konflikt kennt jeder Mensch mit Visionen und kreativen Ideen. Solange man in einer Arbeit festhängt, die einen zwar finanziell einigermaßen ernährt, aber die innerseelischen Bedürfnisse von Schönheit, Harmonie, Kreativität und Selbstverwirklichung nicht erfüllt, gibt es starke innere Spannungen. Durch den wirtschaftlichen Druck der Geldherrschaft ist diese Art von Konflikten für viele Menschen nur mit einer hohen Risikobereitschaft oder mit einem langwierigen strategischen Plan lösbar.
»Ich kann niemandem vertrauen. Ich möchte am liebsten meine Partnerin/ meinen Partner, Kollegen und Mitarbeiter immer dominieren und kontrollieren.«	*Sicherheit vs. Vertrauen.* Hinter vielen machtbesessenen, kontrollierenden und dominanten Zeitgenossen stecken oft Menschen, die starke Kontrollverluste in der Kindheit erlebt haben. Der Wunsch zu vertrauen wird durch die Angst vor Verrat oder mangelnder Loyalität mit Kontrolle und Dominanz ersetzt. Hier haben wir es bereits mit verzerrten Bedürfnissen zu tun, die über Umwege erfüllt werden sollen, was meistens scheitert.

Wie Sie sehen, sind bei jedem dieser beliebigen Beispiele mindestens eines oder sogar zwei der Bedürfnisse aufgeführt, die oben in der Einführung zum Thema »Konflikte« benannt wurden. Die folgenden Fragen möchten Sie dazu anleiten, Ihre aktuellen inneren Konflikte zu erkennen, und Impulse geben, diese zu lösen. Wenn Sie klar benennen können, was Sie innerlich zerreißt oder antreibt, sind Sie schon einen entscheidenden Schritt weiter.

Übungen zur Lösung innerseelischer Konflikte

1. Denken Sie an eine Situation, die Ihnen im Moment Probleme bereitet und bei der es entweder um eine Entscheidung oder ein inneres Chaos geht. Dabei ist es wichtig, dass es sich um innere Konflikte handelt.

   Vervollständigen Sie unter Berücksichtigung dieser Situation folgenden Satz:

   Einerseits möchte ich _____.

   Andererseits möchte ich _____ .

2. Schauen Sie die Kästen zu Beginn dieses Abschnitts mit den unterschiedlichen Bedürfnissen an, und schreiben Sie hinter dem, was Sie jeweils wollen, das dahinterliegende Bedürfnis auf. In welcher Weise scheinen sich diese beiden Bedürfnisse gegenseitig auszuschließen?

3. Überlegen Sie mithilfe Ihres bereits erarbeiteten Wissens, welche unterschiedlichen Persönlichkeitsanteile oder Glaubenssätze hinter den verschiedenen Wünschen in Ihnen selbst stecken, und schreiben Sie darüber in Ihrem HSP-Tagebuch.

4. Nehmen Sie die beiden Strömungen in sich auf, und vervollständigen Sie den folgenden Satz:

   Ich kann sowohl Bedürfnis (A) _____ als auch Bedürfnis (B) _____ in mein Leben integrieren, indem ich _____ .

   Wenn die Formulierung »sowohl als auch« nicht passt, nehmen Sie »gleichzeitig« und »und«.

   Zusätzlich können Sie die beiden Aspekte oder Wünsche gedanklich und gefühlt in Ihre Hände legen – linke Hand (A) und rechte Hand (B). Beginnen Sie damit, zuerst einen

Aspekt symbolisch in eine Hand zu legen (und zu fühlen) und danach den zweiten Aspekt in der anderen Hand zu fühlen. Dann führen Sie ganz langsam, während Sie sich diesen Satz vorlesen, beide Hände zusammen und lassen diese beiden Aspekte verschmelzen. Die Hände können dabei eine hohle Kugel bilden. Beobachten Sie, welche Gefühle in Ihnen aufsteigen. Es ist sehr wahrscheinlich, dass Sie sich verwirrt fühlen. Doch das bedeutet lediglich, dass Ihr Gehirn versucht, diese widersprüchlichen Informationen und Gefühle zu verarbeiten. Das Zusammenführen beider Aspekte kann Ihnen dabei helfen, eine dritte Perspektive auf einer neuen (höheren) Ebene wahrzunehmen. Dadurch können Lösungsstrategien entstehen, an die Sie bisher noch nicht gedacht haben. Sollte sich sehr starker Widerstand oder ein Unwohlsein bei Ihnen regen, lohnt es sich, dieses tiefer liegende Gefühl zu erkunden, denn es hat in der Vergangenheit wahrscheinlich auch dafür gesorgt, dass die Integration beider Aspekte gescheitert ist.

5. Normalerweise ist eine Integration verschiedener Anteile und Strömungen wünschenswert, wenn es sich dabei um ursprüngliche Bedürfnisse handelt. Sollte es sich bei Ihren allerdings um Ersatzbedürfnisse handeln (siehe Perfektionismus und das Streben nach Anerkennung und Selbstwert sowie das Beispiel von Kontrolle vs. Vertrauen), ist es gut, die tiefer liegenden Bedürfnisse zu ermitteln. So kann bei Rache zum Beispiel das ursprüngliche Bedürfnis der Wunsch nach Wiederherstellung von Sicherheit und Verstandenwerden sein. Arbeiten Sie daher am besten immer nur mit konstruktiven Bedürfnissen! Zur Vereinfachung arbeiten Sie anfangs nur mit den Bedürfnissen, die in den obigen Kästen definiert

sind. Wenn Sie bei sich destruktive Verhaltensweisen oder Wünsche erkennen, versuchen Sie folgenden Satz zu formulieren:

Hinter meinem Wunsch nach _____ erkenne ich mein tiefer liegendes Bedürfnis nach _____ .

Beispiel: »Hinter meinem Bedürfnis nach Rache gegenüber der Person X erkenne ich mein Bedürfnis nach Anteilnahme (wer hört mir zu, mit wem kann ich meine Verletzung teilen?). Hinter meinem Wunsch, andere Menschen kontrollieren zu wollen, erkenne ich mein Bedürfnis nach Sicherheit, Bindung und Loyalität in Beziehungen. Hinter meiner Gier nach Geld erkenne ich mein Bedürfnis nach Sicherheit und Schutz. Hinter meiner Eifersucht erkenne ich das Bedürfnis nach Sicherheit und einer verlässlichen Bindung.«

6. Vielleicht sind Ihnen beim Schreiben zu diesem Thema weitere Ideen gekommen. Gehen Sie einfach noch einen Schritt weiter. Wo bewegt sich das Thema hin? Schreiben Sie frei in Ihr HSP-Tagebuch, und gehen Sie in eine Kommunikation mit Ihrem inneren Bewusstsein. Lassen Sie sich überraschen, welches Potenzial in dieser Übung liegt und wie viel Energie möglicherweise dabei freigesetzt werden kann. Ein Feuerwerk von unterschiedlichen Emotionen wird Ihr Begleiter sein. Oftmals kann es auch hilfreich sein, mit einer Vertrauensperson über diese inneren Strömungen und Konflikte zu sprechen. Durch das ehrliche Aussprechen löst sich teilweise von selbst die Blockade.

7. Wenn diese Zusammenführung nicht möglich erscheint, fragen Sie sich, welchem dieser inneren Aspekte Sie eher nachgeben wollen. Durch das klare Entscheiden für eine Seite der Medaille, ohne dass wir eine Integration wählen, können

Wege auftauchen, die für die aktuelle Situation zumindest annehmbar sind. Manchmal pendeln wir auch über einen gewissen Zeitraum von einem Extrem zum anderen und lernen daraus. Als Entscheidungshilfe könnte Ihnen hier dienen, dass Sie sich darüber klarwerden, welches der hinter den Wünschen stehenden Bedürfnisse für Sie einen höheren Wert hat. Was ist Ihnen zum Beispiel wichtiger: Sicherheit oder Freiheit, Kreativität oder Ordnung?

Zwischenmenschliche Konflikte

Mögliche Ursachen für Probleme bei Konflikten
- Mangelnde Eigenwahrnehmung und Panzerung
- Konzentration auf das Gegenüber
- Angst, Risiken einzugehen
- Schuldgefühle

1. Mangelnde Eigenwahrnehmung und Panzerung
Da viele Hochsensible damit beschäftigt sind, die Bedürfnisse anderer Menschen mehr zu beachten als die eigenen, besteht die Möglichkeit, dass sie im Konflikt den eigenen Standpunkt nicht klar benennen oder verteidigen können. Die Eigenwahrnehmung tritt in den Hintergrund und damit auch die Wahrung persönlicher Interessen. In Gesprächen können Sie diese Tendenz daran erkennen, dass Sie selbst beim Sprechen über den Konflikt entweder die Perspektive der Konfliktpartner einnehmen (und möglicherweise auch rechtfertigen) oder fast ausschließlich darüber reden, was die anderen tun. Dabei bleiben

Sie passiv und suchen keine eigenen Handlungsmöglichkeiten, stattdessen erleben Sie sich als Reagierenden, der seine eigenen Handlungen von der Umwelt abhängig macht. In diesem Zustand lassen sich Konflikte nur schwer lösen. Um adäquat auf solche Situationen reagieren zu können, ist es wichtig, dass Sie sich selbst spüren und in Verbindung mit Ihren Bedürfnissen bleiben. Da die Emotionen aller Beteiligten in der Regel intensiviert werden, gibt es jedoch mehrere Gefahren, die einer klaren Eigenwahrnehmung gegensteuern. Es kann zu einer Überladung mit Emotionen kommen, die bei einem gewissen Prozentsatz von Menschen zu einem Phänomen von »Wahrnehmungspanzerung« führt. Was bedeutet das? Unser Nervensystem besitzt die Fähigkeit, sich bei Gefahr zu panzern. Das heißt, dass Menschen, die sich beispielsweise in einer gefährlichen Situation befinden, die Gefahr als solche gar nicht mehr wahrnehmen können. Sie frieren förmlich ein oder spüren eine Art Lähmung. Gordon Neufeld (kanadischer Entwicklungspsychologe) beschreibt mehrere Ebenen bzw. Wahrnehmungsbereiche, in denen eine Panzerung stattfinden kann:

a) Auf der Ebene des eigenen Körpers, zum Beispiel: Schmerzempfinden, Hunger, Kälte, Hitze, Müdigkeit …

b) Auf der Ebene der Emotionen: Zum Beispiel in Beziehungen sind gepanzerte Menschen verwirrt über ihre eigenen Gefühle, nicht sicher, was sie für ihr Gegenüber empfinden. Ist es Liebe? Ebenso können Zustände von Angstlosigkeit auftreten, in denen eigentlich (gesunde) Angst angemessen wäre.

c) Auf der Ebene der Impulse und Absichten: Wenn die Wahrnehmung von Angst blockiert ist, können auch schützende

Impulse, wie Weglaufen, Schreien, sich selbst verteidigen usw., blockiert werden.

d) Auf der Ebene der Gefühle: Eigene verletzliche Gefühle von Trauer, jemanden vermissen, Scham, Neugierde, Enttäuschung können ebenfalls aus Schutzgründen ausgeblendet werden.

e) Auf der Ebene der Wahrnehmung von Umweltsignalen: Diese Form von Panzerung befähigt uns, in Beziehungen mit Personen zu bleiben, die uns eigentlich schaden, oder die Nähe von Personen zu suchen, die uns gar nicht willkommen heißen wollen. Kinder schützen sich auch vor Signalen von Ablehnung und beginnen dann, ihre Umwelt zu nerven.

Je sensibler ein Nervensystem, desto größer ist die Gefahr einer Panzerung. Wenn Bedrohungen längere Zeit anhalten, entwickelt das Nervensystem eine Art Frühwarnsystem, das zukünftig in bestimmten Situationen zu einer Abschaltung der Gefühlswahrnehmung führen wird. Sobald ein Mensch dieses System nicht bewusst steuern kann, entsteht ein Problem: Die Wahrnehmung wird unvollständig.

Hochsensible können tatsächlich hochsensibel sein und gleichzeitig in bestimmten Situationen und Wahrnehmungsbereichen gepanzert. Dies kann eine angemessene Eigenwahrnehmung blockieren.

2. Konzentration auf den anderen Konfliktpartner

Bei hochsensiblen Erwachsenen kommt es häufig vor, dass sie in einem Konflikt mit ihrer Konzentration beim Gegenüber sind und nicht bei sich selbst. Die Wahrnehmung für die eigenen Wünsche, Bedürfnisse und Impulse geht oft verloren. Dieses Thema hat unmittelbar auch mit Panzerung zu tun. Darüber hinaus ist das Ich zu schwach. Wenn Sie sich also dabei ertappt haben, dass Sie sich in Konfliktsituationen zu stark auf Ihre Umgebung konzentrieren oder sogar die Denkweisen und Perspektiven Ihrer Konfliktpartner einnehmen, fangen Sie an, Ihre Wahrnehmung nach innen zu richten. Versuchen Sie herauszufinden, was Sie selbst in diesem Konflikt fühlen, brauchen und wollen. Werfen Sie wieder einen Blick auf die Liste mit den Bedürfnissen, und schreiben Sie auf, worum es in diesem Konflikt wirklich geht. Als Erwachsener dürfen Sie erkennen, dass Sie nicht mehr existenziell davon abhängen, dass Sie Harmonie mit Ihrer Umwelt herstellen. Die Lösung von Konflikten und auch die Verteidigung eigener Bedürfnisse gehören zu Ihren Grundrechten als erwachsener Mensch.

3. Die Angst, Risiken einzugehen

Sie gehen jedes Mal ein Risiko ein, wenn Sie Ihre wahren Gefühle zum Ausdruck bringen oder klare Forderungen in einem Konflikt stellen. Das vermeintliche Risiko besteht imaginär oder real in einem Beziehungsabbruch oder in Bestrafung bzw. Angst vor Bestrafung. Wir haben Angst, den Partner zu verlieren, den Arbeitsplatz oder die Zugehörigkeit zu bestimmten Gruppen. Doch oftmals ist das, wovor wir am meisten Angst haben, genau das, was wirklich nötig ist. Das reinigende Gewitter eines Streits, in dem wirklich die Wahrheit gesagt wird, klärt die Fronten. Selbst wenn es zu einem Beziehungsabbruch von anderer Seite kommt, kann das die Beziehungsunfähigkeit Ihres Gegenübers demaskieren. Daran können Sie nichts ändern. Das kann man nur betrauern oder feiern. Es kommt darauf an, wie Sie das sehen. Doch meist kommt es gar nicht zum Äußersten. Wenn Sie Ihre Wahrheit aussprechen, ohne Ihr Gegenüber anzugreifen, ist dies schon ein guter Anfang für ein klärendes Gespräch. Dabei sind Ich-Botschaften besonders hilfreich, anstatt »Du hast, Du musst, Du machst mich krank ...«. In einer Ich-Botschaft können Sie sogar Forderungen und Bitten formulieren, wie »Ich würde mir wünschen, dass ...«.

4. Schuldgefühle

In länger anhaltenden Konflikten neigen Hochsensible auch dazu, sich schuldig oder zumindest verantwortlich zu fühlen. Schuldgefühle können sich als hartnäckige Blockaden erweisen, die Sie daran hindern, sich aus einem Konflikt zu befreien oder für sich selbst einzustehen. Es gibt auch Menschen, die darin geübt sind, Ihnen diese Schuldgefühle einzureden. Wenn Sie dieses Thema betrifft, fragen Sie sich, wer in Ihrem Umfeld davon profitiert, dass Sie Schuldgefühle plagen.

5. Sich selbst nicht so wichtig nehmen

Hochsensiblen fällt es häufig schwer, die eigenen Bedürfnisse bzw. sich selbst innerhalb eines Konfliktes wahrzunehmen oder wichtig zu nehmen. Durch die vorrangige Wahrnehmung des Umfeldes entsteht bei vielen Hochsensiblen ein Ungleichgewicht, das verursacht, sich selbst nicht so wichtig zu nehmen.

Konfliktlösungsstrategien

Bei alltäglichen Konflikten kann es hilfreich sein, die eigenen Bedürfnisse sowie die Bedürfnisse des Gegenübers im Konflikt zu erkennen. Eine Frau, die sich ärgert, weil ihr Mann sich nach zehn Stunden Arbeit erst einmal für eine Stunde in den Keller/in die Garage zurückzieht, kann sich entweder abgelehnt fühlen oder erkennen, dass der Partner einfach Rückzug und Ruhe braucht. Ungelöste Konflikte führen zu einer Menge vergeudeter Energie und inneren Monologen. Ein zeitnahes Klärungsgespräch kann Ihnen helfen, unerträgliche Spannungen, Ärger, Disharmonie und Unsicherheit zu beenden.

Übungen zur Lösung von zwischenmenschlichen Konflikten

1. Notieren Sie eine ganz konkrete Situation, die Sie als Konflikt wahrnehmen. Welche Konfliktpartner sind daran beteiligt? (Beginnen Sie damit, einen Konflikt mit anderen Erwachsenen zu beleuchten. Eigene Kinder bitte an dieser Stelle ausklammern, das ist ein anderes Thema.)
2. Schreiben Sie die Bedürfnisse auf, die Sie in dieser Situation haben, nehmen Sie sich die Kästen vom Beginn des Kapitels als Vorlage:
   In dieser Situation habe ich folgende Bedürfnisse:

   _____.

   Ich fühle mich _____, wenn diese Bedürfnisse nicht erfüllt werden.
   Andererseits stellen Sie sich genau vor, wie Sie sich fühlen werden, wenn der Konflikt zufriedenstellend gelöst sein

wird. Denken Sie an ähnliche Konflikte, die Sie bereits in der Vergangenheit erfolgreich gelöst haben. Dadurch können Sie die Zuversicht entwickeln, dies auch in Zukunft zu können. Sollten Sie sich an kein solches Beispiel aus Ihrer Vergangenheit erinnern, erfinden Sie einfach eines.

3. Wie können Sie herausfinden, welche Bedürfnisse Ihr Gegenüber hat? Egal, welche Einwände er/sie bringt: Fragen Sie die Person: »Was ist Ihnen wichtig daran, dass ...?« Oder fragen Sie: »Was möchten Sie vermeiden...?« Wenn Sie fragen, was dem anderen wichtig ist, kommt dieser ins Nachdenken und wird in der Regel authentisch antworten. Wann wird man überhaupt in einem Konflikt gefragt, was einem wichtig ist? Wenn Sie dann eine Antwort hören, bei der Sie ein Bedürfnis erkennen, können Sie einen Kompromiss anbieten, bei dem auch die Wünsche Ihres Gesprächspartners berücksichtigt werden. Wenn Sie noch nicht in der Lage sind, weiter zu verhandeln, sagen Sie, dass Sie zu einem späteren Zeitpunkt darauf zurückkommen werden. Achtung, die Bedürfnisse des Konfliktpartners zu verstehen, bedeutet nicht, diese wichtiger zu nehmen als die eigenen!

4. Wenn Sie (wieder) für sich allein sind, stellen Sie für sich selbst die eigenen Bedürfnisse denjenigen der anderen Person gegenüber. Manchmal sind es sogar identische Bedürfnisse, nur dass jeder Konfliktpartner andere Vorstellungen davon hat, wie diese umzusetzen sind. Wenn ein Kompromiss nicht möglich ist, überlegen Sie sich, wie Sie Ihre eigenen Wünsche formulieren können, am besten wieder in Form einer Ich-Botschaft.

5. Seien Sie es sich wert, Ihre eigenen Bedürfnisse innerhalb des Konflikts zu benennen, und wenn es sein muss, auch durch-

zusetzen. Hochsensiblen, die es gewohnt sind, sich meist nach den Wünschen anderer Menschen aus ihrem Umfeld zu richten, mag es komisch vorkommen, wenn sie beginnen, ihren eigenen Standpunkt zu vertreten. Mit der sich weiterentwickelnden Ich-Kraft werden Sie automatisch häufiger in solche Situationen geraten, innerhalb derer Sie sich klar positionieren müssen.

In jeder Konfliktsituation haben Sie mehrere Möglichkeiten:

A) Sie gehen in den Konflikt rein und konfrontieren Ihr Gegenüber damit.

B) Sie verlassen die Situation und gehen dem Konflikt aus Gründen des Selbstschutzes aus dem Weg. Oftmals wissen wir nicht, wann es sich lohnt, einen Konflikt durchzustehen, oder wann es besser ist, eine Konfliktsituation aus Gründen des Selbstschutzes zu verlassen. Tatsächlich kann es manchmal schlauer sein, gewissen Konflikten aus dem Weg zu gehen, als sich in eine Schlacht gegen Windmühlen zu stellen. Wenn Sie sich nicht sicher sind, lassen Sie sich von einem guten Freund beraten, was er davon hält. Manchmal ist es wirklich sinnlos, mit einem Menschen zu diskutieren, der sich überhaupt nicht darauf einlassen will. Das kostet nur unnötig Kraft und ist sehr frustrierend. Die Erkenntnis kann jedoch befreiend sein. Versuchen Sie, eine realistische Einschätzung vorzunehmen. Meistens brauchen hochsensible Menschen mehrere vergebliche Versuche, um zu erkennen, dass eine Konfliktlösung mit X unmöglich ist. Dann ist Rückzug die beste Strategie.

6. Sie haben sich entschieden, den Konflikt zu lösen. Bevor Sie anfangen, nächtelang über das Thema zu grübeln, kann es hilfreich sein, seine Gedanken aufzuschreiben. Dies kann Ihnen helfen, im Konfliktgespräch genau zu benennen, was Sie wollen.

7. Gesprächsverlauf: Beginnen Sie das Gespräch mit einer kurzen Einleitung. Bevor Sie den kritischen Punkt ansprechen, können Sie versuchen, erst einmal einen Kontakt herzustellen. Blickkontakt, Kopfnicken und Lächeln sind die besten Signale dafür, dass Sie in einer guten Verbindung sind. Vielleicht finden Sie zunächst einmal eine Gemeinsamkeit. In einer ruhigen Situation und im Vertrauen, dass Ihr Gegenüber fair bleibt, können Sie im Verlauf des Gespräches irgendwann sagen: »Ich fühle mich in dieser Situation …!« (Ich-Botschaft). Damit greifen Sie den anderen nicht an, sagen jedoch deutlich, was Sie stört. »Ich wünsche mir, dass …!« Mit einer konkreten Aussage zu dem, was Sie sich tatsächlich wünschen, übernehmen Sie die Führung im Gespräch. Nun liegt es am Gegenüber, ob er oder sie auch bereit ist, auf Ihren Wunsch einzugehen. Wenn Sie in Erfahrung gebracht haben, was Ihr Gesprächspartner sich wünscht, können Sie noch fragen: »Nehmen wir an, es wäre möglich, wenn Ihr Wunsch nach … berücksichtigt werden würde, wären Sie dann bereit, auf meinen Vorschlag einzugehen?« Überprüfen Sie nach Gesprächsende, ob Ihr Konfliktpartner Sie verstanden hat und ob er bereit ist, auf Ihre Wünsche und Ideen einzugehen. Anhand seiner Antwort können Sie erkennen, ob Sie erfolgreich waren. Daran können Sie die nächsten Schritte ableiten.

8. Versuchen Sie, die Sprache Ihres Gegenübers zu treffen.

Wenn Ihr Konfliktpartner in Hierarchien denkt, versuchen Sie ihn zu überzeugen, dass er beispielsweise als Führungskraft gewisse Verpflichtungen hat. Anders ist es mit Menschen, die für solche Gespräche Beispiele und »Beweise«, ja sogar Statistiken brauchen. Sammeln Sie konkrete Ereignisse, schreiben Sie diese auf, und führen Sie sie dann im Gespräch an. Anhand der Sprache Ihres Gegenübers können Sie herausfiltern, wie er/sie denkt. Hier nur kurz einige Beispiele: »Man ...« (erträgt keine direkte Ansprache oder Aussagen über das eigene »Ich«), »korrekt, perfekt« (jemand mit Perfektionstick), »Gerechtigkeit« (ein starker emotionaler Trigger), »Ich sehe schwarz-weiß« (ein bildlicher Denker). Wenn Sie es schaffen, die Sprache Ihres Gegenübers zu sprechen, haben Sie eine höhere Wahrscheinlichkeit, verstanden zu werden.

Umgang mit Meistern der Manipulation

Es gibt zwei verschiedene Konfliktebenen – die Sachebene (Worum geht es?) und die Gefühlsebene. Viele Konflikte werden totgeschwiegen, weil sich die Rationalisten und Strategen immer nur auf die Sachebene einlassen, aber die bei Ihnen ausgelösten Gefühle und unterschwelligen Verletzungen leugnen. Wenn Sie hier nicht auf Ihre eigene Wahrnehmung achten, könnte es passieren, dass Ihr Konfliktpartner versucht, Ihnen Ihre **Wahr**-Nehmung auszureden und Ihnen zu suggerieren, Sie würden sich das alles nur einbilden und seien zu Unrecht verletzt. Wenn Sie ein Gegenüber haben, das sich jeder Diskussion entziehen will, Ihre emotionale Realität leugnet und auch seine Angriffe und Sticheleien verharmlosen möchte, haben Sie es womöglich mit einem Meister der Manipulation zu tun. Achtung! Wenn Sie Kontakt zu einem solchen Menschen haben, geben Sie eher keine Informationen über Ihren Gefühlshaushalt preis. Ihr Gegenüber wird diese Information möglicherweise zu einem anderen Zeitpunkt gegen Sie verwenden. Lassen Sie sich weder durch Drohgebärden noch durch Bestrafungen einschüchtern. Besonders rhetorisch brillante Gesprächspartner sind geschickt darin, andere verbal zu attackieren. Ehe Sie sich wehren können, werden Ihnen die Worte im Mund herumgedreht.

Strukturkonflikte

Strukturkonflikte können sowohl innerhalb von Familien als auch in Unternehmen oder Volksgruppen auftreten. Das zentrale Element dabei ist immer eine Person, die stellvertretend für eine andere Person oder eine Personengruppe angegriffen, instrumentalisiert oder ausgeschlossen wird. Vielfach erleben wir Strukturkonflikte im Alltag, die wir als solche gar nicht gleich erkennen. Wir glauben dann, es wäre unser eigener Konflikt. Daher möchte ich an dieser Stelle noch einige Beispiele anführen, um Ihnen diese Sonderform von Konfliktarten näherzubringen.

Beispiel: Krieg zwischen Abteilungen in einem Unternehmen

In meiner Beratungstätigkeit sprach ich einmal mit einer Frau, die in einem Unternehmen in eine andere Abteilung versetzt wurde und dort eine neue Position bekleidete, die es vorher in dem Team nicht gab. An ihrem neuen Arbeitsplatz erhielt sie von ihrem Vorgesetzten die Aufgabe, die Effizienz der Abläufe zu verbessern. Somit hatte sie eine gewisse Controlling-Funktion. Hier kommen gleich zwei Dinge auf einen Punkt, die Systeme und Menschen meist gar nicht gern haben: Veränderung und Kontrolle. Das gesamte Team boykottierte die neue Kollegin von Beginn an. Es folgten anstrengende Monate, in denen die Frau es wirklich schwer hatte. Egal, wie gut ihre Ideen waren, alle Kollegen gaben ihr Bestes, um diese Veränderungen aufzuhalten. Gleichzeitig attackierten sie die Frau durch Mobbing. Niemand hörte auf sie. In einer solch feindseligen Umgebung kann sich kein Mensch wohlfühlen. Und obwohl diese Dame erkannte, dass die Abteilung mit ihr persönlich eigentlich gar keinen Konflikt hatte, sondern »nur« mit ihrer Aufgabe, litt sie sehr stark darunter und wollte um jeden Preis in der Situation ausharren. Anstatt dass sich der Unmut der Abteilungsmitarbeiter gegenüber dem Vorgesetzten äußerte, der sich diese Strukturveränderung ausgedacht hatte, konzentrierten sich die Angriffe auf sie.

Auswertung

Wenn Sie sich als Hochsensibler in einer solchen Situation wiederfinden, werden viele Herausforderungen auf Sie zukommen. Zum einen wird hier das Harmoniebedürfnis empfindlich gestört, zum anderen entsteht eine schier unlösbare Konfliktsituation, die Sie selbst als Einzelperson gar nicht lösen können. Am Ende der Beratungssituation mit der Klientin kamen wir zu dem Ergebnis, dass diese Frau den Konflikt gar nicht lösen musste, sondern sich besser aus der Abteilung versetzen ließ. Nur so konnte sie nicht mehr für den Strukturkonflikt miss-

braucht werden, der zwischen der Führungsriege und der aus-
führenden Abteilung bestand. Sie war nun weder dem Vorgesetzten etwas schuldig, nämlich Ordnung in die Abteilung zu
bringen, noch der Abteilung, die alles versuchte, um sie loszuwerden. Diese Art von Konfliktlösung erscheint im ersten Moment paradox. Doch wenn Sie erkennen, dass es in einem Konflikt gar nicht um Sie persönlich geht, dürfen Sie sich schon
fragen, ob es sich lohnt, diesen Kampf weiterzuführen. Das ist
die Lösung B: Sie verlassen die Situation/lösen sich aus der Be-
ziehung/dem Kontext. Einen Strukturkonflikt können Sie in
der Regel nicht allein lösen. Wenn überhaupt, können hier nur
noch Mediatoren oder Berater weiterhelfen, die wirklich neutral in dem Kontext agieren. Doch dafür ist es vielfach zu spät.

ZUSAMMENFASSUNG

▶ Konflikte entzünden sich rund um das Thema Bedürfnisse.
▶ Die Lösung zwischenmenschlicher Konflikte wird durch vier
  grundlegende Risiken blockiert: mangelnde Eigenwahrnehmung, die Konzentration auf das Gegenüber, die Angst, Risiken einzugehen, die Angst vor Ablehnung.
▶ Mangelnde Eigenwahrnehmung kann die Folge einer Wahrnehmungspanzerung sein. Hochsensible Menschen können gleichzeitig auf der einen Seite hochsensibel und auf der
  anderen Seite gepanzert sein. Die Ursache der Panzerung
  liegt meist in vergangenen Erfahrungen von Bedrohung oder
  Verletzung.
▶ Wenn der Fokus der Wahrnehmung zu sehr bei anderen
  Menschen liegt, besteht die Gefahr, dass Sie in Konfliktsitua-

tionen nicht die Kraft haben, eine eigene Position einzunehmen. Schuldgefühle oder übertriebene Gefühle von Verant-
wortlichkeit können diese Tendenz noch verstärken.

▶ Das mangelnde Selbstwertgefühl führt zur Angst vor Ablehnung und Beziehungsverlust. Dadurch werden Sie möglicherweise emotional erpressbar.

▶ Um herauszufinden, was Sie in einem Konflikt wollen, ist es
hilfreich, die eigenen Gefühle und Bedürfnisse zu erkunden.

▶ Entscheiden Sie bewusst, ob Sie bei zwischenmenschlichen
Konflikten in die Konfrontation gehen oder ob Sie sich aus
dem Kontext der Beziehung lösen.

▶ Bei einem Konflikt gibt es immer eine Sach- und Gefühlsebene, die die Beziehung zu Ihrem Konfliktpartner beeinflusst. Menschen, die das leugnen, geben Ihnen kaum die
Chance, den Konflikt zu lösen. Das Verschweigen von Gefühlen verursacht eine irrationale Situation. Wenn Sie nicht
bewusst in dieser Situation handeln, werden Sie im Konflikt
leiden.

▶ Strukturkonflikte sind oft ungerecht und ungleichgewich-
tig. Einzelne Personen oder Personengruppen erleiden darin
stellvertretend Angriffe oder Entwertung von anderen. Innerhalb von Strukturkonflikten lassen sich mit herkömmlichen Mitteln der Konfliktschlichtung häufig nur wenige Erfolge bewirken. Versuchen Sie immer zu erkennen, ob Sie
tatsächlich in einem persönlichen Konflikt stecken oder ob
ein Strukturkonflikt darunter verborgen liegt.

Kapitel 4

Notfallausrüstung gegen Stress, Burnout und Trauma

Das Nervensystem von Hochsensiblen ist einerseits sehr leistungsfähig und differenziert, auf der anderen Seite lässt sich eine leichtere Stressanfälligkeit beobachten. Aufgrund der höheren Erregbarkeit des autonomen Nervensystems sind bei Hochsensiblen schneller die Grenzen der Leistungsfähigkeit erreicht. Durch Forschungen in sogenannten Stresslabors wurde bereits bestätigt, dass Personen, die objektiv den gleichen Stressfaktoren ausgesetzt wurden, durchaus unterschiedlich stark ausgeprägte Stressreaktionen zeigten. Wahrscheinlich haben Sie bereits die Erfahrung gemacht, dass Sie schon durch laute Musik in Cafés, durch Schlafmangel, Hunger, Düfte, Geräusche oder zu viele Menschen in einem Raum in Stress geraten, während robustere Menschen davon kaum Notiz nehmen.

Stresssymptome

- Appetitmangel oder übermäßiger Hunger
- Erhöhte Herzfrequenz
- Nicht einschlafen oder durchschlafen können
- Flacher, angestrengter Atem

- Kopfschmerzen
- Verdauungsprobleme
- Verschlechterung der Konzentration und des Kurzzeitge-dächtnisses
- Das Gefühl vom »Stein auf der Brust« oder »Stein im Magen«
- Starke Muskelverspannungen
- Zähneknirschen
- Vermehrte Ängstlichkeit
- Starke Erschöpfung

Das vegetative Nervensystem

Um zu verstehen, wie Stress verarbeitet wird, möchte ich an dieser Stelle kurz die Arbeit des vegetativen Nervensystems skizzieren: Das vegetative oder autonome Nervensystem reguliert unsere Körperfunktionen, ohne dass wir willentlich unsere Atmung, den Herzschlag oder die Verdauung kontrollieren müssen. Nervenbahnen treten aus dem Rückenmark aus und versorgen unsere inneren Organe mit Steuerungsimpulsen. Der »Sympathikus« ist zuständig für Erregung, Aktivität, Kampf oder Flucht, der »Parasympathikus« stellt Entspannung, Ruhe und Erholung sowie Regenerationsphasen für den Körper bereit. Beide Anteile bestehen aus verschiedenen Nervensträngen, die durch den gesamten Körper verlaufen, und sind wichtig im Umgang mit den wechselnden Anforderungen des Alltags. Sie können sich diese Bewegung des autonomen Nervensystems wie ein Pendel vorstellen, das zwischen Aktivität und Ruhe hin und her schwingt. Wie wichtig dieser Wechsel für uns Menschen ist, zeigt schon allein, dass wir täglich zwischen Schlaf- und Wachbewusstsein wechseln. Nicht umsonst sind chronische Schlafstörungen ein häufiges Symptom bei Depressionen und anderen psychischen Erkrankungen. Erst wenn die Regulation zwischen Aktivität und Entspannung aus dem Gleichgewicht gerät, können chronische Stresskrankheiten entstehen.

Sympathikus

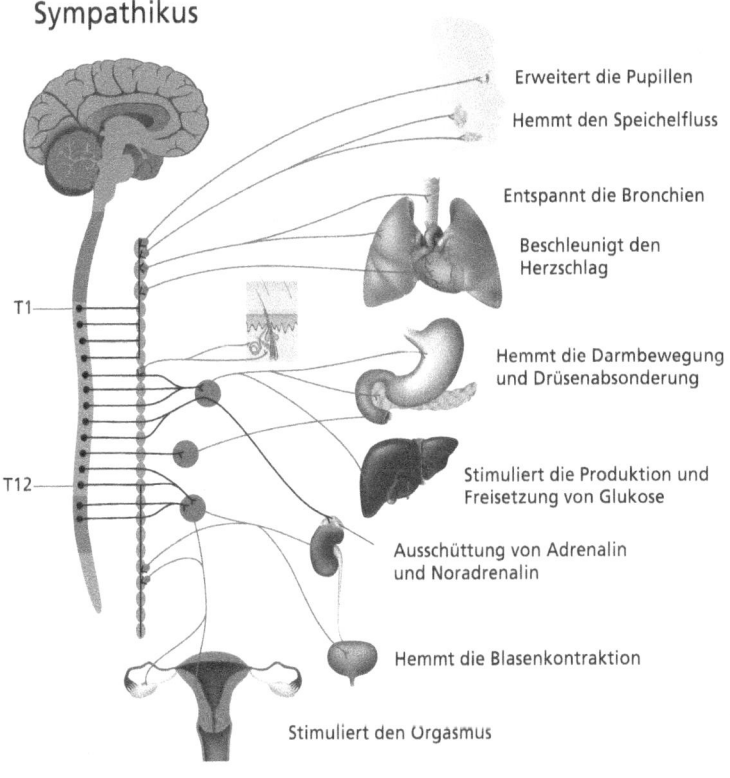

Abbildung 4.1: Sympathikus

Parasympathikus

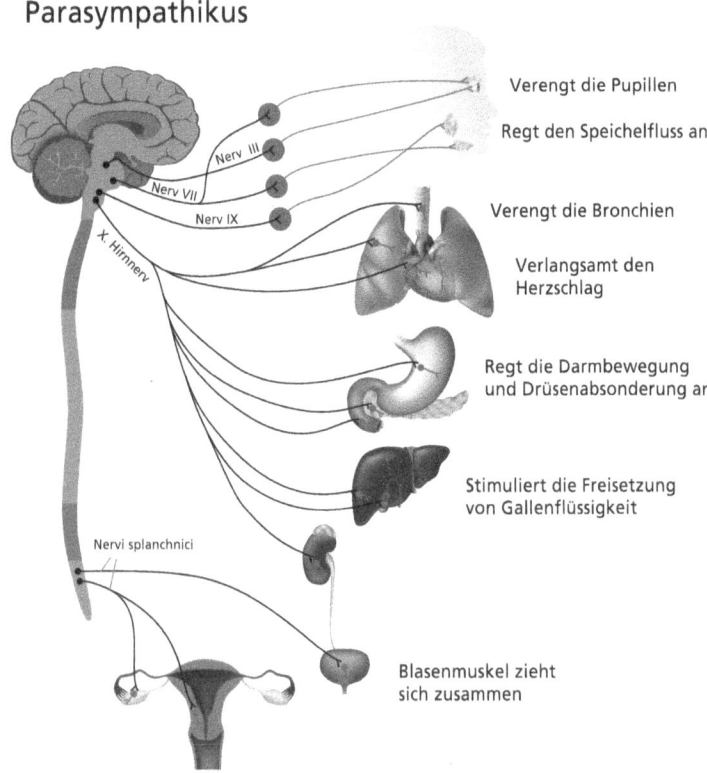

Verengt die Pupillen

Regt den Speichelfluss an

Nerv III

Nerv VII

Nerv IX

X. Hirnnerv

Verengt die Bronchien

Verlangsamt den
Herzschlag

Regt die Darmbewegung
und Drüsenabsonderung an

Stimuliert die Freisetzung
von Gallenflüssigkeit

Nervi splanchnici

Blasenmuskel zieht
sich zusammen

Abbildung 4.2: Parasympathikus

Die sympathische Stressreaktion

Bei Stress sorgt der Sympathikus für den bekannten Kampf-
oder Fluchtreflex. Über die Hirnzentren Thalamus und Amygdala werden Impulse über die Nervenbahnen gegeben, die eine
sehr schnelle Reaktion auf den Stressimpuls oder die Gefahrensituation ermöglichen. Der Herzschlag erhöht sich, sodass mehr

Sauerstoff die Organe erreicht, die Verdauung wird gedrosselt, sodass Sie nicht träge oder müde werden. Um den erhöhten Energiebedarf zu decken, wird Glukose aus der Leber freigestellt und Fettreserven werden mobilisiert. Zusätzlich werden die Botenstoffe Noradrenalin und Adrenalin freigesetzt. Sobald es gelingt, der Gefahr zu entkommen oder die Stresssituation zu bewältigen, wird die Alarmierung über den Sympathikus gestoppt. Bei länger anhaltenden Stresssituationen bleibt die Aktivität des Sympathikus jedoch erhalten, und der Befehl geht an die Nebennierenrinde, Cortisol (ebenfalls ein Stresshormon) freizusetzen.

Untersuchungen zum Cortisolspiegel bei Hochsensiblen

In vielen klinischen Studien wird der Cortisolspiegel als Gradmesser für chronischen Stress gemessen. Bei Hochsensiblen wurde festgestellt, dass dieses Hormon dauerhaft erhöht ist und oft nur sehr langsam sinkt, selbst wenn HSPs gerade eine Erholungspause eingelegt haben. An der Harvard Universität stellte der Psychologe Jerome Kagan fest, dass bereits hochsensible Säuglinge erhöhte Herzfrequenzen zeigten und ihre Pupillen sich unter Stress früher weiteten. Urin- und Speichelproben zeigten ebenfalls hohe Konzentrationen von Noradrenalin und Cortisol auf. Wenn Cortisol über viele Jahre hinweg erhöht ist, kann dies beispielsweise eine höhere Infektanfälligkeit und ein schlechtes Kurzzeitgedächtnis begünstigen und auch die Entwicklung von Depressionen, Schlafstörungen und sogar Burnout. In schweren Fällen kann es sogar zu einer Schwächung der Nebennieren kommen. Der amerikanische Arzt Dr. med. James L. Wilson beschreibt dieses Phänomen ausführlich in seinem Buch »Grundlos erschöpft? Nebennieren-Insuffizienz, das Stress-Syndrom des 21. Jahrhunderts«.

Effektive Entspannungsmethoden

Die Herzintelligenz-Methode als eine Form von Biofeedback

Wann waren Sie zuletzt tief berührt, dankbar oder voller Mitgefühl? Wahrscheinlich haben Sie die Hand aufs Herz oder den Brustbereich gelegt. Denn nicht nur metaphorisch, sondern auch physiologisch spielt das Herz eine große Rolle, wenn es um Gefühle von Liebe und Anteilnahme geht. In diesem Abschnitt erfahren Sie ein Geheimnis, wie Sie mithilfe Ihres Herzens aus den Zuständen von Kontrolle, Ärger, Zwang und Depression aussteigen können. Doc Childre ist einer der Gründer des »HeartMath-Institut« (dem Herz-Mathematik-Institut) in Boulder Creek, Kalifornien. Der Arzt und Wissenschaftler erforscht seit Jahrzehnten das Thema Stressbewältigung mithilfe des Herzens. Und das ist nicht metaphorisch gemeint. Auf geniale Weise zeigte Childre, dass nicht das Gehirn, sondern das Herz im menschlichen Körper die zentrale Steuerung darstellt, wenn wir nur wissen, wie wir Zugang dazu finden. Das Herz ist das erste Organ des sich entwickelnden Embryos im Mutterleib. Relativ früh nach der Befruchtung kann man unter dem Mikroskop die ersten Pumpbewegungen dieses Lebensorgans beobachten. Durch das rhythmische Pulsieren verteilt das Herz das Blut in alle Bereiche des menschlichen Körpers. Auch im Erwachsenenalter bildet das Herz, und nicht das Gehirn, das größte messbare elektromagnetische Feld um den Körper.

Einige Meter außerhalb des Körpers kann das Feld, in der Form eines Donuts, noch gemessen werden.

Doc Childre entwickelte die »HerzIntelligenz-Methode«, mit deren Hilfe jeder Praktizierende Stress abbauen und Zustände von Ruhe, Kraft, Wertschätzung, Liebe und Dankbarkeit aufbauen kann. Auch der Zugang zur Intuition wird durch einfache Übungen gestärkt. Insbesondere die emotionalen Schattenseiten von Stress – Ärger, Frustration, innere Unruhe und Angst – lassen sich mit dieser Methode mühelos verwandeln, indem die emotionale Regulationsfähigkeit durch Biofeedback trainiert wird. Aus dem Chaos entsteht innere Ordnung, die sich in Form der Herzratenvariabilität und der biologischen Kohärenz physiologisch sogar messen lässt. Kohärenz beschreibt den Grad an Ordnung und Harmonie im Körper. Besonders die Sichtbarmachung der Herztätigkeit über einen Bildschirm ändert den Fokus der Aufmerksamkeit und erlaubt Ihnen, Ihren Herzrhythmus willentlich zu beeinflussen. Es gibt auch andere Biofeedbackverfahren, die etwa die Gehirnaktivitäten aufzeichnen, die Atmung oder den Hautleitwiderstand. Doch die Konzentration auf das Herz birgt eine besondere spirituelle Qualität. Im HeartMath-Institut fand man heraus, dass besonders eine flexible Herzratenvariabilität einen gesunden Zustand darstellt. Anders als eine tickende Uhr, die immer im selben Rhythmus ihre Zeiger bewegt, schlägt das menschliche Herz mal schneller, mal langsamer. Diese Variabilität macht das Herz und den gesamten Organismus anpassungsfähig. Im Gegensatz zu den alten Schulmeinungen weiß man heute, dass ein Herzrhythmus mit einer geringen Variabilität auf kommende Herzerkrankungen schließen lässt. Interessant ist hier auch die

Parallele zum vegetativen Nervensystem, das unter Dauerstress häufig auch seine Regulationsfähigkeit verliert. Da das Herz ein Teil des vegetativen Nervensystems ist, kann ein Herzkohärenztraining automatisch das autonome Nervensystem positiv beeinflussen.

Wenn sich in Versuchen die Probanden auf Liebe, Mitgefühl, Vergebung und Dankbarkeit konzentrierten, entstanden besonders hohe Kohärenzraten. Die harmonischen Rhythmen des Herzens übertrugen sich sogar auf die Aktivitäten des Gehirns, die mithilfe eines EEGs aufgezeichnet wurden. Im Zustand von Kohärenz wird keine Energie verschwendet. Da alle Organe und Regulationssysteme miteinander in Einklang sind, gibt es keine Reibungspunkte. Eine gut komponierte Musik, die Sie in eine angenehme Stimmung und in eine innere Harmonie versetzt, hat eine ähnliche Wirkung. Möglicherweise beruht jede Art von Musik auf den inneren Rhythmen des Herzens und der Körperorgane. Es ist ja auch allgemein bekannt, dass berühmte Dirigenten, Komponisten und Musiker aus dem Bereich der klassischen Musik meist sehr lange leben und lang im Beruf aktiv bleiben. Vielleicht liegt das Geheimnis im Energieaufbau, der durch solche Zustände der Harmonie hervorgerufen wird?

Die »Freeze-Frame-Technik«: negative Gefühle stoppen und verwandeln

In dem Buch »Die HerzIntelligenz-Methode« von Doc Childre und Howard Martin können Sie die folgende Übung und alle weiteren Informationen zum Thema nachlesen. Die Übung ist wissenschaftlich in ihrer Wirksamkeit bestätigt worden.

1. Erkennen Sie, wann Sie gestresst sind. Dazu ist der Kontakt zum eigenen Körper wichtig. Innere Anspannung, Angst, Ärger, Wut, Kurzatmigkeit, kreisende Gedanken sind sichere Anzeichen dafür.
2. Bemühen Sie sich mit aller Kraft, die Aufmerksamkeit von diesen chaotischen Gefühlen und Gedanken wegzulenken, hin zum Herzen. Stellen Sie sich vor, Sie atmen durch Ihr Herz ein und aus. Lassen Sie sich Zeit.
3. Erinnern Sie sich an ein positives Gefühl aus der Vergangenheit, besonders die Erinnerung an eine schöne Zeit, einen heiligen Platz in der Natur, die Begegnung mit einem liebevollen Menschen kann hier hilfreich sein. Lassen Sie zu, dieses Gefühl von Liebe, Dankbarkeit und Frieden wieder zu erleben.
4. Fragen Sie mit Ihrer inneren Aufmerksamkeit Ihr Herz, welche Reaktion auf die ursprünglich stressige Situation (Punkt 1) angemessen ist und Ihre Stressreaktion reduziert.
5. Hören Sie auf die Antwort Ihres Herzens. Die Antwort des Herzens wird sich immer von eingefahrenen Stressreaktionen wie Ärger oder Aufregung unterscheiden. Manchmal können Sie sich einfach auf einer tieferen Ebene bestätigt fühlen für etwas, was Sie schon wissen. Zu anderen Zeiten kann Ihnen die Antwort des Herzens wie eine Überraschung vorkommen.

Als ich diese Methode zum ersten Mal im Frühling 2012 ausprobierte, war ich überrascht, wie leicht das war. Tatsächlich ist es einfacher, in einem guten Zustand zu sein als in einem inneren Chaos, da wir in der Harmonie weniger Energie verbrauchen als im Stress. Überraschenderweise war die Übung mit dem inneren Kraftort, die schon weiter vorn im Buch auf-

taucht, die effektivste Methode, um mich mit meinem Herzraum in Verbindung zu bringen. Nachdem ich mir das entsprechende Programm für den PC gekauft hatte, konnte ich anhand
des Sensors, der an meinem Ohrläppchen befestigt war, einen
realistischen Blick auf meine Kohärenz werfen. Und tatsächlich, je mehr ich mich gefühlt in meinem Kraftplatz am Wasser
verankerte, umso müheloser wuchs der Zustand von Kohärenz
an. Ein angenehmes Gefühl von Leichtigkeit und innerem Frieden umgab mich. Es war ein Zustand von Flow und Glückseligkeit. Ich kannte diesen Zustand bereits aus anderen Meditationstechniken. Für den Verstand ist es sehr interessant zu sehen,
dass dieser Zustand tatsächlich Kohärenz hervorruft und keine
Einbildung ist.

Versuchen Sie, die Übung allein durchzuführen, und schreiben
Sie die Ergebnisse in Ihr HSP-Tagebuch. Wir haben mit gelenk-
ter Aufmerksamkeit ein wirksames Steuerungsinstrument für
das vegetative Nervensystem in der Hand. Es ist keine Kontrolle, denn Kontrolle ist immer statisch und unterdrückend. Es
geht um Navigation – wie bei einem Schiff, das durch einen
Sturm fährt, indem es sich auf seinen Kurs konzentriert. Wenn
Sie mögen, können Sie sich das Computerprogramm zu einem
erschwinglichen Preis selbst kaufen und damit trainieren. Im
Anhang finden Sie Bezugsadressen.

Lachyoga: Die lustigste Art, um Stress abzubauen
Im Jahr 2006 besuchte ich ein Seminarhaus in der Schweiz
am Bodensee. Dreißig Personen liefen durch einen Raum und
spielten lauthals »Rasenmäher«. Ich konnte mich kaum noch
halten vor Lachen, lag auf dem Boden mit einem Lachkrampf,

der mir noch Tage später Muskelkater in der Bauchmuskulatur bereitete. Lachyoga ist etwas für Mutige. Sie brauchen Mut, um über alberne Übungen lachen zu können, bei denen Sie sich vorkommen, als wären Sie in einem Kindergarten gelandet. Das Lachen hat eine befreiende Wirkung auf den Körper und auf die Psyche. Die Methode wurde von dem indischen Arzt Dr. Madan Kataria entwickelt. Im Jahr 2010 gab es bereits mehr als 6000 Lachyogaclubs auf der ganzen Welt. Wissenschaftliche Untersuchungen haben bereits die entzündungshemmenden, schmerzlindernden und Stresshormon abbauenden Eigenschaften des Lachyoga belegt. Auch der soziale Kontakt in der Gruppe tut einfach gut, und alle Teilnehmenden lernen dabei, wieder spontan, kreativ und authentisch zu sein.

Musik- und Klangtherapie

Für diejenigen, die mit den Entspannungsverfahren der westlichen Welt nicht so viel anfangen können, empfehle ich noch abschließend die Klangschalenmassage. Die Klangmassage ist so etwas wie eine Königsdisziplin: Wenn herkömmliche Methoden nicht mehr greifen, kann es sein, dass die sanften Klänge der Klangschalen eine heilende Tiefenentspannung hervorrufen. Insbesondere Menschen, die unter starkem Stress stehen und die viel Verantwortung tragen, können von dieser sanften Entspannungsmethode positiv überrascht werden. Endlich können sie loslassen und zur Ruhe kommen.

Durch einen Zufall sind mein Mann und ich vor acht Jahren darauf aufmerksam geworden. Nach dem ersten Kontakt mit diesen wundersamen Musikinstrumenten waren wir so begeistert, dass wir gleich ein Klangschalenset gekauft und später eine

Ausbildung bei einem Diplom-Musiktherapeuten absolviert haben. Mittlerweile bilden mein Mann Arno und ich selbst in dieser Methode aus. Wenn Sie mehr über die Klangmassage erfahren wollen, gehen Sie einfach auf unsere Webseite: www.ausbildung-klangmassage.de.

Einfache Sofortmaßnahmen bei Stress

Wenn Sie keine Kraft haben, in einer stark belastenden Situation zu meditieren, können Sie auf einfache, bewährte Tricks zurückgreifen.

Wasseranwendungen

Da unser Nervensystem mit kleinsten Stromflüssen arbeitet, bietet eine Dusche, ein Vollbad oder der Besuch in einer Therme sofortige Linderung. Da Wasser Strom sehr gut leitet, werden über die Wasseranwendungen die Nerven spürbar entladen. Die warme Temperatur trägt darüber hinaus zur Entspannung bei.

Wärmflasche

Besonders unser Solarplexus, die Bauchregion, reagiert auf Stress und Anspannung. Dort befindet sich ein weit verzweigtes Nervengeflecht, das die Bauchorgane versorgt. Bei einigen Hochsensiblen kann Stress zu starken Magenkrämpfen, Übelkeit und sogar zum Erbrechen führen. Wenn Sie bei sich beobachten, dass Sie ebenfalls in der Magengegend sehr angespannt sind, machen Sie sich eine Wärmflasche und legen Sie diese direkt auf den Bauch. Ideal ist diese Technik anzuwenden, wenn Sie abends ins Bett gehen.

Naturerfahrung

Wenn Sie besonders unter kreisenden Gedanken leiden und innerlich aufgewühlt sind, gehen Sie raus in die Natur oder in einen Park. Laufen Sie mindestens 45 Minuten zügig. Das regelmäßige Gehen und Atmen bringt Ihnen wieder einen gesunden Rhythmus in den Körper. Die Natur hilft vielen Hochsensiblen hervorragend, um Abstand zum Alltag zu bekommen. Wenn Sie sich ausgepowert haben, suchen Sie sich einen schönen Platz: zum Beispiel einen schönen Baum oder einen Bach, einen See. Betrachten Sie meditativ die Schönheit, die Sie umgibt.

Weitere Stressbewältigungsmethoden

- Progressive Muskelentspannung
- Autogenes Training
- Atemübungen
- Meditation
- Nordic Walking
- Sauna
- Trancedance
- Craniosacraltherapie
- Osteopathie
- Ayurvedabehandlungen
- Tai Chi, Chi Gong
- Jin Shin Jyutsu
- Integratives Atmen/holotropes Atmen
- Akupunktur
- Singen

ZUSAMMENFASSUNG

▸ Stressreaktionen werden im Körper über das autonome Nervensystem gesteuert. Das Wechselspiel zwischen Sympathikus und Parasympathikus führt normalerweise zu einer Regulation und zu einem Ausgleich. Bei anhaltendem Stress kann diese Regulation entgleisen, es überwiegen dann entweder die Reaktionen des Sympathikus (Erregung) oder des Parasympathikus (Dämpfung).

▸ Chronischer Stress verursacht physiologisches Chaos im System. Trainingsmethoden, die die innere Kohärenz stärken, helfen, negative Gefühle durch Ruhe und innere Zufriedenheit zu ersetzen. Es ist leichter, entspannt zu sein, als ärgerlich und aufgewühlt.

▸ Das Zusammenspiel zwischen der Herzratenvariabilität und der inneren Kohärenz kann bewusst durch Methoden des Biofeedbacks (z. B.: Herzkohärenztraining) trainiert werden. Auch Meditationsübungen, Entspannungsübungen, Dankbarkeitsübungen können dazu beitragen, dass sich die Kohärenz steigert.

▸ Harmonische Musik sowie die Arbeit mit inneren heilsamen Bildern und die Konzentration auf das physische Herz helfen nachweislich, Stress abzubauen und innere Harmonie und Wohlbefinden zu steigern.

Die Burnout-Gefahr

Besonders HSPs können anfällig für Burnout sein, da sie dazu neigen, über ihre Grenzen zu gehen. Kaum ein Thema ist in der Psychologie und Medizin so umstritten und aktuell wie das Thema Burnout. Die Tageszeitung »Die Welt« berichtete im Januar 2013 über auffällige Entwicklungen: In den Jahren zwischen 2004 und 2011 sei die Zahl der Krankmeldungen wegen Burnout um das 18-Fache gestiegen, 41 % der Frühverrentungen seien auf seelische Krankheiten zurückzuführen. Für die einen Experten ist Burnout nichts weiter als eine Depression, andere Forscher finden Belege für den Einfluss eines schlechten Arbeitsklimas im Beruf, wiederum andere finden Beweise für den Faktor Umweltgifte. Darüber hinaus können auch Traumata zum Burnout führen, wie Sie im Folgekapitel lesen können. Ich möchte an dieser Stelle auf die wesentlichen Punkte eingehen, die für Hochsensible relevant sind, und das ganz praxisorientiert.

Welche Eigenschaften von Hochsensiblen können zum Burnout beitragen?

- Neigung zu Überreizung
- Chronisch hoher Cortisolspiegel
- Perfektionismus und der Wunsch, Fehler zu vermeiden
- Detailverliebtheit
- Mangelnde emotionale Abgrenzungsfähigkeit
- Nicht »Nein« sagen zu können
- Der Druck, sich einer nicht hochsensiblen Gesellschaft anpassen zu müssen/wollen
- Das Gefühl, nicht verstanden oder ernst genommen zu wer-

den (von Kollegen, Partnern, Freunden und Familienmitgliedern)

- Vielseitige Begabungen und Interessen, die zum Verzetteln verleiten
- (Zu viel) ehrenamtliches Engagement um der guten Sache willen
- Idealismus und die damit verbundenen möglicherweise nicht passenden Berufstätigkeiten (überarbeiteter hochsensibler Lehrer, Therapeut, Sozialarbeiter)
- Chronische intellektuelle Unterforderung von hochbegabten Hochsensiblen
- Weltschmerz: zu starkes Mitfühlen mit dem Leid anderer Menschen und Tiere
- Mangelnde Rücksichtnahme auf die Bedürfnisse des eigenen Körpers
- Zu viel denken und grübeln bzw. zu komplexes Denken
- Sich selbst keine Grenzen setzen

Umweltfaktoren, die zum Burnout bei Hochsensiblen beitragen können

- Das Leben in einer Großstadt
- Lange Anfahrtswege zum Arbeitsplatz
- Eine Großfamilie managen
- Starke Konflikte im Umfeld
- Mobbing am Arbeitsplatz
- Giftige Beziehungen
- Informationsüberflutung
- Mangelnde Anerkennung am Arbeitsplatz
- Unterbezahlte Arbeit unter ständigem Druck »von oben«
- Der moderne, schnelle Lebensstil der heutigen Zeit

- Druck und Beobachtung durch die Öffentlichkeit
- Kritische Lebensereignisse (Unfälle, Todesfälle in der Familie, Stalking usw.)
- Fehlende Regenerationsmöglichkeiten bei familiärer und beruflicher Doppelbelastung

Hinweise auf ein Burnout

- Vergesslichkeit und Konzentrationsschwäche
- Zerstreutheit wie ein verrückter Professor
- Geringe Frustrationstoleranz: emotional aufbrausend, gereizt, ungeduldig
- Beim Denken den Faden verlieren
- Entscheidungsschwierigkeiten auch bei kleinen Alltagssituationen
- Zynismus und Sarkasmus
- Innere Leere
- Mangel an Freude und Begeisterung
- Alles kostet mehr Kraft
- Versagensgefühle, Ängste
- Nachlassende Libido
- Schnelle Erschöpfung
- Tägliche Aufgaben scheinen viel Energie zu kosten
- Einnahme von Schmerzmedikamenten, Betäubung durch Alkohol
- Schwierigkeiten, morgens aus dem Bett zu kommen
- Ein- und Durchschlafstörungen
- Ängste und Panikattacken
- Deutliche Überempfindlichkeit gegenüber grellem Licht, schnellen Bewegungsabfolgen, Lärm, Geruch (mehr als sonst üblich für Hochsensible)

INTERVIEW MIT ANNA, EINER HOCHSENSIBLEN
AKADEMIKERIN IM BURNOUT

Wann hast du gemerkt, dass du im Burnout bist?

Bewusst war es mir schon die letzten Jahre, dass ich in eine gefährliche Richtung unterwegs war, da mein damaliger Vorgesetzter zwei Jahre vor mir mit einem Burnout ausschied. Aber die Grenze zwischen positivem Stress und krankhafter Arbeitswut ist erstens fließend und in einem extrem leistungsorientierten Umfeld nicht sehr einfach zu differenzieren. Wenn jeder das packt, das übermenschliche Arbeitspensum zu stemmen, dann verlangt man sich selbst ebenfalls selbiges ab. Es ist normal, niemand stellt die Anforderungen infrage, solange alle funktionieren. Ich litt in diesem Stadium wohl auch an einer gewissen Selbstüberschätzung, da ich überzeugt war, dass ich alles noch »im Griff« hatte. Erste Ahnungen, dass etwas gar nicht mehr gut ist, hatte ich deshalb, weil ich kurz vor dem endgültigen Zusammenbruch keinen Wecker mehr gehört hatte und irgendwas in mir nicht mehr aufstehen wollte. Mein Unterbewusstsein verweigerte wohl ab dieser Phase jegliche Zusammenarbeit mit dem bewussten Teil in mir, der noch weitermachen wollte, da ich eigentlich geplant hatte, meine Anstellung zu kündigen. Dass sich dieser Prozess des Ausbrennens nicht mehr stoppen ließ, wurde dann ganz deutlich, als ich nach einem ersten Besuch bei einem Psychologen einige Tage später einen kompletten körperlichen, emotionalen und psychischen Zusammenbruch erlitt. Zwei Tage lang am Stück nur noch herumliegen und weinen zeigte sehr deutlich, dass sämtliche Akkus tiefenentladen waren. Die innere Leere neben der massiven körperlichen Erschöpfung war dann für zwei Wochen ein ständiger Begleiter, bevor ich mich in psychosomatische Behandlung begab.

Welche Symptome waren besonders ausgeprägt?

Ein sehr belastendes Symptom, welches sich mit herkömmlichen Krankheitsbeschreibungen nicht wirklich gut erläutern lässt, war etwas, was ich als Dauersturm und Gewitter im Hirn beschreiben kann. Selbst in absoluter Stille verhielt sich mein Gehirn gefühlterweise immer noch so, als ob ich mitten im größten Arbeitsstress wäre und an 20 Projekten gleichzeitig arbeiten würde. Dauerfunken, Dauersignale, permanente Überreizung, die sich nicht durch Ruhe, Meditation, Atemübungen, Schlaf etc. beseitigen ließen. Ich dachte zwar bewusst an nichts, aber es wurden immer weiter »Signale« in mein Gehirn übertragen. Ich verglich diesen Zustand immer mit einem Computer, der zwar aktuell keine Programme oder Rechenleistungen ausführen muss, aber dessen Lüfter auf Hochtouren dreht, da irgendwo im Hintergrund doch noch Aktionen des Betriebssystems vonstattengehen. Ein Neurotransmittertest, ein Jahr nach dem Zusammenbruch, belegte nachträglich noch dieses gefühlte, schwer beschreibbare Symptom. Ebenfalls ausgeprägt waren große Phasen mit schlimmen Schlafstörungen und gleichzeitig ein extrem tiefer Erschöpfungszustand während der Wachphasen. Dieser Erschöpfungszustand bezog sich nicht auf eine muskuläre Schwäche, da ich in der Phase vor dem Zusammenbruch noch sehr viel Sport trieb, sondern fühlte sich wie eine tiefe Erschöpfung in den Zellen meines Körpers an. Ansonsten kamen neben den körperlichen Symptomen die psychischen Begleiterscheinungen hinzu, Depression, zum Glück ohne Suizidgedanken, Abwärtsspirale verschiedener Angstzustände und Sinnlosigkeitsgefühl meiner Existenz, Versagen, Scheitern, Schwäche, Verlustangst, sich von der Welt verlassen fühlen, ausgebeutet, wertlos.

Welche Kindheitsmuster haben zu dem Burnout beigetragen?

In meiner Familie war ich der Kitt, die Heilsbringerin, die die Verantwortung für das Glück der anderen trug. Meine Geburt sollte die Ehe meiner Eltern »retten«. Ich war es gewohnt, zu vermitteln, zwischen schwierigen Fronten zu übersetzen, mich um die Dinge zu kümmern, mit denen niemand etwas zu tun haben wollte. Leider lernte ich in meiner Ursprungsfamilie nicht, auf meinen Körper zu hören, da meine Eltern zur Nachkriegsgeneration gehören und der Körper zu ihrer Zeit als Arbeitsgerät zu dienen hatte. Schmerzen, Schwäche und Emotionen hatten in dieser Zeit, in der sie selbst aufwuchsen, keinen Platz. Zudem war meine Erziehung sehr katholisch geprägt, Selbstlosigkeit, die mit Opferbereitschaft verwechselt wurde, sich selbst immer in den eigenen Bedürfnissen komplett zurücknehmen (= Stichwort Egoismus) und den Platz für andere frei machen waren gängige Muster in meiner Kindheit. Der schlechte Selbstwert und die mangelnde Selbstachtung meiner Eltern spiegeln sich in meiner Geschichte wider. Anerkennung wurde an Leistungsanforderungen geknüpft, Zuneigung und Aufmerksamkeit ebenfalls nur über Leistungsbewertungen ausgesprochen. Das komplette Ausmaß meiner kindlichen Prägungen wurde mir erst in der Aufarbeitung des Burnouts vollumfänglich bewusst und deutlich, Fragmente und Einzelerkenntnisse hatte ich jedoch schon auch vorher bei der Auseinandersetzung mit mir selbst gewonnen. Durch diesen Vorfall fügten sich die einzelnen Puzzleteile zu einem größeren Ganzen zusammen.

Welche Eigenschaften als HSP haben die Entwicklung begünstigt?

Perfektionismus, obwohl dieser auch ein Familienerbe zu sein scheint. Zum Verhängnis wurde mir, dass ich in allen Bereichen meines Arbeitsfeldes die möglichen Potenziale der Situation oder der involvierten Menschen sehen konnte und gerne dazu beitragen wollte, dass diese Realität werden (andere nennen diesen Wesenszug auch Idealismus, ich würde ihn eher als Potenzialerkennung bezeichnen). Zudem war ich in meinem Arbeitsumfeld in der gleichen Position wie in meiner Ursprungsfamilie. Meine Kollegen vertrauten mir, kamen gerne zu mir, wenn sie Probleme zu besprechen hatten. Ich habe mich in all diesen Prozessen immer an die letzte Stelle gestellt und mich immer gerne für andere engagiert. Leider ging diese Rechnung am Ende nicht mehr auf, da das Umfeld weiter nur noch nehmen wollte, aber nie wirklich etwas zurückgab. Zudem war, nachdem ich kündigte und mein Team verließ, klar, dass ich durch meine Art in großem Maße auch für zwischenmenschliche Bande im Team zuständig war. Mein verbindendes Element, welches ich wohl in Gruppen einbringe durch mein für mich »normales Maß« an Empathie und emotionaler Zuwendung, half, eine familiäre Atmosphäre zu schaffen. Im Nachhinein wurde mir von sehr vielen Seiten bestätigt, dass dies nun komplett fehle. »Ich vermisse dein Lachen aus dem Nebenzimmer.«

Wie hat das Arbeitsumfeld dieses Burnout provoziert?

Das Arbeitsumfeld, vor allem die komplette Riege an Vorgesetzten sowie die Führungsebene, wies in hohem Maße narzisstische Züge auf. Ihnen waren ihre eigenen, persönlichen Interessen wichtiger, als Entscheidungen im Sinne ihrer Mitarbeiter zu treffen. Unehrliche Kommunikation, fehlende emotionale Intelligenz, gespieltes

Interesse und Fürsorge trafen zum Teil auf feiges, eigennütziges Verhalten und Korruption. Verantwortlichkeiten wurden immer an die Mitarbeiter weitergereicht – der Managementstil lautete offiziell: »Management by objectives«. Inoffiziell könnte man ihn als: Maximale Kontrolle durch Vorgaukeln maximaler Freiheit bezeichnen. Ein absoluter Widerspruch! Vorgesetzte fühlten sich nicht verpflichtet, sich für ihre Mitarbeiter auszusprechen und einzusetzen. Stattdessen wurden Führungsentscheidungen immer gutgeheißen, auch wenn diese noch mehr Druck auf die eigenen Mitarbeiter ausübten oder komplett unsinnig waren. Und auch der unbegrenzte Wachstums- und Expansionswahn mit begrenzten Ressourcen war allgegenwärtig. All diese Mechanismen waren jedoch sehr gut getarnt und verschleiert und für mich erst nach einigen Jahren erkennbar, da ich als »unwichtigeres Rädchen« in viele wichtige Vorgänge und Entscheidungen viele Jahre lang keinerlei Einsicht hatte. Den eigentlichen Zusammenbruch leitete jedoch die Tatsache ein, dass ich von meinen Vorgesetzten, trotz eindeutiger und offener Kommunikation über das Erreichen meiner persönlichen Leistungsgrenze, weiterhin durch eine Beförderung unter Druck gesetzt werden sollte, welche hieß, noch mehr Verantwortung und Leistung ohne Lohnausgleich. Die imaginäre Grenze zum Mobbing war erreicht, zudem könnte man auch an dieser Stelle noch erwähnen, dass hier auch Genderproblematiken (Frau in einer Männerdomäne) ins Spiel kamen. Diese Behandlung nach über sechs Jahren Enthusiasmus und Leistungsbereitschaft immer an der machbaren Obergrenze war für mich dann der endgültige Auslöser meines Kündigungswunsches: vom Traumjob zum größten Albtraum meines Lebens. Die Kündigung erfolgte erst nach dem Zusammenbruch und der Krankschreibung durch den Psychiater.

Was hat dir geholfen?

Die Behandlung in einer psychosomatischen Klinik war der erste Schritt auf meinem Weg in die Heilung. Ich nahm keine Antidepressiva, weder in der akuten Phase noch später bis zum heutigen Tag. Der wichtigste Schritt war, meinen Körper wieder zu spüren sowie mich meinen Emotionen zuzuwenden. Vor allem Ängste und später dann auch die Wut waren wichtige emotionale Erfahrungen. Auch zu erkennen, dass sich Emotionen körperlich manifestieren und, wenn sie keinen Ausdruck finden, sich später in Form von Schmerzen Gehör verschaffen. Die Atemtherapie war in dieser psychosomatischen Phase ein sehr wichtiges Instrument, wieder zurück in den Körper zu finden, welchen ich in den Jahren zuvor fast gänzlich »transzendiert« hatte. Die Kündigung war ebenfalls ein sehr wichtiger Schritt der »Befreiung«, da es eindeutig war, dass ich in diesem Umfeld keinerlei Unterstützung zu erwarten hatte. Es war für mich ein wichtiger Schritt, mich und meine Bedürfnisse nicht mehr länger zu verleugnen, sondern mich ins Zentrum zu stellen, ohne schlechtes Gewissen oder das Gefühl: Ich darf das nicht. Dieses schlechte Gewissen, ob ich das wirklich tun kann, hat mich noch sehr lange verfolgt. Das Loslassen war ein sehr wichtiger Prozess. Trotz einer langen Arbeitsauszeit von mehreren Monaten war jedoch irgendwann klar, dass das Burnout nicht nur psychische Spuren hinterlassen hatte, sondern dass der Körper ebenfalls in größerem Maße in Mitleidenschaft gezogen worden war. Die Stabilisation der Psyche führte nicht automatisch zu einer Verbesserung der körperlichen Symptome. Daher entschloss ich mich noch zur Behandlung in einer ganzheitlich, klassisch und komplementärmedizinisch ausgerichteten Paracelsus-Klinik, welches nun die aktuell zweite Etappe meines Heilungsprozesses darstellt. Durch ausführliche körperliche Untersuchungen wurde klar, dass der Raubbau an meinem Körper durch eine Vielzahl an verschiedenen Einwirkungen zustande kam. Toxische Belastungen, Mangelerscheinungen, Entzündungsherde, Nachwirkungen von Unfällen, Neurostress in Kombination mit einer zu lang andauernden Stressbelastung schicken jeden Organismus früher oder später in den Kollaps, da das vegetative Nervensystem zerrüttet wird und der Körper auch in Ruhephasen nicht mehr in die Entspannung kommen kann. Behandlungsformen sind nun eine umfassende Entgiftung, Extraktion von wurzelbehandelten und entzündeten Zähnen, Einnahme von Mineralstoffen, um leere Depots wieder nachzufüllen und Aminosäurevorstufen zur Unterstützung der Neurotransmitterproduktion. Außerdem habe ich meine Ernährung fast gänzlich von tierischen Produkten befreit. Für mein psychisches Gleichgewicht kann ich nach wie vor auf die Methoden aus der psychosomatischen Klinik zurückgreifen und mich auch bei Tiefphasen selbst wieder stabilisieren.

Auswertung des Fallbeispiels

Die Schilderungen von Anna zeigen sehr deutlich, wie die Analyse eines Burnouts mithilfe des Dreiecks aus dem Anfang dieses Buches gut zur Anwendung kommen kann. Im Spannungsfeld von Körper, Geist, Seele und Umfeld baut sich Burnout auf. Im folgenden Abschnitt möchte ich die Wechselwirkungen noch einmal kurz zusammenfassen.

Die seelisch/geistigen Prägungen von Anna, die eine Entwicklung in diesen Zusammenbruch begünstigt haben, wurden bereits in der Kindheit von Seiten der Familie gelegt. Die Entfremdung vom eigenen Selbst bei den durch die Nachkriegszeit geprägten Eltern führte dazu, dass der Körper als Pflichterfüller missbraucht wurde. Die Ausblendung eigener Bedürfnisse ist bei einem Burnout normal. Schwäche, Schmerzen oder Lebensfreude werden in der Regel weitgehend unterdrückt und ignoriert, Liebe kann oft nur durch Leistung verdient werden, was in vielen Familien bis heute ein gängiges Muster darstellt. Diese familiäre Grundprägung ist eine zentrale Konstellation bei der Entwicklung eines Burnouts, wenn sich ähnliche Konstellationen im Arbeitskontext des Erwachsenen später wiederholen. Gefühle von Wertlosigkeit, Sinnlosigkeit und Existenzängste sind die logischen Folgen der Kindheitsprägungen.

Das Umfeld, das in diesem Fall ein berufliches Umfeld darstellt, repräsentierte in perfekter Wiederholung die kindlichen Prägungsmuster. Besonders die Führungskräfte, die durch mangelnde Empathie und Eigennützigkeit Höchstleistungen von ihren Mitarbeitern selbstverständlich einforderten, heizten die Entwicklung weiter an. Die Anforderungen an Anna wurden ohne jegliches Einfühlungsvermögen systematisch nach oben geschraubt. Tiefenpsychologisch könnte man jetzt deuten, dass die Führungsetage die Eltern der Betroffenen repräsentiert. Das Drama begann erneut. Da unsere gesamte Gesellschaft von diesen Mustern durchzogen ist, kann es schnell geschehen, in ein solches Arbeitsumfeld hineinzugeraten.

Der Körper spielte im Zusammenhang mit der Entwicklung eines Burnouts auch eine große Rolle. Die Distanzierung von Geist und Körper führte auch bei Anna zu einer Entfremdung, die es ihr »ermöglichte«, über ihre Leistungsgrenzen hinauszugehen. Im weiteren Verlauf der sich verstärkenden Erschöpfung war Anna jedoch nicht mehr in der Lage, auf die Frühwarnsignale ihres Körpers zu achten. Sie hörte den Wecker morgens nicht mehr. Lange bevor ihr Verstand realisierte, dass es so nicht mehr weitergehen kann, verweigerte sich das Körperbewusstsein. Die Erschöpfung, die Anna bis auf Zellebene spürte, weitete sich immer stärker aus. Innere Unruhe, Schlafstörungen, Daueralarm führten dann in einen Zustand der Depression. Interessant war auch die Schilderung, dass die Stabilisierung der Psyche nicht automatisch zu einer Verbesserung des körperlichen Zustandes geführt hatte. Weitere körpertherapeutische Maßnahmen waren notwendig, damit Anna sich wieder erholen konnte. Dazu gehörten Entgiftungsmaßnahmen ebenso wie Aufbaupräparate.

Übungen

Burnout-Fragebogen:

Folgende Aussagen werden Ihnen helfen, Ihr persönliches Burnout-Risiko einzuschätzen. Antworten Sie mit »Ja« oder »Nein«, indem Sie hinter dem Satz ankreuzen.

	Ja	Nein
1. In den letzten 12 Monaten habe ich verstärkt das Gefühl, dass meine Arbeit (im Beruf oder zu Hause) nicht geschätzt oder gewürdigt wird.		
2. Es scheint niemanden zu interessieren, wie es mir geht und was ich brauche, obwohl ich immer alles gebe.		
3. In den letzten 12 Monaten hatte ich kaum noch Zeit für meine Hobbys.		
4. Ich schiebe wichtige Arzttermine hinaus oder schaffe es einfach nicht, dort hinzugehen.		
5. Sport und Bewegung habe ich schon länger vernachlässigt.		
6. Mit Zynismus und Sarkasmus halte ich mich über Wasser.		
7. Eigentlich gehen mir alle aus meinem Umfeld auf die Nerven.		
8. Ich habe ein starkes Rückzugsbedürfnis. Nach der Arbeit würde ich am liebsten keinen mehr sehen oder hören.		
9. Obwohl ich früher sehr engagiert war, mache ich heute nur noch »Dienst nach Vorschrift«.		
10. Ich kann nicht mehr über Witze lachen. Mein Leben und meine Arbeit bestehen nur noch aus Ernst und Pflichtgefühl.		
11. Wenn ich abends im Bett liege, kann ich kaum einschlafen. Meine Gedanken kreisen, und ich komme nicht mehr richtig zur Ruhe.		
12. Ich wache oft nachts auf und kann nicht mehr einschlafen.		
13. Ich fühle mich zunehmend antriebslos. Alles kostet mich mehr Kraft als früher.		

	Ja	Nein
14. Ich engagiere mich im Beruf/in der Familie sehr, weil mir die Menschen in meinem Umfeld wichtig sind. Leider erhalte ich dadurch keine Anerkennung.		
15. Ich mache oft Überstunden und nehme Arbeit mit nach Hause.		
16. Bei Fehlern oder Problemen in der Arbeit fühle ich mich so, als wäre das mein persönliches Versagen. Ich leide sehr darunter, wenn etwas in meiner Arbeit schiefgeht.		
17. Auf Stress und Anforderungen von außen reagiere ich zunehmend gereizt oder emotional völlig übertrieben.		
18. Erschöpfung und Müdigkeit spüre ich körperlich meist erst, wenn es mir sehr schlecht geht.		
19. Ich neige dazu, mich abends mit Alkohol zu betäuben.		
20. Ich leide unter verschiedenen körperlichen Beschwerden, wie z.B. Schmerzen, Verdauungsstörungen oder Herzrasen, für die es medizinisch keine Erklärung gibt.		
21. Ich fühle mich zunehmend wertlos.		
22. Ich leide unter Appetitlosigkeit oder übermäßigem Essen mit Gewichtszunahme.		
23. Ich fühle mich zunehmend antriebslos, muss mich regelrecht zwingen, morgens das Bett zu verlassen. Trotzdem fühle ich mich total erschöpft.		
24. Ich leide immer wieder unter unerklärlichem Herzrasen und Schwitzen.		

AUSWERTUNG

1. **Weniger als 8-mal »Ja«:** Ihr Burnout-Risiko ist derzeit noch recht gering. Achten Sie auf die Schwerpunkte, die Ihnen jetzt schon aufgefallen sind.
2. **9–12-mal »Ja«:** Ihr Burnout Risiko steigt. Sie befinden sich möglicherweise noch in einem Vorstadium. Achten Sie mehr auf Ihre körperlichen Bedürfnisse und machen Sie wichtige ärztliche Untersuchungen.
3. **13–17-mal »Ja«:** Achtung, Sie stecken mitten im Burnout-Prozess. Wann haben Sie zuletzt Urlaub gemacht? Ziehen Sie die Notbremse, und lassen Sie sich helfen, bevor es zu spät ist. Sprechen Sie mit Ihrem Hausarzt, und lassen Sie sich beraten, was in Ihrer Situation das Beste für Sie ist.
4. **18-mal und mehr »Ja«:** Bei Ihnen besteht Alarmstufe Rot! Lassen Sie sich am besten aus dem Berufsverkehr ziehen und beantragen Sie eine Kur. Mit psychotherapeutischer Unterstützung und Abstand vom Alltag können Sie wieder gesund werden, doch das braucht Zeit. Seien Sie es sich wert, Unterstützung anzunehmen. Gestehen Sie sich Ihren Schwächezustand ein, Sie brauchen sich dafür nicht zu schämen.

Das Dreieck von Körper, Geist und Seele: Ihre persönliche Analyse

Anhand dieses ausführlichen Fallbeispiels von Anna können Sie ebenfalls eine persönliche Analyse Ihrer Situation vornehmen, wenn Sie befürchten, dass Burnout auch Sie betreffen könnte. Tragen Sie in das Diagramm Ihre körperlichen Symp-

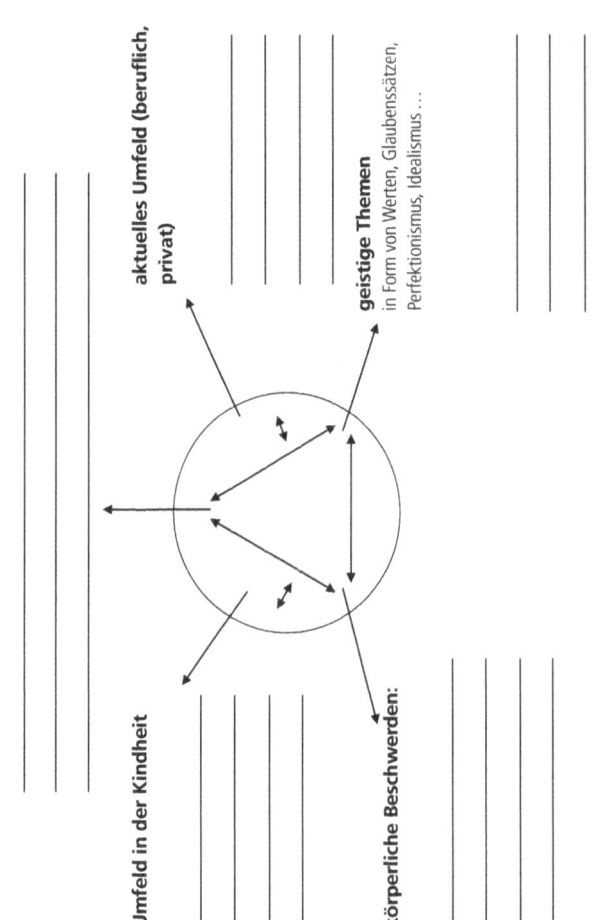

seelische Prägungen: z. B.: Selbstwert, Annahme innerhalb der Familie, Zugehörigkeit, Geborgenheit, Sinnsuche

aktuelles Umfeld (beruflich, privat)

geistige Themen in Form von Werten, Glaubenssätzen, Perfektionismus, Idealismus . . .

Umfeld in der Kindheit

körperliche Beschwerden:

tome ein, danach Ihre geistigen (Gedankenstrukturen, Werte, Glaubenssätze) und emotionalen (seelischen) Zustände. Abschließend können Sie Ihr aktuelles und das vergangene Lebensumfeld eintragen. Achten Sie auf Wiederholungen und Effekte, die sich gegenseitig verstärken. Schließen Sie die Themen Selbstwert, Anerkennung, Leistung, mangelnde Abgrenzungsfähigkeit, Perfektion und Sinnsuche mit ein.

Burnout und biochemische Vorgänge im Körper

Im Laufe meiner Recherchetätigkeit vertiefte sich bei mir der Eindruck, dass allein die psychosomatische Interpretation der Erkrankung nicht ausreicht für eine Therapie, wie auch im Interview mit Anna deutlich wurde. Und tatsächlich fand ich dafür fundierte Aussagen in den Büchern »Der Burnout-Irrtum« von Uschi Eichinger und Kyra Hoffmann sowie in dem bahnbrechenden Buch »Mitochondrientherapie – die Alternative« von Dr. med. Bodo Kuklinski. Beide Bücher liefern seitenweise Informationen über die biochemischen Vorgänge im Körper eines von Burnout betroffenen Menschen und die daraus resultierenden Therapiemöglichkeiten.

Dabei kristallisierte sich heraus, dass unsere Kraftmotoren im Inneren der Zellen, die Mitochondrien, einen wesentlichen Teil unserer Energiegewinnung ausmachen. Sollten die Mitochondrien in ihrem Zellstoffwechsel gestört sein, kann sich dies in mannigfaltigen Symptomen äußern: auch im Burnout. Im chronischen Verlauf über Jahre hinweg kann sich daraus ein sogenanntes CFS entwickeln: »Chronic Fatigue Syndrom« (chronisches Erschöpfungssyndrom), das besonders schwierig zu therapieren ist, wenn grundlegende biochemische Prozesse im Körper mittels Laboranalyse nicht untersucht werden. Genau darin liegt jedoch die Chance: genau hinzuschauen, was im Körperinneren da so vor sich geht, anstatt sich in psychologischen Analysen zu verlieren. Dabei wird oft versucht, die krank machenden Verhaltensweisen des Patienten selbst zu identifizieren. Im chronischen Krankheitsverlauf jedoch reicht es meist nicht mehr aus, einfach seinen Lebensstil zu verändern. Eine differenzierte Behandlung mit Mikronährstoffen, sinnvoller Bewegungstherapie und Ernährungsumstellung seien absolut erforderlich, so schreibt Dr. Kuklinski in seinem Buch.

Ein weiteres, oft unterschätztes Risiko, liege im »instabilen Genick«, was in beiden oben erwähnten Büchern erläutert wird. Durch Schleudertraumata (nach Sturz oder Unfall) können sich die Bänder in der Halswirbelsäule lockern, was zu Schäden an den Nervenzellen in der Halswirbelsäule führe und zu einer chronischen Stoffwechselentgleisung, die allgemein als nitrosativer Stress bezeichnet wird. Dieses Phänomen kann einfach durch eine Urinanalyse über die Konzentration von NO (Stickstoff-Monoxyd) nachgewiesen werden. Erhöhte NO-Werte im Urin geben erste Hinweise auf die Stoffwechselprobleme der Betroffenen. Sollte ein instabiles Genick vorhanden sein, wird ein spezielles Training zur Stärkung der Nacken- und Halsmuskulatur empfohlen.

Viele Symptome, über die Hochsensible berichten, etwa die Geräusch-, Geruchs-, Licht- und Stressempfindlichkeit können bei sehr starker Ausprägung auch ernst zu nehmende Hinweise auf eine Mitochondrienpathie sein. Wenn Sie mehr darüber erfahren wollen, lesen Sie die erwähnten Bücher, um zu erfahren, was Sie tun können, um wirksame Therapien einzuleiten, die bei Burnout weiterhelfen können.

Das (Innen-)Ohr und seine Verletzlichkeit im Burnout-Prozess

INTERVIEW MIT AMON KAISER, HEILPRAKTIKER (WWW.LUMOMED.DE)

Herr Kaiser, Sie haben sich als Heilpraktiker spezialisiert auf Innenohrerkrankungen. Immer wieder liest man vom Tinnitus, von Menschen mit Hörsturz oder Drehschwindel und dass diese Erkrankungen im Stresszeitalter immer weiter zunehmen. Besonders Hochsensible haben ein sehr feines Gehör und klagen sehr häufig über eine starke Geräuschempfindlichkeit.

F: Welche Rolle spielt das Innenohr bei der Verarbeitung von Stress?

Unser Innenohr ist von Natur aus so konstruiert, dass es in einer Stresssituation Maximalleistung bringt, d.h. unter Alltagsbedingungen haben wir ein Hörvermögen, das für Alltagsbedingungen ausreichend ist, in einer Stresssituation hören wir wesentlich detaillierter und nehmen unsere Umwelt sehr deutlich akustisch wahr. Dies ist von der Natur so eingerichtet, weil der Mensch außerhalb der Zivilisation feinste akustische Veränderungen seiner Umgebung wahrnehmen muss, um zum Beispiel Gefahren zu erkennen (Raubtiere). Ein permanent vorhandener Stress führt also zu einer ständigen Aufrechterhaltung einer »Warn-/Anspannungssituation«. Dies kann das Organ Ohr über längere Zeit nicht bewältigen.

F: Viele Hochsensible leiden Zeit ihres Lebens unter einer deutlichen Geräuschempfindlichkeit. Können Hochsensible ihr Ohr desensibilisieren, in dem sie sich einfach lauten Geräuschen aussetzen, in der Hoffnung, das Organ würde sich daran gewöhnen? Oder ist es eher empfehlenswert, das Ohr zu schützen?

Eine Hochsensibilität bedeutet ja ein dauerndes »Abscannen« der Umwelt mit sämtlichen Sinnen, also auch dem Innenohr. Selbstverständlich kann man ein hochsensibles Ohr nicht desensibilisieren, indem man es zusätzlichen oder lauten Geräuschen aussetzt. Ein solches Verhalten führt zu einer raschen Erkrankung eines bereits überforderten oder überreizten Organs. Die wichtigste Selbstschutzmaßnahme für akustisch sensible Menschen ist der konsequente Schutz vor unnötigen Geräuschen. Dies kann ganz einfach über Ohrstöpsel erfolgen. Es macht auch Sinn, sich hierfür speziell angepassten Gehörschutz anfertigen zu lassen, um einen größeren Komfort zu gewährleisten.

F: Welche gesellschaftlichen Veränderungen sehen Sie als potenziell schädlich für unsere Ohren an?

Unsere auf Leistung und Konsum ausgerichtete Gesellschafts- und Sozialstruktur erlaubt wenig Individualisierung im Bereich der Sensibilität. Das bedeutet, gerade Menschen mit einer hohen Ausprägung an emotionaler Wahrnehmung tun sich häufig sehr schwer, einen Platz in dieser Gesellschaft zu finden bzw. ihre Rahmenbedingungen so zu gestalten, dass das große Potenzial der Hochsensibilität ausgebaut wird. In den meisten Fällen wird eher eine Anpassung gefordert. Dies ist aber nicht möglich und führt daher zu einer massiven Zunahme von stressbedingten Erkrankungen.

F: Was empfehlen Sie Betroffenen, die eine Verschlechterung ihres Befindens im Bereich des Hörens und des Gleichgewichts im Alltag erleben?

Die wichtigste Erstmaßnahme stellt der konsequente Gehörschutz dar. Da im Zusammenhang mit Innenohrerkrankungen auch immer wieder das Thema Abgrenzung und Perfektionismus eine Rolle spielt, kann der Gehörschutz auch als symbolische Barriere betrachtet werden. Den Betroffenen fällt es leichter, mit dem Gehörschutz sich von dem kontinuierlichen Abscannen der Umgebung nach emotionalen Schwingungen abzugrenzen. Unabdingbar ist also auch das Erlernen Nein zu sagen.

F: Sollten sich bereits ernsthafte Symptome eingeschlichen haben, reicht es da aus, den Lebensstil zu ändern? Was kann der Patient selbst zur Genesung beitragen?

Innenohrerkrankungen gelten als sehr schwer heilbar und sollten mit entsprechender Ernsthaftigkeit wahrgenommen werden. Selbstverständlich ist es notwendig, Stressfaktoren abzustellen. Dies geht bis hin zu Berufswechsel oder radikalen Veränderungen am Arbeitsplatz. Viel häufiger jedoch als die berufsbedingte Stressbelastung sind persönlich angeeignete

Verhaltensmuster im privaten Bereich, welche nur sehr schwer veränderbar sind. Ich betrachte es aber als absolut notwendig, gerade in diesen Bereichen Veränderungen zu erzielen. Um bereits geschädigte Innenohren wieder in die Regeneration oder Genesung zu bekommen, genügen diese Maßnahmen natürlich nicht. Hierzu ist eine intensive Behandlung des Innenohrorgans notwendig. Dies ist aber heutzutage mittels modernster Lasertechnologie kein Problem mehr.

F: Wie lange braucht das Organ Zeit, um sich zu erholen?
Um dies beurteilen zu können, ist zunächst eine Analyse der Lebenssituation und eine Messung der Innenohrhörfähigkeit durch eine Audiometrie bzw. einen Hörtest nötig. Ein bereits langjährig bestehender Befund bedeutet natürlich einen wesentlich größeren therapeutischen Aufwand als eine akute Situation.

F: Können Sie uns ein Buch zum Thema empfehlen?
Bei dieser Frage wird mir bewusst, wie wichtig es sein wird, diese Thematik in einem Buch Betroffenen zugänglich zu machen, da es momentan auf dem Markt nur unzureichende Literatur bzw. eine schulmedizinsche Betrachtungsweise der Situation gibt. Ich hoffe, dies in Zukunft realisieren zu können.

Danke

ZUSAMMENFASSUNG

▶ Burnout nimmt rasant zu und einen immer größeren Anteil als Ursache bei der Krankschreibung von Arbeitnehmern ein.

▶ Im Spannungsfeld von Körper, Seele, Geist und Umfeld entwickelt sich bei entsprechenden Belastungen leicht ein Zustand von Burnout. Besonders Tendenzen wie Perfektionismus, übersteigerte Empathie (Fokus im Außen), Leistungsbereitschaft als Liebesersatz, Reizüberflutung in der heutigen Welt und eine schnellere Stressreaktion machen Hochsensible anfälliger für Burnout.

▶ Bei mittleren und schweren Verläufen ist unbedingt eine ambulante und/oder stationäre Psychotherapie erforderlich, die interdisziplinär angelegt sein sollte. Burnout findet nicht nur auf der seelischen Ebene, sondern auch auf der körperlichen Ebene statt. Daher ist die Einbeziehung des Körpers in die Therapie und Diagnostik von besonderer Wichtigkeit.

▶ Die Beleuchtung der biografischen Zusammenhänge und der aktuellen Lebenssituation kann helfen, das Verständnis für den eigenen Krankheitsprozess zu vertiefen. Manchmal kann es länger dauern, alle Ursachen zu erforschen.

▶ Rückschläge und Enttäuschungen im Genesungsprozess könnten den Betroffenen immer wieder auf den Boden werfen. Geben Sie die Hoffnung und die Recherche niemals auf, bis es Ihnen wieder besser geht!

▶ Besonders Hochsensible sind aufgrund ihrer Gewohnheit, die Umgebung abzuscannen, gefährdet, das Innenohr zu überlasten. Einfache Maßnahmen, wie das Tragen von Gehörschutz, können zu einer verbesserten Abgrenzung von der Umwelt beitragen.

Hochsensibilität und Trauma

Im Laufe meiner Recherchen und durch die Arbeit mit Klienten wurde ich immer wieder auf das Thema »Trauma« aufmerksam gemacht. Ich bin zu der Überzeugung gelangt, dass Hochsensibilität in erster Linie vererbt wird. Wenn zusätzlich Traumatisierungen stattfinden, wird die Hochsensibilität noch verstärkt. Bei der Betrachtung von familiärer Verteilung von Hochsensibilität kann man viele Fälle erkennen, in denen Verwandte und Vorfahren ebenfalls hochsensibel sind. Es gibt allerdings auch Familien, bei denen die Vererbung einer HSP-Veranlagung nicht wirklich nachvollziehbar ist. Dies kann damit zusammenhängen, dass ältere Generationen keine Unterstützung hatten, ihre Sensibilität zu zeigen. Darüber hinaus kann ein hochsensibler Mensch unter widrigen Lebensumständen zunehmend gereizt, aggressiv oder depressiv wirken. Zu Beginn möchte ich gleich einige Fragen stellen, die uns hellhörig machen sollten in Bezug auf das Thema der Traumatisierung.

1. Warum weisen hochsensible Kinder schon einen dauerhaft erhöhten Cortisolspiegel im Speichel auf?
2. Warum haben Hochsensible überhaupt ein geschwächtes Filtersystem?
3. Warum haben Hochsensible so viele Probleme damit, sich von anderen abzugrenzen? Warum sind sie so stark beeinflussbar durch die Stimmungslage anderer Personen?

Wie wirkt sich eine Traumatisierung auf die Entwicklung aus? Viele Leser denken beim Wort Trauma sicher an Unfälle, Naturkatastrophen oder Gewalt. Ganz sicher sind das Ereignisse, die zu einem Trauma führen.

Ich werde später noch auf unentdeckte Traumaquellen eingehen, insbesondere auf vorgeburtliche Traumata und Geburtstraumata. Wenn wir dann noch berücksichtigen, dass Traumata häufig verdrängt werden, haben wir es mit einer Vielzahl an Menschen zu tun, die traumatisiert sind, aber gar nichts davon wissen. Auf der anderen Seite haben diese Menschen in der Regel ungeklärte Ängste, Panikattacken, Geräusch- oder Geruchsempfindlichkeit, Angst vor Autoritäten oder Beziehungsprobleme.

Die Reaktionen des Nervensystems auf traumatische Erlebnisse

Ein Trauma folgt anderen Gesetzmäßigkeiten als »normaler« Stress. Das Nervensystem wird mit Todesangst oder Schmerz überflutet, und die Langzeitfolgen können ein Leben lang einschränkend wirken. In der Konfrontation mit Stress hat das Nervensystem verschiedene Reflexe parat, um darauf zu reagieren:

1. Der Flucht- oder Kampfreflex (kann bei vielen Traumatisierungen nicht umgesetzt werden, wenn das Traumaopfer hilflos einer Situation ausgeliefert ist).
2. Der Todstellreflex (Schockstarre), dieser lässt sich sehr gut bei Mäusen beobachten, die in den Fängen einer jagdlustigen Katze sind.
3. Es werden Unmengen von Stresshormonen freigesetzt, das Herz rast.

4. Es kommt zu Phänomenen von Ausblendung (Schmerz wird
   nicht mehr gefühlt), was später zu Zuständen von Dissoziation (Abspaltung) führen kann.

Unser Körpersystem ist in der Lage, enorme Überlebenskräfte
zu mobilisieren, um ein Trauma zu überleben, sonst wäre
unsere Spezies schon längst ausgestorben. Die lebenslang anhaltende Sensibilität für Reize und Reizüberflutung bei HSPs
kann zusätzlich zur Veranlagung auch die Folge einer Traumatisierung sein, was die neurologische Verarbeitung von Um-
weltreizen dauerhaft verändert.

Was geschieht genau bei einem Trauma im Nervensystem?

Querschnitt des Gehirns

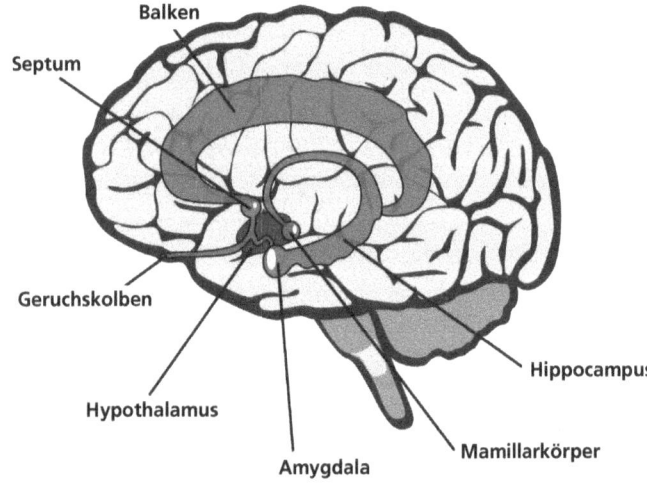

Abbildung 4.3: Gehirn-Seitenansicht

Die Amygdala (der Mandelkern) ist zuständig für die Gefahrerkennung, sie sitzt tief im Mittelhirn und registriert eingehende Gefahrensignale noch vor der Großhirnrinde. Sofort werden Stresshormone ausgeschüttet, die Energiereserven mobilisieren sollen. Der gesamte Körper ist in Alarmbereitschaft. Bei einem Trauma wird die Verbindung zum Großhirn unterbrochen, indem die Vernetzung zwischen der Amygdala und dem Hippocampus gekappt wird. Diesen Vorgang nennt man Dissoziation, der auch als Ausblendung sichtbar werden kann: Die normale Gedächtnisverarbeitung wird gestört, eine Art Fragmentierung im Gehirn findet statt. Neuronale Netzwerke, die »Autobahnen« zwischen den Gehirnzellen, werden unterbrochen und damit häufig auch die Erinnerung. Durch die Entkopplung der Hirnareale wird die Reaktionszeit stark beschleunigt, was dem Überleben zugutekommen soll. In einer Situation, in der Kampf oder Flucht möglich sind, hilft das beim Reagieren. In Situationen, in denen Kampf oder Flucht jedoch unmöglich sind, brennt sich das Trauma in das Gehirn ein.

Durch die Abspeicherung des Traumas im unbewussten Gedächtnis und die Abkopplung vom Großhirn werden nur wenige Elemente des Traumas so abgespeichert, dass der Betroffene bewusst darauf zugreifen kann. Die Erinnerungen sind ebenfalls fragmentiert. Deshalb haben viele Menschen, die als Kind Gewalt erlebt haben, keine Erinnerungen daran. Irrationale Angstreaktionen im Erwachsenenalter, die durch Gerüche, Geräusche und spezifische Situationen ausgelöst werden, weisen auf ein unbewusstes Trauma hin. Die biologische Reaktion auf das Trauma kann nicht mit dem rationalen Verstand (der Großhirnrinde) beeinflusst werden. Da wir nur einen Bruchteil

der uns umgebenden Informationen aufnehmen und der Rest
weggefiltert wird, kann das Gehirn im Zustand einer Traumatisierung seine Filterfunktion nur noch unzureichend erfüllen.
Es kommt zur Reizüberflutung. Das Nervensystem sucht nach
einem Fluchtweg aus der Gefahrensituation, was zu einer starken Alarmierung und innerer Unruhe führt. Darüber hinaus
spielt das Alter eine große Rolle, in dem die Traumatisierung
aufgetreten ist. Im Kapitel »Wie tickt meine Seele?« haben Sie
bereits viel über die Entwicklung des psychologischen Ichs gelernt. Daher wissen Sie, dass alle schädlichen Einflüsse, die vor
der Entwicklung des Ichs auftreten, langwierige Folgen haben
können. Dies betrifft besonders die kritischen Ereignisse, die
entweder vorgeburtlich, während der Geburt und in den ersten
drei Lebensjahren auftreten können.

Bisher wenig berücksichtigte Traumaquellen: (vor-)geburtliche Prägungen

Mit meinen Ausführungen möchte ich nicht den Eindruck er-
wecken, dass jeder Hochsensible Opfer von Gewalt in der Kindheit gewesen sein muss. Es gibt auch andere Traumaquellen, die
als solche oft unerkannt bleiben. Ich möchte Sie mit auf eine
interessante Reise nehmen, um bisher völlig unbeachtete Traumaquellen ausfindig zu machen und um Ihnen die Möglichkeit
zu geben, Ihren Blick auf bestimmte »Normalitäten« zu ändern.
Es gibt mittlerweile eine Vielzahl von Forschungen zu pränatalen Einflüssen auf die menschliche Entwicklung, also die Zeit
vor der Geburt, wenn der Fötus/das Baby noch im Mutterleib

ist. Auch die Geburt an sich kann in vielen Fällen für das Kind traumatisch sein, auch wenn der Betroffene sich später nicht mehr an die Ereignisse aus den ersten zwei bis drei Lebensjahren erinnern wird. Wenn Sie daran denken, dass der Kopf und damit das Gehirn das größte Organ bei einem Neugeborenen ist, können Sie erahnen, wie stark das kindliche Nervensystem bereits entwickelt sein muss. Tatsächlich sind es diese frühen Erfahrungen, die die spätere Struktur des Nervensystems und der Identität langfristig prägen werden. Während meiner Ausbildung in der Atemtherapie konnte ich anhand meiner eigenen Erfahrung immer wieder beobachten, dass die Art und Weise der Geburt einen ganz entscheidenden Einfluss auf die gesamte psychologische Entwicklung hat. In meinen Beratungen mit Eltern, die verhaltensauffällige Kinder haben, frage ich gern zusätzlich nach der Geburtssituation der Kinder. Ein Teil der Eltern berichtet über Geburtskomplikationen wie Frühgeburt, Aufenthalt im Brutkasten, Operationen nach der Geburt, Geburtskomplikationen mit Sauerstoffmangel und gewaltsame Geburtspraktiken wie der Einsatz der Saugglocke, Zange oder das Draufsetzen von Geburtshelfern auf den Bauch. Viele von diesen Kindern waren schon als Babys auffällig, da sie »Schreibabys« waren oder schon im Kindergarten durch starke innere Unruhe auffielen. Andere Kinder fielen als Baby durch extreme Ruhe, Rückzug und ein hohes Schlafbedürfnis auf. Sie wirkten wie Engelskinder, aber sobald sie im Kindergarten oder in der Schule mit sozialen Situationen oder Lernsituationen in Kontakt kamen, begannen die Probleme. Nicht immer lässt sich der Zusammenhang gleich rekonstruieren, vielfach liegen die Belastungen zunächst im Verborgenen. Frederick Leboyer hat in seinem bahnbrechenden Buch »Geburt ohne Gewalt« bereits ausführlich Stellung zum Thema genommen. Sogar das vorzeitige Durchtrennen der Nabelschnur führt zu einem sofortigen Sauerstoffmangel (das Kind ist bei einer vaginalen Geburt sowieso mit einem Sauerstoffdefizit belastet), der für das Baby eine Todesangst auslösen kann. Der erste Atemzug ist bei Kindern häufig mit Angst und Panik verbunden.

Wissenschaftliche Forschungen zur Geburtsprägung
- Eine Studie an 2000 Männern in Dänemark, die alle im selben Jahr geboren wurden, ergab, dass von den 16 Männern, die Gewaltverbrechen begingen, 15 »äußerst schwierige Bedingungen bei der Geburt« hatten (nicht näher beschrieben). (1)
- Eine weitere Studie zeigte, dass von 52 Jugendlichen, die einen Selbstmordversuch hinter sich hatten, 60 % mindestens einen von drei wichtigen Risikofaktoren am Lebensbeginn aufwiesen: a) anhaltende Sauerstoffnot bei der Geburt, b) chronische Erkrankung der schwangeren Mutter, c) mangelnde pränatale Sorgfalt in den ersten 20 Wochen der Schwangerschaft. Hier zeigt sich auch die Wichtigkeit einer liebevollen Mutter-Kind-Beziehung in den ersten Lebensmonaten. (2)
- Nach einer anderen Studie können die bei Stress freigesetzten Stresshormone zu Veränderungen im Hippocampus des Ungeborenen führen. (3)
- Eine Studie aus Finnland an 335 Kindern, deren Väter vor ihrer Geburt bzw. in ihrem ersten Lebensjahr gestorben waren, belegte, dass allein schon der vorgeburtliche Verlust des Vaters ein erhöhtes Risiko für spätere Kriminalität, Alkoholprobleme und psychische Erkrankung bei den Kindern

bedingt. Dies ist ein eindeutiger Beleg für den Einfluss von vorgeburtlichem Stress auf die Entwicklung der Kinder im Lebenslauf. (4)

• Eine amerikanische Studie, in der Frauen befragt wurden, die zwischen 1947 und 1957 geboren wurden und die zwischen 1970 und 1991 selbst Kinder gebaren, zeigte, dass Frauen, die per Kaiserschnitt geboren wurden, ein sechsfach höheres Risiko haben, bei der Geburt ihres eigenen Kindes auf operative Entbindung (Kaiserschnitt) angewiesen zu sein. Dies zeigt einmal mehr, wie sich die Abweichung vom natürlichen Geburtsablauf auch auf folgende Generationen auswirkt. (5)

Vorgeburtliche Stressfaktoren und Geburtstraumata können also bereits die Entwicklung des Nervensystems beeinflussen und somit auch zur Verstärkung der Hochsensibilität beitragen. Eine andere Antwort des Nervensystems auf ein Trauma ist die Wahrnehmungs-Panzerung. Wenn das Gehirn nicht mehr in der Lage ist, mit der Reizüberflutung oder Bedrohung umzugehen, kann auch eine Ausblendung von Sinneseindrücken geschehen. Das sind Phänomene bei Kindern oder Erwachsenen, wie Wahrnehmungsstörungen (Ausblendung), Schmerzunempfindlichkeit, eine eingeschränkte Körper- und Gefühlswahrnehmung. Panzerung kann auch dazu führen, dass die sozialen und emotionalen Signale anderer Menschen nicht richtig gedeutet werden können. Dieses Phänomen tritt ganz deutlich bei der Alexithymie (Gefühlsblindheit) oder beim Spektrum der autistischen Störungen auf.

Interview mit Uwe Baumann, biodynamischer CranioSacral-Therapeut

Im folgenden Interview finden Sie wertvolle Hinweise aus der Praxis eines erfahrenen Therapeuten, der mit pränatalen Einflüssen vertraut ist und mit werdenden Eltern zusammenarbeitet. Uwe Baumann ist Experte für pränatale Einflüsse auf die psychische Entwicklung des Menschen.

Du bist Experte für Biodynamische CranioSacral-Therapie, deine Arbeit umfasst Pränatal- und Traumatherapie, und du hast einen osteopathischen Hintergrund. Ein Schwerpunkt deiner Arbeit ist die vorgeburtliche Kommunikation zwischen Mutter und Kind. Welchen Einfluss siehst du in der pränatalen Phase auf die Entwicklung des Menschen?
Wir durchlaufen in den ersten neun Monaten bis zur Geburt größere Veränderungen als im gesamten restlichen Leben. In dieser Zeit werden die grundlegenden Weichen für unsere Gesundheit, unsere Regulationsfähigkeit und unsere Bindungsfähigkeit gestellt. Schon die ersten Zellen des Embryos verfügen in ihrem »Flüssigkörper« über eine Art Zellgedächtnis. Sogar die Eizelle und das Spermium, aus deren Verschmelzung wir entstehen, tragen die Prägungen unserer Eltern und Großeltern in sich. Noch vor wenigen Jahren führte man familiäre Häufungen von Krankheiten beinahe zwingend auf die Gene zurück. Heute sind wir im Zeitalter der Epigenetik – die neuere Forschung zeigt auf, dass die DNA zwar einen großen Pool von Möglichkeiten bereithält, welche Sequenzen davon abgerufen werden, hängt jedoch von epigenetischen Faktoren ab. Wenn

zum Beispiel die Großmutter und die Mutter beide an Brust-
krebs erkrankt sind, dann hat dies mit großer Wahrscheinlichkeit damit zu tun, dass die Mutter auf eine ähnlich restrik-
tive Weise mit einem bestimmten Stressfaktor umgeht wie die
Großmutter. In der dritten Generation hat die Tochter dann
möglicherweise eine Prädisposition für diese Krankheit. Wenn
sie in Bezug auf diesen Stressfaktor jedoch mit einer lebensbe-
jahenden Strategie antworten kann, dann wird eine andere Se-
quenz des genetischen Codes abgerufen. Die Krankheit muss
dann nicht auftreten.

Die grundlegende Art, wie wir Stress verarbeiten, lernen
wir schon im Mutterleib. Als wichtigster Faktor in diesem Prozess hat sich unser Orientierungsvermögen herauskristallisiert.
Einer der bedeutendsten Embryologen, Dr. Erich Blechschmidt,
erkannte schon Mitte des letzten Jahrhunderts, dass sich die gesunde Entwicklung der einzelnen Organe und des gesamten
Organismus um Orientierungszentren herum organisiert. In
der Biodynamischen Arbeit bezeichnen wir diese Zentren als
»Orte der Stille«. Auch auf der Seelenebene suchen wir immer
wieder Orte der Stille und Orientierung. Ich komme gleich darauf zu sprechen, wie diese Orientierung aussehen kann. Wenn
es in der Schwangerschaft Phasen gibt, in denen die Mutter verunsichert, ambivalent oder in einem höheren Maß Stress ausgesetzt ist, spiegelt sich dies in den Stresshormonen wie Cortisol oder Adrenalin in ihrem Blut. Über die Plazenta erreichen
diese Informationen das Kind. Das Kind bemerkt die »Bedrohung«. Treten ähnliche Situationen häufiger oder sehr intensiv auf, dann findet schon in der Schwangerschaft eine entsprechende Sensibilisierung statt.

Studien, Forschungen und unzählige empirische Erfahrungen belegen seit mehr als 40 Jahren, dass Erinnerungen sogar vor der Entstehung des Nervensystems im sogenannten Zellgedächtnis gespeichert sind. Klienten können in der Therapie Zeiträume bis hin zur Empfängnis erinnern, Zugang zu ihrem Flüssigkörper erhalten und mit dem ursprünglichen Potenzial ihrer Gesundheit wieder in Kontakt kommen. Forschungen aus der Biologie belegen, wie sich Einzeller in einer nährenden Umgebung ausdehnen und bei Gefahr regelrecht zusammenziehen. Die Häufigkeit und die Intensität dieser Erfahrungen entscheiden darüber, in welche Richtung sich die nächsten Generationen entwickeln werden und welche Strategien sie in bestimmten Situationen abrufen werden. Die Information scheint im fluiden Zellgedächtnis codiert zu sein. In der Biodynamik nennen wir diesen frühesten Körperzustand den Flüssigkörper, er bildet unser ganzes Leben lang die Basis für alle Stoffwechselvorgänge und Entwicklungsprozesse.

Wie kann CranioSacral-Therapie oder Pränatal-Therapie dabei helfen, den Start ins Leben zu verbessern oder traumatische Geburtserfahrungen für Mutter und Kind zu verarbeiten?

Kaum eine Schwangerschaft verläuft ohne Höhen und Tiefen. Einerseits sind da die persönlichen Veränderungen der werdenden Eltern, aber auch die äußeren Umstände, die auf die junge Familie wirken, spielen eine große Rolle. Viele Menschen machen sich heutzutage Gedanken über die globale Entwicklung, das Klima, die Umwelt, die Finanzentwicklung. Viele dieser Aspekte wirken jetzt schon ganz konkret bis in die Familiensituation hinein: die Sicherheit des Arbeitsplatzes, die Sozialpolitik, das Gesundheitswesen, die Rentensicherheit, das soziale Klima,

Elektrosmog, genetisch veränderte Lebensmittel, um nur einige zu nennen. Die zukünftigen Eltern machen sich Gedanken, ob ihr Kind in einer kindgerechten Welt aufwachsen wird. Deutlich spürbar oder unterschwellig bewirken diese Befürchtungen eine Komprimierung im Flüssigkörper, eine Aktivierung des autonomen Nervensystems und eine erhöhte Ausschüttung von Stresshormonen. Auch medizinische Untersuchungen in der Schwangerschaft sind bedeutsam. Der Arzt möchte natürlich alle Eventualitäten ausschließen, und die meisten Eltern nehmen jedes dieser Angebote in Anspruch, es gibt ihnen ein vermeintliches Sicherheitsgefühl. Die Zeit bis zum jeweiligen Ergebnis jedoch ist wiederum von Ängsten gekennzeichnet. Über dem Kind schwebt ein Damoklesschwert, je nach Ergebnis der Untersuchung. Es gibt eine enge Korrelation zwischen der Anzahl an Untersuchungen in der Schwangerschaft und Komplikationen bei der Geburt. Das ist nicht verwunderlich, denn das Gefühl, das die Mutter zu ihrem Kind im Bauch hat – ob es ihm gut geht –, wird quasi »outgesourct« und oftmals durch diverse Untersuchungen verdrängt.

Die Bindung zwischen Mutter und Kind wird dabei auf eine harte Probe gestellt. Wenn wir uns fragen, wie es der Seele des Kindes unter solchen Umständen geht, dann wundern wir uns vielleicht nicht mehr so sehr, warum dieses Kind nach der Geburt seine erlebten Ängste, sein Verlassenheitsgefühl, seine Fassungslosigkeit, seine Orientierungslosigkeit, seine Verzweiflung herausschreit – dies ist übrigens die gesündere Variante – oder resigniert und »abwesend« ist. Wenn das Kind wieder kein Gehör findet, wird sich die Verarbeitung vehementer in späteren Übergangsphasen, etwa in der Pubertät, zeigen. In der Arbeit mit Schwangeren helfen wir zuerst der Mutter mit einfachen

Wahrnehmungs- und Atemübungen, wieder ein Gefühl für sich
selbst zu bekommen. Sie spürt sich selbst, sie spürt ihr Kind, sie
spürt, wie ihr Atemrhythmus ihr Kind im Bauch sanft wiegt.
Jetzt kann sie mit dem Entspannungsatem auf ihr Kind einwirken. Es findet eine tiefe Kommunikation statt. Sie lernt auch,
verbal mit ihrem ungeborenen Kind zu sprechen und ihm Orientierung zu geben. Die Orientierung und die liebevolle Kommunikation von Herz zu Herz sind neben einer gesunden Ernährung das Wichtigste, was die Mutter in der Schwangerschaft
für ihr Kind tun kann. Sie erzählt ihm von den Veränderungen
in ihrer Paarbeziehung, ob heute ein stressiger Tag bevorsteht,
warum die kommende ärztliche Untersuchung für sie so wichtig ist. Sie zeigt dem Kind, dass sie es bedingungslos liebt. Sie
erzählt ihrem Kind davon, dass die äußeren Umstände am Anfang der Schwangerschaft vielleicht nicht ideal waren und welcher Art ihre Sorgen waren. Vielleicht kann sie ihrem Kind vermitteln, dass ihre Sorgen ein Ausdruck ihrer Liebe zu ihm sind.
Dadurch findet das Kind Orientierung. Wenn wir uns jetzt fragen, wie es der Seele des Kindes unter solchen Umständen geht,
dann verstehen wir, dass Mutter und Kind nun vertrauensvoll
als ein gestärktes Team durch die Geburt gehen können. Auch
auf der Körperebene helfen wir der Mutter, Spannungen loszulassen. Hebammen bestätigen uns immer wieder, dass Ge-
burten wesentlich leichter verlaufen, wenn Gebärmutter, Be-
ckenknochen und Wirbelsäule sich frei bewegen können – und
wenn das Herz sich wieder entspannen kann. Die Zeit der
Schwangerschaft ist übrigens eine ideale Zeit für die Mutter,
auch ihr eigenes Geburtserlebnis zu verarbeiten. Negative epi-
genetische Prägungen des Familiensystems müssen dann nicht
an die nächste Generation weitergegeben werden.

Welche Beobachtungen hast du in deiner therapeutischen Arbeit bei besonders sensiblen Personen gemacht?

Beinahe ausnahmslos finde ich bei sensiblen Personen irritierende oder traumatisierende Situationen in der vorgeburtlichen Zeit. Die Wahrnehmung für sich selbst und auch für das Außen ist dann verzerrt. Wir arbeiten mit dem Konzept der Wahrnehmungszonen: Schon vorgeburtlich können wir vier Wahrnehmungszonen differenzieren. Der Einfachheit halber benennen wir diese Zonen als A, B, C und D. Die Zone A ist die Wahrnehmung des eigenen Körpers. Die Zone B beinhaltet das Fruchtwasser, die Eihäute und die Plazenta. Die Zone B ist ein Teil des kindlichen Flüssigkörpers. Über die Plazenta bekommt das Kind Informationen über die Außenwelt. Regulatorische Areale des Nervensystems, insbesondere das limbische System und die Amygdala, werten die Informationen aus: Wie ist die Ernährungssituation? Wie ist der Sauerstoffgehalt? Enthält das Blut Stress- oder Glückshormone? Diese Informationen sind für das Kind essenziell. Treten Stresssituationen auf, verdichtet sich der Flüssigkörper, und entsprechende Zentren im Nervensystem aktivieren die sogenannte Stresskaskade.

Die Zone C ist der Raum, in dem wir uns aufhalten, damals die Gebärmutter. Das Kind nimmt wahr, ob die Gebärmutter elastisch, kraftvoll und gut durchblutet oder hart, angespannt und dadurch weniger gut durchblutet ist. Der Zustand der Gebärmutter spiegelt direkt das Angst- und Stresslevel der Mutter. Die Zone D entspricht dem Gesamtorganismus der Mutter und ihrem Eingebundensein in der äußeren Welt. Die Wahrnehmung des Kindes wandert etwa im Minutenrhythmus durch diese Zonen. Sind die Zonen B, C oder D in einem bestimmten Maß von Irritationen betroffen, dann wird sich dies auf die

Regulationsfähigkeit des Kindes auswirken. Der Flüssigkörper verdichtet sich, das autonome Nervensystem reagiert entweder mit einer Kampf- oder Fluchtreaktion oder Resignation und Erstarrung. So wie ein gebranntes Kind das Feuer scheut, reagieren wir auch nachgeburtlich auf Situationen, die in ein ähnliches Raster fallen. Das Nervensystem reagiert mit der gelernten Überlebensstrategie. Der Fokus des Kindes – und des späteren Erwachsenen – ist dann zu stark in der »Problemzone« verhaftet und erwartet schon die nächste »Bedrohung«. Je nach den Begleitumständen der Prägung entwickeln wir unsere ganz individuelle Sensibilisierung. Man kann eine derartige Sensibilisierung mit einem Bewegungsmelder vergleichen, der zu scharf eingestellt ist: Die Sirenen und die Scheinwerfer gehen schon an, wenn nur ein Schmetterling vorbeifliegt. Die Biodynamische CranioSacral-Therapie und die Pränatal-Therapie zielen darauf ab, unsere Wahrnehmung von uns selbst und der äußeren Welt wieder zu balancieren und den Flüssigkörper zu dekomprimieren – das Nervensystem findet so in seine Balance zurück. Neben der Verminderung der Symptome erleben Klienten dadurch ein höheres Maß an Vitalität und Lebensfreude. Auch die Kommunikation und die soziale Interaktion erreichen eine oft lang ersehnte Qualität.

Was empfiehlst du Eltern von Schreikindern?
Den Begriff »Schreikind« finde ich nicht sehr glücklich, er hat eine ähnliche Wirkung wie zum Beispiel die »Drei-Monats-Kolik«: Das Kind erhält dadurch einen Stempel, und es erschwert eine adäquate Kommunikation. Wir sollten das Kind als ein empfindsames Wesen betrachten, das uns mit seinen Möglichkeiten seine Not mitteilen will. Es braucht ein offenes

Herz und manchmal eine kleine Anleitung, sodass die Eltern wieder unterscheiden können, ob das Kind aufgrund einer aktuellen Situation wie Hunger oder Schmerz weint oder ob es mit dem Weinen seine Geburtsgeschichte oder eine Episode aus der Schwangerschaft ausdrückt. Es ist hilfreich, wenn die Eltern die Grundemotion des Kindes wahrnehmen können, den dahinterliegenden Schmerz tief in ihrem Herzen schwingen lassen und dem Kind in seiner Not voller Mitgefühl und Empathie begegnen. Sie können mit dem Kind aus ihrem Herzen heraus über die damalige Situation sprechen. Sie sollten dem Kind erklären, wie es zu der Situation gekommen ist, dass sie und der Arzt das Beste gemacht haben, was sie wussten und was sie konnten. Dem Kind hilft es, wenn es hört, dass die Mutter nicht wusste, dass es sich für das Kind so schlimm anfühlen würde. Es ist ein magischer Moment, wenn die Mutter den Schmerz des Kindes versteht, wenn sie den Schmerz wirklich in sich aufnimmt und mitfühlen kann. Dann bemerkt das Kind das tiefe Bedauern der Mutter. Dies ist der Moment, wo die Herzen wieder zueinanderfinden können. Oftmals löst sich in diesem Moment spontan die Spannung, und die alte Verletzung kann heilen. Es entsteht wieder eine tiefe Verbindung zwischen Mutter und Kind, eine Vertrauensbasis, die den Widrigkeiten des Lebens standhalten kann. Manchmal ist es jedoch so, dass die Eltern nicht erkennen können, welche Situation die Irritation hervorgerufen hat, oder es ist schwierig für die Eltern, sich in die Wahrnehmung des Kindes einzufühlen, dann sollten sie therapeutische Hilfe in Anspruch nehmen.

Du hast den Begriff »Drei-Monats-Kolik« gebraucht, geht es dabei auch um eine erhöhte Sensibilität? Gibt es da ähnliche Erfahrungen?

In meiner Praxis geht es bei etwa 10 % dieser Kinder um ein organisches Problem oder um eine Nahrungsunverträglichkeit, bei etwa 90 % handelt es sich um Prägungen, ähnlich den oben geschilderten. Unser autonomes Nervensystem ist ja so entwickelt, dass das Blut in Angst- und Stresssituationen in die Muskulatur, in die Lungen und ins Herz fließt, jedoch nicht in die Verdauungsorgane. Vielleicht erinnern Sie sich an eigene Angst- und Stresssituationen, in denen die Verdauung nicht optimal funktionierte. Beim Säugling, der sich gerade von der neunmonatigen Nabelschnur-Ernährung umstellt und dessen Darmflora sich gerade entwickelt, ist der Verdauungsapparat leicht irritierbar. Die Krämpfe sind eher ein Ausdruck von Angst und Verlassenheitsgefühl. Der Begriff »Drei-Monats-Kolik« hat oft eine fatale Wirkung: Die Eltern fühlen sich hilflos und denken, dass sie diese Monate aushalten müssen. Selbst Kinderärzte verstehen oft die dahinterliegende Dynamik nicht. Die Not des Kindes findet kein Gehör. Die Verdauungsorgane finden zwar nach einiger Zeit eine Kompensationsmöglichkeit, spätere Essstörungen, Unverträglichkeiten oder Verdauungsprobleme sind aber nicht selten. Auch das Schreien hört nach ein paar Monaten auf – aber nicht, weil das Problem sich aufgelöst hat, sondern eher aus der Resignation, wieder nicht gehört zu werden. Die Auswirkungen auf die Bindungsfähigkeit sind kaum abzuschätzen. Spätestens in krisenanfälligen Entwicklungsphasen wie der Pubertät oder der Adoleszenz kommt die erhöhte Sensibilität dann zum Vorschein.

Brauchst du als Pränatal- oder CranioSacral-Therapeut besondere Fähigkeiten, die mit einer erhöhten Sensibilität in der Wahrnehmung einhergehen?

In meiner Arbeit als Lehrer, Prüfer und Supervisor habe ich Hunderte von Studenten mit den unterschiedlichsten Ursprungsberufen kennengelernt. Ich denke, jeder kann diese Art der Wahrnehmung in sich schulen. Ich selbst habe einen handwerklichen Hintergrund und war überzeugt, dass meine Hände viel zu grob für so eine feine Arbeit seien. Als ich in meiner ersten Cranio-Ausbildung meine Bedenken erzählte, schaute Anubuddha, mein Lehrer, mir tief in die Augen und sagte, dass das Herz die wichtigere Rolle spiele. Bis zu diesem Zeitpunkt und noch darüber hinaus hatte ich eine sehr ambivalente Beziehung zu meinem eigenen Herzen, aber er hat es in diesem Moment zum Schwingen gebracht. Aufgrund meiner eigenen Empfängnissituation und der Umstände meiner Geburt weiß ich sehr gut, wie sich oben beschriebene Irritationen anfühlen, mit wie viel Selbstzweifeln und Zweifeln an der Welt die Wahrnehmungsverzerrungen und die erhöhte Sensibilität einhergehen kann. In all der Dunkelheit, die mich umgab, bemerkte ich aber auch schon seit meiner Kindheit tief in mir eine Sehnsucht. Es ist eine Sehnsucht nach Wahrhaftigkeit und nach Liebe. Dieser Sehnsucht bin ich bis heute gefolgt. Einen wichtigen Grundsatz der Heilung habe ich in meinem eigenen Prozess gelernt: Tief in uns selbst ist die Lösung zu finden.

Welche Bücher kannst du unseren Lesern empfehlen?

Es gibt mittlerweile meterweise Literatur, die sich mit diesen Themen auseinandersetzt. Thomas Harms, der Begründer der Emotionalen Ersten Hilfe, zeigt in seinem Buch »Auf die Welt gekommen« eindrücklich die Wahrnehmungswelt des Kindes. Bettina Alberti schreibt in ihrem Buch »Die Seele fühlt von Anfang an«, wie pränatale Erfahrungen unsere Beziehungsfähigkeit prägen. In etwas wissenschaftlicherem Stil ist Wendy Anne McCartys Buch »Ich bin Bewusstsein« gehalten. Für Menschen, die sich mit Schwangerschaft und Geburt beschäftigen, und für zukünftige Eltern möchte ich noch einen außergewöhnlichen Film empfehlen, man findet ihn im Internet: Er zeigt nicht nur die Wichtigkeit der Geburtsvorbereitung und wie kraftvoll, sanft und schön eine natürliche Geburt sein kann, sondern auch wie präsent und klar Babys auf die Welt kommen können. Der Film heißt »Birth as we know it«. In meinem kleinen Web-Shop habe ich eine Reihe von 20-minütigen Meditationen zusammengestellt, über die wir Zugang zur Wahrnehmung des eigenen Flüssigkörpers erhalten. Die Meditationen stärken die Ressourcen der Zuhörer und können tiefe Heilungsprozesse bewirken: http://www.cranio.net/meditation.

Symptome und Hinweise auf frühere Traumatisierungen

Frühere Traumatisierungen in der Kindheit können zu anhaltenden Phänomenen von Strukturschwäche und Ängstlichkeit führen. Folgende Symptome und Ereignisse können Hinweise auf frühe Traumatisierungen geben:

- Das Gefühl von Entfremdung von sich selbst
- Das Gefühl, nicht gewollt vom Leben zu sein, Schuld auf sich geladen zu haben

- Orientierungslosigkeit, innere Haltlosigkeit
- Gefühle existenzieller Bedrohung ohne ersichtliche äußere Gefahr
- Konzentrationsschwierigkeiten, starke innere Unruhe (Alarm)
- Frühe Trennung von der Mutter (Bindungsschock, Abgabe ins Heim, ausgesetzt werden, sofortige Trennung von der Mutter: Aufenthalt auf der Intensivstation)
- Fehlende Erinnerung an die Kindheit
- Chronische Erschöpfung
- Unerklärliche Zwänge und Ängste
- Starke innere Konflikte
- Unsichere Identität
- Ablehnung durch die eigenen Eltern. Elternteile, die als Kinder selbst im Heim waren (und auch stark traumatisiert worden sind)
- Unsicherheit in Beziehungen, übertriebene Verlust- oder Bindungsängste
- Trotz guter Auffassungsgabe: starke Prüfungsängste, Blackouts
- Sprunghafte Gedankengänge, kein fokussiertes Denken
- Gefühllosigkeit einzelner Körperteile, Empfindungslosigkeit, innere Leere
- Versagensängste, starker innerer Kritiker
- Medizinisch nicht erklärbare Schmerzen im Körper
- Verlust von Geruchs- und/oder Geschmackssinn ohne Unfall oder medizinische Ursache
- Therapiemisserfolge: Trotz guter Bemühungen kommen alte Probleme und Symptome wieder an die Oberfläche, was sehr frustrierend sein kann
- Burnout, chronische Nebenniereninsuffizienz

- Mangelnde Regulationsfähigkeit des Hormon- und Nerven-systems
- Existenzschuld, irrationale Schuldgefühle oder Ängste, selbst gewalttätig oder aggressiv zu werden, sich selbst als böse zu fühlen
- Trotz hoher Intelligenz Probleme beim Durchführen einfa-cher manueller Tätigkeiten
- Wiederkehrende Albträume
- Unerklärliche, sich wiederholende Wutausbrüche

Hochsensibilität = Borderline?

An dieser Stelle möchte ich kurz Stellung beziehen zum Thema Hochsensibilität und Borderline. Viele Menschen mit Border-line fühlen sich vom HSP-Konzept angezogen und glauben, in der Hochsensibilität eine Erklärung für ihre Zustände gefun-den zu haben. Insbesondere die Überflutung von negativen Ge-fühlen, die Menschen mit Borderline oft auf andere Menschen projizieren, wird durch traumatische Erlebnisse verursacht. Borderline ist jedoch eine eigenständige Symptomatik und ein Krankheitsbild, das sich deutlich von der Hochsensibilität un-terscheidet.

Welche typischen Symptome haben Menschen mit Borderline?
- Die Betroffenen versuchen verzweifelt, tatsächliches oder vermutetes Verlassenwerden von Partnern zu verhindern.
- Die Beziehungen zu anderen Menschen sind durch Instabilität

gekennzeichnet, dabei pendelt der Borderliner zwischen zwei Extremen: 1. der Idealisierung und 2. der Entwertung, was die Beziehung extrem schwierig und unvorhersehbar macht

- Identitätsstörung: Das Selbstbild ist instabil, ebenso die Selbstwahrnehmung.
- Impulsivität: Es sind mindestens zwei Bereiche betroffen, die die Person selbst schädigen, zum Beispiel Sexualität, Finanzen, Drogenmissbrauch, riskantes Autofahren (oder Motorrad), extremer Risikosport, Essstörungen.
- Selbstverletzung, Selbstzerstörung: Der Betroffene leidet unter Suizidgedanken oder es wird damit gedroht. Autoaggressionen können auch in Form von Ritzen an den Armen beobachtet werden.
- Emotionale Instabilität: Die Stimmungslage der Betroffenen ist ebenso wie das Selbstbild instabil, das verursacht häufig schlechte Laune, Reizbarkeit, Angstzustände, die einige Stunden anhalten können.
- Innere Leere und Gefühle von Einsamkeit
- Wut und Zorn: starke, explosive Wutausbrüche sowie Probleme, eigene Gefühle von Wut, Ärger, Zorn und Aggression zu kontrollieren. Dies kann auch zu heftigem Streit und körperlicher Gewalt führen, die gegen Beziehungspartner gerichtet wird.
- In extremen Belastungssituationen treten starke dissoziative Symptome auf, das bedeutet, dass die Person das Gefühl für ihre Identität verliert und Teilpersönlichkeiten die Führung übernehmen. Zusätzlich können paranoide Zustände hinzukommen. Das bedeutet, dass der Betroffene sich verfolgt oder bedroht fühlt, die Umwelt wird als feindselig wahrgenommen.

Menschen, die von Borderline betroffen sind, brauchen unbedingt eine fundierte psychotherapeutische Behandlung. Bei
über 60 % der Betroffenen lassen sich Erinnerungen an traumatische Erlebnisse in Form von Gewalt in der Kindheit rekonstruieren. Die Dunkelziffer liegt deutlich höher. Wenn Sie sich
als Leser dieses Kapitels selbst darin wiedererkennen, wäre es
gut, wenn Sie sich Ihrem Hausarzt anvertrauen. Krankenkassen
übernehmen die ambulante Psychotherapie. In vielen Fällen ist
auch ein längerer Aufenthalt in einer psychosomatischen Reha-
klinik erforderlich.

Später auftretende Traumaquellen

Die Posttraumatische Belastungsstörung

Treten im späteren Verlauf der Biografie (in der Kindheit, Jugend oder im Erwachsenenalter) zusätzliche Traumatisierungen auf, kann es zu einer Traumafolgestörung kommen. Bei psychischen Reaktionen auf Ereignisse, die traumatisch wirken, spricht die Wissenschaft von einer »Posttraumatischen Belastungsstörung« (PTBS), die folgende Symptome aufweist: Ängste und Panikattacken, Flashbacks, in denen die Bilder, Gefühle, Gedanken, Körperempfindungen und Gerüche der Traumasituation unwillkürlich wieder zum Leben erweckt werden – oft nachts oder bei Auslösern, die an das Trauma erinnern –, Schlafstörungen, depressive Symptome, Erschöpfung, innere Unruhe, Weinkrämpfe. Die Betroffenen versuchen Sinneseindrücke zu vermeiden, die sie an die Traumasituation erinnern. Ein Trauma, das im Erwachsenenalter auftritt, etwa durch einen Autounfall, eine Naturkatastrophe oder durch Gewalt wird in den meisten Fällen zu einer Posttraumatischen Belastungsstörung führen.

Wir müssen also unterscheiden zwischen den frühen Traumata, die vor oder während der Geburt sowie in der Kleinkindphase geschehen sind, und späteren Traumatisierungen.

Je früher das Trauma auftritt, umso schwieriger wird es, dieses zu identifizieren. Traumatische Erfahrungen, die Kleinkinder erleben, werden oftmals verdrängt, und diese Brüche in der Biografie können langfristige Folgen haben, ohne dass sich die Betroffenen darüber bewusst sind. Die sich dadurch entwickelnden Tendenzen, wie zum Beispiel übertriebene Ängstlichkeit, langes Einnässen, Zwänge oder sonstige Verhaltensauffälligkeiten bei Kindern, können erste Hinweise darauf sein.

Traumatherapie mit EMDR

Für die Behandlung einer Posttraumatischen Belastungsreaktion sowie für die Therapie von Traumatisierungen aus der Kindheit hat sich die sogenannte EMDR-Therapie bewährt. Diese Methode wurde bereits in ihrer Wirksamkeit durch zahlreiche wissenschaftliche Studien belegt, wenngleich einige Gruppen das Verfahren immer noch infrage stellen. Entwickelt wurde EMDR von der amerikanischen Psychologin Francine Shapiro in Kalifornien. Der Begriff heißt ausgeschrieben »Eye Movement Desensitization & Reprocessing«, was so viel bedeutet wie »Desensibilisierung und Neuverarbeitung durch Augenbewegung«. Ein erfahrener Traumatherapeut sollte vorab einschätzen, ob die hier aufgezeigte Therapiemethode für den Patienten geeignet ist. Es können Erwachsene und bereits auch Kinder mit EMDR behandelt werden.

Fallbeispiel Thomas nach dem Autounfall

Nach einem Unfall konnte Thomas kein Auto mehr fahren, er vermied Autobahnen und Brücken. Er bekam Panikattacken, wenn er die Sirenen eines Rettungswagens hörte. Nachts litt er unter wiederkehrenden Albträumen. Durch einen Tipp landete er bei einem EMDR-Therapeuten, der ihm half, seine Panikreaktionen in den Griff zu bekommen. Wie läuft so eine Behandlung in der Praxis ab?

Ablauf der Therapie in der Praxis

Der Therapeut fragt zu Beginn der Sitzung, welches Thema bearbeitet werden soll. Der EMDR-Therapeut fragt den Klienten zu Beginn der Sitzung, wie stark ihn das Erlebte belastet. Den Grad der Belastung gibt der Klient auf einer Skala von 1 bis 10 an, wobei 10 eine sehr starke Belastung bedeutet. Ohne viel über die Ereignisse des Unfalls sprechen zu müssen, beginnt der Therapeut die Behandlung. Es werden vorab einige Verabredungen getroffen, zum Beispiel ein Stoppsignal, mit dem der Klient deutlich machen kann, wenn er den Behandlungsprozess unterbrechen möchte. Dadurch kann keine weitere Ohnmacht erzeugt werden, weil der Behandelte eine Kontrollmöglichkeit erfährt. Zusätzlich wird durch eine Imaginationsübung ein sicherer Ort etabliert, der ähnlich dem Kraftort ist, den Sie hier in diesem Buch bereits kennengelernt haben. Dann beginnt eine einfache Bewegung der Hand des Therapeuten, der der Klient folgen soll. Es entsteht eine Links-Rechts-Bewegung der Augen, ähnlich, wie Sie es vielleicht aus alten Filmen kennen, in denen eine Hypnose mit einer pendelnden Taschenuhr durchgeführt wird. Was jedoch nicht bedeutet, dass EMDR ein Verfahren der klinischen Hypnose darstellt. Nach kurzer Zeit wird die Bewegung beendet. Der Klient erhält die Möglichkeit, zu berichten, wie es ihm dabei ergangen ist. Danach geht die Prozedur wieder aufs Neue los.

Als Therapeut kann man genau beobachten, wann der Klient belastendes Material verarbeitet. Zu diesem Zeitpunkt ist er nicht mehr in der Lage, die Augenbewegung flüssig durchzuführen. Das Auge stockt, es kann zu Zuckungen und Unterbrechungen kommen oder zu einem zackigen Verlauf. Manchmal treten begleitende körperliche Reaktionen auf. Innerhalb dieser Behandlung durchlebt der Klient die Bilder und Gefühle, die mit dem Trauma verbunden sind, noch einmal in einer schnellen Geschwindigkeit. Da das Gehirn assoziativ arbeitet, können andere Elemente ebenfalls aktiv werden. Am Ende der Sitzung sollte es so sein, dass der Klient eine deutliche Linderung und emotionale Distanzierung zum Traumainhalt erlebt. Auf der Belastungsskala, die der Klient zuletzt selbst einschätzt, können niedrigere Zahlen auftauchen. Eine spürbare Erleichterung tritt in der Regel ein.

Viele Studien haben gezeigt, dass bereits nach 5 bis 7 Behandlungen deutliche Effekte sichtbar sind. Bei einem guten Verlauf würde das bedeuten, dass unser Traumapatient Thomas nach einigen Monaten wieder Auto fahren kann, dass die nächtlichen Albträume aufhören oder in der Häufigkeit und Heftigkeit reduziert werden. Der Betroffene kann wieder an den Unfall denken, ohne dass eine Panikreaktion oder ein Unwohlsein erzeugt werden muss. So kann eine bessere Integration in den Alltag erfolgen. Ein solcher Therapieerfolg kann einen ganz entscheidenden Einfluss auf das weitere Leben des Klienten haben.

Wirkungsweise

Durch die Trauma-Grundlagenforschung wissen wir, dass die Erinnerung an das Trauma fragmentarisch im Gehirn gespeichert wird. Meist wird das Sprachzentrum vom emotionalen Erleben abgekoppelt bzw. blockiert. Die emotionale Erregung wird in tieferen Regionen des Gehirns gespeichert. Daher hilft es den Betroffenen meist nicht, wenn sie rational verstehen, was geschehen ist, oder sich gedanklich davon distanzieren wollen. Die Gefühle von Angst und Panik überrollen sie trotzdem, wenn sie sich mit Reizen konfrontieren, die an die Traumasituation erinnern. Die Behandlung des Klienten jenseits der Sprache ist eine der Stärken der EMDR-Therapie. Sie steuert direkt die neuronale Verarbeitung an. Sie verhilft dem Klienten in einer zeitlichen Beschleunigung, die belastenden Erfahrungen abschließend zu verarbeiten.

Wie funktioniert diese Therapie? Es gibt erst wenig Grundlagenforschung, die die neurologische Wirkung von EMDR dokumentiert hat. Es ist wichtig, die Funktionsweise des Gehirns zu verstehen, um die Effektivität vom EMDR nachvollziehen zu können. Im Grunde genommen können Sie sich das Gehirn wie eine Walnuss vorstellen. Es gibt eine linke und eine rechte Hirnhälfte, die unterschiedliche Spezialisierungen haben. Über den sogenannten Balken sind beide Hirnhälften miteinander verbunden. Wenn Sie beispielsweise Ihren rechten Arm bewegen, wird dies von Gehirnzellen der linken Hirnhälfte gesteuert. Da unser Gehirn viele Prozesse über Kreuz verschaltet hat, kann die sogenannte bilaterale (beidseitige) Stimulation eine Neuverarbeitung des Traumas bewirken. Dies führt wahrscheinlich zur »Reparatur« der Unterbrechungen in den neuronalen Netzwerken und zu einer Neustrukturierung der Erfahrungsinhalte. Die Links-Rechts-Bewegungen der Augen helfen dem Gehirn, Informationen von einer Hirnhälfte in die andere Hirnhälfte zu übertragen, und unterstützen damit eine bessere Gesamtverarbeitung des Traumas. Prof. Günter Haffelder aus Stuttgart konnte dies in EEG-Studien mit EMDR-Klienten bereits zeigen. Dabei werden verschiedene Sinneswahrnehmungen verarbeitet, die in das Trauma involviert waren, zum Beispiel Bilder, Geräusche, Gerüche, Empfindungen auf der Haut oder einzelner Organe ebenso wie die Emotionen. Die beschleunigte Verarbeitung hilft, besser durch die Erinnerungen zu gehen, ohne in dem Schmerz stecken zu bleiben. Auf eine noch nicht bekannte Weise scheint es so zu sein, dass das Gehirn durch diese Behandlung in seiner Selbstregeneration und Selbstorganisation gestärkt wird.

Auch in der Kinesiologie und im NLP kennt man die Bedeutung der Augenbewegung. Besonders in der Therapie von Kindern verwenden Kinesiologietherapeuten oft die liegende Acht. Über Spiele werden sie dazu motiviert, die Augen in der Endlosschleife zu bewegen. Es gibt auch Therapeuten, die mit der liegenden Acht während einer EMDR-Sitzung arbeiten, was möglicherweise noch mehr Hirnareale anspricht als die einfache Links-Rechts-Bewegung. Interessant ist auch, dass unser Körper jede Nacht diese Augenbewegung selbst produziert. Während der sogenannten REM-Phase, wenn wir träumen, finden sich ebenfalls deutlich messbare, schnelle Augenbewegungen wieder. Über Träume verarbeitet das Gehirn Erlebnisse aus dem Tagesbewusstsein.

Ausblick

Die bisherigen Erkenntnisse machen Mut und können in Zukunft sicherlich dazu beitragen, dass vielen Patienten geholfen werden kann, die bisher als schwer therapierbar galten. Im Anhang finden Sie die Internetadresse der anerkannten deutschen Fachgesellschaft für EMDR (EMDRIA e.V.). Dort können Sie nach einem Therapeuten in Ihrer Nähe suchen. Vertiefende Informationen zum Thema finden Sie in dem Buch von Dr. David Servan-Schreiber »Die neue Medizin der Emotionen« und bei Francine Shapiro »EMDR in Aktion: Die neue Kurzzeit-Therapie in der Praxis«.

Übersicht zu verschiedenen Trauma-Therapie-Methoden

Therapieformen, die vorgeburtliche und Geburtstraumata behandeln	Therapieformen für Kinder	Therapieformen für Erwachsene
biodynamische craniosacrale Osteopathie psychoanalytische Pränatal-Psychologie (ISPPM), gegründet durch Dr. Gustav Hans Graber (Wien) »Birth into Being« Elena Tonetti-Vladimirowa Primärtherapie nach Arthur Janov (amerikanischer Psychologe) »Rebirthing nach Leonard Orr und Sondra Ray«	biodynamische craniosacrale Osteopathie heilpädagogische/ tiefenpsychologische Spieltherapie EMDR Herz-Kohärenz-Training	Stützende Gesprächstherapie mit verhaltenstherapeutischer oder tiefenpsychologischer Grundlage EMDR Brainspotting HAKOMI-Therapie Herz-Kohärenz-Training Somatic Experience Psychodynamisch Imaginative Traumatherapie (PITT) Luise Reddemann

ZUSAMMENFASSUNG

▶ Physiologische Auffälligkeiten Hochsensibler – etwa ein erhöhter Cortisolspiegel – deuten darauf hin, dass sich bei
einem Teil der Hochsensiblen durch zum Beispiel vorgeburtlichen Stress oder Geburtstrauma eine bereits veranlagte
Hochsensibilität noch verstärkt hat.

▶ Ein Trauma wird anders verarbeitet als Stress. Es kommt
zu extremen Zuständen von Reizüberflutung, Angst, Lähmung und zur Unterbrechung neuronaler Netzwerke im Gehirn. Das Sprachzentrum wird blockiert, und die Amygdala,
zuständig für die Angstverarbeitung, wird überaktiv. Ein
Trauma hinterlässt messbare Spuren im Nervensystem.

▶ Für die unterschiedlichen Auswirkungen von Traumata (je
nach Zeitpunkt der Traumatisierung) gibt es verschiedene
therapeutische Werkzeuge, die den betroffenen Menschen
helfen können.

▶ Besonders neuere Therapieverfahren, die die körperliche
Verarbeitung von Traumata mit einbeziehen, geben uns
Hoffnung für zukünftige Therapieerfolge.

Kapitel 5

Hochsensible Kinder –
Wer sie sind und was sie brauchen

Das Leben mit hochsensiblen Kindern ist eine Herausforderung und ein Segen zugleich. Grundsätzlich gibt es viele Ausprägungen von Hochsensibilität. Hochsensible Kinder fallen meist schon als Babys oder Kleinkinder auf – sie sind geräuschempfindlicher, weinen oftmals bei kleineren Anlässen, wirken andererseits geistig oft schon sehr weit, wenn sie noch klein sind. Sie scheinen weniger belastbar zu sein und brauchen viel Ruhe und Rückzug, um sich von einem aufregenden Tag zu erholen. Es ist wichtig, hochsensible Kinder in ihrer Andersartigkeit zu achten, denn sie werden ein Leben lang herausgefordert sein, damit klarzukommen und glücklich zu werden.

Ich möchte Ihnen das hochsensible Kind gern bildlich als »Fühler-Wesen« vorstellen. Denken Sie an eine kleine Raupe oder einen Schmetterling. HSP-Kinder haben quasi Antennen oder Fühler auf dem Kopf, mit denen sie feinste Schwingungen aus ihrem Umfeld wahrnehmen. Wie ein Seismograph reagieren sie auf Veränderungen, Temperaturen, Gerüche, Menschen, Tiere und Situationen mit höchster Empfindlichkeit. Auch das Gefühlsleben dieser Kinder ist sehr intensiv. Sie sind also Fühler im doppelten Sinne und in ihrem Wohlbefinden stark von ihrer Umwelt abhängig, da sie harmonie- und gerechtigkeitsliebend sind. Die Fühler-Wesen lieben es, in Kontakt mit Pflanzen und Tieren zu sein, ihre Verbindung zur Natur ist sehr groß, auch das Interesse an Technik und Erfindungen kann ein wichtiges Thema für sie sein.

Genauso, wie ein Schmetterling Schaden nimmt, wenn er am Flügel zu grob berührt wird, brauchen hochsensible Kinder zarte Berührungen. Sie sind selbst vorsichtig im körperlichen Kontakt und oftmals scheu und schüchtern. Die Fühler-Wesen lieben Musik und feine Kunst. Ihre Fantasie ist ebenso wie ihre Empathie stark ausgeprägt. Schnell nehmen sie telepathische Informationen aus ihrem Umfeld auf und schwingen emotional mit.

HSP-Test für Kinder. Ist Ihr Kind hochsensibel?

Lesen Sie sich einfach folgende Aussagen durch. Welche Aussagen treffen auf Ihr Kind zu? Zählen Sie am Ende zusammen, wie viele Male Sie mit Ja geantwortet haben.

1. Das Kind liebt es, eher ruhige Spiele zu spielen, und ist gern in der Natur draußen.
2. Das Kind ist schreckhaft.
3. Es reagiert irritiert und ängstlich auf sehr laute Geräusche.
4. Das Kind wirkt innerhalb der Familie harmonisierend und ausgleichend. Bei Streit schlichtet es gern, und es liebt selbst Harmonie.
5. Das Kind ist kreativ und musisch veranlagt.

6. Es stellte schon früh ungewöhnliche Fragen über das Leben und die Natur.
7. Das Kind macht sich schnell Sorgen um andere Menschen oder ist besorgt um ein Tier.
8. Das Kind ermüdet schnell, wenn zu viele Eindrücke auf es einwirken.
9. Es kann Hunger schlechter ertragen als andere Kinder.
10. Als Kleinkind reagierte es empfindlich auf kratzende Stoffe.
11. Es braucht viel Sicherheit und Geborgenheit, manchmal deutlich mehr als andere Kinder in seinem Alter oder als Geschwister.
12. Es hat einen starken Gerechtigkeitssinn.
13. In der Schule fühlt es sich teilweise überfordert, wenn es zu laut ist.
14. Im Kindergarten zieht sich das Kind häufig zurück, um allein zu spielen.
15. Das Kind zeigte früh Verantwortungsbewusstsein.
16. Das Kind hat Schwierigkeiten, mit größeren Veränderungen klarzukommen.
17. Es weint schneller als andere Kinder in seinem Alter und ist emotional leicht zu beeindrucken.
18. Das Kind bemerkt es, wenn andere Menschen in seiner Umgebung unglücklich sind oder leiden.
19. Das Kind neigt dazu, beim Friseur zu weinen und Angst zu haben.
20. Es nimmt kleine Details sehr gut wahr.
21. Es ist beim Essen eher vorsichtig und teilweise wählerisch.
22. Rhythmische, langsame Bewegungen beruhigen es, während schnelle Bewegungen zu Irritationen führen können, zum Beispiel Übelkeit beim Autofahren.

23. Das Kind ist eher introvertiert und schüchtern im Kontakt mit neuen Menschen.
24. Das Kind will Dinge sehr genau und richtig machen.
25. Es hat eine starke Fantasie.
26. Als Jugendlicher fällt es als Spätentwickler auf – es ist etwas später in der Pubertät und interessiert sich später als die Gleichaltrigen für Jungen oder Mädchen.
27. Das Kind/der Jugendliche hat nur wenige enge Freunde. Dafür pflegt es den Kontakt intensiv.

Auswertung

Sollten Sie mehr als 12-mal mit Ja geantwortet haben, ist Ihr Kind wahrscheinlich hochsensibel. Je mehr Aussagen auf Ihr Kind zutreffen, umso sicherer ist das Ergebnis. Auch wenn Sie nur wenige Aussagen bejaht haben und diese Merkmale sehr stark bei Ihrem Kind ausgeprägt sind, kann es sich um ein hochsensibles Kind handeln.

INTERVIEW MIT ANDREA,
MUTTER EINES SOHNES UND EBENFALLS HOCHSENSIBEL
Wie macht sich die Hochsensibilität deines Kindes bemerkbar?
Er ist für Außenstehende »schüchtern«. Er braucht in neuen Räumen mindestens zwei Anläufe, um sich wohl und heimisch zu fühlen. Er reagiert stärker auf Emotionen und Ausstrahlung von Menschen als auf deren Worte. Er wird als pflegeleicht beschrieben. Er nimmt sich eher in seinen Wünschen zurück.

Wo liegen seine Stärken und Schwächen?

Er ist ein Meister der Worte, er hinterfragt und durchschaut »leere Worte«. Er registriert Kleinigkeiten in der Natur, er findet gedankliche Verbindungen. Er kümmert sich nicht immer um sich selbst.

Wer hat dir gesagt, dass dein Kind hochsensibel ist?

Keiner. Bereits in der Kita war sein Verhalten anders als bei anderen Kindern. Er nahm sich seine Auszeiten und spielte in ruhigen Räumen alleine für sich und kam danach in die Gruppe zurück. Er konnte sich lange Zeit mit einer Sache beschäftigen.

Wie kommt er in der Schule zurecht?

Wir haben eine Privatschule gewählt, augenscheinlich eine ländliche, kleine Schule mitten in der Stadt. 1.–10. Klasse, je eine Klasse pro Jahrgang, mit Tieren, Garten und Holzwerkstatt. Da wider Erwarten viele laute Kinder in der Klasse sind, verlor er schnell das Interesse am Lernen. Ich nehme ihn immer aus der Schule, wenn er es nicht mehr erträgt. Zu Hause blüht er auf, und dann geht es weiter.

Gab es vorher Diagnosen, wie zum Beispiel ADHS?

Nein, da er sich in der ersten Klasse massiv veränderte, suchten wir Hilfe. Sein Verhalten entspricht der Norm, es liegt eine Begabung im sprachlichen Bereich vor.

Welche Fragen stellst du dir als Elternteil eines hochsensiblen Kindes?

Wie kann ich ihm täglich zeigen, dass es ganz normal ist, so zu sein?

Wie weit darf ich Situationen zulassen, ohne dass seine Seele Schaden nimmt?

Welche Aussagen deines Kindes haben dich überrascht?

Vor drei Wochen sagte er nach einer Klassenfahrt: »Es ist scheiße, so viel zu spüren.« Mit drei Jahren weinte er ganz intensiv und fand es traurig, seinen Opa nie mehr zu sehen, da er vor seiner Geburt gestorben war.

Was würdest du dir von der Gesellschaft im Umgang mit Hochsensiblen wünschen?

Ich wünsche mir, dass jeder mit seinen Fähigkeiten, seinem Sein so sein darf, wie er ist. Ich möchte nicht begründen, erklären oder Ähnliches, sondern einfach sein. Die Vielfalt macht es aus, wie wir mit gesellschaftlichen Herausforderungen umgehen.

Welche Bedürfnisse haben hochsensible Kinder?

- Nähe, Sicherheit, Zugehörigkeit, Schutz
- Berührung, Geborgenheit
- Ruhe, Rückzug, Rituale, Rhythmus
- Viel Schlaf, regelmäßiges Essen
- Wenig Reize, die Natur entdecken
- Musikalität und Kreativität leben
- Achtung, Würde, Vertrauen
- Selbstbestimmtheit, Sinn, Sinnlichkeit
- Ernst genommen werden, eigene Erfahrungen machen
- Hochsensible Kinder brauchen Eltern, die sie schon vor der Geburt und als Babys als bewusste und voll empfindungsfähige Lebewesen wahrnehmen (vgl. das Interview mit Uwe Baumann in Kapitel 4 zum Thema Geburtsprägung).

- Sie brauchen Eltern, die sich bewusst sind, dass ihre Kinder ein Potenzial mitbringen, das entfaltet werden möchte, anstatt ihnen einen Stempel aufzudrücken.
- Sie brauchen Schulen, die nicht mit Druck arbeiten, die Räume anbieten, in denen die Kinder ihre Kreativität und Naturverbundenheit erfahren können.
- Hochsensible Kinder brauchen Lehrer, die ihren Widerspruch in der Schule nicht als Rebellion interpretieren, sondern als Ausdruck einer sich entfaltenden Intelligenz.
- Hochsensible Kinder suchen nach dem Sinn ihres eigenen Lebens. Sie brauchen Erwachsene, die ihnen Hoffnung und Mut machen, da sie sehr früh die Bedrohung der Erde durch Krieg und Umweltverschmutzung realisieren.
- Sie brauchen liebevolle Erwachsene, mit denen sie über ihre eigenen (auch spirituellen) Wahrnehmungen sprechen können und die sie dabei ernst nehmen.
- Sie brauchen eine ganzheitliche Förderung zur Entwicklung der linken und rechten Gehirnhälfte: für die Integration von abstraktem Wissen, logischem Denken und auf der anderen Seite der kreativen, bildlichen und intuitiven Wahrnehmung.
- Hochsensible Jungs brauchen positive männliche Rollenvorbilder, die ihre Sensibilität konstruktiv leben. Sie brauchen Räume, in denen sie ihre Verletzlichkeit zeigen dürfen.
- Hochsensible Mädchen brauchen Frauenkreise, in denen über weibliche Themen wie Menstruation, Schwangerschaft und das Frausein gesprochen wird.
- Hochsensible Jugendliche können ein Jahr Freiraum nach der Schule gut brauchen, um sich in der Welt zu orientieren durch Reisen oder Praktika. In diesem Jahr geht es um die Selbsterkundung und dass sie sich nicht gleich nach der

Schule für eine Ausbildung oder ein Studium festlegen müssen. Diese enorm wichtige Lebensphase stellt die Weichen für die gesamte berufliche und persönliche Entwicklung und sollte daher als wichtiges Nadelöhr begriffen werden.

Was hochsensible Kinder brauchen, um sich gut entwickeln zu können

Aufmerksamkeit, Liebe und eine sichere Bindung sind für Kinder so wichtig wie Sonne, Wasser und Erde für wachsende Bäume. Um ihr volles Potenzial entwickeln zu können, brauchen Kinder spezielle Rahmenbedingungen, die es ihnen erlauben, stark zu werden. Die folgenden Ausführungen sind für alle Kinder allgemeingültig und sind daher auch für hochsensible Kinder wichtig.

Das Kind wahrnehmen und ihm Aufmerksamkeit schenken

Die Seele des Kindes hat in erster Linie das Bedürfnis, wahrgenommen zu werden. Das Kind möchte erkannt werden, so wie es ist. Daher ist Aufmerksamkeit das »Zahlungsmittel« in der Liebe. Sogar in einer Ehe würden Sie sich fragen, was nicht stimmt, wenn Ihr Partner Ihnen kaum noch Aufmerksamkeit schenkt. Unterschätzen Sie also nie die Bedeutung von Aufmerksamkeit! Liebevolle Aufmerksamkeit ist eine der wichtigsten Grundlagen, die Kinder von ihren Eltern benötigen, um sich gut entwickeln zu können. Was Sie sonst noch tun können, um Ihren Kindern Aufmerksamkeit zu schenken, lesen Sie hier:

1. Schaffen Sie Gelegenheiten, um Zeit mit den Kindern zu verbringen, in der sie nicht funktionieren oder die Erwartungen von Erwachsenen erfüllen müssen. Das sind besonders Zeiten für Spiele, Naturerfahrung oder Kuschelzeiten.

2. Egal, wie »negativ« Ihr Kind sich verhält, versuchen Sie, ihm immer einen Vorschuss liebevoller Aufmerksamkeit zu geben, um den Teufelskreis im Kampf um Aufmerksamkeit zu durchbrechen. Wenn Sie darauf warten, dass Ihr Kind sich durch »gutes« Benehmen Ihre Aufmerksamkeit verdienen muss, warten Sie in schwierigen Zeiten manchmal umsonst. Dadurch können die Kinder in Not kommen und sich möglicherweise noch »negativer« benehmen, weil sie irgendwann eine Aufmerksamkeit in Form von Schimpfen in Kauf nehmen, um überhaupt wahrgenommen zu werden.

3. Besonders Kinder, die in der Schule als Klassen-Clown auffallen, brauchen liebevolle Aufmerksamkeit. Dies ist oft genug ein verzweifelter Hilferuf.

4. Beginnen Sie damit, »schwierige« Verhaltensweisen (wie Wutausbrüche) nicht mehr zu bewerten, indem Sie Kommentare wie »Du bist ungezogen!« abgeben, sondern diese neutral zu beschreiben. Dadurch vermeiden Sie, das Kind zu beschämen. Sagen Sie stattdessen »Ich sehe, du bist jetzt sehr aufgeregt/ärgerlich!«. Versuchen Sie dabei, die Gefühle des Kindes ernst zu nehmen. Wenn Sie damit beginnen, sich in die Welt des Kindes hineinzufühlen, wird es sich angenommen und verstanden fühlen, anstatt mit Ihnen zu »kämpfen«.

5. Geben Sie dem Kind die Erlaubnis und den Raum, seine Gefühle authentisch auszudrücken: Trauer und Tränen, Wut und Aufgeregtheit, Neugier, Wissbegierigkeit, Enttäuschung und Schmerz, Freude und Lebendigkeit.

6. Im Bemühen um eine gute Erziehung dürfen Sie auch »negative« Verhaltensweisen des Kindes ignorieren. Dadurch werden sie nämlich weniger interessant. Vermeiden Sie jedoch auf der anderen Seite, das Kind selbst durch Ignorieren zu bestrafen. Das Durchtrennen des liebevollen Bandes elterlicher Aufmerksamkeit alarmiert die Kinder zutiefst und führt über kurz oder lang zu weiteren Irritationen und unerwünschten Nebenwirkungen.

7. Liebevolle Aufmerksamkeit durch die Eltern und die Familie gibt dem Kind Sicherheit und unterstützt eine gesunde Ich-Entwicklung.

8. Kinder mit Aufmerksamkeitsproblemen brauchen besonders wachsame Eltern, die die Kinder durch eine liebevolle Anleitung und Strukturhilfen unterstützen, sich selbst zu konzentrieren. Es geht darum, die Kinder nicht sich selbst zu überlassen, etwa beim Aufräumen des Zimmers, sondern mit klaren Tipps und kleinen Aufgaben dem Kind zu helfen, komplexe Aufgaben zu meistern.

Liebe

Eltern können die Liebe zu ihren Kindern durch einen liebevollen Blick ausdrücken, mit dem sie die Kinder anschauen. Ein Blick sagt mehr als tausend Worte. Liebe bedeutet für Kinder auch, dass sie in ihren Bedürfnissen von der Familie versorgt werden. Die Art und Weise, wie Sie Ihr Kind berühren, tragen oder an die Hand nehmen, vermittelt ihm, ob Sie es lieben. Kuscheln, Zärtlichkeit und Körperkontakt gehören zu unseren instinktiven Bedürfnissen. Sollte das hochsensible Kind Körperkontakt eher als unangenehm empfinden, da es dadurch überstimuliert wird, versuchen Sie, sich davon nicht abgelehnt zu fühlen. Finden Sie mit dem Kind gemeinsam heraus, wie und wann es berührt werden möchte. Kinder brauchen bedingungslose Liebe von ihren Eltern, da sie sich noch in der Entwicklung befinden und grundsätzlich Fehler machen. Daher ist es wichtig, dass Eltern ihren Kindern vermitteln, dass sie trotz ihrer »Fehler« liebenswert sind. Liebe bedeutet auch Respekt. Für hochsensible Kinder bedeutet dies, dass sie Eltern brauchen, die ihre Wahrnehmung respektieren und nicht ständig infrage stellen. Wenn Sie Ihr Kind darin bestärken, dass seine Wahrnehmungen in Ordnung sind, können Sie dazu beitragen, dass es als Erwachsener ebenfalls seiner Wahrnehmung vertraut. So kann das Kind Selbstvertrauen entwickeln. Sie können Ihre Liebe durch eine positive Ansprache ausdrücken. Überlegen Sie genau, wie Sie das Kind benennen. Wie würden Sie sich fühlen, wenn man Sie als »kleines Monster« bezeichnen würde oder als »Schatz« oder »Sonnenschein«?

Bindung

Das, was alle Kinder am dringendsten brauchen, ist eine sichere Bindung zu den Eltern. Der Zusammenhang zwischen Bindung und Aufmerksamkeit wird durch einen Blick auf die englische Sprache vertieft. »Attention« heißt auf Deutsch: Aufmerksamkeit. »Attachment« bedeutet: Bindung. »Attention« und »Attachment« haben also denselben Wortstamm, da sie unmittelbar miteinander verbunden sind. Aufmerksamkeit wird durch Bindung gesteuert. Das bedeutet für Kinder, dass sie ihre Aufmerksamkeit auf ihre Bindungspersonen richten, da sie von dort aus Signale für ihre eigene Orientierung, für Sicherheit und Liebe erwarten. Der Bindungsinstinkt ist ein mächtiges Werkzeug der Natur. Ohne ihn könnten wir nicht in funktionierenden sozialen Gemeinschaften zusammenleben. Das Gute an einem Instinkt ist, dass er nicht durch komplizierte Übungen praktiziert werden muss. Woran können Sie erkennen, ob Ihr Kind eine gute Bindung zu Ihnen hat? Je nach Alter entwickelt sich die Bindung über verschiedene Stufen. Der kanadische Entwicklungspsychologe Gordon Neufeld beschreibt in seinen Büchern verschiedene Stadien der Bindung. Dabei entwickelt sich die Bindung unter günstigen Bedingungen in folgenden Stadien:

1. Bindung über die Sinne: Körperkontakt, Sehen, Riechen, Fühlen, Schmecken, Wärme

Deshalb ist die körperliche Nähe zu den Eltern in den ersten zwei bis drei Lebensjahren von besonderer Wichtigkeit. Viele traditionelle Kulturen in Afrika, Asien oder Südamerika tragen die Kinder in Tragetüchern, was auch der Situation von Affenbabys in der Natur sehr nahekommt. Kinder, die getragen werden, weinen in der Regel weniger und sind insgesamt ausgeglichener. Frühzeitige Trennungen, etwa durch Krankheit des Kindes oder der Mutter und dem daraus folgenden Aufenthalt im Krankenhaus, durch Heimaufenthalte oder Scheidung, können lebenslange Folgen im Bindungsgehirn hinterlassen. Je kleiner das Kind ist, umso existenzieller ist es auf die körperliche Nähe der Eltern angewiesen, da die höheren Stufen der Bindung in diesem Alter noch nicht entwickelt sind.

2. Bindung über Gleichheit: Die Kinder wollen es den Bindungspersonen gleichmachen, ahmen sie nach, lernen über Vorbilder, wollen so sein wie die Eltern.

Dieser Aspekt der Bindungsentwicklung verursacht beim Kind viele Nachahmhandlungen, was ihm das Lernen von wichtigen Fähigkeiten erleichtern wird. Über Ähnlichkeit mit den Eltern versteht sich das Kind selbst besser. Das Streben nach Gleichheit hat wiederum sehr viel mit dem Nähestreben zu tun, was ein integraler Bestandteil des Bindungsinstinktes ist. Indem Kinder so aussehen wollen wie die Mama oder der Papa, indem sie die Sprache und Mimik der Eltern imitieren usw., finden sie Sicherheit innerhalb der Beziehung zu den Eltern.

**3. Bindung über Zugehörigkeit und Loyalität:
Diese mächtige Stufe der Bindung soll die Familie zusammenhalten, Kinder werden dadurch folgsam, wollen es recht machen, den Erwartungen entsprechen, aber auch Besitzansprüche gehören dazu.**

In der dritten Bindungsstufe, die durch die zweite Stufe vorbereitet wird, entwickelt sich ein starkes Gefühl oder ein starkes Bedürfnis nach Zugehörigkeit. Die Familienbande sind sehr mächtig und helfen dem Kind, seinen Platz im Leben zu finden. So wie junge Wölfe genau wissen, zu welchem Rudel sie gehören, wissen Kinder, zu welcher Familie sie gehören. Umso gravierender werden Kinder verletzt, wenn man sie zum »schwarzen Schaf« in der Familie macht und ihnen suggeriert, sie wären anders und gehörten eigentlich nicht dazu.

In Scheidungssituationen werden Kinder oft in einen Loya-
litätskonflikt gestürzt. Ihr Instinkt sagt ihnen, dass sie beide
Elternteile lieben. Das Auseinanderreißen der Familienstruk-
tur gehört zu den am meisten verunsichernden Erfahrungen,
die Kinder machen können. Loyal zu sein, kann auch bedeuten, dass die Familie zusammenhält und sogar »Fehlverhalten«
von Familienmitgliedern verteidigt, um sie zu schützen. Das
ist auch einer der Gründe, warum viele Erwachsene von einer
»schönen« Kindheit in Therapiesitzungen sprechen, obwohl sie
viele Verletzungen erlebt haben.

4. Bindung über Bedeutsamkeit und Besonderheit
In dieser Phase möchten Kinder von den Eltern als etwas Besonderes behandelt und wahrgenommen werden. Sie sind in
dieser Zeit besonders empfindlich gegenüber Ablehnung. Mädchen möchten dann oft gern eine Prinzessin sein. An diesem
Punkt in der Entwicklung sind die Kinder ganz besonders auf
die Liebesbekundungen der Eltern angewiesen. Sie möchten
nicht nur geliebt werden, sondern auch wissen, warum. Was
macht sie zu einzigartigen Wesen? Diese Bindungsstufe ist eng
mit der psychologischen Ich-Entwicklung verknüpft.

5. Bindung über emotionale Vertrautheit:
Gefühle von Liebe und Wärme
Wenn Kinder diese Bindungsstufe erreichen, wollen sie einen
Elternteil später heiraten, sie verschenken ihr Herz und malen
gern Herzen auf. In den Wohnungen dieser Familien finden
sich dann häufig Zeichnungen mit Herzen der Kinder auf dem
Kühlschrank oder an der Wand. Kinder machen in dieser Phase
Liebeserklärungen an die Eltern.

6. Bindung über psychologische Vertrautheit

Das ist die tiefste Ebene der Bindung, sie setzt etwa ab dem
7. Lebensjahr ein. Das Bedürfnis, authentisch in Gegenwart der
Bindungspersonen zu sein und ihnen Geheimnisse anzuver-
trauen, wird an dieser Stelle groß. Vollkommenes Vertrauen in
die Bindungspersonen ist Voraussetzung dafür. Zu diesem Zeitpunkt hat das Kind bereits ein gut entwickeltes Ich. Die Fähigkeit zur Beziehungsführung im Erwachsenenalter wird hier geübt. Körperliche Trennungen können über die Etablierung der
höheren Bindungsstufen besser ausgehalten werden. Deshalb
sind Gespräche zwischen den Eltern und den Kindern besonders wichtig, um sich auszutauschen.

Bindung ist hierarchisch

Kinder sehnen sich danach, dass die Eltern ihnen vermitteln:
»Das schaffen wir schon …, ich werde auf dich achtgeben …,
ich helfe dir …, ich gebe dir, was du brauchst …, ich beschütze
dich …, du kannst dich auf mich verlassen …, ich bin stark genug, um dir zu helfen …, ich weiß, was du brauchst.« Das Kind
sucht instinktiv einen Orientierungspunkt. Denken Sie an
kleine Enten, sie schwimmen der Mutter hinterher, während
diese Piepslaute von sich gibt, oder an Elefantenkinder, die mit
ihren Rüsseln bei den Schwänzen der Eltern einhaken, ähnlich
wie menschliche Kinder die Hand der Eltern suchen. Sie sind
nicht nur der Kompass für die Kinder, sondern befinden sich
in der Bindungshierarchie in der sogenannten »Alpharolle«,
wenn alles gut geht. Sie geben und beschützen, während das
Kind klein und abhängig ist. Erinnern Sie sich an Tierfilme, in
denen das Zusammenleben von Wolfsrudeln gezeigt wurde?
Diese Rangkämpfe unter den Tieren gehören auch dazu. Die

Jungtiere müssen sich mit den Älteren messen, um ihren Platz in der Gruppe zu finden. Sie spüren die Grenze und wissen am Ende, dass sie sich unterordnen müssen. Im Wolfsrudel gibt es klare Hierarchien, das können Sie in jeder anderen Tierspezies von Säugetieren ebenfalls beobachten, die in Gruppen leben. Die Biologie hat die Kinder darauf programmiert, innerhalb einer Gruppe zu leben. Da Kinder abhängig von Erwachsenen sind, macht es ihnen die Natur leichter. Idealerweise sind Sie als Eltern dann die Leitwölfe, die dem Kind zeigen, wo es langgeht. Die Umkehrung der Bindungshierarchie kann zu sogenannten Alpha-Kindern führen, die stark sein wollen und die Eltern dominieren möchten. Dies führt oft zu zahlreichen Erziehungsschwierigkeiten. Die Lösung besteht oft darin, die Kinder wieder zur Abhängigkeit einzuladen und es ihnen sicher und angenehm zu machen, sich auf die Eltern zu verlassen.

Das Wort Hierarchie löst bei vielen Menschen unangenehme Gefühle aus. Gerade der Missbrauch von Macht durch Institutionen und durch Familienmitglieder macht Betroffene oft misstrauisch gegenüber dem Konzept von Hierarchie. Die Alpharolle bedeutet jedoch nicht, sich tyrannisch zu verhalten und eine Vorherrschaft um jeden Preis umzusetzen. Es bedeutet ganz einfach, Verantwortung, Schutz und Fürsorge für Schwächere innerhalb einer Gruppe zu übernehmen. Da Sie als Erwachsener mehr Lebenserfahrung haben, schützen Sie Ihr Kind vor heißen Herdplatten, Sie geben ihm Nahrung und ziehen es von der Straße weg, wenn ein Auto kommt. Sie verbieten dem Kind, vor dem Abendessen Süßigkeiten zu essen oder abends fernzusehen. Damit das Kind Ihre Anweisungen befolgen kann und Ihnen zuliebe auch umsetzt, ist es hilfreich, wenn Sie die Alphaposition innerhalb der Beziehung einnehmen.

Fürsorge größer als die Nachfrage halten, um den Bindungshunger der Kinder zu stillen

Um den Bindungshunger von Kindern zu sättigen, hilft es, das Angebot an elterlicher Fürsorge größer zu halten als die Nachfrage. Das kann zum Beispiel bedeuten, Hilfe, Nähe und Liebe anzubieten, noch bevor das Kind entsprechende Signale aussendet oder ohne dass das Kind darum »betteln« muss. Besonders »Alphakinder« versuchen durch kontrollierendes Verhalten, Liebe und Aufmerksamkeit von ihrer Umwelt zu erhalten. Doch unter diesem Kontrollbedürfnis steckt oft die Angst, genau das nicht zu bekommen. Durch das »Überangebot« entstehen in dem Kind Sicherheit und Geborgenheit. Es muss nicht mehr um Schutz und Bindung kämpfen, was enorme psychische Ressourcen freisetzen wird. Diese Art von Versorgung ist natürlich nicht mit der »überbemutternden Glucke« zu verwechseln, die dem Kind jegliche Autonomieentwicklung versagt, wenn es beispielsweise schon Dinge allein tun will und die Mutter ihm diese sofort abnimmt. Es geht vielmehr um das sensible Erspüren der kindlichen Bedürfnisse. Sobald sich das Kind der Fürsorge durch seine Bindungspersonen sicher ist, kann es sich zur Selbständigkeit entwickeln.

Bindung ist magnetisch und in der Entwicklung von Kindern zunächst polar

Ein weiterer Aspekt der Bindung ist der Magnetismus. Auf der positiven Seite des Bindungsmagneten entsteht eine Anziehungskraft, die zu einem Nähestreben zwischen Eltern und

Kindern führt. Ist das Kind in seiner Entwicklung noch unreif, gibt es allerdings noch den negativen Pol des Bindungsmagneten, der zu Abstoßungsphänomenen führen kann. Dies ist einer der Gründe, warum beispielsweise Patchwork-Familien zu Beginn ihres Zusammenlebens häufig unter massiven Konflikten leiden oder warum die Kinder den neuen Partner ablehnen. Der biologische Sinn hinter dem Magnetismus ist der, dass die Kinder bei der Familie bleiben und nicht verloren gehen oder schädlichen Einflüssen von außen zu leicht erliegen.

Bindung ist der Entwicklungsmotor auf dem Weg zur Individuation und zur persönlichen Autonomie

Im Programm der Natur führt das Durchlaufen der Bindungsstufen dazu, dass eine weitere mächtige Kraft frei wird, die für die Ich-Entwicklung unerlässlich ist. Gordon Neufeld nennt diese Kraft »Emergenz«. Im Englischen bedeutet »emerge« so viel wie auftauchen, hervortreten, entstehen, sich entwickeln, empordringen etc. Das, was da zum Vorschein kommt, ist die Ich-Kraft, der eigene Wille, eigene Ideen, Kreativität und eigene Entscheidungen. Die Entfaltung der Emergenz-Kraft ist eine Voraussetzung zur Autonomie-Entwicklung. Im Wechselspiel zwischen der Erfüllung der Bindungsbedürfnisse und dem Ausleben eigener Impulse kann sich das Kind in einem sicheren Rahmen zu einer eigenständigen Persönlichkeit entwickeln.

Umgang mit Bindungsabbrüchen und tiefen Verletzungen

In der Biografie vieler Hochsensibler gibt es allerdings auch Stationen, die die hier skizzierten optimalen Bedingungen nicht erfüllen. Frühe Trennungen von den Eltern, Scheidung, Adoption, emotionale Unterkühlung von Eltern und andere verstörende Erfahrungen führen dazu, dass sich das Nähestreben der Kinder nicht erfüllen kann. Stattdessen erleben sie Schmerz, Trauer, Verlust, Verrat, Ohnmacht oder Schocks. Die Natur hat einen Mechanismus eingebaut, der auch unter diesen Umständen Kindern und Jugendlichen dazu verhelfen kann, sich zu eigenständigen Persönlichkeiten zu entwickeln.

Über einen Prozess, den Gordon Neufeld »Adaption« nennt, können solche verletzenden Erfahrungen verarbeitet werden. Adaption bedeutet in Neufelds Terminologie so viel wie »tiefgreifender Wandel«. Was ist mit diesem Wandel gemeint? Kinder und Erwachsene können auf Bindungsabbrüche oder auf Bindungsfrustrationen mit Wut und Aggression reagieren und mit verzweifelten Versuchen, die Situation zu ändern. Daher ist es für Eltern enorm wichtig, sich zu fragen, welche Frustrationen und Verluste ihre Kinder gerade durchmachen, wenn sie häufig wütend und aggressiv sind. Die Entwicklung zu einer depressiven Verstimmung oder von Autoaggressionen setzt voraus, dass das Kind keine Ventile mehr findet, um die Frustration in Bahnen zu lenken und emotional zu verarbeiten. Es entsteht eine »faulige Frustration« im Inneren, eine Art Implosion, bei der sich die emotionalen Kräfte nach innen wenden und dort zu einer ungesunden Stagnation führen.

Adaption hingegen erfordert, sich der Vergeblichkeit des Wunsches nach Kontakt mit einem (eventuell nicht vorhandenen) Elternteil oder anderer Verluste bewusst zu werden. Diese Vergeblichkeit macht uns sehr klein, und sie führt zu tiefen Gefühlen von Trauer und zum Weinen. Die Fähigkeit, Verluste zu betrauern, ist besonders bei Situationen hilfreich, die wir nicht ändern können, zum Beispiel bei unumstößlichen Verlusten wie dem Versterben der Großeltern oder eines Haustieres. Deshalb ist jeder tiefgehende Heilungsprozess mit Weinen verknüpft. Über das Weinen werden neue Bahnen im emotionalen Gehirn verknüpft, die das unerfüllte Nähestreben zur Ruhe bringen. Kinder, die zu wenig emotionale Unterstützung aus ihrem Umfeld in schwierigen Situationen erhalten, weinen dann entweder gar nicht mehr oder nur noch heimlich. Ein weiterer Mechanismus, der dazu führt, dass Trauer nicht mehr gefühlt werden kann, ist die emotionale »Panzerung«, also das Ausblenden von Gefühlen. Das sich entwickelnde Gehirn schützt sich damit vor zu viel Verletzlichkeit. Wenn das Kind sich selbst kaum noch spürt, kann die Trauer nicht nach oben dringen und Tränen auslösen. Bei Kindern, die gerade Bindungsverluste erleben, gibt es einen Schutzfaktor, der ihnen helfen kann, besser damit klarzukommen: Es muss mindestens eine erwachsene Person geben, die dem Kind in dieser Zeit Schutz, Fürsorge und Liebe gibt und die einen sicheren Raum zum Weinen anbieten kann. Dieser Resilienz-Faktor kann den entscheidenden Unterschied machen, wie Kinder mit Bindungsabbrüchen in ihrem Leben klarkommen. Resilienz beschreibt die Toleranz gegenüber Störungen, also die Fähigkeit, auch mit widrigen Lebensumständen klarzukommen. Bei einer Scheidung der Eltern ist es wichtig, dass den Kindern der Kontakt zu beiden Elternteilen ermöglicht wird, auch wenn sie nicht mehr als Paar zusammenleben. Wenn die Eltern es schaffen, freundschaftlich miteinander umzugehen und eine Kontinuität in den Beziehungen zu den Kindern zu bewahren, können die Kinder die Trennung der Eltern besser verarbeiten.

Die nachträgliche Integration von Verlusten im Erwachsenenalter kann innerhalb von Einzel- und Gruppentherapien geschehen und setzt ein enormes Heilungspotenzial frei. Auch das Nachholen von liebevollen Beziehungen zum Partner oder zu Freunden im späteren Alter kann heilsame Entwicklungsprozesse freisetzen, um frühere Bindungsverletzungen zu heilen und um sich wieder tiefer auf Beziehungen einzulassen.

Unsichere Bindungen

Von der Natur aus ist es so, dass Kinder mit dem Bindungsinstinkt geboren werden, der sie automatisch nach Nähe zu den Eltern streben lässt und der sich unter optimalen Bedingungen zu einem sicheren Bindungsstil entwickelt. Das bedeutet, dass ein Kind sich sicher ist, die Liebe und die Versorgung der Eltern zu verdienen und zu erhalten. Es wird dadurch weniger Ängste oder Kompensationen entwickeln. Elaine Aron schildert in ihrem Buch »Das hochsensible Kind«, dass rund 40 % der Eltern hochsensibler Kinder selbst als Kinder keine sicheren Bindungen erfahren haben. Je schwieriger und brüchiger die Bindung zu den eigenen Eltern erlebt wurde, desto unsicherer können sich die Nachkommen später selbst als Eltern fühlen. Die Weitergabe von dysfunktionalen Bindungsstilen innerhalb von Familien über Generationen hinweg ist sehr wahrscheinlich. Die Erfahrung von Bindungsabbrüchen oder anderen negativen Lebensereignissen kann die eigene Bindungsfähigkeit verändern. Die Angst vor Nähe und Bindung ist keinesfalls eine angeborene Eigenschaft von Hochsensiblen, sondern das Ergebnis von Verlusten oder Enttäuschungen innerhalb von Beziehungen.

Das Potenzial und die Stärken hochsensibler Kinder

Die Talente und Fähigkeiten hochsensibler Kinder sind weit gefächert. Folgende Eigenschaften bringen viele HSP-Kinder mit:

- Kreativität: musisch, malerisch, darstellend, gestalterisch
- Ein Harmonieverständnis von Formen, Farben und Klängen (Musik)
- Intuition und Empathie
- Großes Mitgefühl für Tiere und andere Menschen
- Tierliebe
- Soziales Engagement
- Eine hohe emotionale Intelligenz (EQ)
- Gerechtigkeitssinn
- Harmoniebedürfnis und die Fähigkeit, Harmonie herzustellen
- Fragen nach dem Sinn des Lebens und der Wunsch, sich positiv in die Gesellschaft einzubringen
- Ein tiefes Suchen nach Spiritualität oder Werten
- Naturverbundenheit
- Die Möglichkeit, eine oder mehrere Hochbegabungen zu haben
- Ein guter Sinn für Details
- Genauigkeit
- Kluge Fragen stellen

Beispiel für soziales Engagement von Kindern

An dieser Stelle möchte ich die Ansprache der damals 12-jäh-rigen Severn Suzuki aus Kanada erwähnen. 1992 reiste sie nach Rio de Janeiro, um dort vor den Vereinten Nationen zu sprechen. Sie sprach aus, was viele Millionen Kinder und Ju-gendliche auf der ganzen Welt bis heute fühlen, und forderte die Politiker dazu auf, den Schutz und die Erhaltung unse-res Planeten endlich als ihre wichtigste Aufgabe zu begrei-fen. Diese bewegende Rede zeigt deutlich auf, dass Kinder zu sehr tiefsinnigen Gedanken und Gefühlen fähig sind. Deshalb ist es besonders wichtig, hochsensible Kinder mit ähnlichen Gedanken ernst zu nehmen und ihnen Möglichkeiten zu er-öffnen, durch die sie sich engagieren können. 2001 machte Severn Suzuki ihren Hochschul-Abschluss in Biologie an der Yale Universität. Seither ist sie noch immer aktiv als Autorin, Vortragsrednerin, TV-Moderatorin im Einsatz für den Um-weltschutz und den Erhalt von Mutter Erde. Sie ist verheira-tet und lebt mit ihrem Mann und zwei Söhnen auf einer Insel vor der Küste Kanadas. (Das Video können Sie im Internet z. B. unter folgendem Link anschauen: http://www.youtube.com/watch?v=wNSV4zMquCk.)

Hochsensible Jungs

Wenn Sie Ihren hochsensiblen Sohn wirklich aufs Leben vor-bereiten wollen, zeigen Sie ihm, dass Tränen und Verletzlich-keit zum Leben dazugehören und gesund sind. Ihr Sohn wird es Ihnen damit danken, dass er in Erziehungsfragen nachgiebiger sein wird, lernfähiger, anpassungsfähiger und sozialverträgli-cher. Leider entwickelt sich die Schulkultur gerade in eine Rich-tung, in der kaum Platz für Verletzlichkeit ist. Umso wichtiger ist es, dass Kinder zu Hause einen sicheren Ort finden, an dem sie weinen dürfen und Trost von ihren Eltern erhalten. Was bedeutet wahre Männlichkeit? Viele Väter finden selbst keine befriedigende Antwort auf diese Frage. Was sollen sie ihren Kindern vorleben? Das Männerbild ist in den letzten Jahren vielen Einflüssen unterlegen, die Männer verunsichert haben. Besonders Väter von hochsensiblen Kindern sind aufgefordert, sich mit dieser Thematik konstruktiv zu beschäftigen. Finden Sie heilsame Kreise unter Männern. Als Mutter eines hochsensiblen Sohnes werden Sie vielleicht oft das Schimpfwort »Muttersöhnchen« hören, wenn Ihr Sohn Ihre Nähe und Ihren Rat sucht. Lassen Sie sich nicht verunsichern. Ihr Kind braucht Sie und wird sich zum richtigen Zeitpunkt von Ihnen lösen, wenn es genügend innere Sicherheit aufgebaut hat.

INTERVIEW MIT ANNE, HOCHSENSIBLE MUTTER VON DREI HOCHSENSIBLEN KINDERN:

Könntest du dich bitte kurz vorstellen?

Ich bin selbst hochsensibel und seit 30 Jahren mit einem hochsensiblen Mann verheiratet und wir haben, wen wundert es, drei hochsensible Kinder.

Woran bemerkst du deine Hochsensibilität im Alltag?

Im Alltag bemerke ich meine Hochsensibilität daran, dass ich schneller und anders denke als andere Menschen, Stimmungen und Gefühle schneller mitbekomme, von Außenreizen schnell irritiert bin. Ich empfinde meine Hochsensibilität grundsätzlich eher als Bereicherung, weniger als Last. Sie erlaubt mir, schnell kreative

Lösungen zu finden, den Überblick zu bekommen, und schenkt mir eine bunte, bereichernde Innenwelt. Schwierig wird es, wenn ich mich in der Außenwelt durchsetzen muss, gegen die Interessen von anderen. Dann wünsche ich mir ein »dickeres Fell«. Da ich eine extrovertierte HSP bin, ist es auch manches Mal schwer, die Balance zwischen entspannenden Kontakten und erforderlicher Ruhe zu finden. Meine Stärken liegen darin, querzudenken und kreative Lösungen zu finden. Ich kann gut unterrichten, weil ich komplexe Vorgänge bildhaft darstellen kann.

Wie würdest du deine Hochsensibilität gern in die Gesellschaft einbringen?

Ich würde Hochsensibilität gerne als Erfolgsfaktor in die Wirtschaft einbringen·und das Fach Intuition als Schulfach installieren. Gefühle habe ich jahrelang versucht zu ignorieren – um das Leben in den Griff zu bekommen. Ich hatte den Wunsch zu funktionieren, nicht als zart und verletzlich dazustehen. Inzwischen agiere ich überwiegend nach Gefühl und stehe dazu, dass für mich zunächst das Gefühl da ist, dass dann analytisch umgesetzt wird. Ich finde es nach wie vor gut, nicht in Gefühlen zu schwimmen und darüber handlungsunfähig zu werden.

Was machst du beruflich?

Ich bin Heilpraktikerin für Psychotherapie und kann die Hochsensibilität da voll ausleben. Ich habe drei Kinder, da wir alle hochsensibel sind, passieren viele Dinge bei uns automatisch – müssen nicht kommuniziert werden, weil ja jeder jeden fühlt. Das hat den »Nachteil«, dass meine Kinder nicht so sehr gelernt haben, eigene Ansprüche anzumelden. Dieses Fühlen passiert auch über große Entfernungen hinweg.

Wie habt ihr herausbekommen, dass eure Kinder hochsensibel sind?

Wir wussten einfach von Anfang an, dass sie hochsensibel waren. Sie haben keine Auffälligkeiten wie ADHS gezeigt. Sie leben die Hochsensibilität auf ganz unterschiedliche Weise. Für alle ist sie selbstverständlich. Ein Kind zum Beispiel nutzt die Fähigkeit, sich einfühlen zu können bei Prüfungen und in der Schule. Motto: »Du fühlst doch, was der Lehrer hören will.« Dieses Kind konnte die ersten Tage als Säugling im Krankenhaus nicht verarbeiten, wenn zu viel Besuch da war. Dann brauchte ich abends lange, um ihn zu beruhigen. Ein anderes Kind denkt nur über Fühlen und hatte entsprechend große Schwierigkeiten in der Schule. Die Intuition ist so groß, dass es krank wird, wenn Familienmitglieder krank werden. Es konnte die Lehrer fühlen. So erzählte es mit zwölf Jahren von einer Lehrerin, die eine leichte Verletzung am Schulvormittag erlitten hatte: »Die kommt nicht wieder«, und Recht hatte sie, die Person war bis zum Ende des Schuljahres krank. Wir waren als Eltern immer bemüht, unsere Kinder zu lehren, die Hochsensibilität zu schätzen, sie zu leben und sich gleichzeitig zu schützen. Sich zum Beispiel Ruhephasen einzufordern, sich zu erlauben, sich abzugrenzen gegen »Energieräuber«. Von der Gesellschaft und den Hochsensiblen wünsche ich mir, diese Eigenschaft als völlig normal anzusehen und zu respektieren. So normal wie die Tatsache, dass es Giraffen und Pinguine gibt, und dann nicht von Pinguinen zu verlangen, die Früchte von den Bäumen zu holen.

Alltagsthemen

Schlafenszeit

Rituale zur Schlafenszeit sind wichtig. Nehmen Sie sich Zeit, um das Kind abends in Ruhe ins Bett zu bringen. Jedes Anzeichen von Eile wird von den Fühlerwesen aufgenommen. Um die Trennungsängste von Kleinkindern während des Zubettgehens zu überbrücken, können Sie ihm sagen, dass Sie von ihm träumen werden, oder sicherstellen, dass Sie auch nachts ans Bett des Kindes kommen, um Trost zu spenden, falls es aufwacht und weint. Das Kinderzimmer und das Bett sollten an einem ruhigen Ort sein, wo die Kinder tatsächlich Rückzug und Sicherheit erfahren. Manche Eltern bringen am Bett des Kindes einen Vorhang an, hinter dem es sich wie in einer Höhle beschützt fühlt. Schlafmangel wirkt sich sehr negativ auf hochsensible Kinder aus. Experimentieren Sie mit den Schlafenszeiten, bis Sie das Gefühl haben, Ihr Kind ist ausgeglichener und erholter.

Die Frage, wann ein Kind bereit ist, im eigenen Bett und Zimmer zu schlafen, ist nur sehr individuell zu beantworten. Achten Sie einfach darauf, dass Sie Ihr Kind nicht zu sehr überfordern und welche Impulse von ihm selbst kommen. Besonders in schwierigen Lebensphasen (nach einer Scheidung oder einem Todesfall in der Familie) kann es sein, dass Ihr Fühlerwesen abends wieder zu Ihnen ins Bett will, weil es einfach verängstigt ist und viel Trost braucht. Mit dem Voranschreiten der Autonomieentwicklung wollen viele Kinder von sich aus im eigenen Bett schlafen. Hochsensible Kleinkinder, die im Elternschlafzimmer schlafen, können von ihren Eltern durch nächtliche Geräusche aufgeweckt werden. Teilweise ist es einfacher, das Kleinkind in seinem eigenen Zimmer zum Schlafen zu legen, da es so besser durchschläft.

Einige Kinder reagieren empfindlich auf natürliche Störquellen wie Wasseradern, Erdverwerfungen oder künstliche Störquellen wie Strom. Sollte Ihr Kind anhaltende Schlafprobleme haben, lohnt es sich, einen Baubiologen zu Rate zu ziehen oder einen Heilpraktiker, der sich mit den Themen auskennt. Schon so manche Kinder, die nachts ihren Urin nicht halten konnten, lagen auf einer Wasserader. Das einfache Verschieben eines Bettes hat schon Wunder bewirkt.

Morgenrituale

Auch die morgendliche Aufstehzeit ist in vielen Familien mit Stress verbunden. Die Eltern huschen morgens militärisch aus dem Bett, dann ins Bad zum Waschen und Zähneputzen. Die Zeit ist knapp. Das Gehetztsein überträgt sich aufs Kind, welches möglicherweise dadurch noch langsamer wird. Kinder, die nicht aus dem Bett kommen und kaum aufstehen mögen, verbreiten schnell schlechte Laune. Vielleicht haben Sie die Möglichkeit, morgens eine kurze Kuschelzeit mit Ihrem Kind einzuplanen. Geben Sie Ihrem hochsensiblen Kind die Chance, mit Ihnen im Tag anzukommen. Dabei kann das Kind noch einmal kurz Ihre Wärme und Geborgenheit spüren. Auch Lichtwecker sind eine wunderbare Erfindung: Statt abrupt aus dem Schlaf (und vielleicht auch einem Traum) mit einem akustischen Wecker gerissen zu werden, ist es viel natürlicher, durch Licht sanft aufzuwachen. Verschiedene Lichtwecker gibt es bereits seit Jahren auf dem Markt, die innerhalb einer halben Stunde einen natürlichen Sonnenaufgang simulieren. Zusätzlich ist es bei manchen Modellen möglich, Naturgeräusche wie Vogelgezwitscher oder Meeresrauschen zu hören. Übrigens, diese Art von Weckern ist nicht nur für Kinder gut geeignet.

Rückzugsmöglichkeiten

Hochsensible Kinder leiden ebenfalls, wie hochsensible Erwachsene, unter dem Phänomen der Reizüberflutung. Wussten Sie, dass es in Kindergärten so laut ist, dass Erzieher das Berufsrisiko eines Hörschadens tragen? Auch nicht hochsensible Kinder können durch diese Reizüberflutung überdreht und erschöpft sein. Wenn Sie Ihr »Fühlerkind« aus dem Kindergarten oder aus der Schule abholen, sagt Ihnen wohlmöglich die Erzieherin, dass Ihr Kind sehr aufgedreht war. Sie nehmen Ihr Kind mit nach Hause und haben vielleicht schon wieder zwei oder drei wichtige Termine, zu denen Sie Ihr Kind bringen müssen. Das Kind schraubt sich weiter hoch, ist nörgelig, aufgedreht oder vielleicht sogar weinerlich. Eigentlich braucht das Kind jetzt Ruhe und Rückzug. Geben Sie dem Kind die Möglichkeit, zu Hause und bei Ihnen erst einmal wieder anzukommen. Diese Phasen von Rückzug sind für hochsensible Kinder sehr wichtig, um sich zu regenerieren und ausgeglichener zu werden. Wenn Sie in einer größeren Familie leben und Sie mehr als zwei Kinder haben, vielleicht noch Haustiere, achten Sie darauf, dass Ihr hochsensibles Kind die Ruhe und den Rückzug bekommt, den es braucht, auch wenn das Kind das selbst noch gar nicht erkennt. Gleichbleibende Rhythmen, Rituale und Abläufe können dem Kind ebenfalls Sicherheit vermitteln, da es sich darauf verlassen kann, wie sein Tag aussieht.

Das Zimmer

Da Rückzug ein wichtiges Mittel zur Erholung von Hochsensiblen ist, wäre es ideal, wenn Ihr Fühlerkind ein eigenes Zimmer
haben könnte. In Familien mit mehreren Kindern ist das nicht
immer möglich. Es sollten jedoch Rückzugsmöglichkeiten gegeben sein – zum Beispiel über Zeitfenster, in denen es allein
einen Raum beanspruchen darf –, die es dem Kind ermöglichen, zu sich zu kommen. Viele Streitereien unter Geschwistern
konnten schon gelindert werden, wenn sie eigene Zimmer bekamen. Kinder lieben es zudem, in Höhlen und Zelten zu spielen. Wenn Sie kein eigenes Zimmer anbieten können, gibt es
vielleicht die Möglichkeit, Ihrem hochsensiblen Kind auch einmal das Wohnzimmer oder das Esszimmer zu überlassen oder
ein kleines Tipi im Garten zu bauen, das nur ihm gehört. Höhlen aus Decken und Stoffen bieten ebenfalls ideale Rückzugsräume für Kinder.

Da hochsensible Kinder meist einen Draht zur Natur haben,
sammeln sie womöglich Steine, Äste, Federn, Muscheln und
allerlei Dinge. Es ist wichtig, dass das Kind die Möglichkeit hat,
sich eine eigene Ecke im Zimmer einzurichten, in der es seine
Schätze lagern kann, ohne dass diese ungefragt als »Müll« von
einem Elternteil entsorgt werden. Übersichtlichkeit, Stauraum
für Spielsachen und Gemütlichkeit helfen dem Kind, sich in
seinem Zimmer richtig zu erholen. Über das Zimmer werden
Grenzen deutlich. Die Abgrenzung nach außen ist für Kinder
auch eine wichtige Erfahrung. Nicht nur die Grenzen, die die
Eltern setzen, sondern auch die eigenen Grenzen, die Kinder in
sich selbst erfahren, können hier trainiert werden.

Essen

Regelmäßige Mahlzeiten sind für Fühler-Kinder sehr wichtig, da Essen das Wohlbefinden steigert. Ein gewisser Teil von HSPs reagiert sehr empfindlich auf Nahrungsmangel. Achten Sie einmal auf die Stimmungslage Ihres Kindes, wenn es hungrig ist. Die Essenszeiten sind bei vielen Familien Zeiten von Stress und Streit. Geschwister streiten sich oft darum, ob das Essen gerecht verteilt ist, ob sie das Essen mögen oder lieber etwas anderes essen möchten. Für Eltern sind oft die Tischmanieren wichtig. Sie möchten, dass das Kind ruhig sitzt, nicht mit dem Essen spielt und nicht vorschnell vom Tisch wieder aufsteht.

Eine liebevolle Atmosphäre beim gemeinsamen Essen zu schaffen, kann eine gute Möglichkeit bieten, um den familiären Zusammenhalt zu stärken. Wie kommt das? Wie das Sprichwort »Liebe geht durch den Magen« besagt, bieten gemeinsame Mahlzeiten eine tolle Möglichkeit, dem Kind Liebe, Geborgenheit und Zugehörigkeit zu signalisieren. Sie können zum Beispiel das Lieblingsessen Ihres Kindes kochen oder besondere Wünsche berücksichtigen, um Ihre Liebe und Fürsorge zum Ausdruck zu bringen. Lassen Sie Ihrem Kind auch Freiraum bei der Essenswahl, zwingen Sie es nicht, immer alles aufzuessen. Kinder haben ein sehr genaues Gespür dafür, wann sie satt sind! Stellen Sie einfach das Essen auf den Tisch, geben Sie genügend Auswahlmöglichkeiten, und überlassen Sie es dem Kind, was es essen mag.

Nahrung zu bekommen bedeutet auch, versorgt zu werden. Das Kind zu ernähren hat viel mit Bindung zu tun. Indem die Eltern das Kind mit Essen versorgen, befinden sie sich in der Alpha-

Rolle, so wie der Alpha-Wolf im Rudel das Essen aufteilt. Das ist ein ganz wichtiger Aspekt in der psychologischen Bedeutung von Essen. Kindliche Essensverweigerung weist meistens auf eine Störung in der Bindung zu den Eltern hin. Diese kann auch darin begründet sein, dass sich die Bindungshierarchie zwischen Eltern und Kindern umgedreht hat. Kinder, die deutlich zu wenig essen, können sich von den Eltern nicht genährt fühlen, oder sie haben Schwierigkeiten damit, dieses Versorgtsein anzunehmen, da sie sich selbst in der Alpha-Rolle sehen. Auch andere Gründe können zu einer Essensverweigerung führen, zum Beispiel die Störung der Hungerwahrnehmung, was oft bei Kindern vorkommt, die als Babys nach einer Frühgeburt mit einer Sonde ernährt werden mussten.

Sollte das Essensthema in Ihrer Familie auffällig sein, wenden Sie sich bitte an einen Kinderpsychologen oder an eine Beratungsstelle. Die Klärung dieser Störungen ist wirklich wichtig. Eine Essstörung im Kindesalter ist nur ein Symptom für Probleme, die meist tief in das Familiensystem hineinragen. Auch Kinder mit hochfunktionalem Autismus verweigern meist eine ganze Palette von Nahrungsmitteln und treiben ihre Mütter damit fast in den Wahnsinn, wenn sie die Zusammenhänge nicht kennen. Die Differenzierung zwischen hochsensiblen Kindern und Kindern mit Autismus können Sie im weiteren Verlauf des Kapitels nachlesen.

Kindergarten und Schulen

Die Wahl eines geeigneten Kindergartens oder einer geeigneten Schule kann enormen Einfluss auf die Harmonie innerhalb der Familie haben. Wenn Ihr Kind sich am falschen Ort fühlt, kann

das zu ernsthaften Komplikationen führen, wie zu Verhaltensauffälligkeiten, Aggressionen, Verweigerung und Lernblocka-
den. Die Regelung von Pflicht und Freiheit in diesen Bereichen
unterscheidet sich von Land zu Land. In der Schweiz ist es mittlerweile so, dass Kinder ab vier Jahren quasi schulpflichtig sind
und eine Vorschule besuchen müssen. In Deutschland greift die
Schulpflicht erst ab dem 6. oder 7. Lebensjahr. Scit 2009 ist in
Österreich der Besuch des Kindergartens ab dem 5. oder 6. Lebensjahr ebenfalls verpflichtend als Vorbereitung auf die Schule.
Die Einrichtungen für Kindergärten und Schulen unterscheiden sich zum Teil erheblich. Besonders wichtig ist die Gruppen-
größe. Klassen mit sehr vielen Schülern produzieren automatisch mehr Geräusche und Quellen für Reizüberflutung, die für
hochsensible Kinder kritisch sind. Versuchen Sie, nicht irgendeiner Philosophie hinterherzulaufen, sondern schauen Sie, ob
das Programm wirklich zu Ihrem Kind passt. Auch staatliche
Grundschulen und Kindergärten können geeignet sein. Beginnen Sie, so früh wie möglich Informationen über die Schulen
und Kindergärten in Ihrer Nähe zu sammeln – und gehen Sie
vor allem hin und schauen sich an, was Ihr Kind dort erwartet. Lassen Sie dabei auch unbedingt Ihr eigenes Bauchgefühl
ein Wörtchen mitreden! Ist Ihnen das Mitarbeiterteam sympathisch? Wie reagiert Ihr Fühlerwesen auf die Erzieher oder Lehrer? Machen Sie sich bewusst, dass der Besuch eines Kindergartens eine große Quelle für Reizüberflutung sein wird. Sind die
Mitarbeiter geschult im Umgang mit hochsensiblen Kindern?

Die erste Trennung

Eine schonende Eingewöhnung im Kindergarten ist entscheidend. Gerade sehr kleine Kinder haben Schwierigkeiten, mit

der Trennung von den Bindungspersonen klarzukommen.
Elaine Aron empfiehlt in ihrem Buch »Das hochsensible Kind«
(S. 292), dass Trennungen von Familienmitgliedern für hochsensible Kinder unter 3 Jahren auf ein Mindestmaß reduziert
werden sollten. Mit Blick auf die Bindungsstufen sollte spätestens jetzt klar sein, warum das so ist. Manche hochsensiblen
Kinder brauchen sogar noch länger Zeit, bis sie mit Trennung
klarkommen. Fragen Sie nach, wie das Kind in der Eingewöh-
nungsphase behandelt wird. Dürfen Sie in den ersten Wochen
im Kindergarten bleiben? Helfen Sie den Betreuern Ihres Kindes zu verstehen, was es braucht und wie sie ihm bei Reizüberflutung helfen können, sich zurückzuziehen. Neben der persönlichen Kompetenz der Mitarbeiter ist die Konzeption der
Einrichtung ebenso entscheidend. Sie selbst können die Trennung für Ihr Kind besser überbrücken, wenn Sie ihm etwas mitgeben, an das es sich festhalten kann, zum Beispiel ein Schnuf-
fel-Tuch, das nach Ihnen riecht, ein Foto von Ihnen als Eltern
oder einen speziellen Talisman.

Montessori-Pädagogik

Kindergärten und Schulen mit einer Montessori-Ausrich-
tung geben den Kindern viel Raum für eigene Experimente
und selbstbestimmtes Lernen. Für neugierige und freiheitslie-
bende Kinder ist das ideal. Die Begründerin Maria Montessori
ging davon aus, dass Kinder bestimmte Phasen durchlaufen,
in denen sie von sich aus Interesse für bestimmte Lerngebiete
zeigen, wie zum Beispiel Zahlen oder Buchstaben. Mit zahlreichen, anschaulichen Lernmaterialien, die Wissen »begreifbar«
machen, finden die Kinder einen Zugang zum Lernstoff, der
vielen ihrer Bedürfnisse entspricht. Die Kinder können basteln,

ausprobieren, im eigenen Tempo lernen. Es gibt allerdings auch Kinder, die eine engmaschige Betreuung und klarere Strukturen brauchen.

Anthroposophische Einrichtungen

Waldorfschulen bieten Kindern viele Möglichkeiten, ihre Kreativität und die Sinne zu entfalten. Die Arbeiten mit Naturmaterialien, Musik und Kunst nehmen in den ersten Jahren dort einen großen Raum ein. Auf Rituale und Rhythmus wird sehr viel Wert gelegt. Kinder, die Waldorfschulen besuchen, werden in den ersten Jahren sehr stark in ihrer sinnlichen und musischen Entwicklung gefördert. Intellektuelles Wissen wie Mathematik, Rechtschreibung und Logik darf sich dort mit mehr Zeit und später entwickeln, was den Kindern weniger Lerndruck vermittelt. Das sinnliche Erfahren der Natur, etwa mit Ton, Wolle, Holz, Blättern und Farben, fördert die Beziehung zur natürlichen Umwelt. In den anthroposophischen Schulen begleiten die Lehrer ihre Klassen meist über die gesamte Schulzeit, was Vor- und Nachteile mit sich bringen kann.

Probleme an der Schule

Es gibt Kinder, die große Schwierigkeiten haben, sich im neuen Kindergarten oder in der Schule zurechtzufinden. Sollte Ihr hochsensibles Kind über negative Ereignisse oder gar Mobbing an der Schule sprechen, nehmen Sie die Berichte des Kindes ernst. Besonders gefährdet sind Kinder, die in irgendeiner Form nicht in die bereits bestehende Klasse passen. Roter Alarm besteht, wenn Sie den Eindruck haben, dass Lehrer/innen oder Erzieher/innen Sie oder Ihr Kind nicht ernst nehmen. Manchmal verhärten sich die Fronten schneller, als einem lieb sein kann. Es ist wichtig, einen guten Kontakt zum Lehrer am besten noch vor Schulbeginn aufzubauen. Wenn ein guter Beziehungsaufbau zwischen Ihrem Kind und dem Lehrer nicht gelingt, wird sich das höchstwahrscheinlich negativ auf die Lernleistung auswirken. Wenn Ihr Kind überhaupt nicht klarzukommen scheint, heißt das noch nicht, dass das allgemeingültig für die Schule oder den Kindergarten so sein muss. Viele Kinder sind nach einem Wechsel der Betreuungseinrichtung regelrecht aufgeblüht und dann gern zum Lernen und Spielen in die Gruppen gegangen. Oftmals scheuen sich Eltern, einen solchen Wechsel vorzunehmen, da sie befürchten, das Kind würde unter dem drohenden Verlust der Freunde leiden. In der Praxis zeigte sich jedoch, dass Kinder sehr gut in der Lage sind, neue Freunde zu finden.

Hochbegabte Kinder und ihre »Rebellion«

Wenn Ihr Kind hochbegabt sein sollte, kann es sein, dass es Anweisungen und Aufgaben vom Lehrer infrage stellt, da es seinen eigenen Kopf hat. Hochbegabte Kinder brauchen eine intensive Förderung und langweilen sich schnell. Sollte die Hochbegabung noch nicht bekannt sein, kann es schnell geschehen, dass die Lehrerin das Verhalten des Kindes als rebellisch missdeutet. Besonders Kinder, die schon vor Schuleintritt lesen oder sogar schreiben können, sind in der ersten Klasse unterfordert und sehen es natürlich nicht mehr ein, Übungen zu Themen zu machen, die sie bereits kennen. An den schulpsychologischen Beratungsstellen können Sie einen Intelligenztest veranlassen, um eine Hochbegabung feststellen zu lassen. Trotz der voranschreitenden Aufklärung gibt es noch immer eine Vielzahl von hochbegabten Kindern, die nicht von der Umwelt erkannt werden und dadurch unnötige Leidenswege gehen müssen. Daher scheuen Sie sich nicht, wenn Sie den Verdacht haben, dass Ihr Kind ebenfalls hochbegabt sein könnte, eine Testung zu veranlassen. Es gibt spezielle Hochbegabten-Klassen oder Gymnasien, die sich auf Hochbegabung spezialisiert haben. Die Förderung der Kinder kann dort viel spezifischer sein und der Austausch mit Gleichgesinnten hilft den Kindern, sich nicht länger als Außenseiter zu erleben.

Begriffs-Verwirrung: ADHS, Asperger oder HSP?

Wenn Sie nach dem Lesen des Kinderkapitels bis hierher noch immer Fragen haben und unsicher sind, möchte ich an dieser Stelle noch auf zwei angrenzende Phänomene eingehen. Eltern hochsensibler Kinder können sich mit der Frage konfrontiert sehen, ob ihr Kind AD(H)S oder Asperger-Autismus hat. In der Beratungspraxis hat sich gezeigt, dass sehr sensible Kinder vom Umfeld oftmals nicht richtig eingeschätzt werden. Da hochsensible Kinder sowohl Teileigenschaften von ADHS und auch vom Autismus-Spektrum haben können, besteht eine gewisse Verwechslungsgefahr, jedoch nur bei oberflächlicher Betrachtung. Vielfach führt das fehlende Fachwissen über Hochsensibilität bei Pädagogen zu einer Fehleinschätzung von hochsensiblen Kindern. Versuchen Sie zunächst herauszufinden, was die Konzentration Ihres Kindes stört (etwa die Lautstärke in der Klasse, Mobbing usw.), bevor Sie einem Laien glauben, dass Ihr Kind ADHS hat. Wenn Sie noch einmal an die Schule denken, beachten Sie beispielsweise auch, dass viele Kinder mit einer Hochbegabung oft in Konflikte mit ihren Lehrern geraten. Sie stellen alles infrage, langweilen sich schnell und brauchen eine besondere Förderung. Viele Hochbegabte bleiben unerkannt. Als Störenfriede werden sie schnell vom Lehrer abgestempelt, eine negative Spirale baut sich auf. Irgendwann bekommen Sie einen Anruf von der Klassenlehrerin und wundern sich, was da eigentlich los ist. Wie Sie sehen, können schulische Auffälligkeiten viele Gründe haben. Es lohnt sich, genau hinzuschauen. Sollten Erzieher, Lehrer oder Verwandte auf Sie zukommen, die behaupten, Ihr Kind habe AD(H)S, seien Sie achtsam. Niemand, der nicht dafür ausgebildet wurde, ist autorisiert oder fähig, ADHS sicher zu diagnostizieren. Und selbst Experten können sich irren. Ich möchte an dieser Stelle noch einmal betonen, dass Hochsensibilität eine Persönlichkeitseigenschaft darstellt und keine Krankheit ist. Daher gibt es Hochsensibilität als Diagnose gar nicht.

Klarheit finden

Damit Sie nun sicher sein können, ob Ihr Kind tatsächlich hochsensibel ist, können Sie sich die folgende Tabelle ganz genau durchlesen. Anhand von konkreten Beispielen, die Sie im Alltag selbst beobachten können, werden Sie die Unterschiede und Gemeinsamkeiten genau feststellen können. Sollte sich herausstellen, dass Ihr Kind möglicherweise doch in Richtung Autismus oder ADHS neigt, wenden Sie sich an ein sozialpädiatrisches Zentrum. Lassen Sie sich eine Diagnose erstellen, im Zweifelsfall holen Sie sich eine Zweitmeinung ein. Erwarten Sie jedoch nicht, dass solche Einrichtungen Sie mit dem Kommentar nach Hause schicken, Ihr Kind sei hochsensibel. Viele Eltern scheuen sich, professionellen Rat zu suchen, weil sie teilweise Angst vor dem Ergebnis haben. »Was ist, wenn mein Kind tatsächlich nicht normal ist? Wird der Arzt Medikamente verordnen? Wie wird die Schullaufbahn sein?« Diese Fragen quälen Eltern und deshalb lassen sie oftmals den Dingen ihren Lauf. Eine Diagnose kann Ihnen helfen, das Kind im Alltag besser zu unterstützen, wenn Sie sich durch Elternratgeber informiert haben. Eine Diagnose stellt an sich noch keine Festlegung der Therapie dar. Letztlich entscheiden Sie darüber, welche Therapien Sie für Ihr Kind und die Familie nutzen wollen. Dafür ist es wichtig, möglichst viele Informationen aus verschiedenen Quellen zu sammeln.

Merkmal	Hochsensible Kinder	ADHS-Kinder	Asperger-Autismus-Kinder	Klassischer Autismus
Spiel-verhalten	sehr fantasievoll, kreativ, kann sich lange mit einem Spiel beschäftigen, mag ruhige Spiele, Naturmaterialien, künstlerische Tätigkeiten, mag sich nicht so gern dreckig machen	sehr fantasievoll, mag gern körperliche Spiele, gern draußen, etwas grob, sprunghaftes Spielverhalten, ändert gern Regeln, erträgt es nicht, zu verlieren, verletzt sich oft, hohe Risikobereitschaft	differenziertes Spielverhalten, sie sind fähig zu Symbolspiel (Rollenspiele) und bestehen aber eher auf gleichbleibende Themen und Abläufe	Spielverhalten entwickelt sich spät oder gar nicht, stattdessen stereotypes Verwenden von Spielzeugen, fast keine Kreativität und Fantasie beobachtbar, kein Symbolspiel

Merkmal	Hochsensible Kinder	ADHS-Kinder	Asperger-Autismus-Kinder	Klassischer Autismus
Sozialkontakt	hat wenige, aber dafür tiefe Freunde, vorsichtig im Sozialkontakt, fühlt sich in großen Gruppen nicht so wohl, schreckhaft	fühlt sich oft als Außenseiter, gern in Raufereien verwickelt, teilweise jedoch auch isoliert	Schwierigkeiten, Freundschaften aufzubauen, ist aber möglich, wirkt oft abwesend, klinkt sich aus, zuverlässig, distanzlos	eingeschränkter Kontakt zu den Eltern, lächelt kaum, hat meist keine Freunde, da die soziale Interaktion stark eingeschränkt ist
Blickkontakt	ist möglich, besonders bei Bindungspersonen	ist möglich, in starken Konflikten eher eingeschränkt	hat Schwierigkeiten mit Blickkontakt, kann keine Gesichter erkennen	kann Blickkontakt meist nicht aufnehmen, fehlende Mimik beim Sprechen
Körperkontakt	mag Körperkontakt, aber keine groben Berührungen, kuschelt gern, einige HSP-Kinder empfinden Körperkontakt jedoch als zu intensiv	Körperkontakt stürmisch, ungestüm, tollpatschig, aber kuschelig, es fehlt manchmal an Feingefühl für das Gegenüber	Schwierigkeiten, sich berühren zu lassen, unbeabsichtigt tollpatschig	kann Körperkontakt nur schwer aushalten, vermeidet es eher, schlaff oder steif auf dem Arm der Eltern
Sorgfalt	hohe Sorgfalt, Blick für Details, erkennt Fehler, zweifelt eher an sich	niedrige Sorgfalt, Flüchtigkeitsfehler, erkennt eigene Fehler (z. B. beim Lernen) nicht	hohe Sorgfalt, pedantisch, korrekt, hat Angst, etwas falsch zu machen	Hyperaktivität

Merkmal	Hochsensible Kinder	ADHS-Kinder	Asperger-Autismus-Kinder	Klassischer Autismus
mögliches Essverhalten	bevorzugt bestimmte Speisen, lehnt andere ab	kann mäkelig sein, unter Einfluss von Methylphenidat: starke Appetithemmung	lehnt zahlreiche Nahrungsmittel ab, findet sie eklig, sortiert nach Farbe und Konsistenz	lehnt zahlreiche Nahrungsmittel ab, findet sie eklig
Kommunikation	starkes Einfühlungsvermögen für andere, sucht Harmonie und Ausgleich, nimmt Rücksicht	starker Gerechtigkeitssinn, redet gern viel, unterbricht andere, kann sich nicht stoppen, sehr impulsiv	wahrheits- u. gerechtigkeitsliebend, ehrlich, direkt, nimmt alles wortwörtlich, Professorensprache	auffällig geringe Sprachentwicklung oder keine Sprache, verwechselt Du und Ich, stereotype Wortwiederholung
Routine, Rituale	mag Routinen und Rituale, kann auch spontan sein, mag keine abrupten Veränderungen	Routinen (besonders bei Körperpflege) scheinen nur schwer zu etablieren zu sein, brauchen regelmäßige Strukturen, Rituale, Vorhersehbarkeit	hat nicht funktionale Routinen (diese erfüllen keinen praktischen Zweck), liebt vorhersehbare Abläufe	ist stark an Routinen und gleichbleibende Abläufe gebunden

Merkmal	Hochsensible Kinder	ADHS-Kinder	Asperger-Autismus-Kinder	Klassischer Autismus
Wahrnehmung	Filterschwäche vorhanden, Blick für Details, kann andere sehr gut wahrnehmen, Empathie	auffällige Filterschwäche, dadurch leicht abzulenken, oft gepanzert gegenüber verletzlichen Gefühlen, daher Anpassungsschwierigkeiten	starke Filterschwäche, detailverliebt, keine Empathie zu erkennen, starke Empfindlichkeit für sensorische Reize	sehr starke Filterschwäche, nimmt Hintergrundgeräusche ebenso wahr wie wichtige Dinge
Tics	keine	Neigung zu Tics, auch gehäuft als Nebenwirkung von ADHS-Medikamenten	häufig Tics	häufig Tics
Stereotype	keine	eher nicht	kann stereotype Verhaltensweisen entwickeln	bei Reizüberflutung: stereotype Aktivitäten zur Beruhigung

Merkmal	Hochsensible Kinder	ADHS-Kinder	Asperger-Autismus-Kinder	Klassischer Autismus
Wissen und Lernen	lernt meist gern, hat vielfältige Interessen, stellt tiefgründige Fragen, Möglichkeit zu Hochbegabung, häufig fühlt sich das Kind zu kreativen und musischen Tätigkeiten hingezogen	Lernschwierigkeiten, geringe Motivation, oft LRS oder Dyskalkulie, auch Kombination mit Hochbegabung möglich, durch die Lernschwierigkeiten eher Haupt- o. Realschulabschluss, teilweise Sonderschule	kleiner Professor, wandelndes Lexikon, hoher IQ, viele Details, Spezialwissen, in Teilgebieten Hochbegabung möglich, wird wahrscheinlich einen höheren Bildungsabschluss erreichen	fehlende Nachahmung, eingeschränktes Lernen, Intelligenz eher im Bereich der Lernbehinderung, IQ liegt meist bei ca. 70 (weit unterdurchschnittlich)
Denken	oft assoziativ, gefühlsverknüpft, tiefsinnig, Fragen stellend, sozial	oft assoziativ, ausufernd, sprunghaft, unterbrochen	denkt meist in Bildern, stark analytisch, Blick für Details, komplex	durch Lernbehinderung eingeschränkt

Merkmal	Hochsensible Kinder	ADHS-Kinder	Asperger-Autismus-Kinder	Klassischer Autismus
Fühlen	kann Emotionen fühlen, tiefe Gefühle möglich, hohe Verletzbarkeit, starke Empathie	intensives, impulsives Gefühlsleben, schnell verletzt, starke Gefühle, auch Wutausbrüche, erträgt keine Langeweile, fühlt sich schnell ungerecht behandelt	emotionale Verletzbarkeit, wirkt aber eher rational, mangelnde Empathie	keine Empathie, starke Angst bei Veränderungen und sozialer Interaktion
Jungen und Mädchen	Gleichverteilung	häufiger Jungen betroffen	mehr Jungen als Mädchen betroffen	3–4-mal häufiger bei Jungen als bei Mädchen
Reizverarbeitung	Reizoffenheit, Zustände von Überstimulierung mit Rückzugsbedürfnis, Empfindlichkeit gegenüber kratzigen Stoffen, Lärm, Licht, Gerüchen	Reizüberflutung, leichte Ablenkbarkeit durch Außenreize, starke innere und motorische Unruhe, teilweise Wahrnehmungsdefizite, Panzerung	starke Reizüberflutung, nimmt Details wahr, hat Schwierigkeiten bei der Zusammensetzung von Details	sehr starke Reizüberflutung, Integration verschiedener Sinneskanäle gelingt meist nicht, starke Geräusch- und Lichtempfindlichkeit

ADHS: Mythos oder Realität?

In den letzten Jahren ist die Anzahl der ADHS-Diagnosen exponentiell gestiegen. In Deutschland haben ca. 500 000 Kinder die Diagnose einer Aufmerksamkeitsdefizit-Hyperaktivitätsstörung (ADHS). Insgesamt sollen es Schätzungen zufolge 80 Millionen auf der ganzen Welt sein. Von 1993 bis 2010 stieg der jährliche Verkauf des Wirkstoffs Methylphenidat, der im ADHS-Mittel Ritalin enthalten ist, von 34 Kilo auf fast 1,8 Tonnen. Diese Zahlen alarmieren. Interessant ist auch, dass überwiegend Jungen diese Diagnose erhalten, was viele Fragen aufwirft, insbesondere zum hormonellen Einfluss, zur genetischen Disposition und sogar das Thema, ob unser Schulsystem jungenfeindlich sei.

Viele Eltern glauben mittlerweile, dass es ADHS gar nicht gibt und es eine Erfindung sei. Angeheizt wurde diese Diskussion durch die stetig ansteigende Zahl der Diagnosen und der massenhaften Verordnung von Psychopharmaka. Im Jahr 2012 trat der amerikanische Psychiater Leon Eisenberg eine Lawine los, die er kurz vor seinem Ableben durch ein Interview in Gang brachte. Eisenberg gilt als einer der Köpfe, die ADHS als Diagnose für psychische Erkrankungen im Kindesalter auf den Weg brachten. Das Interview mit dem Medizinjournalisten Jörg Blech fördert Eisenbergs Einschätzung zutage, dass ADHS ein »Paradebeispiel für eine fabrizierte Erkrankung sei«, wie die FAZ (siehe Anhang) am 16.2.2012 veröffentlichte. Im selben Artikel wurde auch überraschend deutlich gemacht, dass viele ADHS-Diagnosen schlichtweg falsch sind. Ulrike Lehmkuhl, eine anerkannte Expertin auf dem Gebiet und Direktorin der psychiatrischen Kinderklinik an der Berliner Charité, berichtete, dass sie in 9 von 10 Fällen bereits gestellte ADHS-Diagnosen revidieren müsse. Allerdings vergibt sie dann in der Regel andere Diagnosen zu Verhaltensauffälligkeiten. Im selben Artikel wird Prof. Dr. Glaeske von der Universität Bremen erwähnt. Er schätzt, dass etwa 250 000 Kinder in Deutschland Ritalin einnehmen. »Vier von fünf Kindern mit ADHS würden ausschließlich mit Medikamenten therapiert.« Die Nebenwirkungen des Medikaments können eine starke Appetitminderung bewirken, daraus resultierendes Untergewicht, Schlafstörungen, Bluthochdruck und Wachstumsminderung.

Erfahrungen aus meiner Praxis

Durch meine eigene Beratungstätigkeit für Eltern kann ich bestätigen, dass es tatsächlich viele Familien gibt, die Kinder mit ADHS-Symptomen haben, und dass der Leidensdruck für alle Familienmitglieder in der Regel groß ist. Nicht die Symptomatik ist erfunden, sondern das Problem stellt die überwiegend einseitige medikamentöse Behandlung der Kinder dar, die viele Nebenwirkungen hat. Wie in dem oben zitierten Artikel deutlich wurde, werden 4 von 5 Kindern ausschließlich mit Medikamenten behandelt. »Trotz« der Medikamente sind viele Eltern weiterhin überfordert mit der Thematik, da sie keine Hilfestellungen erhalten, die Konflikte innerhalb der Familie zu lösen. Den Eltern fehlen meist grundlegendes Wissen und Werkzeuge, wie sie mit den Kindern umgehen sollen. Dass es jedoch auch Möglichkeiten gibt wie Eltern-Schulungen und Therapien für die Kinder, wird im Alltag häufig übersehen. Der Druck, dass die Kinder in der Schule mitkommen müssen, verursacht bei vielen Eltern irgendwann die Entscheidung für die verschreibungspflichtigen Medikamente. Oftmals plagen die Eltern große Schuldgefühle, da ihnen vom Umfeld häufig vermittelt wird, sie könnten ihre Kinder nur nicht richtig erziehen. Das Thema der Fehldiagnosen verunsichert die Eltern natürlich zutiefst, und deshalb kann ich nur dazu raten, sich selbst so viel wie möglich zu informieren, um auf Dauer nicht abhängig von Expertenmeinungen zu bleiben.

Ursachen

Die Ursachen für ADHS-Symptome sind sehr vielfältig. Es werden genetische Faktoren an erster Stelle genannt, gefolgt von Geburtskomplikationen (und dem daraus resultierenden Stress und Sauerstoffmangel) bis hin zu Belastungen innerhalb der Familie und sogar Umweltgifte. Weitere Risikofaktoren sind Alkoholkonsum und Rauchen in der Schwangerschaft. Ulf Sauerbrey von der Friedrich-Schiller-Universität Jena wurde im Jahr 2010 von der Zeitung »Die Welt« (siehe Anhang) interviewt und führt Umwelt-Faktoren auf, die zur Entstehung von ADHS beitragen könnten: etwa Blei, Quecksilber und PCB (polychlorierte Biphenyle). Im Jahr 2010 veröffentlichte er sein Buch »ADHS durch Umweltgifte«.

Interessant ist, dass viele von ADHS betroffene Kinder als Babys schon auffällig wenig Schlaf brauchten, Schreibabys waren oder nur schwer beruhigt werden konnten. Viele Eltern berichten, dass die Auffälligkeiten des Kindes schon relativ früh zu beobachten waren. Die daraus resultierenden Interaktions- und Erziehungsprobleme können also auch als Folge der Auffälligkeiten der Kinder interpretiert werden. Nach meiner Erfahrung in der Praxis können Kinder auch nach Traumatisierungen ADHS-Symptome entwickeln, wie zum Beispiel Hyperaktivität, innere Unruhe, aggressives Verhalten und Unkonzentriertheit, da ihr Alarmsystem zu stark angekurbelt wurde. Es gibt sogar Kinder, die eine ADHS-Diagnose haben, aber unerkannte Asperger sind. Deshalb ist eine Diagnose erst dann ernst zu nehmen, wenn sich die Experten entsprechend viel Zeit genommen haben, um zu einem schlüssigen Ergebnis zu kommen. Die Einbeziehung der familiären Situation, etwa Scheidung, Gewalt oder Bindungsstörungen, ist enorm wichtig. Holen Sie sich bei Zweifeln eine Zweitmeinung ein, oder suchen Sie Experten auf, die sich auf diese Themen spezialisiert haben.

Resümee zur ADHS-Debatte

Der pauschale Umgang mit ADHS-Symptomen bringt die betroffenen Eltern und Kinder nicht weiter. Weder das einseitige Verordnen von Medikamenten noch das Leugnen der Problematik kann hier die Lösung sein. Als besonders hilfreich beim Umgang mit verhaltensauffälligen Kindern hat sich in meinen Beratungen der bindungszentrierte Ansatz von Gordon Neufeld gezeigt. Denn egal, ob Ihr Kind hochsensibel ist oder ob es ADHS hat, die Hinweise, die Gordon Neufeld in seinen Büchern und Schulungen gibt, geben viele grundlegende Informationen darüber, was Kinder brauchen, um sich gut entwickeln zu können.

Wenn Sie sich selbstverantwortlich mit alternativen Behandlungs-Methoden und Themen beschäftigen möchten, die im Falle von ADHS auch angewandt werden können, recherchieren Sie bitte folgende Möglichkeiten:

- Tiefenpsychologische und verhaltenstherapeutische Kindertherapie
- Systemische Familientherapie
- Bindungszentrierte Beratung nach Gordon Neufeld
- Spieltherapie für Kinder
- Reittherapie
- Sensorische Integration
- Homöopathie und Bachblüten
- Kinesiologie
- ADHS-Elterntraining
- Analyse der Neurotransmitter und Vitamine im Speichel und Urin
- KPU-Test (Kryptopyrrolurie: eine Stoffwechselstörung)
- Osteopathie
- Craniosacraltherapie
- EMDR und Traumatherapie für Kinder

Das Schicksal hochsensibler Eltern

Insbesondere hochsensible Eltern befinden sich in dem Dilemma, dass ihre Kinder sie ständig fordern und brauchen und dabei auch Lärm verbreiten. Gerade diese Eltern brauchen Hilfe und Unterstützung. Wenn Sie selbst ein hochsensibler Elternteil sind, kommen Sie als Mutter oder Vater natürlich immer wieder an Ihre eigenen Grenzen. Sosehr Sie vielleicht ein Ideal in Ihrem Inneren tragen, wie Sie mit dem Kind gern umgehen würden, es kann sein, dass Sie im Alltag daran scheitern. Viele Mütter und Väter tragen ein Bild in sich, dass sie immer für ihre Kinder da sein wollen, dass sie alles tun wollen, damit es den Kleinen gut geht. Beachten Sie jedoch, dass gerade Babys und Kleinkinder eine große Quelle von Reizüberflutung für Sie darstellen können. Die hohen, schrillen Töne, die ein Kleinkind beim Sprechen, Kreischen und Weinen von sich gibt, das nächtliche Schreien, Füttern und Wickeln stellt eine Dauerbelastung für die Eltern dar. Eine Zeit lang können Sie das vielleicht wegstecken, doch wenn Sie über längere Zeit nicht die Möglichkeit hatten, sich zurückzuziehen, kann es sich so anfühlen, als würden Sie auf dem Zahnfleisch kriechen.

Viele Eltern plagt ein schlechtes Gewissen, wenn sie anfangen, wieder an sich selbst zu denken, indem sie beispielsweise die Kinder stundenweise im Kindergarten oder von einer Tagesmutter betreuen lassen. Gleichzeitig bekommen Sie eine Menge gut gemeinter »Rat-Schläge« von Freunden und Verwandten, die meinen, sie wüssten, was gut für Sie und Ihr Kind ist. Sie können sich und dem Kind einen großen Dienst erweisen, wenn Sie anfangen, wieder Ihre eigenen Bedürfnisse nach Ruhe und Rückzug zu achten. Wie wollen Sie dem Kind eine gute Mutter oder ein guter Vater sein, wenn Sie schon beim kleinsten Mucks an die Decke gehen, weil Sie einfach völlig überreizt sind? Daher ist es enorm wichtig, den Fokus nicht ausschließlich beim Kind zu haben, sondern die Eigenwahrnehmung wieder zu aktivieren. Wenn Sie in Ihrer Familie niemanden haben, kann auch ein Kindermädchen, das einmal pro Woche kommt, die Rettung sein. Besonders Eltern brauchen diesen Rückzug, um sich zu erholen und neue Kräfte zu sammeln.

Achtung, ich habe schon viele Eltern in meiner Beratung erlebt, die durch die eigene permanente Überforderung den Kindern ständig ablehnende Signale gesandt haben und die Nähebedürfnisse der Kinder nur noch als nervig empfunden haben. Doch die Natur ist paradox in diesem Fall: Je mehr Ablehnung Kinder erfahren und je mehr sie um die Nähe der Eltern betteln müssen, desto fordernder werden sie. Man kann Kinder nicht zur Selbständigkeit zwingen, indem man ihnen die Geborgenheit vorenthält, die sie eigentlich noch brauchen. Genau an dieser Stelle entfalten sich die meisten familiären Konflikte. Die Kinder auf der einen Seite suchen nach Nähe und Geborgenheit, die Eltern suchen und brauchen Rückzug.

Die enorme Anstrengung, die das Elternsein mit sich bringt, führt auch zu intensiven Phasen von Erschöpfung. Je mehr Sie in diesen Zuständen versuchen, stark zu sein und durchzuhalten, umso schlimmer wird es. Sie brauchen Unterstützung, eine Auszeit, Ruhe und die Möglichkeit für Regeneration. Dadurch werden Sie nicht automatisch zur Rabenmutter. Diese Phasen des Auftankens geben Ihnen die nötige Kraft, um dem Kind ein liebevoller Elternteil zu sein. In vergangenen Zeiten haben die Menschen in Großfamilien gelebt. Alle weit entwickelten Säugetiere wie Elefanten, Löwen, Wölfe, Wale und Delfine leben in Clans. Sie unterstützen sich gegenseitig bei der Betreuung des Nachwuchses. In unserer industriell geprägten Gesellschaft erleben sich viele Mütter zunehmend isoliert. Entweder sind sie allein, weil der Mann außer Haus arbeitet, um die Familie finanziell zu versorgen, oder sie sind tatsächlich alleinerziehend, weil die Ehe in die Brüche ging. Noch nie waren Mütter so sehr auf sich allein gestellt wie heute. Daher sind besonders unterstützende soziale Netzwerke enorm wichtig. In Afrika gibt es ein Sprichwort, dass es ein ganzes Dorf brauche, um ein Kind großzuziehen. Gordon Neufeld spricht in diesem Zusammenhang auch von einem Bindungsdorf.

Wenn Sie es schaffen, Ihre eigenen Bedürfnisse und die Bedürfnisse des Kindes einigermaßen auszubalancieren, können Sie Ihre Elternschaft als eine wertvolle Zeit erleben. Erlauben Sie sich, genau zu erfühlen, was Sie brauchen. Verschaffen Sie sich beispielsweise Freiraum durch einen kurzen Spaziergang, den Sie allein nach der Arbeit unternehmen, bevor (!) Sie nach Hause fahren. Unterbrechen Sie, wann immer es Ihnen möglich ist, das Hamsterrad. Geben Sie sich selbst Anerkennung für alles, was Sie bereits tun und geschafft haben.

ZUSAMMENFASSUNG

▶ Hochsensibilität ist keine Krankheit, sondern eine Veranlagung, die bei Kindern ebenso wie bei Erwachsenen zu einer erweiterten Wahrnehmung führt.
▶ Hochsensible Kinder können Sie sich als Fühlerwesen vorstellen, die mit ihren feinen Antennen viele Informationen aus der Umwelt aufnehmen.
▶ Überreizung und Überstimulation können bei hochsensiblen Kindern schnell auftreten. Sie erkennen es daran, dass das Kind möglicherweise müde wird, dass es weint, sich zurückziehen möchte, sich nicht mehr konzentrieren kann. Vielleicht sagt es auch, dass ihm bestimmte Geräusche zu laut oder Gerüche zu intensiv sind.

▶ Liebevolle Aufmerksamkeit ist für Kinder extrem wichtig. Sobald Sie sich in einem Kampf um Aufmerksamkeit mit Ihrem Kind wiederfinden, befindet sich das Kind in Not.

▶ Die wahren Bedürfnisse des Kindes nach Zugehörigkeit, Nähe, Geborgenheit oder Autonomie zu erkennen, hilft, schwierige Situationen besser zu meistern.

▶ Dominante Kinder leben in einer verdrehten Hierarchie zu ihren Eltern. Häufig steckt dahinter eine Angst, nicht genug Aufmerksamkeit zu bekommen. Die Natur hat Beziehungen zwischen Eltern und Kindern in einer Form gestaltet, die es den Kindern erleichtert, die Abhängigkeit von den Eltern zu ertragen. Dafür muss das Kind allerdings im *abhängigen Modus* an Sie gebunden sein. In den Augen des Kindes sind Sie als Eltern dann der *Leitwolf*.

▶ Nehmen Sie die Wahrnehmung Ihres Fühlerkindes sehr ernst.

▶ Hochsensible Jungs brauchen in besonderem Maße eine Ermunterung, um ihre verletzlichen Gefühle und ihre Tränen zuzulassen.

▶ Regelmäßiger, ungestörter Schlaf sowie regelmäßiges Essen tragen erheblich zum Wohlbefinden Ihres hochsensiblen Kindes bei.

▶ Der Kindergarten und die Schule sollten bewusst ausgewählt werden. Es ist hilfreich, wenn Lehrer und Erzieher über Hochsensibilität Bescheid wissen.

▶ Eine sichere Bindung zu Ihrem Kind verhilft ihm zu einer gesunden Entwicklung. Die Bindung entwickelt sich über bestimmte Stadien. Wenn Sie selbst als Kind unsichere Bindungen oder sogar Ablehnung erfahren haben, ist es besonders wichtig, diese Verletzungen zu heilen, damit Sie Ihrem Kind die Sicherheit geben können, die es braucht.

▶ Hochsensibilität wird in der Praxis häufig mit AD(H)S verwechselt oder sogar mit Formen von Autismus. In der entsprechenden Tabelle können Sie die Gemeinsamkeiten und
  Unterschiede nachlesen.

▶ Hochsensible Eltern haben es besonders schwer, da sie auf
  der einen Seite ihren Kindern alles geben wollen, aber durch
  die vom Kind ausgelöste Überstimulation schnell an ihre Be-
  lastungsgrenzen stoßen. Regelmäßiger Rückzug und Ruhe
  sind für hochsensible Eltern besonders wichtig, um sich wieder zu regenerieren. Dabei brauchen sie Unterstützung und
  Verständnis aus dem Umfeld.

Kapitel 6

Ausblick und Interviews

Ausblick

Ich hoffe, dass Ihnen dieses Buch Mut gemacht hat, Ihre Hochsensibilität als eine Gabe zu erkennen. Auch wenn Sie Verletzungen erlebt haben, und das haben wir alle, können Sie mithilfe Ihrer Begabung und Ihrer inneren Vision etwas zu diesem Planeten beitragen. Die Ureinwohner Amerikas prägten den Spruch, dass wir unsere Erde von unseren Kindern geliehen haben. Was wollen wir der nachwachsenden Generation hinterlassen? Gehen Sie ganz in Ihre Vision, so groß sie auch erscheinen mag. Die Hochsensiblen und Sensitiven werden dringend gebraucht: Männer und Frauen in allen Lebensbereichen. Ob in der Bildung, in den Familien, in der Kunst oder im Heilwesen. Unsere Gesellschaft braucht dringend Impulse von uns Feinfühligen. Wir brauchen Menschen, die sich wieder trauen, Bäume zu umarmen oder mit Pflanzen und Tieren zu sprechen. Wir brauchen Therapeuten, die in der Lage sind, die Verletzungen eines Babys, das nur noch schreit, oder die Verletzungen der Kinder, die mit Aufmerksamkeitsstörungen in der Schule auffallen, mit dem Herzen zu sehen. Wir brauchen Wissende, die uns wieder mit unserer Körperweisheit in Kontakt bringen und mit der Sprache unserer Seele. Wir brauchen Künstler, die sich trauen, ihre innerste Wahrheit auszudrücken, an-

statt kommerziellen Interessen hinterherzujagen. Eine Kultur
der Sensibilität könnte dazu beitragen, die feineren Wahrnehmungsbereiche aus der Ecke des Nebulösen herauszulösen. Die
Erkrankung unserer Zeit, die mit dem Gefühl des Getrenntseins und der Sinnlosigkeit einhergeht, kann geheilt werden.
Dazu ist Verbindung notwendig: die Verbindung zu unserem
Herzen, unserer Seele und allem Leben. Wenn wir es schaffen,
wieder in Kontakt mit unserer inneren Weisheit zu gelangen
und die Herzen der Menschen in unserer Umgebung zu berühren, geben wir diese Erfahrung weiter.

Wir sind ein Teil von Mutter Erde. Keine Vision kann ohne
sie verwirklicht werden. In unserer Existenz sind wir abhängig von der Versorgung durch die Erde. Beziehen Sie diesen
Planeten in Ihre Vision mit ein. Was wünschen Sie sich für
diese wunderschöne blaue Murmel im All? Was wünschen Sie
sich für Frauen auf diesem Planeten, für die Kinder, für Männer, für Tiere und Pflanzen? Wie soll das Leben auf dieser Erde
in fünfzig Jahren aussehen? Viele von uns werden von Zeit zu
Zeit durch Weltschmerz blockiert. Das ist der Schmerz, den wir
empfinden, wenn wir den Zustand der Welt wirklich in unser
Herz lassen. Jedoch darf dieser Schmerz nicht dazu führen, dass
wir uns vollständig verschließen. Denn dies ist die Stärke der
Hochsensiblen, sie können sich nicht auf Dauer von ihren Gefühlen abschneiden. Sie sind geöffnet worden vom Leben, und
sie haben diese erweiterte Wahrnehmung.

Ich möchte abschließen mit einem Bild aus dem Film »Cloud
Atlas«. In einem der verschiedenen Handlungsstränge wird
eine asiatische Frau gezeigt, die als Klon gezüchtet wurde,

um Sklavenarbeiten zu verrichten. Trotz der erdrückenden Lebensumstände findet sie ihre Individualität und Göttlichkeit in einer menschenverachtenden Umwelt. Mit dem öffentlichen Aussprechen dieser inneren Wahrheit bringt sie sich in Lebensgefahr und wird später von den Nachfahren wie eine Göttin verehrt. Die Bilder dieses Filmabschnittes sind äußerst dramatisch. In ähnlicher Weise finden wir uns selbst möglicherweise in einer Situation wieder, bei der es darum geht, ob wir es schaffen, unsere innere Wahrheit zu leben, und dadurch anderen Mut machen, egal, wie das Umfeld darauf reagiert. Die Situation auf diesem Planeten ist sehr angespannt, und die Feinfühligen haben die Chance, ihre Wahrnehmungen mitzuteilen, denn viele Menschen »schlafen« noch. Aus der Rückverbindung mit der eigenen Seele und mit Mutter Erde können wir es schaffen, wieder eine Menschheit in Harmonie zu werden. Wir sind ein Teil der Natur. Es ist Bestandteil meiner ganz persönlichen Vision für diesen Planeten, dass wir als Menschheit aus dem Traum des Getrenntseins aufwachen und erkennen, dass wir ein Bewusstsein sind. Insbesondere die Stärkung des Weiblichen auf dieser Erde ist aus meiner Sicht dringend erforderlich.

Einige Fragen zum Schluss:

Wie hat Ihnen dieses Buch gefallen? Ich freue mich auf Ihr Feedback. Ich lade Sie ein, auf meiner Internetseite vorbeizuschauen und sich dort im Gästebuch einzutragen. Welche Menschen aus Ihrem Umfeld sind Ihnen beim Lesen dieses Buches eingefallen, die auch hochsensibel sein könnten? Vielleicht möchten Sie dieses Buch Ihren Freunden und Verwandten weiterempfehlen oder schenken?

Ich wünsche Ihnen, liebe Leserinnen und Leser, alles Gute
auf Ihrem persönlichen Weg!

Herzlichst,
Sylvia Harke

Internet-Adresse: www.hsp-academy.de
E-Mail: sylvia@hsp-academy.de
Facebook 1: www.facebook.com/hspacademy
Facebook 2: www.facebook.com/wellenreitersound

Interviews mit Hochsensiblen

Stefan Schwidder
(www.schoener-schreiben.de)

**Wie wirkt sich deine Hochsensibilität im Alltag aus?
In welchen Bereichen findest du es hilfreich? In welchen
Bereichen ist es eher eine Belastung?**

Ich bemerke meine Hochsensibilität vor allem auf der psychisch-sensitiven Ebene – ich nehme die Schwingungen anderer Menschen und von Situationen sehr deutlich wahr. Als Kind hat mich das – zumal es mir damals nicht als solches bewusst war und ich es nicht einordnen konnte – immer dann sehr belastet, wenn mir vor allem Erwachsene etwas gesagt oder bestimmte Stimmungen vorgegeben haben und ich dann gespürt habe, dass sie etwas anderes meinen oder »aussenden«. Heute kann ich in dem Bewusstsein, dass ich tatsächlich etwas »Wahres« spüre, viel besser damit umgehen und setze es in meinem Beruf (s. u.) als Stärke und »Vorteil« ein. Eine weitere Facette meiner Hochsensibilität ist mein Wunsch nach konsequentem Rückzug, sobald ich zu viel »Gesellschaft« abbekommen habe. Obwohl ich in der Großstadt Hamburg aufgewachsen bin und dort lange gelebt und gearbeitet habe, merke ich erst jetzt auf dem Land, wie dringend ich diese Ruhe um mich herum brauche, um Kraft zu tanken und meine Mitte (wieder) zu finden. Kurioserweise war mir selbst ein nordhessisches 8500-Seelen-Städtchen irgendwann noch zu *wuselig*, sodass ich mir ein

Fachwerkhaus in einem benachbarten 300-Seelen-Dorf gekauft habe, das von wunderschöner Natur umgeben ist. Immer,
wenn ich mich gestresst oder unausgeglichen fühle, gehe ich im
nahen Wald spazieren und gewinne sofort wieder an Zentriertheit, Konzentration und Kraft.

**Wie hast du dein Talent zum Schreiben und als
Seminarleiter entdeckt?**

Ich habe bereits in der zweiten Klasse meine ersten Geschichten
geschrieben (und mit Filzstift illustriert! J) – es war von vorn-
herein klar, dass mir das Sprachliche wesentlich besser liegt als
das Naturwissenschaftlich-Rationale. Ich bin glücklich, dass ich
meine frühen »Werke« aufbewahrt habe. Nach meinem Germa-
nistik-Studium habe ich zunächst als Journalist gearbeitet, und
obwohl ich da viele interessante und spannende Sachen machen
konnte, fehlte mir irgendetwas. Gleichzeitig bin ich mit vielen
Dingen nur schwer zurechtgekommen, u. a. mit der oft sehr
offensiven Art meiner Kollegen, dem reglementierten Arbeits-
ablauf und dem stressigen und oberflächlichen Tagesgeschäft.
Eher durch »Zufall« bin ich an meinen ersten Schreibkurs gekommen. Dort fand ich das, was ich im Journalismus so vermisst hatte: das Menschliche, das unmittelbare Feedback und
den Kontakt, aber auch das Stille und die Zeit, Dinge sich in
Ruhe entfalten zu lassen.

**Was brauchst du, um dich mit deiner beruflichen Tätigkeit
wohlzufühlen?**

Mir liegt die Freiberuflichkeit sehr – so habe ich im Großen
und Ganzen Raum, da ich genau das anbieten kann, was mein
Herz möchte. So habe ich inzwischen auch dem meditativen

Schreiben einen großen Raum eingeräumt. Und ich kann meistens genau dann arbeiten, wenn es sich für mich fließend ergibt. Interessanterweise bin ich auch gut, wenn ich machen »muss« – dann kann ich sehr konzentriert und präzise Dinge abarbeiten. Hinterher brauche ich dann schleunigst mein Wäldchen. Ich liebe es auch, mit Menschen zusammen zu sein, also auch in meinen Kursen, wenn ich selbst bestimmen kann oder wenn es im Kurs klar vorgegeben ist, wann ich meine Rückzugsmöglichkeiten habe.

Hast du Phasen erlebt, in denen der Idealismus Schwierigkeiten für dich bereitet hat?

Idealismus ist ja stets etwas sehr Subjektives. Ich »durfte« lernen, dass das Leben eben manchmal Dinge für mich bereithält, die ich mir so in meinem »Idealismus« nicht gewünscht hätte, die mich dann auf eine bestimmte Art und Weise vorangebracht haben. Ich glaube auch, dass diese Welt nicht »ideal« ist, sondern uns in jedem Moment etwas lehren kann, besonders in jenen Augenblicken, wo wir auf Schwierigkeiten, Widerstände oder Schmerz treffen. Inzwischen habe ich immer dann gute Erfahrungen gemacht, wenn ich es schaffe, eher als Beobachter zu schauen, wie sich Dinge entfalten, ohne mit meinen eigenen Erwartungen an einen bestimmten Ausgang zu bestimmt einzugreifen.

Was gibt dir Kraft?

Die Natur (s. o.) und die echte, tiefe Verbindung mit Lieblingsmenschen. Ich finde es immer wieder faszinierend, dass ich inzwischen genau sagen kann, mit wem ich ewig quatschen kann, oft bis spät in die Nacht hinein oder tagelang, oder mit wem

ich gerne und lange sehr nahe zusammen bin und bei welchen Menschen ich schon nach wenigen Minuten merke, dass
ich nur noch »weg will«. Wobei auch das meist mit einer Lek-
tion zum Lernen und zum Noch-tiefer-in-mich-Hineinschauen
verbunden ist. In Dingen »aufzugehen«: Ich kann stundenlang
vor mich *hinpuzzeln*, Gartenarbeit machen, renovieren, lesen,
schreiben, sodass ich gar nicht merke, wie die Zeit vergeht.

Worin siehst du deine Stärken?
Ich habe lange über diese Frage nachgedacht: Eigentlich müss-
ten andere sie an meiner Stelle beantworten. Was ich auf jeden
Fall zu einer meiner größten Stärken zähle, ist meine Zuversicht, dass Dinge klappen, dass sich alles *zurechtruckelt* (auch,
wenn es dann vielleicht anders aussieht, als wir es vorher gedacht haben) und dass das Leben grundsätzlich ein Ort der
Schönheit, Gemeinschaft und Freude ist. Ich glaube, ich kann
andere gut motivieren, das ist in meiner Funktion als Seminarleiter und Impulsgeber vor allem in den Schreibkursen hilfreich. Ich kann eigene Fehler einsehen und auf andere zugehen. Vielleicht ist dies eine der wichtigsten Eigenschaften, sie
ermöglicht es mir doch, meine blinden Flecke, manchmal auch
mithilfe anderer, zu erkennen, anzunehmen und damit nach
und nach zu transformieren. Mein Mitgefühl und meine Be-
rührbarkeit (manches Mal empfinde ich es auch als Verletzlichkeit), also wohl das, was ich als meinen vorrangig hochsensiblen Teil bezeichnen würde, helfen mir, das Leben intensiv
wahrzunehmen. Ich kann hinter die Dinge schauen und wahrnehmen, was unausgesprochen bleibt, sich dennoch aber zeigt.
Ich glaube, ich bin dadurch ein guter Mittler und Brückenbauer.
So habe ich auch zu meiner Tätigkeit als Mediator gefunden.

Und ich habe in dieser Inkarnation eine große Portion Humor und Selbstironie mitbekommen, das erleichtert einiges ... J

Was würdest du Lesern empfehlen, die auf der Suche nach ihrem Platz im Leben sind?

Geholfen hat mir persönlich die (wiederholte) Berührung mit meinem verletzlichsten und am tiefsten verletzten Kern, den ich lange nur zu gut unter einer souveränen Außenfassade, auch mir selbst gegenüber, verstecken konnte. Durch das, was in der Mythologie die »Nachtfahrt der Seele« genannt wird, eine schwere Krise, die mich an den Rand dessen gebracht hat, was ich meinte aushalten zu können, habe ich Zugang zu jenem Teil gefunden und konnte vieles auflösen. Ich denke, es gibt grundsätzliche Dinge, deren Beachtung uns im Leben hilft und voranbringt:

1. Verantwortung für die eigenen Muster, Reaktionen und Emotionen übernehmen
2. Eigene Wertungen und Erwartungen, so gut es geht, wahrnehmen und loslassen
3. Anerkennen, dass wir manche Dinge nicht ändern können, aber immer unsere Einstellung dazu
4. Vergeben, auch sich selbst
5. Lächeln, immer wieder – und gerade dann, wenn es am schwierigsten erscheint
6. Dankbar und achtsam sein
7. In den eigenen Schwächen die Stärken entdecken
8. Lieben

Den eigenen Platz können wir meines Erachtens nur finden, wenn wir mit Offenheit, Selbst-Ehrlichkeit und Neugier unseren eigenen Weg gehen, wie immer der im Einzelfall aussehen mag. Das heißt auch, sich von bestimmten Vorstellungen und Erwartungen anderer zu lösen: etwa, was »erfolgreich sein« oder »es richtig machen« bedeutet. Jeder Mensch hat ganz eigene Stärken, und für jeden Menschen gibt es mit diesen Stärken einen Platz. Ich glaube, dass man mit Geduld, Vertrauen auf die Richtigkeit der inneren Stimme und mit Zuversicht immer einen Weg findet, auf dem man näher zu sich selbst kommt und viele Momente der Erfüllung erleben kann. Ich persönlich bevorzuge die Selbständigkeit, und ich kann mir vorstellen, dass diese Form des Arbeitens gerade für (hoch-)sensible Menschen eine gute Wahl ist, lässt sie uns doch die meisten Freiheiten, um auf das ganz eigene sensorische System und die damit verbundenen Bedürfnisse von Körper, Geist und Seele achtsam einzugehen. Und ich glaube, dass das, was man von Herzen liebt, ein guter Wegweiser auch für die berufliche Orientierung ist.

Was wünschst du dir für die Zukunft?
Ich glaube, dass es am allerbesten ist, sich auf das zu konzentrieren und das achtsam wahr- und anzunehmen, was gerade vor einem liegt. Mahatma Gandhi hat ja einmal sinngemäß gesagt, dass wir der Wandel sein müssen, den wir in der Welt sehen wollen. Natürlich wünsche ich mir, dass Menschen achtsamer, toleranter und liebevoller miteinander umgehen. Und da kann ich mit meinem Verhalten jenen Menschen gegenüber, denen ich begegne, konkret den ersten Schritt tun. So ist es, finde ich, mit allen Wünschen – wir sind tatsächlich machtvolle Wesen, und wir haben es ein gutes Stück weit selbst in der Hand, welche Ausrichtung und Qualität unser Leben annimmt.

Interview mit Eloas Lachenmayr (Musiker, Sänger) (www.dieneuenbarden.de)

Würdest du dich selbst als hochsensibel bezeichnen?

Ich habe oft versucht, das hinter einer rauen Schale zu verbergen. Denn ich wollte sicher sein, dass ich gut bestehen kann in dieser Gesellschaft und als Vater. Deshalb hätte ich eine solche Frage in der Vergangenheit gar nicht so dicht an mich herankommen lassen. Ich habe gemerkt, dass mir vieles sehr, sehr nahegeht. Und weil mir vieles so nahegeht, hatte ich früher die Angewohnheit, nach außen hin arrogant zu wirken. Das waren jedenfalls Rückmeldungen von anderen. Einen gewissen Schutz zu haben, ist für mich in meinem Beruf als Musiker auch eine Überlebensstrategie. Viele Menschen kamen auf mich zu, da sie meine Lieder sehr bewegend fanden und mit mir in eine Begegnung kommen wollten, die ich so gar nicht zulassen konnte, weil ich wahrscheinlich sonst aufgefressen worden wäre.

Wie hast du deine Hochsensibilität in der Kindheit in Erinnerung?

Sehr früh war ich schon eigenständig. Ich bin früh sauber geworden, bin früh quasi aus dem Nest gefallen, ich war schnell selbständig. Diese Unabhängigkeit war für mich immer sehr wichtig, um ein gewisses Maß an Selbstbestimmtheit zu haben. Als ich in die Schule kam, war es oft so, dass ich mit der Anforderung, die von außen kam, gar nicht so gut umgehen konnte. Ich war sehr nervös und unruhig, weil ich immer viele Ideen hatte. Es war dann so, dass ich ganz viel Natur um mich brauchte, um wieder zu meiner Mitte zu finden. Diese vielen Eindrücke, die auf mich einströmten, wurden für mich zunehmend schwieriger.

Hast du dich auch als Außenseiter erlebt?

Da ich in meiner Jugend manches sehr intensiv wahrgenommen habe, wie zum Beispiel die Zerstörung der Natur, fühlte ich mich dadurch sehr angegriffen. Ich war jedoch auch jemand, der das mitgeteilt hat. Ich konnte den Schmerz dann kaum aushalten, wenn andere darüber so lapidar hinweggegangen sind. Ein Beispiel für Dinge, die mich sehr aus meiner Mitte gerissen haben, waren laute Geräusche. Wenn ich im Wald war, und ich war viel im Wald, hat mich das Geräusch von Düsenjägern unglaublich aus der Fassung gebracht. Da war ein Ohnmachtsgefühl in mir. Dass ich gemerkt habe, ich kann nichts gegen diese Lautstärke tun oder gegen die Rohheit, mit der die Erde behandelt wurde. Auch wenn Bäume gefällt wurden, das hat mich dann so mitgenommen, dass ich dann, um diesen Schmerz nicht mehr fühlen zu müssen, in einen Aktionismus gegangen bin. Ich wurde auch aggressiv, wenn ich Menschen begegnete, die zum Beispiel Pelzmäntel trugen. Das war ein Versuch, diesen inneren Druck abzubauen, denn ich hatte fast keine Filter, und diese schwachen Filter habe ich auch heute noch.

Wie hast du gelernt, mit deiner Veranlagung als hochsensibler Mensch zurechtzukommen?

Die Kunst war für mich eine Möglichkeit, mit meiner Hochsensibilität umzugehen. Früher hatte ich unglaublich starke Angstzustände, schon in einem sehr frühen Alter. Mein erster Vater ist sehr früh von mir gegangen, dann hatten wir einen Autounfall, da war ich fünf Jahre. Bei diesem Autounfall ist meine Mutter querschnittsgelähmt geworden, und mein zweiter Vater ist dabei ums Leben gekommen. Dann wurden wir von einem dritten Papa adoptiert. Diese frühen Eindrücke hatten sich bei mir so eingebrannt, dass ich in der Pubertät bereits wahnsinnige Angstzustände erlebt hatte. Da bin ich nachts im Bett aufgewacht und hing zwischen den Welten. Ich war nicht richtig wach und konnte aber auch nicht schlafen. Ich nahm Zwischenwelten wahr, und das war sehr angstbesetzt. Mit 15 Jahren bemerkte ich, dass mir die Musik viel Trost spenden konnte. Ich spielte Flöte, Gitarre und Klavier. Mit 15 Jahren schrieb ich mein erstes Lied. Meine Lieder sind eigentlich ursprünglich nur für mich selbst geschrieben worden: zum Trost für mich in der Nacht, wenn ich Angst hatte. Es war ein bedrohliches Gefühl, das durch meine Erlebnisse und meine Hypersensibilität entstanden ist. Ich war sehr wach und wahrnehmend. Wenn man das als Kind zu stark intellektualisieren muss, ist das schwierig. Deshalb war für mich die Jugendgruppe ganz wichtig. Mit 13 Jahren kam ich durch einen Freund dorthin. Wir haben viele Reisen in ganz Deutschland unternommen, wir haben viel gesungen und sind gewandert. Es war eine sehr prägende Zeit für mich. Die Qualität der übergroßen Feinfühligkeit konnte endlich in eine konstruktive Richtung fließen. Statt in die Aggression zu gehen, konnte ich nun Poesie schreiben. Ich glaube, dass alle Menschen, die unter dieser Welt leiden, weil sie sich so rau und mechanisch darstellt, die Kunst für sich selbst und andere heilsam nutzen können. Ich wage zu behaupten, dass ganz viele Menschen in sehr angepassten Berufen sind, weil sie Angst haben vor einem selbstbestimmten Leben in der sogenannten rauen Wirklichkeit. Sie haben sich möglicherweise deshalb den Beruf des Beamten gewählt, weil sie, bedingt durch ihre Sensibilität, nach Sicherheit suchten. Doch das ist das Paradoxon. Ich habe mal einen Mitarbeiter beim Arbeitsamt kennengelernt, der unter dem Druck der Anforderungen zusammengebrochen

war, weil er den Druck von oben nicht länger mehr nach unten
weitergeben konnte. Sicherheit ist wichtig, aber nicht auf Kosten der Mitmenschen. Er musste seinen sicheren Beamtenjob
aufgeben.

**Wie hast du deine berufliche Entwicklung als Musiker
erlebt?**

Als ich von der Musik leben musste, war die Anfangseupho-
rie schnell weg. Ich bin relativ schnell deutschlandweit und
darüber hinaus bekannt geworden. In dieser Zeit war ich sehr
kreativ. Ich habe dann aber auch die Schattenseiten mitbekommen, weil ich zum Teil das übliche Spiel des Drucks mit den
Medien mitgespielt habe. Mein Publikum hatte mich beim
Wort genommen und sehr hohe Erwartungen in mich gesetzt,
denen ich gar nicht gerecht werden konnte. Ich konnte diesem
Druck nicht mehr standhalten, so in der Öffentlichkeit zu stehen. Ich wurde zuerst von der Presse hochgejubelt und danach
wieder runtergezogen und diffamiert. Mit der Zeit habe ich
dann so etwas wie einen Panzer um mich gelegt. Das wurde
mir dann, wie gesagt, als Arroganz ausgelegt. Zu dem damali-
gen Zeitpunkt hatte ich das Gefühl, dass ich diesen ganzen Anforderungen gar nicht anders gerecht werden konnte. Ich wurde
sehr verschlossen. Ich suchte viel Entspannung in der Natur,
um wieder in Balance zu kommen. Es war eine sehr schwierige
Zeit für mich, weil ich mich dadurch mehr isolierte, denn ich
hatte auch Sehnsucht nach Begegnungen. Gemessen zu werden
an seinen eigenen Liedern, ist gar nicht so einfach. Wenn die
Lieder in der Inspiration aus einer höheren Quelle empfangen
werden, die natürlich auch idealistisch ist, und der Interpret
von der Umwelt daran gemessen wird, während er gleichzeitig

in der rauen Welt bestehen muss, ist das sehr schwierig. Ich war deshalb jedes Jahr für ca. 2 Monate in Irland, um mich dort zu regenerieren. Als ich wirklich kapitulieren musste vor diesem Anspruch, ging das einher mit einem Burnout und einer starken Krise. Die Presse packte mich in dem Moment, als meine Mutter gestorben war. Sie berichtete zu dieser Zeit über mich, dass ich in einen Gerichtsprozess verwickelt war wegen unerlaubten Musizierens auf der Straße. Es war für mich eine ganz intensive Einweihung, da ich wirklich kapitulierte. Ich erkannte, dass ich diesen äußeren Anforderungen gar nicht gerecht werden kann. Ich kann es nicht allen recht machen. Ich kann nur versuchen, mir treu zu bleiben und der Verantwortung meinen Kindern gegenüber gerecht zu werden.

Diese Extreme, entweder zu stark im Außen oder im Innen zu sein, sind sehr typisch für Hochsensible.
Diese Extreme von Innen und Außen sind auch in all den Jahren für mich das Spannungsfeld gewesen. Einerseits hatte ich teilweise 200 Konzerte im Jahr. Da war ich sehr stark im Außen. Der Gegenpol war dieses tibetische Kloster in Irland. Da habe ich dann wirklich wochenlang nichts anderes getan, als aufs Meer hinauszustarren. Dort habe ich einfach nichts gemacht. In den ersten Wochen hatte ich noch nicht mal den Gedanken daran, je wieder kreativ zu werden. Mit jeder Woche bemerkte ich, wie ich besser entspannen konnte und mich von innen wieder spüren konnte. Durch diese existenzielle Krise vor 3 Jahren, in Verbindung mit dem Burnout, habe ich einen Schlüssel entdeckt. Ich glaube nicht mehr, dass ich alles kontrollieren kann. Ich gebe mich dem Fluss der Dinge hin, lasse mir mehr Zeit, auch wenn ich eine klaffende Wunde habe durch meine Erleb-

nisse. Ich fühle diese dann erst einmal, ohne etwas dagegen unternehmen zu wollen. Im Alltag gebe ich mir mehr Freiräume,
um nicht mehr in diese Extreme zu verfallen, lange abtauchen
zu müssen. Dadurch fließt mehr durch mich hindurch, und es
bleibt nicht so viel hängen. Früher musste ich immer schnell
reagieren: entweder aggressiv oder durch Aktionismus.

**Hast du das Gefühl, dass dieses Thema auch mit einem
übergroßen Verantwortungsbewusstsein zu tun hat?**
Grundsätzlich liegt die Welt auf meinen Schultern (lacht).
Wenn ich es nicht mache, dann geht die Welt unter. So fühle
ich mich oft. Ich war sehr früh überverantwortlich als Erstge-
borener in meiner Familie. Ich wurde Heilpraktiker, um meine
Mutter zu heilen. Nach vier Jahren hatte ich erkannt, dass ich
eigentlich nur für meine Mutter HP werden wollte. Dann wurde
ich Schauspieler im Musicalbereich. Sehr schnell bekam ich
Anfragen für Auftritte als Musiker. Das ging alles so schnell,
ich begann dann, auf Tour zu gehen.

**Ist es so, dass deine Kunst und Musik dir geholfen haben,
besser mit deiner Hochsensibilität umzugehen?**
Ja, unbedingt! Also, die Musik ist eine Ausdrucksform der Sensibilität. Hier muss nichts mehr bekämpft werden. So lernte ich,
dass ich dazu stehen kann, ohne verstecken zu müssen, dass
da in mir etwas Sensibles ist. Ich muss das nicht mehr kaschieren, aus Angst, verletzt zu werden. Bei mir ist der Prozess ganz
anders abgelaufen als bei den meisten Musikern. Am Anfang
kam meine Musik wie von einem anderen Stern, ich kam mir
selbst vor wie von einem anderen Stern. Mir hat die Musik geholfen, auf dieser Erde anzukommen. Mittlerweile wird meine

Musik rhythmischer. Früher war sie wie darüber schwebend. Ich kann mir heute auch vorstellen, mal abzurocken. Je mehr ich zu dieser Sensibilität stehe, umso mehr kann ich mich einer echten Rauheit bedienen, wenn sie von der Sensibilität geführt ist. Ich kann das dann auch so stehen lassen. Ich fühle mich so, dass ich wie mit Flügeln auf die Welt kam. In einem meiner Lieder singe ich auch, dass meine Flügel im Staub hingen. Ich komme mehr und mehr auf dieser Erde an und möchte mich mit der Erde mehr verbinden. Ich will das hier lieben. Und trotzdem ist es sehr schwer für mich auszuhalten, diese Machstrukturen hier auf der Erde zu erleben. Ich möchte damit nicht viel zu tun haben und trotzdem begegnen sie mir. Ich möchte, dass der Mensch frei sein darf in seinem Sein. Diese Enge, die ich immer wieder wahrnehmen muss, macht mir auch sehr viel zu schaffen. Wenn ich sehen muss, wie viel von Menschen gemachte Ungerechtigkeit, Leid, Schmerz und Krieg hier existiert, dann ist es schwer, das auszuhalten. Ich frage mich dann immer, was kann ich tun. Das, was ich mit meiner Musik ausdrücken kann, nutze ich natürlich auch als Instrument, um andere Menschen zu bewegen und in die Tat zu bringen. Das ist mir ganz wichtig. Ich betätige mich auch außerhalb der Musik kreativ. Die Wohnräume, die ich mir bisher gestaltet habe, sind für mich wie ein Paradies, mit dem Zirkuswagen und der Jurte am Waldsaum.

Du beschäftigst dich ja sehr stark mit den Kelten und mit deinen Ahnen. Auch die beiden Weltkriege waren ja sehr entwurzelnd für uns Deutsche. Was kannst du uns dazu noch sagen?
Diese Entwurzelung, die wir hier in Deutschland erlebt haben, hat uns von unseren Ahnen weggebracht. Die Menschen

hatten nach dem Nationalsozialismus ein Schamgefühl entwickelt. Die Volkslieder konnten danach nicht mehr frohen Herzens gesungen werden, weil sie missbraucht worden waren. Sie sind unser Kulturgut. Auch zu erkennen, dass unsere Großeltern da mittendrin waren, führte dazu, dass wir uns biografisch von unseren Ahnen wegbewegt haben. Wir haben kollektiv versucht, uns von dieser Vergangenheit abzuschneiden. Irgendwann hat uns das alles wieder eingeholt. Für mich war das Thema innerhalb der Musik ein großes Forschungsprojekt. Ich war häufig in Irland und habe beobachtet, wie die Menschen dort ihre Wurzeln leben, ich war in Frankreich, in Italien, in der Schweiz, Österreich und in Schottland sowie in Osteuropa. Dort lebt die alte Kultur noch richtig. Diese Kraft, die dort zu spüren ist, fehlt uns weitgehend in Deutschland. Ich habe mich auf die Spurensuche begeben. Da kam mir meine Sensibilität sehr entgegen. Wenn ich zum Beispiel in Landschaften stehe, kann ich die Melodie dieser Landschaften förmlich hören und fühlen. Es ist ein Unterschied, ob ich in Südirland eine Musik komponiere oder in Frankreich oder Süddeutschland, Norddeutschland oder Ostdeutschland. Ich habe mittlerweile auch gelernt, die Melodie unseres Landes zu hören, und spüre, dass die Sehnsucht der Menschen mittlerweile immer stärker wird, die eigene Identität wieder in unseren Wurzeln zu finden. Die gehen weit über das 3. Reich hinaus. Die maskuline Christianisierung hat ja hier viel zugedeckelt. Doch ich möchte hier nicht gegen das Christentum sprechen, ganz im Gegenteil. Das Christentum, das in den keltischen Ländern wie Irland, Schottland, Wales und Frankreich gelebt hat, wurde in dem keltischen Kelch aufgefangen. Dieses Wissen wurde in den Kulturen sehr weiblich gelebt. Man spricht ja auch von dem Gral als dem weiblich empfangenden Prinzip. In der keltisch-christlichen Kultur wurde die Göttin noch immer integriert. Es gab nicht einfach nur einen maskulinen Gott. Letztlich ist Deutschland früher auch durch die Kelten geprägt worden. Als hier das Christentum ankam, besonders am Bodensee, wurde das sehr wach aufgefangen. Die irischen Mönche kamen hierher und brachten das Christentum mit. Die keltisch-alemannische Kultur hatte Qualitäten, um das Christentum wie in einem Kelch aufzufangen. Erst als das maskuline, dominante Christentum aus Rom sich ausbreitete, hat es das Weibliche verdrängt. Das ist auch genau das, was wir heute erleben. Im Spannungsfeld des Männlichen mit seiner Rauheit und dem Weiblichen in seiner Sensibilität leiden heute sehr viele Männer und Frauen an dieser Art von Polarität, die Männer, die entweder Machos oder Softies sind. Auch Softie zu sein, hat nicht unbedingt mit einer gelebten Sensibilität zu tun, sondern eher mit einer Schwäche, diese nicht wirklich leben zu können. Das Machohafte ist auch die Angst vor der Sensibilität. Es ist die Angst vor der weiblichen Seite. Wenn wir uns nun wieder unseren Ahnen zuwenden, kommen wir bei uns selbst an und können aus dieser Kraft und Zentriertheit auch dem Weiblichen in und um uns, dem Sensiblen wieder in vollem Respekt begegnen.

**Was kannst du den Lesern empfehlen, im Umgang
mit ihrer Sensibilität?**
Ich greife da auf meine Erfahrung in der 13-jährigen Bardenausbildung zurück. Da konnte ich auch erfahren, was für eine starke schöpferische Kraft es bedeutet, ein Mann zu sein. Darin kann sich das Polare ausgleichen. Es ist meine Empfehlung als Mann: einerseits die schöpferische Kraft zu leben und anderer-

seits wie ein Kelch zu sein, sodass die Sensibilität darin auch stattfinden kann. Es ist für mich ein tiefes Erlebnis geworden, in der Verbindung mit dem keltischen Christentum. Wenn das Polare zur Ruhe kommt, darf alles sein. Dann ist alles möglich. Es ist dann kein Widerspruch mehr. Dann kann die Frau voller Kraft sein und gleichzeitig hochsensibel. Auch der Mann kann genauso ein kraftvolles schöpferisches Wesen sein und hochsensibel, weil sie sich dann aus der Mitte begegnen und nicht mehr aus dem Mangel heraus.

Wenn ich es konkreter fassen würde, möchte ich dazu ermutigen, sich aus dem schöpferischen Spiel heraus zu begegnen und nicht aus dem Mangel. Nicht nach dem Motto: Ich will etwas von dir, was ich nicht habe oder glaube nicht zu haben, sondern sich aus der Ganzheit heraus zu begegnen. Dann kann man sich auch sehr verletzlich zeigen und sich sehr stark öffnen. Als ich meine starke Sensibilität zulassen konnte, konnte ich mich meiner Frau in dieser Verletzlichkeit und Schwäche zeigen, was in mir eine große Stärke erwachsen ließ. Dies gab meiner Frau auch die Möglichkeit, sich stark zu öffnen, sodass wir auch zu den tiefsten Verletzungen in uns kommen konnten. Besonders Frauen leiden ja sehr viel unter der Macht oder Gewalt der Männer. Wenn wir den Mut haben, uns gegenseitig in unserer Sensibilität und in unseren Wunden zu begegnen, kann daraus nur Heilung entstehen. Dann kann der Mann erst wieder in seine schöpferische Kraft kommen und die Frau ebenfalls. Wir brauchen Schutzräume, in denen sich die Paare annähern können. Das geht nicht einfach so schnell. So kann der Mensch zum Herdfeuer seiner Seele finden. Im Keltischen heißt das Anam Cara: der innere Seelenfreund. Dann gibt es keinen Streit mehr. Dann ist man zu Hause angekommen.

In der aktuellen CD »ICH-Botschaften« hast du dich diesen Themen genähert. Kannst du uns dazu noch etwas erzählen?

Die Ich-Botschaften-CD war ein Weg für mich, dieses Thema zu heilen. Damit habe ich in der Zeit der Kapitulation eine Ich-Erfahrung geboren. In einer Nacht wachte ich auf, inmitten einer tiefen Schwärze, ich fiel wie ins Bodenlose. In dieser Phase der Verzweiflung fragte ich Gott »Wer ist denn da noch, wenn selbst Du nicht mehr da bist?« Und in diesem Moment hörte ich wie von ganz weit her oder ganz tief in mir drin: »ICH… ICH«… und es war, als würde ein Tautropfen bei Sonnenaufgang auf einen Stein aufschlagen und in tausend Kaskaden zerspringen. Das war die Ich-Geburt. Ich hatte so ein Gefühl wie: Ich bin zu Hause. Ich muss mich nicht mehr mit irgendwas identifizieren. Wenn ich dann in dem Moment gar nichts mehr will, sondern mich hingebungsvoll fallen lassen kann, wie dieser Tropfen, dann komme ich nach Hause. In unserer Welt entwickeln wir eigentlich nur eine Persönlichkeit, um hier besser klarzukommen. Das kann schon in der Vorschulklasse entstehen, wir merken, wenn wir Witze machen oder charmant sind oder immer schreien, kommen wir hier gut durch. Das hat nichts mit dem wirklichen ICH des Menschen zu tun. Der eine identifiziert sich mit seinem Doktortitel, der andere mit seiner Kleinheit. Wenn das einmal alles wegbricht und wir diese Angst aushalten und diese unglaubliche Leere und nicht das Radio einschalten, erst dann wird eine echte ICH-Erfahrung möglich. Wie wenn man mal ein Kind die Langeweile aushalten lässt, bis aus diesem Kind wieder ein eigener Impuls hervorkommt. Genauso ist es mit der Identitätskrise, wenn diese existenziell wird. Manche werden daran wahnsinnig. Wenn wir das aushalten lernen würden, dann könnten wir uns selbst als ICH-Qualität erfahren. Bei der Visionssuche im ursprünglichen Sinn wurden die Menschen ohne Kleidung und ohne Identität hinaus in die Wildnis geschickt. Alles fällt ab von ihnen und alles, was an Identifikation noch da war, wird zurückgelassen. Erst in diesem Nichts kann der eigentliche Name erfahren werden oder die (Lebens-)Aufgabe. Das kommt aus der absoluten Nichts-Krise heraus. Es gibt da niemanden im Außen, den du fragen kannst. Das Traurige ist, dass in unserer Kultur das ICH mit dem Ego verwechselt wird. Das ICH wird in unserer Welt viel zu stark mit materiellen Werten verbunden.

Sabine (Name geändert)

Woran bemerkst du deine Hochsensibilität im Alltag?
Hauptsächlich in meiner Arbeit als Fußpflegerin mit meinen Kunden. Dort braucht es manchmal nur einen Blick auf den Menschen vor mir, und ich kann die Stimmung in der Regel richtig einschätzen. Meine Arbeit wird als »vollkommen sensibel« betitelt, sei es im Zuhören oder auch in meiner Behandlung sowie im privaten Alltag und Leben. Reizüberflutung beim Einkaufen, Autofahren, Diskussionen mit meinem Partner, bei denen ich auch mal gern Gefühle empfinde, die nicht die meinen sind.

In welchen Lebensbereichen empfindest du deine Hochsensibilität als Bereicherung? Wo eher als Last?
Bereicherung: Ich nehme Dinge feiner und intensiver wahr als andere in meinem Umfeld. Kurz bevor es regnet, kann ich den

Regen schon in der Luft riechen, bevor die Wolken zu sehen sind. Ich freue mich über tanzende Schmetterlinge auf der Weide hinter unserem Haus. Für Menschen, die eine Last zu tragen haben, reicht ein Blick von mir, und sie erzählen mir Dinge, die ihnen auf dem Herzen liegen, oft mit der Aussage: »Ich weiß gar nicht, warum ich Ihnen das erzähle …!« Ich kann mit meiner sondierenden Art oft beruhigend auf andere wirken, aber auch aufbauen, ermuntern oder die tröstende Schulter sein.

Last: Reize, die ich nicht schnell genug ausschalten kann. Es war wirklich schwer für mich, große Menschenansammlungen zu ertragen. Darum habe ich sie gern gemieden, einfach weil ich nicht wusste, was los war und warum ich so müde und ausgelaugt war. Seit der Erkenntnis, dass ich hochsensibel bin, fallen mir große Menschenmengen zwar immer noch schwer, aber ich weiß nun auch, warum. Ich liebe Mittelalterfeste und wollte früher immer schnell wieder nach Hause, was auch dazu führte, dass ich das Fest selbst nicht mehr genießen konnte. Seit der Erkenntnis waren wir nun inzwischen auf einem großen Mittelalterfest. Es war eine solche Befreiung, mit diesem Wissen umherzuwandeln, und wann immer es zu viel war, hat mein Freund sich mit mir abseits gesetzt und eine Auszeit genommen. Schade, dass mir das beim Einkaufen nicht immer so gelingen mag. Manchmal, wenn ich viele Kunden an einem Tag habe, kann ich die Gefühle der anderen nicht mehr abschirmen. Wenn ich dann ein paar »Energiezieher«, wie ich sie nenne, habe, bin ich ausgelaugt und oft gereizt. Ein bisschen von beidem ist für mich, dass ich so unglaublich nah am Wasser gebaut bin. Seien es Filme im TV, Clips im Internet, Geschichten, Erzählungen, Überraschungen, Wut, Trauer, …, viele Emo-

tionen lösen bei mir Tränchen aus. Oft wird das falsch interpretiert, was mich dann wieder sauer macht. Ich möchte nicht,
dass man mich so schnell durchschauen kann. Allerdings finde
ich es auch schön, dass ich die Emotionen (im ausgewählten
Kreis) frei ausleben kann.

Wo siehst du deine Stärken?
Einfühlen, zuhören, stark sein, meine Sorgfältigkeit, das sind
Dinge, die ich an mir mag. Das feine Fühlen meiner Umgebung
finde ich unglaublich spannend.

**Wie würdest du deine Hochsensibilität gern in
die Gesellschaft einbringen?**
Ich habe mir überlegt, ob ich mich weiterbilde, sodass ich evtl.
als Coach für HSPs tätig werden kann. Hier oben im Norden gibt es davon nicht sehr viele, was für mich schade war,
denn ich hätte mir so jemanden sehr gewünscht. Ich denke,
dass in diesem ganzen Wust von Menschen, die immer mehr
abstumpfen durch Einflüsse aus deren Umwelt, Hochsensible
sehr wichtig werden! Mein Umfeld schätzt mich, weil ich oft
noch eine andere Sichtweise habe und mich aus vielen anderen
Perspektiven einfühlen kann sowie ab und zu das Augenmerk
auf kleine und feine, aber wichtige Dinge, Erfolge oder Denkweisen leite.

Was bedeuten Gefühle für dich?
Ich bestehe quasi nur aus Gefühlen. Ich spüre Gefühle anderer,
mit denen ich noch nicht mal ein Wort wechseln muss. Wie ich
schon sagte (unter dem Punkt Bereicherung und Last), ich lebe
meine Gefühle den Umständen (geschäftlich und privat) ent-

sprechend möglichst aus. Unterdrücke ich das auf längere Zeit, geht es mir oft körperlich schlecht. Ich finde Gefühle wichtig, denn diese spielen erst die Melodie des Lebens.

Bist du Mutter? Wie wirkt sich das auf die Familie aus?
Kinder habe ich keine. Ich bin aber »Katzen-Mutter«. Ich erspüre sehr viel bei meinen beiden »Mädels«. Ich weiß nicht, wie ich das beschreiben kann oder soll. Wenn einer von beiden irgendwas »im Magen liegt«, ohne wirkliche körperliche Anzeichen, dann »weiß« ich das schon vorher. Andersherum spüren die beiden auch, wenn es mir mal nicht gut geht, und dann legt sich eine von beiden zu mir hin und schnurrt mich wieder gesund.

Claudia Stumpe
(www.mensch-u-sein.de)

Du bist ein Mensch mit vielen Interessen und Talenten. Wie hat sich das auf deine Biografie ausgewirkt?
Anfänglich gar nicht bis zu meinem 26. Lebensjahr. Bis dahin war ich eine Maske der Gesellschaft, der Erziehung und der Oberflächlichkeit. Tief in mir spürte ich immer, dass ich anders war. Das habe ich als Kind immer schon gemerkt. Mit 26 kam dann meine Sinnkrise, und sehr viel änderte sich. Ich veränderte mich von der angepassten, Highheels tragenden Tussi zur Jesusschlappen-Leinenhosen tragenden Öko-Frau.

Wie lebst du heute? Wie kamst du zu der Entscheidung, dich mit den Themen Natur, Selbstversorgung und Naturheilkunde zu beschäftigen?

Das kam im Zuge meines Wandels, der mit 26 Jahren begann. Ich befasste mich zuerst nur mit mir. Selbstfindung, Selbstliebe: Wer bin ich, warum bin ich, was macht mich aus? Was kann ich? Um all diese Fragen zu beantworten, hatte ich ein sehr gutes Coaching-Team als Begleiter für knapp 1¼ Jahre an meiner Seite. Als ich ein gewisses »Standing« in mir selbst erreicht hatte, erweiterte sich mein Themenbereich von innen nach außen. Selbstliebe hinterlässt Spuren. Wenn man sich selbst reinigt, sich selbst Gutes tut, egal womit: gutes Essen, Sinnfindung für die Seele, sinnvolles Tun und Werkeln, richtet sich die Aufmerksamkeit irgendwann nach außen. Die Verbindung von Innen und Außen findet statt. Wie im Innen so im Außen. Und so kam ich unweigerlich an die Themen Natur, Selbstversorgung und Naturheilkunde. Je souveräner man in sich selbst wird, umso mehr wächst die Sehnsucht danach, die Souveränität (z. B. Ernährungssouveränität) auch im Außen zu leben.

Welche Talente sind bei dir besonders stark ausgeprägt?

Empathie, Intuition, Hochsensibilität, Sensitivität, Feingefühl, Taktgefühl, Einfühlungsvermögen, sehen und spüren, was richtig ist, eine gute Kommunikation, gut erklären können, gutes Erfassen von Situationen und Menschen sowie Vorahnungen.

In welchen Lebensbereichen erlebst du deine Sensibilität als Geschenk?

In meiner Arbeit als Körpercoach: da auf jeden Fall besonders stark. Mittlerweile auch im Alltäglichen: im Umgang in der Gemeinschaft und in der Natur.

Hast du deine Nische gefunden? Welches Umfeld brauchst du, um dich wohlzufühlen?

Ja, die Natur, die Gemeinschaft auf einem Hof, der noch kommt. Zurzeit lebe und arbeite ich ja auf verschiedenen Bauernhöfen, um Erfahrungen zu sammeln. Authentizität, Wahrhaftigkeit, Sein, Ehrlichkeit, Souveränität, Eigenverantwortung, Menschlichkeit, geerdet sein.

Mit welchen Wesen fühlst du besonders mit?

Mit Menschen, Kindern, Bäumen, Tieren – hier und da.

Wie sieht deine Vision von einer idealen Gesellschaft aus? Auch wenn es nur das dich umgebende Dorf ist.

Autarkie und dennoch Verbundenheit mit allem. Eigenverantwortliches und souveränes Handeln. Gemeinschaftsversorgung = Ernährungssouveränität. Menschlichkeit im Sinne von Leben mit den Polaritäten, gesunde, bewusste Lebenshaltung, gepaart mit Lebensgefühl, Genuss und Menschsein. Jeder hat seinen Rückzugsraum, der geschützt und gewahrt wird. Veranstaltungsräume, die genutzt werden, sind dabei integriert. Seminare über Gemeinschaftsversorgung, Naturwissen, Vorsorge, Anbau, Permakultur, Gemeinschaftsbildungs- und Kommunikationsprozesse und deren Wichtigkeit, Nachhaltigkeit, Sein im Sinne von Mensch mit hell und dunkel etc., Naturhäuser

(Strohballen, Lehmhäuser, Bauernhäuser, Holzhäuser), eine freie Schule für die Kinder, Entfaltungsraum, singen, tanzen, lachen, weinen, authentisch sein.

Welche Rollen spielen Freunde und Familie auf deinem persönlichen Weg?

Seitdem ich seit über einem Jahr unterwegs bin, spielen sie eine sehr große Rolle. Beispielsweise habe ich durch mein Losziehen die Wertigkeit der Familie und der Freunde kennengelernt. Sie sind mir sehr wichtig. Sie sind mein Hafen. Sie sind meine Quelle. Sie sind meine Sicherheit. Sie sind mein Anker. Sie sind meine Geborgenheit. Sie sind meine Engel, meine Helfer, meine Unterstützer, meine Pusher, meine Kritiker, meine Spiegel … SEHR WICHTIG.

Was würdest du Lesern raten, die gerade dabei sind, ihren eigenen Weg zu suchen?

Vertrauen schaffen in die eigene Person. Einen Persönlichkeitsentwicklungsprozess zu durchlaufen, der einem schon mal eine gewisse Stabilität gibt. Sich eine Collage erstellen über seine Vision und diese aufhängen (bunte Bilder und Schlagwörter aus Zeitschriften herausschneiden – intuitiv vorgehen). Nur mit denen drüber reden, die einem guttun und zustimmend wirken. Destruktivität hindert. Losziehen, machen, evtl. nicht allein, sondern mit jemandem zusammen, denn zusammen ist man weniger allein. Reden über die Bedürfnisse. Ehrlichkeit, Offenheit, Vertrauen und Geduld in die Schöpfung. Geerdet sein über gute Arbeit in der Natur, beim Kochen, Backen etc. Gute sinnige Gespräche mit Gleichgesinnten. Bücher lesen, in denen Vorbilder schon das gemacht haben, wobei man selbst noch hadert.

Matthias Langwasser
(www.regenbogenkreis.de)

Wie wirkt sich deine Hochsensibilität im Alltag aus?
In welchen Bereichen findest du es hilfreich?
In welchen Bereichen ist es eher eine Belastung?
Es ist so, dass ich mit dieser Gesellschaft und fast allem, was ich um mich herum erlebe, kaum klarkomme. Hilfreich finde ich es im engen Kontakt mit Menschen, die einen ähnlichen Weg gehen.

Wie hast du deine Liebe zur Natur entdeckt?
Mein Vater liebt die Natur auch sehr, und er war mit uns in seiner Freizeit oft im Wald und ist viel mit uns gewandert. Eine besonders enge Bindung habe ich in den 10 Jahren entwickelt, in denen ich in der Natur ganz ursprünglich und direkt gelebt habe.

Du schreibst, dass du bewusst keine Ausbildung gemacht hast, sondern deiner inneren Berufung gefolgt bist. Wie hast du zu dieser Stärke gefunden?
Es war einfach meine innere Stimme. Es hat mich zwar sehr frustriert, dass meine Familie und meine besten Freunde kein Verständnis für meine Entscheidung hatten. Ich hatte aber keine andere Wahl, da ich zum Beispiel die Zeit in der Schule als unerträgliche Quälerei empfunden habe. Ich dachte mir: Lieber alleine sein und mich wohlfühlen als in einer Gesellschaft von Menschen, die nicht nach dem Höchsten streben und sich nicht die entscheidenden Lebensfragen stellen.

Was brauchst du, um dich mit deiner Umgebung wohlzufühlen?

Unglaublich viel: Harmonische, echte und liebevolle Kontakte, möglichst unberührte Natur, schöne Farben, Ordnung, Sauberkeit, angenehme Gerüche und vieles mehr.

Wie konntest du deinen Idealismus und deine hohen ethischen Werte in deiner Berufstätigkeit umsetzen?

Ich bin einfach meiner inneren Stimme gefolgt und den Botschaften aus der geistigen Welt. Mir wurde in jedem Moment gesagt, welcher der nächste Schritt ist, und so hat sich das alles entwickelt. Ich habe immer nur das getan, was meinen Idealen entsprochen hat, und ich war nicht bereit, aufgrund von Geld irgendwelche Kompromisse zu machen.

Was gibt dir Kraft? Wo siehst du die Schlüssel für persönlichen Erfolg und Lebenszufriedenheit?

Kraft geben mir meine Freunde, mein Sohn, die Natur, die geistige Welt und die Vision, die ich für die Erde habe.

Worin siehst du deine Stärken?

Ich habe viele Stärken: Ich bin sehr klar in dem, was ich will und was nicht, bin immer bereit, mich zu verändern und Dinge abzulegen, die nicht mehr zu mir passen. Ich bin sehr konsequent im Verfolgen meiner Ziele.

Was würdest du Lesern empfehlen, die auf der Suche nach ihrem Platz im Leben sind?

Folge in jedem Moment deinem Herzen, und deine Seele leitet dich automatisch zu deinem Platz.

Was wünschst du dir für die Zukunft?

Für mich und meine Lieben einen wundervollen eigenen Platz in der Natur und für die Erde ein neues Zeitalter, wo Menschen, Tiere und Pflanzen in Harmonie miteinander leben.

Michaela
(Name geändert)

Woran bemerkst du deine Hochsensibilität im Alltag?

Vor allem merke ich es daran, dass zwischenmenschliche Kontakte mich stark erschöpfen. Die Stimmungen in meinem Umfeld beeinflussen mich sehr. Nach zwischenmenschlichen Kontakten benötige ich ausreichend Zeit für mich allein. Ansonsten gerate ich in ein energetisches Defizit, aus dem ich nicht mehr herauskomme und letztendlich krank werde, meistens Erkältungskrankheiten, Schnupfen oder grippale Infekte. Ich nehme mir zwischenmenschliche Konflikte sehr zu Herzen. Ich brauche ausreichend Schlaf, um mich leistungsfähig zu fühlen. Ich brauche regelmäßig Zeiten, in denen ich meinen eigenen Impulsen folgen und mich meinem Innenleben widmen kann.

In welchen Lebensbereichen empfindest du deine Hochsensibilität als Bereicherung? Wo eher als Last?

In meinem privaten Bereich, wenn ich allein bin und mich meinen zahlreichen Hobbys widmen kann, empfinde ich es als Bereicherung. Als Last empfinde ich es vor allem in Bereichen, wo ich mich in gutem Licht darstellen und »verkaufen« muss. Zum Beispiel aktuell bei meiner Wohnungssuche oder im Berufsleben. Schwierig ist auch, dass mich zwischenmenschliche

Kontakte so stark erschöpfen. Solange ich allein bin und niemand etwas von mir erwartet, geht es mir ganz gut. Regelmäßiger Rückzug ist mir sehr wichtig, was bei den meisten sozialen Kontakten leider auf Unverständnis und Ablehnung stößt. Ich habe oft das Gefühl, den Kontakt zu einem Menschen, von dem ich mich einmal aus diesem Grund zurückziehen musste, dann jedes Mal von meiner Seite her wieder mühsam neu aufbauen zu müssen. Oft belasse ich es dann dabei, sodass der Kontakt im Sande verläuft. Daher ist es sehr schwierig für mich, langfristige Freundschaften zu pflegen.

Wo siehst du deine Stärken?
Ich habe ein gutes Langzeitgedächtnis und erinnere mich oft sehr detailliert an Dinge, die andere längst vergessen haben. Ich habe einen ausgeprägten Sinn für Ästhetik, Formen, Farben und Ordnung. Ich bin kreativ und künstlerisch begabt, habe Mut und Durchhaltevermögen. Darüber hinaus kann ich gut allein sein und Situationen allein bewältigen.

Wie würdest du deine Hochsensibilität gern in die Gesellschaft einbringen?
Durch Vorleben meiner Werte und im künstlerischen Bereich in Form meiner Malerei.

Was bedeuten Gefühle für dich?
Gefühle kann ich nicht ausblenden, und das hindert mich oft daran, im Alltag zu »funktionieren«. Wenn es ein Ereignis gab, das mich emotional sehr aufgewühlt hat, brauche ich zum Beispiel viel Zeit, um mich zu regenerieren.

Was machst du beruflich? Wie wirkt sich deine Hochsensibilität im Beruf aus?

Ich bin von Beruf kaufmännische Assistentin. Ich empfand meine Berufstätigkeit jedoch immer als lästige Pflicht, die mich vom eigentlichen Leben abhält. Ein Dilemma, aus dem ich erst nach fast zwanzig Jahren einen Ausweg fand, als mir mein damaliger Arbeitgeber Ende 2009 einen Aufhebungsvertrag mit einer Summe Geld als Abfindung angeboten hat. Hiermit konnte ich meine damals aufgelaufenen Kreditschulden (das Resultat von diversen Ersatzbefriedigungen) tilgen und wieder bei null anfangen.

Nach ein paar Monaten Auszeit, die ich sehr genossen habe, arbeitete ich ein Jahr lang in einem Yoga-Seminarhaus in verschiedenen Bereichen (Rezeption, Garten, Anleitung von Meditationen usw.). Ich stieß hier leider auf die gleichen Schwierigkeiten bezüglich Überstimulation und zwischenmenschlicher Konflikte. Meine Vorgesetzten hatten zudem keinerlei Verständnis für meine Hochsensibilität und introvertierte Persönlichkeit, was ich gerade in diesem Umfeld eines spirituellen Seminarhauses so nicht erwartet hatte. Sie wollten, dass ich mich ändere und mehr Leistung bringe – weshalb ich auch hier nach einem Jahr Mitarbeit aussteigen musste. Im Anschluss daran arbeitete ich bei einem chronisch kranken Menschen (gleichzeitig mein damaliger Partner) als Haushaltshilfe gegen 400-€-Basis und freie Unterkunft. Dieses Abhängigkeitsverhältnis gestaltete sich als sehr schwierig. Ich sah jedoch keine Alternative. Immerhin konnte ich mir die Arbeit und Zeit dort frei einteilen und musste nicht aus dem Haus und unter Menschen gehen. Außerdem gefiel mir die Möglichkeit mit dem Selbstversorger-Garten, den ich dort hatte. Ich verbrachte Monate damit, die

Vor- und Nachteile dieser Situation abzuwägen und eine Alternative zu finden, jedoch ohne auf ein konkretes Ergebnis zu kommen. Energetisch ging es mir zunehmend schlechter. Körperliche Beschwerden und die Infekte, mit denen ich es vorher so oft zu tun hatte, gab es seitdem nicht mehr. Dann vor einem Jahr habe ich durch eine Erbschaft eine Summe Geld erhalten, von der ich zurzeit lebe. Ich bin übergangsweise in eine kleine Wohnung gezogen und arbeite momentan nichts. Wie es danach weitergeht, wenn diese finanziellen Reserven einmal aufgebraucht sind, weiß ich noch nicht. Meine Rettung wäre ein bedingungsloses Grundeinkommen. Ich habe gemerkt, dass man ohne Berufstätigkeit sehr sparsam leben kann, da gewisse Ausgaben wie Fahrtkosten, gesellschaftsfähige Kleidung, auswärtiges Essen, Frustkäufe und sonstige Ersatzbefriedigungen einfach wegfallen. Ich möchte auf dieser Basis weitermachen, möglichst naturnah leben und auch mein Obst und Gemüse selbst anbauen und Lebensmittel herstellen und konservieren, wenn ich dann eine passende Unterkunft mit eigenem Garten gefunden habe. Ein kleines Taschengeld verdiene ich mir mit meiner Malerei, wo mir für größere Projekte allerdings noch die entsprechenden Räumlichkeiten fehlen. Ansonsten wünsche ich mir einen Job, in dem ich möglichst selbst bestimmen kann, wann und wie viel ich gebe, wo ich arbeiten kann, wenn ich mich leistungsfähig fühle, und wenn meine Batterien leer sind oder andere Dinge in meinem Leben anstehen, eine unbezahlte Auszeit nehmen kann. Am liebsten würde ich überwiegend von zu Hause aus arbeiten wollen.

Bist du Mutter? Wie wirkt sich das auf die Familie aus?

Nein, ich habe nie einen Kinderwunsch verspürt, da ich den Gedanken an Kinder nicht mit meinem Bedürfnis nach Ruhe und Rückzug in Einklang bringen kann. Da ich immer mit Partnern zusammen war, die nicht genug Einkommen hatten, fürchtete ich außerdem die Doppelbelastung von Beruf und Kind. Das wäre für mich ein Horrorszenario. Ein Leben als Hausfrau und Mutter hätte ich mir schon eher vorstellen können. Das wäre jedoch bei meinen bisherigen Partnern aus finanziellen Gründen nicht möglich gewesen.

Sandra
(Name geändert)

Woran bemerkst du deine Hochsensibilität im Alltag?

Im Alltag bereitet sie mir oft Schwierigkeiten. Meist geht vieles langsam, ich brauche viel Zeit für Aufgaben wie zum Beispiel Spülen. Gern wäre ich oft etwas schneller, meist habe ich abends das Gefühl, kaum was gemacht zu haben und dass ich noch viel tun sollte. Dies erschwert mir das Abschalten. Ich kann meist erst spät einschlafen, da Gedanken, innere Bilder und Gefühle erst nach langer Zeit zur Ruhe kommen. Bei alltäglichen Problemen, wie zum Beispiel technischen Problemen, fühle ich mich schnell überfordert und ängstlich, vor allem, wenn ich alleine bin und nicht weiß, wer mir helfen könnte. Oft habe ich das Gefühl, dass mir dann alles zu viel wird, Angst schwächt mich und meine rationale Herangehensweise. Ich bin oft schreckhaft, angespannt und geräuschempfindlich. Bei plötzlichen Knallgeräuschen bin ich extrem erschrocken und angespannt. Wenn ich gesundheitliche Probleme habe, habe ich oft große Angst, und es fällt mir schwer, mich dann auf anderes zu konzentrieren.

In welchen Lebensbereichen empfindest du deine Hochsensibilität als Bereicherung? Wo eher als Last?

Als Bereicherung empfinde ich sie im kreativen Bereich. Ich singe, liebe Musik und habe starke Gefühle bei Musik. Zudem male ich gerne und fühle dabei ein ähnliches Gefühl wie bei Meditationen. Ich bin berührt von Kunst. Ich schreibe gerne und möchte mich diesbezüglich weiterentwickeln, vielleicht ein zweites Buch schreiben, wobei ich viele Ideen habe, vielleicht zu viele, um konkret zu beginnen. Bereits als Kleinkind habe ich gesungen, Lieder umgetextet, Geschichten gemalt und geschrieben und manchmal in Fantasiewelten gelebt und verschiedene Rollen darin gespielt. Im zwischenmenschlichen Bereich ist Hochsensibilität eine Bereicherung. Ich bin empathisch, was viele rückmeldeten, und viele haben schnell Vertrauen zu mir, was ich schön finde, mich jedoch oft belastet, da ich ein großes Pflichtgefühl habe und dann »die Welt retten« will. Momentan arbeite ich daran, mehr mich selbst zu »retten«, um mich belastbarer, nicht ausgenutzt und besser zu fühlen. Ich bin generell offen für Menschen, für andere Kulturen und für Menschen, die zu Randgruppen unserer Gesellschaft gehören, und kann mich in Randgruppen gut einfühlen. Als HSP habe ich auch oft das Außenseiter-Gefühl, was ich als Last sehe. Zudem sind für mich schnelle Ermüdbarkeit, häufige körperliche Schwäche, schnelle, starke Verletzbarkeit, Ängstlichkeit, zu starke Gefühle und Gedanken, die mich kaum entspannen lassen und mich schwächen sowie die Vernunft untergraben, ein Problem.

Wo siehst du deine Stärken?

Stärken sehen Freunde an mir und auch ich selbst in meiner Empathie, Herzlichkeit, Offenheit, Kreativität, Reflektiertheit, Gewissenhaftigkeit und Fantasie.

Wie würdest du deine Hochsensibilität gern in die Gesellschaft einbringen?

Durch kreative Dinge wie Schreiben, Kunst oder Musik möchte ich das gerne tun. Ich bin Sozialpädagogin und möchte weiterhin in dem Beruf beraten, unterstützen und empathisch da sein. Dies möchte ich auch im privaten Bereich. Nur muss ich darauf achten, Grenzen zu setzen, da ich hier oft Schlechtes erlebt habe und mich das schon ausgepowert, deprimiert und ermüdet hat. Früher wollte ich die, denen es schlecht ging, retten, nur um mich kümmerte sich kaum jemand. Als mir das bewusst wurde, änderte ich einiges, und ich begann Grenzen zu setzen. Gerne möchte ich die Welt um mich herum etwas liebevoller, friedlicher, menschlicher und wärmer machen, so wie ich mir die für mich oft zu hektische, aggressive und kalte Welt wünschen würde. Ich rege Menschen gern zum Nachdenken über das Wichtige im Leben an, manche sind damit überfordert. Das Thema Hochsensibilität sollte mehr bekannt gemacht werden, damit sich HSPs nicht mehr so oft unverstanden und als Außenseiter fühlen, wie ich es selbst oft erlebe und was mich oft verletzt.

Was bedeuten Gefühle für dich?

Gefühle sind für mich wichtig, sie machen das Leben lebendig. Meine Gefühlswelt ist stark, und oft überwältigen mich Gefühle in positiver und in negativer Hinsicht. Ich bin froh, starke

Gefühle zu haben, häufig ist es jedoch anstrengend. Ich hörte bisher immer wieder, dass ich zu sensibel sei, und Gefühle erschienen mir bei einigen unerwünscht zu sein. Ich habe mich daher früher von Gefühlen distanziert, ich wollte nicht mehr sensibel und emotional sein, stattdessen fühlte ich mich dann leer, was nicht schön war. Seit einigen Jahren habe ich den Zugang zu Gefühlen wieder erlernt und bin froh darüber. Trauer, die gelegentlich nachts kommt, schwächt mich noch immer. Liebe ist bei mir stark ausgeprägt, sie führte leider oft zu Verletzungen. Innerlich ist da schon so einiges zerbrochen, meist durch unsensible, verletzende und kritisierende Worte anderer Menschen. Wut ist ein problematisches Gefühl, lange habe ich sie abgelehnt und wollte sie nicht spüren, da ich sie als etwas Schlechtes ansah. Mittlerweile darf Wut da sein, und sie hilft mir, Grenzen zu setzen.

Was machst du beruflich? Wie wirkt sich deine Hochsensibilität im Beruf aus?
Momentan bin ich arbeitslos und möchte wieder im sozialen oder kreativen Bereich tätig sein. Ich war einige Jahre als Sozialarbeiterin tätig: entweder in psychosozialer Beratung, Betreuung oder im interkulturellen Bereich. Positiv wirken sich meine Empathie, Zuhörfähigkeit, Kreativität, Reflektiertheit, Weitsicht, Verantwortungsgefühl und Gründlichkeit aus. Schwierig ist meine oft etwas langsame Arbeitsweise, die schnelle Überforderung bei Druck, Unsicherheit mit dominanteren Personen, Verletzlichkeit bei unfreundlicher Kritik, das oft zu hohe Verantwortungsgefühl und manchmal mein Problem, Grenzen zu setzen. Es fällt mir schwer, vor Gruppen zu sprechen, ich arbeite lieber individuell und nicht mehr gerne mit Jugendlichen

aufgrund deren oft aggressiver und respektloser Verhaltensweisen, was meine Jobmöglichkeiten einschränkt.

Bist du Mutter? Wie wirkt sich das auf die Familie aus?
Ich bin keine Mutter und möchte wahrscheinlich auch keine Mutter werden. Denn ich fühle mich sowohl mit dem Gedanken an eine Schwangerschaft als auch an eine Geburt und an die Verantwortung für ein Baby und Kind überfordert. Leider war dies oft ein deprimierendes und belastendes Konfliktthema und der Trennungsgrund in vergangenen Liebesbeziehungen, was mich immer noch oft belastet und traurig macht. Es ist sehr schwer, mit dem Gefühl umzugehen, dass innige Liebe allein nicht ausreiche, und ich habe momentan kein Interesse daran, einen neuen Mann kennenzulernen.

Stefanie Miosga
(www.roteszelt.de)

Wie erlebst du deine Hochsensibilität im Alltag?
In Menschenmengen halte ich es sehr schwer aus, auch Partys sind mehr Anstrengung als Spaß für mich. Ich reagiere auf Stress schnell mit körperlichen Symptomen (Reizdarm, Appetitverlust, Übelkeit, Kopfschmerzen). Ich bin sehr schmerzempfindlich, und Kitzeln ist für mich auch eine Art Schmerz. Lärm tut mir ebenfalls körperlich weh. Ich nehme Gerüche sehr intensiv wahr, meine Umwelt glaubt mir oft nicht, dass ich gerade etwas rieche. Ich brauche viele Gelegenheiten, allein zu sein, weil ich die Energien der anderen irgendwann nicht mehr von meinen eigenen unterscheiden kann.

Was bedeuten Gefühle für dich?

Gefühle sind mein Kompass durch das Leben. Jedes Gefühl will und darf gefühlt werden. Kein Gefühl ist gut oder schlecht, alle weisen uns darauf hin, was uns guttut und was nicht. Unterdrückte Gefühle verursachen körperliche und psychische Krankheitssymptome.

Welcher Berufung folgst du? Du engagierst dich für Frauen in der »Red-Tent-Bewegung«. Welche Motivation verfolgst du dabei?

Ich möchte Frauen dabei helfen, zu ihrem Körper und zu ihrer Weiblichkeit eine positive Beziehung aufzubauen. Die »Red-Tent-Bewegung«, oder Rotes-Zelt-Bewegung, ist eine Strömung einer Frauenbewegung, die sich wünscht, dass jede Frau jederzeit einen Raum und Gelegenheit hat, um einfach nur Frau zu sein. Manchmal nur unter anderen Frauen zu sein, tut uns gut, weil wir uns gegenseitig Raum zum Reden, Fühlen, Feiern und Sein geben können, ohne auf Leistungen oder Lösungen aus zu sein. Das rote Zelt ist nicht nur für die Zeit der Menstruation da, sondern immer dann, wenn eine Frau andere Frauen braucht – oder Raum für sich ganz allein. Im Idealfall schaffen wir einen echten, physischen Raum in jeder Stadt und jedem Dorf, der gemütlich eingerichtet zu jeder Zeit jeder Frau und jedem Mädchen offen steht und auch für Veranstaltungen genutzt wird. Ich möchte gern Gastgeberin und Veranstalterin solcher Treffen sein.

Lebst du allein, in Familie, in einer Gemeinschaft? Bist du Mutter?

Ich bin verheiratet und Mutter dreier Töchter.

Wie hast du deine persönlichen Talente entdeckt, die jetzt in deine beruflichen Aktivitäten einfließen?

Als meine erste Tochter gerade geboren war, sagte meine Hebamme den wichtigsten Satz zu mir: »Sie können als Mutter nichts falsch machen, wenn Sie nach Ihrem Gefühl handeln.« Meine weibliche Intuition war mit diesem Satz zum Leben erweckt und hat sich immer und immer wieder als mein wichtigster Leitfaden erwiesen. Dieselbe Hebamme erzielte bei meiner Tochter und mir mit homöopathischen Mitteln verblüffende Erfolge, was mich so neugierig auf alternative Heilmethoden machte, dass ich eine Ausbildung zur Heilpraktikerin absolvierte. Es war das Natürlichste auf der Welt für mich, zu beschließen, dass im Zentrum meiner Praxis Frauen und Mädchen stehen sollten – ich erinnere mich an meine eigenen Sorgen und Nöte als heranwachsendes Mädchen und werdende Mutter, und ich möchte der Generation meiner Töchter dabei den Rücken stärken. Ich war außerdem schon immer eine Person, der auch fremde Leute ihre Lebensgeschichte erzählten, und so kommen nun auch Frauen mit ihren frauenspezifischen Problemen auf mich zu, noch bevor ich überhaupt eine Praxis eröffnet habe! Momentan diene ich der Idee des roten Zeltes vor allem durch meine Liebe und mein Talent für die englische Sprache: Ich habe das kleine Büchlein »A Diva's Guide To Getting Your Period« von DeAnna L'am ins Deutsche übersetzt und deutsche Untertitel für den Film »Things We Don't Talk About – Stories From The Red Tent« von Isadora Leidenfrost geschrieben (Buch und DVD können bei mir bestellt werden). Ich bin auch inzwischen »certified Red Moon Journey Trainer« nach DeAnna L'am.

Hast du einen spirituellen Hintergrund?

Ich komme aus einem pragmatischen Elternhaus, in dem beide
Eltern aus der Kirche ausgetreten sind und keine Religion gelebt wurde; die DDR meiner Kindheit war insgesamt ein sehr
unspirituelles Umfeld. Ich glaube an universelle, für alles Leben
geltende Kräfte und Ordnungen, und wenn ich diesen einen
Namen geben müsste, würde ich es als das Universum bezeichnen. Insgesamt glaube ich, dass alle Religionen mit dem, was
sie Gott oder Götter nennen, dasselbe meinen wie ich mit den
Kräften und Ordnungen.

Was hat dir geholfen, authentisch zu werden, glücklich zu sein?

Ich habe ein Problem mit allem, was unaufrichtig, nicht authentisch ist. Wenn ich von zu vielen äußeren Eindrücken erschla-
gen werde, kann ich oft kaum noch meine eigene innere Stimme
hören und verliere auch schon mal meinen authentischen Weg.
Da hilft dann nur Rückzug, Alleinsein, Meditation, viel nachdenken – und am besten alles in einer heißen Badewanne.

Wie sähe die ideale Welt für dich aus?

Jede Person hätte die Freiheit, für sich authentische Entscheidungen zu treffen in einem Rahmen, der niemandem schadet,
ohne dafür verurteilt zu werden.

Was würdest du Lesern empfehlen, die auf der Suche nach ihrer Berufung oder nach ihrem Platz im Leben sind?

Wenn es um die Berufung, den Beruf geht: Wenn Leute euch
um Rat fragen, geht es dann besonders häufig um ein bestimmtes Thema? Und zu welchem Thema gebt ihr Leuten am liebs-

ten Rat, auch ungefragt? Das ist dann offensichtlich euer Fachgebiet. Wie ihr dieses beackert, hängt von euren persönlichen
Fähigkeiten und Talenten ab. Welche Tätigkeiten machen euch
so viel Freude, dass ihr sie am liebsten die ganze Zeit tun wür-
det, auch für andere Leute und gegen Geld? Wie könnt ihr diese
Tätigkeiten auf eurem Spezialgebiet einsetzen? Mein Beispiel:
Ich übersetze Texte zum Thema »Rotes Zelt«, weil ich Englisch
liebe, mir das Übersetzen leichtfällt und ich auf dem Gebiet
»Rotes Zelt« Tipps und Wissen auch auf Deutsch weitergeben
möchte. Außerdem: Die Berufung darf und wird sich im Laufe
des Lebens weiterentwickeln, also erlaubt euch auch, zu neuen
Ufern aufzubrechen, wenn ihr an den alten nicht mehr glücklich seid. Nehmt euch Zeit für jede Entscheidung, fühlt in euch
hinein, was für euch jetzt richtig ist und was nicht. Meditationen, Tagebuchschreiben, Gespräche und eine Aufstellung können euch sehr weiterhelfen, wenn ihr nur durch Nachdenken
nicht zu einer klaren Antwort gelangt.

Literaturverzeichnis

Bücher

Alberti, Bettina: *Die Seele fühlt von Anfang an. Wie pränatale Erfahrungen unsere Beziehungsfähigkeit prägen.* Kösel, München 2005.

Alexander, Eben: *Blick in die Ewigkeit: Die faszinierende Nahtoderfahrung eines Neurochirurgen.* Ansata, München 2013, 14. Auflage.

Aron, Elaine: *Das hochsensible Kind. Wie Sie auf die besonderen Schwächen und Bedürfnisse Ihres Kindes eingehen.* mvg, München 2008.

Aron, Elaine: *Sind Sie hochsensibel? Wie Sie Ihre Empfindsamkeit erkennen, verstehen und nutzen.* mvg, München 2005.

Aron, Elaine: *Hochsensible Menschen in der Psychotherapie.* Junfermann, Paderborn, 2014.

Baer, Udo: *Wie Traumata in die nächste Generation wirken: Untersuchungen, Erfahrungen, therapeutische Hilfen.* Semnos, Neukirchen-Vluyn 2013.

Berne, Eric: *Spiele der Erwachsenen. Psychologie der menschlichen Beziehungen.* Rowohlt, Reinbek bei Hamburg 2002.

Bode, Sabine: *Die Kriegsenkel. Erben einer vergessenen Generation.* Klett-Cotta, Stuttgart 2014, 7. Auflage.

Bode, Sabine: *Nachkriegskinder. Die 1950er Jahrgänge und ihre Soldatenväter.* Klett-Cotta, Stuttgart 2013, 4. Auflage.

Bolles, Richard Nelson; Leitner, Madeleine: *Durchstarten zum Traumjob. Das ultimative Handbuch für Ein-, Um- und Aufsteiger.* Campus, Frankfurt 2009, 9. Auflage.

Bradshaw, John: *Wenn Scham krank macht. Verstehen und überwinden von Schamgefühlen.* Droemer Knaur, München 2006.

Bradshaw, John: *Das Kind in uns. Wie finde ich zu mir selbst.* Droemer Knaur, München 2000.

Brown, Nina: *Kinder egozentrischer Eltern. Eine Kindheit mit narziss-*

tischen Eltern bewältigen. Zu einem neuen Selbstverständnis finden. Junfermann, Paderborn 2010.

Cameron, Julia: *Der Weg des Künstlers. Ein spiritueller Pfad zur Aktivierung unserer Kreativität,* Knaur, München 2009.

Cameron, Julia: *Der Weg zum kreativen Selbst. Sieben Pfade zur Entdeckung des inneren Künstlers.* Droemer Knaur, München 2001.

Chia, Mantak: *Tao Yoga. Praxisbuch zur Erweckung der heilenden Urkraft Chi.* Heyne, München 2005.

Childre, Doc; Howard, Martin: *Die HerzIntelligenz-Methode. Gesundheit stärken, Probleme meistern mit der Kraft des Herzens.* VAK, Kirchzarten 2012.

Chopich, Erika: *Aussöhnung mit dem inneren Kind.* Ullstein, Berlin 2009.

Csikszentmihalyi, Mihaly: *Flow. Das Geheimnis des Glücks.* Klett-Kotta, Stuttgart 2013, 16. Auflage.

Dilts, Robert: *Die Veränderung von Glaubenssystemen: NLP-Glaubensarbeit.* Junfermann, Paderborn 2006.

Dirigoyen, Marie-France: *Die Masken der Niedertracht. Seelische Gewalt im Alltag und wie man sich dagegen wehren kann.* dtv, München 2002.

Dr. Kuklinski, Bodo, Dr. Schemionek, Anja: *Schulmedizin? Heilung ausgeschlossen. Mitochondrientherapie – die Alternative.* Aurum in J. Kamphausen, Bielefeld, 2014.

Dufor, Dr. med. Daniel: *Das verlassene Kind. Gefühlsverletzungen aus der Kindheit erkennen und heilen.* Mankau, Murnau am Staffelsee 2013, 3. Auflage.

Duprée, Ulrich Emil: *Ho'oponopono. Das hawaiianische Vergebungsritual.* Schirner, Darmstadt 2013, 13. Auflage.

Eichinger, Uschi, Hoffmann, Kyra: *Der Burnout-Irrtum. Ausgebrannt durch Vitalstoffmangel! Burnout fängt in der Körperzelle an. Das Präventionsprogramm mit Praxistipps und Fallbeispielen.* systemed Verlag, Lünen, 2012.

Ende, Michael: *Die unendliche Geschichte.* Thienemann, Stuttgart 2012, 11. Auflage.

Estés, Clarissa Pinkola: *Die Wolfsfrau. Die Kraft der weiblichen Urinstinkte.* Heyne, München 1997.

Ferriss, Timothy: *Die 4-Stunden-Woche. Mehr Zeit, mehr Geld, mehr Leben.* Ullstein, Berlin 2008.

Gromberg, Brigitte und Ehrenfried: *Smart Business Concepts. Finden Sie die Geschäftsidee, die Ihr Leben verändert!* Smart Business Concepts Verlag, Jesteburg, 2014

Harms, Thomas: *Auf die Welt gekommen: Die neuen Baby-Therapien.* Leutner, Berlin 2000.

Harris, Thomas: *Ich bin o.k. – Du bist o.k. Wie wir uns selbst besser verstehen und unsere Einstellung zu anderen verändern können. Eine Einführung in die Transaktionsanalyse.* Rowohlt, Reinbek bei Hamburg 1975.

Heintze, Anne: *Außergewöhnlich normal. Hochbegabt, hochsensitiv, hochsensibel. Wie Sie Ihr Potential erkennen und entfalten.* Ariston, München 2013.

Hensel, Ulrike: *Mit viel Feingefühl. Hochsensibilität verstehen und wertschätzen. Einblicke in ein gar nicht so seltenes Phänomen.* Junfermann, Paderborn 2013.

Henze, Usch: *Osning. Die Externsteine: Das verschwiegene Heiligtum Deutschlands und die verlorenen Wurzeln europäischer Kultur.* Neue Erde, Saarbrücken 2006.

Hüther, Gerald: *Das Geheimnis der ersten neun Monate: Unsere frühesten Prägungen.* Beltz, Weinheim und Basel 2012, Lizenzausgabe.

Janus, Ludwig: *Der Seelenraum des Ungeborenen. Pränatale Psychologie und Therapie.* Patmos, Ostfildern 2011, 4. Auflage.

Jelinski, Manfred: *Remote Viewing. Das Lehrbuch 1.* Ahead and Amazing, Ostenfeld 2001.

Kreisman, Dr. Jerold: *Zerrissen zwischen Extremen. Leben mit einer Borderline-Störung – Hilfe für Betroffene und Angehörige.* Goldmann, München 2008.

Leboyer, Frederic: *Geburt ohne Gewalt.* Mosaikverlag, München 1995.

Leuze, Julie: *Empfindsam erziehen. Tipps für die ersten 10 Lebensjahre des hochsensiblen Kindes.* Festland-Verlag, Wien 2010.

Magyarosy, Maruscha: *Das Paradies ist in dir: Der Weisheit des Körpers vertrauen – Lebensfreude durch Aktivierung der Körperintelligenz.* Via Nova, Petersberg 2005.

Maurer, Willi: *Der erste Augenblick des Lebens. Der Einfluss der Geburt auf die Heilung von Mensch und Erde.* Drachenverlag, Lassan 2009.

Max-Neef, Manfred; Elizalde, Antonio; Hopenhayn, Martín: *Entwicklung nach menschlichem Maß. Eine Option für die Zukunft.* Kassel, Gesamthochschul-Bibliothek, 1990.

McCarty, Wendy Anne: *Ich bin Bewusstsein. Babys von Anfang an als ganzheitliche Wesen willkommen heißen. Ein integratives Modell frühkindlicher Entwicklung.* Innenweltverlag, Köln 2013.

Miller, Alice: *Das Drama des begabten Kindes und die Suche nach dem wahren Selbst.* Suhrkamp, Berlin 2012, 28. Auflage.

Neufeld, Gordon; Maté, Gabor: *Unsere Kinder brauchen uns. Die entscheidende Bedeutung der Kind-Eltern-Bindung.* Genius Verlag, Bremen 2006.

Nussbaum, Cordula: *Organisieren Sie noch, oder leben Sie schon? Zeitmanagement für kreative Chaoten.* Campus, Frankfurt, New York 2012, 2. Auflage.

Ober, Clinton; Sinatra, Steven: *Earthing – Heilendes Erden. Gesund und voller Energie mit Erdkontakt.* VAK, Kirchzarten 2013, 2. Auflage.

O' Donohue, John: *Anam Cara. Das Buch der keltischen Weisheit.* dtv, München 2010.

Orr, Leonhard; Halbig, Konrad: *Der verbundene Atem. Körper und Seele durch Rebirthing reinigen.* Schirner, Darmstadt 2011.

Parlow, Georg: *Zart besaitet. Selbstverständnis, Selbstachtung und Selbsthilfe für hochsensible Menschen,* Festlandverlag, Wien 2006.

Pukownik, Peter: *Das Gesundheitsbuch der Heiligen Hildegard von Bingen. Die besten Heilmittel der Hildegardmedizin.* Via Nova, Petersberg 2012.

Redfield, James: *Die Prophezeiungen von Celestine. Ein Abenteuer. Das spirituelle Kultbuch.* Ullstein, Allegria, Berlin 2004.

Reiter, Peter: *Dein Seelenhaus. Ein direkter Weg mit seiner Seele zu sprechen.* Via Nova, Petersberg 2007.

Robbins, Anthony: *Grenzenlose Energie. Das Powerprinzip. Wie Sie Ihre persönlichen Schwächen in positive Energie verwandeln.* Ullstein, Allegria, Berlin 2004.

Sauerbrey, Ulf: *ADHS durch Umweltgifte?* Garamond Verlag, Jena 2010.

Schmiedel, Volker: *Burnout. Wenn Arbeit, Alltag & Familie erschöpfen. Welche körperlichen Untersuchungen Ihnen jetzt weiterhelfen. Wie Sie aus der Stressspirale aussteigen.* Trias, Stuttgart 2010.

Schorr, Brigitte: *Hochsensible Mütter.* scm Hänssler, Holzgerlingen 2013.

Servan-Schreiber, David: *Die neue Medizin der Emotionen. Stress, Angst, Depression: Gesund werden ohne Medikamente.* Goldmann, München 2006, 9. Auflage.

Shapiro, Fancine; Silk Forrest, Margot: *EMDR in Aktion. Die neue Kurzzeit-Therapie in der Praxis,* Junfermann, Paderborn 2007, 4. Auflage.

Sheldrake, Rupert: *Der siebte Sinn des Menschen. Gedankenübertragung, Vorahnungen und andere unerklärliche Fähigkeiten.* Fischer, Frankfurt am Main 2012, 4. Auflage.

Sheldrake, Rupert: *Das Gedächtnis der Natur. Das Geheimnis der Entstehung der Formen.* Scherz Verlag, Frankfurt am Main 2011.

Sheldrake, Rupert: *Der Wissenschaftswahn: Warum der Materialismus ausgedient hat.* O. W. Barth, München 2012.

Spezzano, Chuck: *50 Wege, die wahre Liebe zu finden. Wegweiser zu einer erfüllten Partnerschaft.* Via Nova, Petersberg 2007, 5. Auflage.

Spezzano, Chuck: *Karten der Liebe. 84 farbige Karten mit Begleitbuch.* Via Nova, Petersberg 2008, 8. Auflage.

Spezzano, Chuck: *Karten der Erkenntnis auf dem Weg nach innen. Das Buch der Erkenntnis.* Via Nova, Petersberg 2008, 12. Auflage.

Steward, Ian; Joines, Vann: *Die Transaktionsanalyse. Eine Einführung.* Herder, Freiburg 2000, 11. Auflage.

Sun Bear; Wabun: *Das Medizinrad: Eine Astrologie der Erde.* Goldmann, München 2005.

Telfener, Umberta: *Hilfe, ich liebe einen Narzissten. Überlebensstrategien für alle Betroffenen.* Goldmann Arkana, München 2009, 4. Auflage.

Thiemann, Jens: *Klartraum: Wie Sie Ihre Träume bewusst steuern können.* Rowohlt, Reinbek bei Hamburg 2013, 2. Auflage.

Van Someren, Lex: *Multi-Dimensionale Sakrale Kunst.* Ayam Visionary Art Productions, Baden-Baden 2002, 1. Auflage.

Vitale, Joe; Len, Ihaleakala Hew: *Zero Limits: Mit der hawaiianischen Ho'oponopono-Methode zu Gesundheit, Wohlstand, Frieden und mehr.* Wiley-VCH, Weinheim 2012.

Von Großrath, Jan: *Vom Aussteigen und Ankommen. Besuche bei Menschen, die ein einfaches Leben wagen.* Goldmann, München 2012.

Villoldo, Alberto; Perlmutter, David: *Das erleuchtete Gehirn. Mit Schamanismus und Neurowissenschaft das Geheimnis gesunder Zellen entdecken.* Goldmann, München 2011.

Wardetzki, Bärbel: *Weiblicher Narzissmus, der Hunger nach Anerkennung.* Kösel, München 2007, 7. Auflage.

Wilson, James: *Grundlos erschöpft? Nebennieren-Insuffizienz, das Stress-Syndrom des 21. Jahrhunderts.* Goldmann, München 2011.

Zeland, Vadim: *TransSurfing. Die Realität ist steuerbar.* Silberschnur, Güllesheim 2006.

Artikel

Kapitel 3, Survival-Regel 12

Cadeggianini, Georg: *Narzissmus in der Partnerschaft. Er liebt mich, aber sich noch mehr.* Brigitte Magazin (18/12).

Kapitel 4

Grabitz, Ileana; Wisdorff, Flora: *1800 Prozent mehr Krankentage durch Burn-out. Von 2004 bis 2011 sind die Krankheitstage wegen Burn-out um das 18-Fache gestiegen. Gewerkschaften und Arbeitgeber wollen dagegen vorgehen, aber sie streiten noch über die Ursachen.* Die Welt, 27.01.2013.

Sarnoff A. Mednick: *Birth Defects and Schizophrenia.* Psychology Today 4 (1971), S. 49.

L. Salk et al.: *Relationship of Maternal and Perinatal Conditions to Eventual Adolescent Suicide.* The Lancet 1 (1985), S. 624–627.

M. A. Smith et al.: *Stress and Glucocorticoids Affect the Expression of Brain-Derived Neurotrophic Factor and Neurotrophin-3 mRNAs in the Hippocampus.* Journal of Neuroscience 15 (1995), S. 1768–1772.

M. Huttunen und P. Niskanen: *Prenatal loss of father and psychiatric disorders.* Archives of General Psychiatry 35 (1978), S. 429–431.

Varner MW, Fraser AM et al.: *The intergenerational predisposition to operative delivery.* Obstet. Gynecol. 87(6), 1996, S. 905–911.

Kapitel 5

Hoffmann, Christiane; Schmelcher, Antje: *Ritalin gegen ADHS. Wo die wilden Kerle wohnten.* FAZ, 16.02.2012.

Zeiß, Katrin: *Umweltgifte als Ursache für ADHS unterschätzt. ADHS ist die häufigste psychiatrische Störung bei Kindern. Ein Wissenschaftler macht Umweltgifte als mögliche Ursache aus.* Die Welt, 21.06.2010.

Filme

Wachowsky, Lana und Andy; Tykwer, Tom: »Cloud Atlas« (Deutschland, USA, Hongkong, Singapur 2012).

Die Rede von Severn Suzuki: http://www.youtube.com/watch?v=wNSV4zMquCk

Van Sant, Gus (Regisseur) »Good Will Hunting« (mit Robin Williams, Matt Damon)

Aron, Elaine: *SensItive, The untold Story.* (2015 in Produktion), USA

CDs und DVDs

Estés, Clarissa Pinkola: *Warming up the stone child.* Audio-CD, Sounds true Inc, Louisville, Colorado, USA 2005 (Märchen erzählt und tiefenpsychologisch gedeutet).

Lachenmayr, Eloas und Die Neuen Barden: *Himmel und Erde.* Lebensfaden Musikverlag, Überlingen 2004.

Lachenmayr, Eloas: *Ich-Botschaften.* Lebensfaden Musikverlag, Überlingen 2010.

Lake, Vicky; Epstein, Abby: *The Business of Being Born.* USA 2011.

Leidenfrost, Isadora Gabrielle: *Things We Don't Talk About. Stories From The Red Tent.* Soulful Media, USA 2013.

Leppelt-Rommel, Gabriela: *Lachyoga befreit für das Jetzt. 60 Übungen zum Mitlachen.* DVD-ROM, Via Nova, Petersberg 2012.

Neufeld, Gordon: *Adoleszenz verstehen.* Lehrvideo DVD, Genius, Bremen 2009.

Neufeld, Gordon: *Unsere Kinder brauchen uns*. DVD, Genius, Bremen 2011.

Noll, Shaina: *Songs for the Inner Child*. Singing Heart Production, Silenzio, Egloffstein 2000 (sehr gut für innere Kind-Arbeit geeignet).

Van Someren, Lex: *Beyond*. Audio CD, Ayam Visionary Art Productions, Baden-Baden 2013 (für Meditation geeignet).

Webadressen *

Allgemeine Seiten zur Hochsensibilität

www.hochsensibilitaet.ch

www.hochsensibel.org

www.hsp-academy.de (Seite der Autorin)

www.ifhs.ch

www.treffpunkt-hochsensibilitaet.de (deutschsprachiges Forum)

www.zartbesaitet.net (Internetseite von Georg Parlow)

Interviewpartner

www.dieneuenbarden.de (Eloas Lachenmayr)

www.mensch-u-sein.de (Claudia Stumpe)

www.regenbogenkreis.de (Mattias Langwasser)

www.roteszelt.de (Stefanie Miosga)

www.schoener-schreiben.de (Stefan Schwidder)

www.lumomed.de (Amon Kaiser)

---

* Für den Inhalt der hier aufgelisteten Internetseiten übernehmen weder die Autorin noch der Verlag eine Haftung. Aussagen und Meinungen der jeweiligen Autoren spiegeln nicht immer die Meinung der Buchautorin wider.

Frauenwelten
www.frauen-kongress.com
www.frauensymposium-sued.net
www.goettinnenkonferenz.at
www.redtentmovie.com
www.roteszelt.de

Männerwelten
www.feuersalamander.at
www.innernature.de (Schwitzhütten, Visionssuche für Männer)
www.maennerinitiation.eu
www.someren.de (holländischer Künstler und Musiker, gibt
    Selbsterfahrungsseminare)

Kinder und Familie
www.fluestern.ch (Vertrauenspädagogik nach Heinz Etter)
www.gordonneufeld.de (deutsche Gordon Neufeld Internetseite,
    Ausbildung & Infos)
www.lalecheliga.de (Stillberatung)
www.safe-programm.de (Bindungstraining für Eltern
    von Prof. K.-H. Brisch)

Naturerfahrung und Visionssuche
www.schooloflostborders.org (amerikanischer Anbieter für
    Visionssuche)
www.visionssuche.net (gibt einen Überblick über verschiedene
    Anbieter)

Pränatal- und Geburtspsychologie
www.birthintobeing.de (Seminare zur Heilung der Geburtsprägung)
www.cranio.net (Internetseite von Uwe Baumann, Interviewpartner
    aus diesem Buch)
www.dieontogenetischeseite.de (Infos, Forschung, Arthur Janov)
www.doulas-in-deutschland.de (Doulas begleiten, ähnlich wie
    Hebammen, Gebärende)

www.geburtskanal.de
www.isppm.de (International Society for Pre- and Perinatal Psychology)
www.thebusinessofbeingborn.com (Film zum industriellen Gebären)
www.thefarm.org (Ina May Gaskin, amerikanische Hebamme und
    Autorin)
www.willi-maurer.ch (gibt Selbsterfahrungsseminare zur
    Geburtsprägung und Beziehungen)

Stress und Burnout abbauen
www.ausbildung-klangmassage.de (Seite von Arno und Sylvia Harke)
www.heartmath.org (amerikanische Seite)
www.herzintelligenz.de (Biofeedback mit dem Herzen)
www.hilfe-bei-burnout.de
www.lachverband.org

Neurowissenschaften
www.haffelder.de
www.gerald-huether.de

Trauma und Traumatherapie
www.aufrecht.net (Selbsthilfeseite für Überlebende von sexuellen
    Misshandlungen)
www.emdria.de (Deutscher Fachverband für EMDR-Therapeuten)
www.emdr-netzwerk.at
www.emdr-schweiz.ch
www.traumatherapie.org (Fachseite von Psychologen zum Thema)
www.wildwasser.de (für Frauen und Mädchen: Opfer sexueller
    Übergriffe)
www.zartbitter.de (für Mädchen und Jungs: Opfer sexueller Übergriffe)

Borderline und Narzissmus
www.borderlinezone.org (Selbsthilfeseite)
www.borderline-plattform.de (umfangreiche Datenbank)
www.narzissmus.net (ausführliche Darstellung des Phänomens)
www.narzissmus.org (Töchter narzisstischer Mütter)

Bildnachweise

Kompass:	© freesoulproduction / shutterstock
Abbildung 3.0:	© Sylvia Harke
Abbildung 3.2:	Bildnr: 8610610 (Steinkreis)
	© shutterstock / Joe Gough
Abbildung 3.3:	© Sylvia Harke
Abbildung 3.7:	© Sylvia Harke
Abbildung 3.8:	Agentur Guter Punkt, München
Abbildung 4.1:	Bildnr: 106263590 (Sympathetic System)
	© shutterstock/Alila Medical Media
Abbildung 4.2:	Bildnr: 106263593 (Parasympathetic System)
	© shutterstock/Alila Medical Media
Abbildung 4.3:	Bildnr: 142306873 (Limbic System)
	© shutterstock/Athanasia Nomikou
Autorenfoto:	Daniel Lachenmayr

Weitere Bücher aus dem Verlag Via Nova:

Hochsensibel ist mehr als zartbesaitet
Die 100 häufigsten Fragen und Antworten
Sylvia Harke

Paperback, 288 Seiten, ISBN 978-3-86616-356-0

Es braucht großes Fingerspitzengefühl und tiefe Empfindsamkeit, hochsensible Menschen zu erreichen und dort
„abzuholen", wo sie sich innerlich wirklich befinden. Mit ihrem zweiten Buch gelingt das der erfahrenen Dipl.-Psycho-
login und Autorin wieder mit Brillanz. Denn Sylvia Harke
weiß aus eigener Erfahrung, dass hochsensible Menschen
ganz eigene Fragen an den Lebensalltag haben. Wunderbar praktisch, feinfühlig, ermutigend und konkret gibt das
Buch sehr hilfreiche, kompetente Antworten auf die 100 häufigsten Fragen zur Hochsensibilität, vom Arzttermin bis zum Vorstellungsgespräch, von der Partnerschaft bis
zur Berufsauswahl. Eine wahre Schatztruhe an Tipps und Inspirationen, die bei allen
hochsensiblen Menschen - stets griffbereit zum Nachschlagen - ihren festen Platz im
Regal haben sollte!

Hochsensibel - Was tun?
Sylvia Harke

Kartenset mit 52 Karten und Anleitung, ISBN 978-3-86616-458-1

Mit ihrem Bestseller „Hochsensibel - was tun?" hat Sylvia
Harke Tausenden von hochsensiblen Menschen die Augen
geöffnet über das wahre Wesen ihrer außergewöhnlichen
Feinfühligkeit und Empfindsamkeit. Dennoch: Die normale Alltagswelt ist und bleibt für jeden Hochsensiblen eine
tägliche Herausforderung. Das hier vorliegende Karten-Set
– das Erste, das speziell abgestimmt ist auf die Bedürfnisse
Hochsensibler – kann dabei eine riesengroße Unterstützung
sein. 52 Karten mit kraftvoll positiven Affirmationen sowie hilfreichen Übungen und
wertvollen Inspirationen im exklusiven Begleitheft. Ein wunderbarer Alltagsbegleiter,
der allen feinfühligen Seelen kostbare Impulse und nützliche Strategien vermittelt, sich
selbst und dem Leben mit sorgsamer Bewusstheit, mutig und offen zu begegnen.

Hochsensibilität leben
Mit geführten Meditationen zur eigenen Mitte finden
Sylvia Harke

Doppel CD, Laufzeit: 88,02 Minuten, ISBN 978-3-86616-348-5

Unsere Leseempfehlung

PRINZESSIN MÄRTHA LOUISE
ELISABETH NORDENG

HOCHSENSIBEL
GEBOREN

Wie Empfindsamkeit stark machen kann

GOLDMANN

288 Seiten
Auch als E-Book
erhältlich

Was es bedeutet, mit der besonderen Gabe der Hochsensibilität im öffentlichen Interesse zu stehen, musste die norwegische Prinzessin Märtha Louise bereits früh erfahren. Sie und ihre Freundin Elisabeth Nordeng spüren und erleben vieles ungefiltert und intensiv: Farben, Geräusche, Gefühle. Ihre Sinne sind auch in vermeintlich alltäglichen Situationen besonders empfangsbereit, was jedoch schnell zur Belastung werden kann. Wie die Autorinnen gelernt haben, diese Wahrnehmungen positiv für sich und ihr Umfeld zu nutzen und sich gleichzeitig abzugrenzen, wenn alles zu viel wird, davon erzählt dieses intime Bekenntnis. Das sehr persönliche Buch einer der beliebtesten Vertreterinnen des norwegischen Königshauses.

www.goldmann-verlag.de
www.facebook.com/goldmannverlag

GOLDMANN
Lesen erleben

Um die ganze Welt des
GOLDMANN Verlages
kennenzulernen, besuchen Sie uns doch
im Internet unter:

www.goldmann-verlag.de

Dort können Sie
nach weiteren interessanten Büchern *stöbern*,
Näheres über unsere *Autoren* erfahren,
in *Leseproben* blättern, alle *Termine* zu Lesungen und
Events finden und den *Newsletter* mit interessanten
Neuigkeiten, Gewinnspielen etc. abonnieren.

Ein *Gesamtverzeichnis* aller Goldmann Bücher finden
Sie dort ebenfalls.

Sehen Sie sich auch unsere *Videos* auf YouTube an und
werden Sie ein *Facebook*-Fan des Goldmann Verlags!

www.goldmann-verlag.de
www.facebook.com/goldmannverlag

(G) GOLDMANN
Lesen erleben